Carmen Heine

Modell zur Produktion von Online-Hilfen

Forum für Fachsprachen-Forschung

Hartwig Kalverkämper (Hg.)

Band 90

Carmen Heine

Modell zur Produktion von Online-Hilfen

Frank & Timme
Verlag für wissenschaftliche Literatur

ISBN 978-3-86596-263-8
ISSN 0939-8945

Herstellung durch das atelier eilenberger, Taucha bei Leipzig.
Printed in Germany.
Gedruckt auf säurefreiem, alterungsbeständigem Papier.

www.frank-timme.de

Vorwort

Zum vorliegenden Buch, das im November 2008 als Dissertation an der Århus Universitet, Dänemark eingereicht und verteidigt wurde, haben viele einen Beitrag geleistet. Bei diesen Menschen möchte ich mich bedanken. Mein ganz besonderer Dank gilt meinem Doktorvater, Prof. Dr. Jan Engberg, der meinen Weg in die Forschung auf das hilfreichste begleitet hat, stets meine Gedankengänge und Ideen mit überdenkt und der mir beständig mit bestem Rat, großer Geduld und Herzlichkeit zur Seite steht. Ich bedanke mich ebenfalls sehr herzlich bei meinem zweiten Betreuer und Mentor, Prof. Dr. Klaus Schubert, der mein Interesse für die wissenschaftliche Arbeit erkannt hat und fördert und dessen gespanntes Interesse an meiner Arbeit mich stets motiviert.

Ein weiterer besonderer Dank gilt Prof. Dr. Susanne Göpferich, die mir die technische Ausstattung für meine Versuche zur Verfügung gestellt und mich bei meinem Aufenthalt in Graz betreut und außerordentlich gut beraten hat. Prof. Dr. Hartwig Kalverkämper sei sehr herzlich für die freundliche Aufnahme meiner Arbeit in dieser Reihe gedankt und dem Verlag Frank & Timme für die fabelhafte Betreuung.

Außerdem danke ich meiner Kollegin und Freundin Thea Pedersen für ihre kontinuierliche Unterstützung in allen Lebenslagen. Den Kollegen am Institut for Sprog og Erhvervskommunikation gebührt ebenfalls Dank für die gute Zusammenarbeit und viele Denkanstöße.

Außerdem bedanke ich mich bei meinen Freunden. Sie im Einzelnen zu nennen würde sehr viel Platz einnehmen. Ihre praktische Hilfe und die gemeinsam verbrachte Zeit haben mir viel Kraft gegeben.

Für den endlosen Strom von Zuspruch und für das Verständnis, das sie für ihre Lieblingstochter aufbringen, gilt das liebevollste Dankeschön meinen Eltern.

Inhaltsverzeichnis

Abbildungsverzeichnis

Tabellenverzeichnis

1 Einleitung

Während sich die Schreibprozessforschung mit verschiedensten produkt- und prozessorientierten Ansätzen den Printtextsorten gewidmet hat (und noch widmet), entwickeln sich – vor allem in der fachkommunikativen, jedoch auch in der nicht-professionellen Schreibpraxis – neue (Hyper)Textsorten und Online-Textsorten. Dies bringt veränderte Produktionsprozessgegebenheiten und -anforderungen an die Schreibenden und deren Textrezipienten mit sich. Das sich ständig verändernde Textsortenwissen der Nutzer von Hypertextdokumenten und neue, sich mit drastischer Geschwindigkeit verändernde Darstellungs- und Inhaltskonventionen für die am technischen Medium orientierten Dokumentationsprozesse und die rasante Entwicklung der Schreibprozesswerkzeuge, erfordern entsprechend angepasste Schreib- und Produktionsprozessmodellierungen.

Der Schnelllebigkeit dieser Textsorten und der Geschwindigkeit mit der komfortable Schreibtechnologien und Werkzeuge entwickelt, in der Schreibpraxis eingesetzt und an die Arbeitsbedingungen bei der (Fach-)Textproduktion angepasst werden, hinkt die Schreibprozessforschung derzeit mit ihrer theoretisch-methodischen Reflexion hinterher. Diese Arbeit ist als eine erste Hinwendung der Schreibprozessforschung in Richtung einer spezifischen Hypertextsorte zu sehen und leistet mit der Prozessmodellierung von Hypertextproduktion ihren Beitrag bezüglich des "Aufholens" der bisher versäumten Reflexion.

Bisher berücksichtigen Schreibprozessmodelle die für Hypertexte gängige Mehrautorenschaft und das Schreiben im Team nicht, geschweige denn Überlegungen dazu, dass Nutzer von Hypertexten, indem sie Lesewege durch den Hypertext beschreiten, selbst zu Produzenten werden. Nur selten wird eine Produzentensicht an die Textproduktion moderner Textsorten angelegt und von mehreren schreibenden Personen in komplexen kollaborativen Textproduktionszusammenhängen ausgegangen. Über einen einzelnen Produzenten hinausgehende, weitere Akteure im Produktionsprozess werden bisher vorwiegend ab dem Einsetzen von Korrekturdurchläufen berücksichtigt. Der konstruierende Rezipient von Hypertexten, seine Anforderungen und Bedürfnisse und wiederum deren Einfluss auf die Produktionssituation, bleibt weitest gehend unberücksichtigt.

Kerntätigkeiten von Hypertextproduzenten, wie z. B. das Setzen von technischen Verknüpfungen (Hyperlinks), das Wiederverwenden von Textfragmenten und Verknüpfungsstrukturen (Versionierung) – auch solchen von anderen Produzenten – oder das Wiederverwenden, Ändern und Anpassen von Textteilen (Rekombination), finden kaum oder keine Berücksichtigung. Solche Prozessaspekte, die heute technisch durch Produktionsprozesswerkzeuge, Dokumentationsmanagementsysteme und Content-Management, und inhaltlich durch Systematisierungs- und Strukturierungsprinzipien unterstützt werden, bestimmen jedoch die Produktionsprozesse bestimmter Hypertextsorten, die Verfahren, Phasen und Produktionsschritte dieser Textsorten und nicht zuletzt das Produktionsergebnis mit.

1.1 Gegenstand und Ziel der Arbeit

Das Objekt der vorliegenden Arbeit – Online-Hilfen – ist eine dieser in der Schreibprozessforschung unterrepräsentierten Hypertextsorten. Die Betrachtung des Produktionsprozesses von Online-Hilfen, die eine Textsorte der Softwaredokumentation sind, ist Gegenstand dieser Arbeit. Als Ergebnis stelle ich ein Modell zur Produktion von Online-Hilfen vor. Das Modell ist der Tradition der Schreibprozess- und Fachkommunikationsforschung verpflichtet und integriert, den Anforderungen der Fachpraxis entsprechend, die Arbeitsorganisations- und Arbeitsprozessaspekte von Projekten der Online-Hilfe-Produktion. Bei der Modellierung des Online-Hilfe-Produktionsprozesses werden hier die Besonderheiten und Anforderungen der Textsorte, die modernen Arbeitsumgebungen, typische Produktionswerkzeuge, der Produktionsprozess und die mentalen und realen Arbeitsprozessschritte der Produzenten und das Zusammenspiel der am Prozess beteiligten Komponenten berücksichtigt. Bei dem vorgestellten Online-Hilfe-Produktionsmodell handelt es sich um ein heuristisch erstelltes Modell. Es basiert auf Erkenntnissen aus der Redaktionspraxis der Online-Hilfe-Produktion und auf Phasen und Komponenten, die aus Schreibprozess- und Fachkommunikationsforschung abgeleitet werden. Das Modell stütze ich durch eine Studie, die einen bei der Online-Hilfe-Produktion besonders relevanten (und von anderen Produktionsprozessen abweichenden) Modellteil empirisch untersucht und damit das Modell gleichzeitig testet. Die Entwicklung des Online-Hilfe-Produktionsmodells basiert auf den folgenden Leitsätzen:

(1) Online-Hilfe-Produktionsprozesse müssen, aufgrund technisch-medialer Besonderheiten und organisationaler Rahmenbedingungen der Produktion, sowie vor dem Hintergrund sich verändernder Nutzungsbedingungen ihrer Produkte produktionsorientierter modelliert werden als traditionelle Schreibprozesse.

(2) In einem Online-Hilfe-Produktionsmodell lassen sich durch Komplexitätsreduktion und Analogiebildung übergeordnete Arbeitsorganisations- und Produktionsaspekte der Online-Hilfe-Produktion abstrakt darstellen.

(3) Ein Online-Hilfe-Produktionsmodell kann die Beschreibung der Wechselwirkungen zwischen den Einflussgrößen innerhalb der Produktionsprozesse von Online-Hilfen vereinfachen. Dies gilt besonders für iterative und zyklische Produktionsphasen.

(4) Ein dem kognitiven Schreibparadigma verpflichtetes Online-Hilfe-Produktionsmodell muss, besonders im Hinblick auf den Produktionsprozess, um wissensbedingte, interaktionale, mediale und domänenspezifische Sichtweisen ergänzt werden.

(5) In einem Online-Hilfe-Produktionsmodell können sprachliche und nichtsprachliche Tätigkeiten getrennt voneinander dargestellt werden, Interaktion zwischen beiden kann abstrakt gezeigt werden.

(6) Mit Hilfe eines Online-Hilfe-Produktionsmodells können externe Arbeitsprozesse von kognitiven (internen) Arbeitsprozessen singuliert und ihre Einbettung in organisationalen Rahmenbedingungen dargestellt werden.

(7) Ein Online-Hilfe-Produktionsmodell ermöglicht die detaillierte chronologische Beschreibung der einzelnen Modellkomponenten mittels weiterer Modellkomponenten und der Modellstruktur. Die Produktionsprozesse und die Teilkomponenten werden in dieser Weise nachvollziehbar und erklärbar.

Entlang der oben genannten Leitsätze nähert sich diese Arbeit dem Ziel, den komplexen Online-Hilfe-Produktionsprozess, in Form eines heuristischen Modells, in ein handhabbares Format zu bringen und in seiner Ganzheit und seinen Teilen zu beschreiben und empirisch zu testen. Aufgrund der Komplexität des Gegenstands der Online-Hilfe-Produktion wird das Online-Hilfe-Produktionsmodell nur in einem repräsentativen Ausschnitt empirisch getestet. Einzelstudien von Produktions- und Navigationsaufgaben, von Textproduktionsexperten und semi-professionellen Textproduzenten belegen, im Hinblick auf die Aufgabenstellung der Studie, die im Modell konstruierten Phasen, Komponenten und Relationen.

1.2 Aufbau der Arbeit

Der folgende Überblick über die Kapitel erläutert den Aufbau der Arbeit. Einen besonderen Schwerpunkt habe ich auf die Bestimmung der vorherrschenden und prozessbestimmenden medialen Aspekte bei der Online-Hilfe-Produktion gelegt. (Software als Trägermedium, als Hilfsmittel des Arbeitsplatzes und als Bestandteil des technischen Arbeitsprozesses.) Diese erfolgt auf Textsortenebene in Kapitel 2, wo Online-Hilfen als Bestandteile von Softwaredokumentationen beschrieben und in einen textlinguistischen Bezugsrahmen gestellt werden. Dabei wird die Textsorte Online-Hilfen von anderen Textsorten abgegrenzt und Besonderheiten der Textsorte, wie z. B. Mehrautorenschaft, Pfadproblematik, Link- und Verknüpfungsstrukturen etc. im Hinblick auf den Schreibprozess herausgearbeitet.

Kapitel 3 verfolgt den vorherrschenden medialen Betrachtungswinkel dieser Arbeit weiter, indem die Erstellung von Online-Hilfen in den Gesamtzusammenhang der Softwareentwicklung eingebettet wird, Produktionsprozesse beschrieben und die Werkzeuge des Arbeitsprozesses der Online-Hilfe-Produktion erklärt werden. Kapitel 3 führt auch in den Gedanken der Ontogenese ein, die ich als Analogie für die Beschreibung der technischen und mentalen Prozesse nutze.

Nach kritischer Durchsicht und Besprechung bisher existierender Schreibprozessmodelle und deren Bestandteile in Kapitel 4 werden die Phasen und Schritte des Produzierens von Online-Hilfen vor der Folie von in Schreibprozessmodellen abgebildeten Schreib- und Produktionsphasen erarbeitet und diejenigen herausgebildet, die besonderen Einfluss auf das Online-Hilfe-Produktionsmodell haben. Das Hauptaugenmerk liegt hier auf durch den Medienwandel bedingten veränderten Prozessgegebenheiten und -anforderungen, Darstellungs- und Inhaltskonventionen die den Schreib- und Produktionsprozess beeinflussen können und auf der Rolle, die Schreibtechnologie und Hilfsmittel des Arbeitsplatzes im Online-Hilfe-Produktionsprozess spielen.

Die sich daraus ergebenden Defizite bestehender Modelle führen zur Forderung nach einer spezifischen Modellierung des Online-Hilfe-Produktionsprozesses, die bisher noch ausstand und die ich in Kapitel 5 vorlege. Zur Strukturierung des Modellierungsgedankens wird die Online-Hilfeproduktion zunächst als Problemlösungsprozess betrachtet. Aus verwandten Prozessen und den beschriebenen Softwareentwicklungs- und Schreibprozessen werden Kernaspekte und Komponenten in eine Grundstruktur des Modells eklektiziert. Des Weiteren werden Grundgedanken der technischen Redaktion in die Modellstruktur übertragen. Darüber hinaus wird die Modellbildung durch Marketing und Produktentwicklung, Prozesssteuerung, Entwicklungspsychologie (Ontogenese) und Aspekte des Wissensmanagements beeinflusst. Der Ontogenesegedanke wird mit Bezug auf die Online-Hilfe-Produktion als steuerndes Element für die Modellbildung eingesetzt. Das Modell besteht aus der Modellgrafik, die sich aus drei zueinander in Beziehung stehenden Bereichen zusammensetzt und einem Beschreibungsmodell, das die Komponenten und Elemente der Grafik erläutert. Den Modellbereichen zugeordnet sind abstrakt gefasste Komponenten, deren Bezüge zueinander und im chronologischen Verlauf die Abläufe der Online-Hilfe-Produktion abbilden. Die Grafik dient als Veranschaulichung des Beschreibungsmodells. Das Beschreibungsmodell setzt die Bereiche, Komponenten und ihre Wechselbezüge zueinander in Beziehung, beschreibt diese detailliert und ordnet sie jeweils dem Gesamtkontext des Modellrahmens zu. In dieser Arbeit ist die Beziehung zwischen Modellbildung und Empirie dialektischer Art. Zwar wird das Online-Hilfe-Produktionsmodell aus den Belegen empirischer Untersuchungen gespeist, basiert aber ebenso auf einer vorausgegangen Durchsicht existierender und anerkannter Prozessmodelle verschiedener Disziplinen und der Kenntnis prototypischer Produktionsabläufe der technischen Redaktion, hier besonders der Softwaredokumentation. Das zunächst deduktiv-eklektische Vorgehen bei der heuristischen Modellbildung ermöglichte das Anlegen eines Betrachtungsfilters, der wiederum hilfreich ist, um spezifische Online-Hilfe-Produktionsaspekte von gängigen, in Forschung und Praxis als gegeben anerkannten (Text)produktionsaspekten zu trennen. Diese werden im Hinblick auf Online-Hilfe-Produktion beschrieben, aber nicht näher empirisch untersucht. Die herausgefilterten produktionsspezifischen Aspekte der Online-Hilfe Produktion dagegen werden durch empirische Untersuchungen gezielt angesteuert und belegt.

Dem Modell schließt sich der Nachweis der Gültigkeit des Modells vor der Folie der Datenerhebung und Datenauswertung an. Dabei wird zunächst in Kapitel 6 die gewählte Methodenkombination erläutert. Bei den Untersuchungen sichert Methodentriangulation die Ergebnisse, die, sich gegenseitig validierend, wiederum induktiv Einfluss auf die Modellbildung nehmen. Nur eine in dieser Weise komplementäre Herangehensweise ermöglicht es, der Komplexität der gestellten Modellierungsaufgabe gerecht zu werden, da nicht die Modellierung eines speziellen Falles von Online-Hilfe-Produktion oder die Modellierung eines Teilaspektes des Dokumentationsprozesses (z. B. des Revidierens), sondern vielmehr der gesamte prototypische Produktionsprozess der Online-Hilfe-Produktion in seiner Ganzheit abstrakt modelliert wird. Die methodischen Verfahren (Lautes Denken, Logdatenerhebung, Blickbewegungsmessung und Fragebogenerhebung) sind ebenfalls in Kapitel 6 dargestellt. Die Datenerhebungsstudie, in der die Verfahren angewendet wurden, besteht aus zwei Teilstudien, die mit vier Versuchspersonen durchgeführt wurden. Der Beschreibung des Versuchsaufbaus schließen sich relevante Beispiele aus der Datenanalyse an. Mit Hilfe der Beispiele werden die Ergebnisse der Datenerhebung dargestellt und auf das Online-Hilfe-Prozessmodell bezogen erläutert.

Im Anschluss an den empirischen Teil der Arbeit ziehe ich in Kapitel 7 ein Gesamtfazit über die Modellbildung und das Modell. In Kapitel 8 gebe ich einen Ausblick auf mögliche Anschlussforschung, die sich aus dem Online-Hilfe-Produktionsmodell und der Datenerhebungsstudie ergeben könnten.

Verzeichnisse der Tabellen und Abbildungen stehen am Anfang der Arbeit, die Ergebnisse der Datenerhebung in Form von Transkripten, Datenauswertungstabellen, Logfiles, Textprodukten und Erhebungsbögen befinden sich auf der Verlagshomepage unter www.frank-timme.de/fileadmin/docs/Modell_zur_Produktion_von_Online-Hilfen.pdf.

2 Textsorte Online-Hilfen

Um ein besseres Verständnis über die Aspekte des Produktionsprozesses der Produktion von Online-Hilfen, im Folgenden als Online-Hilfe-Produktion bezeichnet, zu gewährleisten, wird hier zunächst die Textsorte Online-Hilfen vorgestellt. Unter Online-Hilfe-Produktion verstehe ich – hier im Sinne einer Arbeitsdefinition – alle mentalen Prozesse, alle zu- und untergeordneten materiellen, medialen und lenkenden Handlungen, Phasen und (Text)produktionsprozesse, die einen Online-Hilfe-Produkt entstehen lassen. Im Kapitel 3 beschreibe ich die Produktionsabläufe im Detail. Im folgenden Kapitel führe ich in die Komplexität der Textsorte Online-Hilfen ein. Neben der technischen Beschreibung ziehe ich dazu die Betrachtung von Hypertextkonzepten heran. Im Anschluss an die allgemeine Beschreibung von Hypertexten schließen sich die hypertextuellen und sonstigen Aspekte und Besonderheiten von Online-Hilfen an. Ergänzend gehe ich auf die textlinguistische Betrachtung von Online-Hilfen ein. Ich lege in diesem Kapitel, wo nicht ausdrücklich anders angegeben, den Produktionsblickwinkel an die Online-Hilfe-Beschreibung an. Die für die Entwicklung meines Online-Hilfe-Produktionsmodells relevanten Facetten von Online-Hilfen fasse ich in Kapitel 3.4 als Bestandsaufnahme für die Modellierung in einem Zwischenfazit zusammen.

2.1 Technische Beschreibung

Online-Hilfen sind Bestandteile von Softwareprodukten, wie die folgende Grafik von Esselink 2000 zeigt:

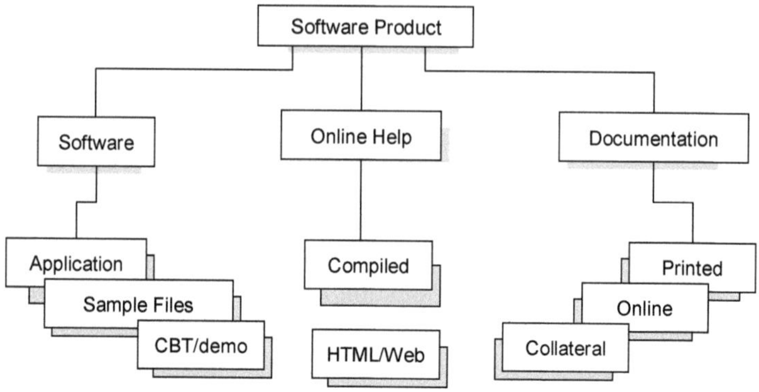

Abb. 2-1: Zusammenhang zwischen Softwareprodukt und Online-Hilfe (Esselink 2000:10)

Online-Hilfen lassen sich aus softwaretechnischer Sicht von anderen Online-Dokumentationsformen (z. B. Printdokumentationen) abgrenzen.

Technisch gesehen sind Online-Hilfen Bestandteile der Softwaredokumentation, die ihrerseits die Dokumentation von Softwareprodukten (Anwendungsprogrammen)[1] ist. Bei dieser Dokumentation kann es sich um beschriebenen Quell- bzw. Programmcode[2] des Softwareprodukts[3] oder um die Beschreibung des Softwareproduktes handeln. Der letztere Fall ist weitaus häufiger und für diese Arbeit relevant. Die Beschreibung des Softwareprodukts beschreibt die Benutzerschnittstelle[4] der Software, in der die Programmbenutzung erklärt wird. Die Abbildung 2-2 illustriert die Zusammenhänge.

1 Anwendungsprogramm: Computerprogramm, das von der Systemsoftware unabhängig Funktionen ausführt. Man unterscheidet Standardanwendungsprogramme, branchenübergreifende und branchenspezifische Software.

2 Quellcode: Für den Menschen lesbarer, in einer Programmiersprache geschriebener Text eines Computerprogramms.

3 Der Typ des Softwareprodukts bestimmt die Dokumentation. Diese Arbeit behandelt Anwendungssoftware als Beschreibungsobjekt der Softwaredokumentation.

4 Benutzerschnittstelle: Alle Bestandteile eines interaktiven Systems (Software oder Hardware), die Informationen und Steuerelemente zur Verfügung stellen, die für den Benutzer notwendig sind, um eine bestimmte Arbeitsaufgabe mit dem interaktiven System zu erledigen (DIN EN ISO 9231-110).

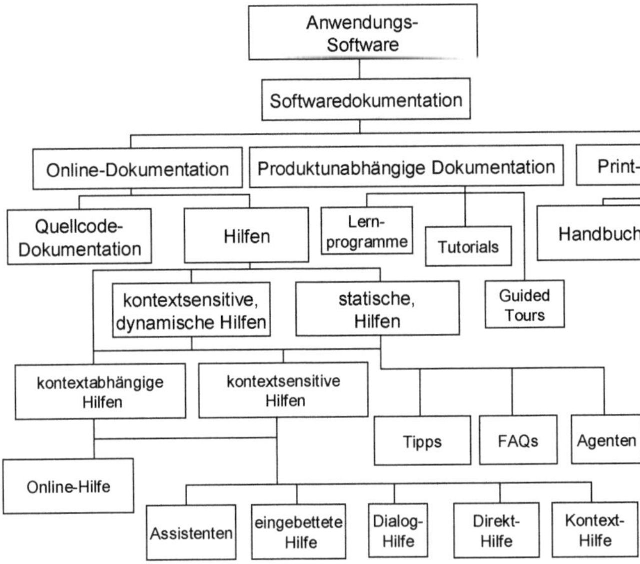

Abb. 2-2: Übersicht über Softwaredokumentationen

Beispiele der Beschreibung der Benutzerschnittstelle (GUI, Graphical User Interface) sind statische kontextsensitive[5] Hilfen. Sie zählen aus Nutzersicht zwar zu den Hilfen, gehören allerdings aus Dokumentationssicht nicht explizit zur Benutzerdokumentation. Man bezeichnet sie als produktgekoppelte Dokumentation. Zu ihnen gehören so genannte Assistenten, eingebettete Hilfen[6], Dialoghilfen[7], Direkthilfen[8] und Kontexthilfen[9]. Sie dienen der An-

5 Kontextsensivität: Hilfeinformationen werden abhängig von der Anwendersituation gegeben.

6 Eingebettete Hilfe: In die Benutzeroberfläche der Software integrierte Hilfe, die nicht in einem zusätzlichen Fenster angezeigt wird, sondern z. B. als statischer Text an Ort und Stelle in der Software auftaucht. Man spricht hier auch von hart programmiertem Text.

7 Dialoghilfe: Aus Dialogen wird durch Aktivieren der Hilfe-Schaltfläche mit dem entsprechenden Hilfethema in die Online-Hilfe verknüpft. Ein Fenster mit dem Hilfethema öffnet sich. Dialog = Registerkarte, Meldung, Fenster.

8 Direkthilfe: Hilfetexte, die zu einem einzelnen Element der Benutzerschnittstelle passen, werden als Kurztexte oder so genannte Popups angezeigt. Auslöser können Ansteuern mit der Maus, Verweilen mit der Maus oder Anklicken sein. Elemente = Eingabefelder, Schalter, Symbole, Menübefehle oder Abbildungen.

9 Kontexthilfe: Stichwortartige Erklärungen zu Bedienelementen und Funktionen, die auf der Bedienoberfläche eines Softwareprogramms erscheinen, wenn mit dem Mauszeiger über das betreffende Element gefahren wird.

wenderunterstützung, werden allerdings nicht im Dokumentationsprozess, sondern bei der Softwareentwicklung[10] erstellt. Sie sind im Programmcode eingebettet. Auf Programmcodeebene gibt es neben den statischen kontextsensitiven Hilfen auch die dynamischen kontextsensitiven Hilfen. Sie beobachten das Benutzerverhalten. Zu dieser Gruppe gehören die in dieser Arbeit ausgeklammerten Hilfeagenten[11], FAQs[12] und Tipps[13].

Eine eigene didaktisch gestaltete Dokumentgruppe bilden die in dieser Arbeit ebenfalls nicht behandelten Tutorials[14], Lernprogramme und so genannte Guided Tours[15], die gemeinsam mit Installationsanleitungen, Readme-Dateien[16] und Handbüchern als produktunabhängige Dokumentation eigenständige Medien sind.

> Hilfesysteme werden (…) mit dem Ziel erstellt, den Benutzer während der Arbeit mit dem betreffenden Produkt schnell und unmittelbar zu unterstützen, ohne den aktuellen Arbeitskontext zu verlassen. Darin unterscheiden sie sich auch von den *Tutoriellen Systemen*, bei denen das Lernen – nicht unbedingt in aktuellen Arbeitssituationen – im Vordergrund steht. (Brodbeck/Rupieta 1994:216)

10 Softwareentwicklung und Technische Redaktion arbeiten idealerweise verzahnt und mit Hilfe von Datenbankunterstützung in allen Bereichen der Anwendung, die benennungs- und erklärungsbedürftig sind. Technische Redakteure unterstützen die Softwareentwickler bei der Formulierung von Texten und Meldungen der Benutzeroberfläche, bei Terminologiebildung und terminologischer Einheitlichkeit von Fenstern, Meldungen, Menüs, Kontextmenüs, Steuerelementen und anderen textuellen Bestandteilen der Software mit der Dokumentation.

11 Hilfeagent: Intelligente Hilfe, die automatisch eine Problemsituation registriert und Hilfe anbietet. In Software häufig als animierte Identifikationsfigur repräsentiert. Beispiel: In Microsoft Office Produkten als Büroklammer o.ä. Bei abgeschaltetem Hilfeagenten erfolgt der Zugriff auf den Antwort-Assistenten über Menü oder Tastatur. Der Antwort-Assistent ermöglicht umgangssprachliche Suche, z. B. in Form von gemeinsprachlich formulierten Fragen.

12 Frequently Asked Questions: Frage- und Antwortumgebung als didaktisches Lerninstrument, enthält typische Nutzeranfragen und Erklärungen.

13 Tipp: Hinweise zur Verbesserung von Arbeitswegen.

14 Tutorial: Schriftliche, häufig teilweise auch didaktisch aufbereitete multi-mediale aufbereitete Schritt für Schritt Einführung in die Software, häufig mit Anwendungsbeispielen.

15 Guided Tour: Bezeichnung für eine Lernplattform, die einen (ersten) Eindruck über die Struktur und Funktionsweise einer Softwareanwendung gibt.

16 Readme-Datei: Textdateien mit Informationen zum Softwareprogramm, enthält in der Regel Installationsanweisungen, Hinweise auf Inkompatibilitäten und Details für eine reibungslose Nutzung.

Die Lernsysteme dieser Gruppe zeichnen sich dadurch aus, dass sie interaktiv mit dem Nutzer agieren und sich nicht auf eine aktuelle Anwendungssituation beziehen. Sie verfolgen vielmehr ein definiertes Lernziel.

Ist die Beschreibung der Benutzerschnittstelle der Software gemeint, in der die Programmbenutzung erklärt wird, spricht man von Benutzerdokumentation. Zur Benutzerdokumentation gehören Handbücher, die gedruckt oder in elektronischer Form mit dem Softwareprogramm ausgeliefert werden. Die Unterscheidung zwischen Online- und Druckdokumentation ist vom Medium abhängig auf dem die Dokumentation zur Verfügung gestellt wird. Bei Druck- oder Printdokumentationen ist das Speichermedium in der Regel Papier oder ein druckbares Format[17]. Elektronische Online-Systeme arbeiten mit so genannten seitenorientierten Hilfen, die die Nutzer bei ihrer Arbeit mit dem Softwareprogramm unterstützen sollen. Diese handbuchähnlichen Dokumente können wie Druckseiten am Bildschirm "On-Screen"[18] in einem so genannten Sichterformat gelesen werden. Hierbei sind das Layout und die Zeilenumbrüche statisch, "Umblättern der Seiten" wird durch Scrollen[19] am Bildschirm erzeugt. In solchen traditionell orientierten Online-Handbüchern können z. B. Inhaltsverzeichnis und Text dynamisch verlinkt sein, so dass durch Anklicken von markierten Teilen im Dokument von einer Stelle zur anderen gesprungen werden kann. Ein typisches Beispiel für diese mit einfachen Verknüpfungen ausgestatteten Hilfen ist z. B. die integrierte Hilfe im Programm Adobe Acrobat Reader.

Weiterhin gehören auch Online-Dokumentationen[20] zur Benutzerdokumentation. Mit diesen Systemen beschäftigt sich diese Arbeit. Online-Systeme, die während der Programmbenutzung auf der Programmebene zugänglich sind, bezeichnet man als fensterorientierte Online-Hilfen. Online-Hilfen sind

---

17 Druckbares Format: Für den Druck/die Druckvorstufe mit einem Textverarbeitungssystem, Desktop-Publishing-System oder Layout-System erstellte Datei.

18 On-Screen: Darstellung auf dem Bildschirm. Häufiger ist die Bezeichnung online, obwohl streng genommen online bedeutet, dass eine Online-Verbindung via Server oder Netzwerk zum Internet besteht, was nicht bei allen Online-Realisierungen der Fall ist.

19 Scrollen: Bildlauf. Bildschirminhalte, die über ein darstellbares Maß hinausgehen (z. B. mehr Text als sich in einem Bildschirmfenster darstellen lässt) werden mit einer Bildlaufleiste/Scrollbalken) dargestellt. Durch Betätigen der Bildlaufleiste mit Maus oder Cursor können bis dahin nicht angezeigte Bestandteile von z. B. Dokumenten oder Bildern angezeigt werden.

20 Online-Dokumentation: Eine einheitliche Definition steht bis heute aus. Zur Einordnung von Online-Dokumentation siehe auch Shirk 1988, Brodbeck/Rupietta 1994, Villiger 2002, Hoffmann/Hölscher/Thiele 2002, Grünwied 2005, 2007.

auf die Arbeitssituation der Benutzer ausgerichtet. Aufgabenspezifische Systeme, sind so gestaltet sind, dass sie dem Nutzer Interaktionsmöglichkeiten mit der Hilfe anbieten. Diese performanzorientierten[21] instruktiven Hilfen stellen eine Wissensbasis über die Funktionsweise und den Umgang mit der Software dar. Dabei verteilen sich die informationellen Inhalte von Online-Hilfen auf miteinander verknüpfte Bildschirmfragmente (Fenster), die keine nummerierten Kapitel oder Seiten enthalten und in denen sich Texte und Bilder nicht – wie bei den Printdokumentationen – in einer linearen Folge darstellen. Online-Hilfen liegen gängigerweise als Hilfedateien des Betriebssystems im Programm oder als kompilierte[22], plattformunabhängige[23] HTML[24]-Hilfen mit eigenem (Web)browser[25] vor. Hilfedateien und plattformunabhängige Hilfen sind über das Hilfe-Menü der jeweiligen Software oder über den Hotkey[26] F1 (oder andere Funktionen) abrufbar und werden mit dem Softwarepaket installiert. Online-Hilfen werden meist in Hilfebrowsern dargestellt. Diese werden häufig als dreiteiliges Hilfefenster auf der Benutzeroberfläche umgesetzt und enthalten Funktionsleiste, Verzeichnisse und den Themenbereich. Das Hilfefenster ist parallel zur Anwendung auf dem Bildschirm geöffnet. Die Bedienelemente des Fensters und die Gesamtgröße des Fensters können durch Ziehen mit der Maus verändert werden. Siehe Abbildung 2-3.

---

21 Performanzorientiertheit: Vgl. Duffy/Palmer/Mehlenbacher 1992.

22 Kompilierung: Das in einer Quellsprache geschriebene Programm wird in ein semantisch äquivalentes Programm in der Zielsprache übersetzt.

23 Plattformabhängigkeit: Die Eigenschaft eines Programms auf verschiedenen Computersystemen mit Unterschieden in Architektur, Prozessor, Kompiler, Betriebssystem und weiteren Dienstprogrammen, die zur Übersetzung notwendig sind, lauffähig zu sein.

24 Hypertext Markup Language, Hypertext-Auszeichnungssprache. Textbasierte Auszeichnungssprache zur Strukturierung von Inhalten wie Texten, Bildern und Hyperlinks in Dokumenten.

25 Browser: Computerprogramme, mit denen sich multi-mediale Dateien betrachten und lesen lassen.

26 Hotkey: Tastenkombination. Gleichzeitiges oder aufeinander folgendes Drücken bestimmter Tasten der Computertastaturen erzeugt die Auslösung von Steuerbefehlen an ein Programm. Programme, die für bestimmte Betriebssysteme entwickelt wurden, verwenden häufig die gleichen Tastenkombinationen. In Microsoft-Windows-Anwendungen lässt sich die Online-Hilfe in der Regel mit der Taste F1 aufrufen.

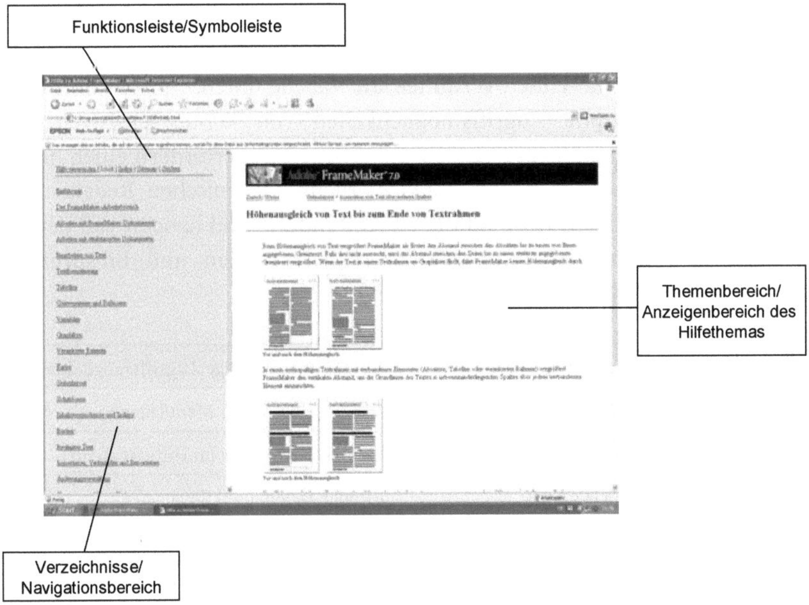

Abb. 2-3: Dreiteilige Oberfläche der Online-Hilfe von Adobe FrameMaker 7.0

Fensterorientierte Online-Hilfen

Die vorliegende Arbeit handelt von diesen produktgekoppelten kontextunabhängigen fensterorientierten Hilfen mit vernetzten Hypertextgestaltungen. Während die weiter oben beschriebenen kontextsensitiven Hilfeformen in hohem Maße kooperative Zusammenarbeit zwischen Software- und Hilfeentwicklung erfordern, ist die Online-Hilfe ein eigenständiges vom Programm abgekoppeltes und relativ unabhängiges System. Die Grenzen zwischen Online-Hilfe und Programm verwischen jedoch, wo dem Softwarenutzer in Form von verschiedenen Zugangsmöglichkeiten Zugriff[27] auf die Online-Hilfe-Informationen gegeben wird. Dies ist z. B. der Fall, wenn Bedienoberflächen des Menüs und Dialogboxen eine Direkthilfe in Form einer Hilfe-Schaltfläche anbieten, bei deren Betätigung durch Anklicken die entsprechenden Informa-

[27] Zugriffsmöglichkeiten: Werden als Hilfeeinsprünge bezeichnet und durch Ansteuern oder Anklicken ausgelöst. Diese Arbeit verwendet, wo nicht anders angegeben, die Sicht derjenigen, die Online-Hilfen erstellen. Softwareentwickler bezeichnen entsprechend den Zugriff auf die Online-Hilfe aus ihrer Softwaresicht als Hilfeaussprung (z. B. aus Dialogen).

tionen aus der Online-Hilfe in einem Fenster parallel zur Anwendung dargestellt werden[28]. Einen Eindruck über die verschiedenen Zugriffsmöglichkeiten der Nutzer auf Online-Hilfen vermittelt die Tabelle unten. Mit der Softwareanwendung verknüpfte Zugriffsmöglichkeiten von kontextsensitiven und kontextunabhängigen Einsprüngen in die Online-Hilfe erfordern einen hohen Abstimmungsaufwand zwischen Entwicklern und technischen Redakteuren. Sie variieren jedoch von Anwendung zu Anwendung und hängen von den im Softwareentwicklungsverlauf festgelegten Hilfekategorien und Einsprüngen der Anwendungssoftware ab.

Kontextsensitive Zugriffsmöglichkeiten	Kontextunabhängige Zugriffsmöglichkeiten
Hilfe-Schaltfläche im Dialogfeld	Menü "Hilfe" in der Menüleiste
Hilfemeldung in der Statuszeile	Eingabe einer Frage im Hilfeassistenten
Hilfe als Fensterrahmen (Popup)	F1 oder andere Funktionstasten
	Web-Anwendungen: Hauptmenü

Tab. 2-1: Zugriffsmöglichkeiten auf die Hilfe

Die Wahl der Zugriffsmöglichkeiten und die Nähe zum Softwareprodukt sind entscheidungskritische Aspekte im Online-Hilfe-Produktionsprozess. Sie spielen bei der Planung und Umsetzung von Online-Hilfe-Produktionen eine zentrale Rolle. Wie die Online-Hilfe-Produktion in den Softwareentwicklungsprozess eingebettet ist, beschreibe ich in Kapitel 3.1.

2.2 Hypertext-Konzept

Das Hypertext-Konzept, das der Struktur von Online-Hilfen zugrunde liegt, basiert auf der Hyperlink-Technik. Diese bietet die Möglichkeit

> (…) unterschiedlichste Informationen an beliebig vielen Punkten untereinander zu verknüpfen und selektiv-recherchierender Nutzung durch einfachen Mausklick (oder andere Aktionen, Anm. CH) zugänglich zu machen. (Schmitz 2004:87).

[28] Zugriffsproblematik: Kooperationsproblematik zwischen Softwareerstellung und Dokumentproduktion.

Obwohl das Internet die gebräuchlichste Plattform für die auf diesem Konzept basierende Textproduktion und Textrezeption ist, gibt es hypertextuell und hypermedial zur Verfügung stehende Informationen auch auf festen Datenträgern (z. B. CD und DVD). Auch auf standardisierten Betriebssystemen und Benutzerschnittstellen aufgebaute Online-Hilfen sind ein Beispiel für Bereiche, wo herkömmliche Informationstypen in Hyperumgebungen in spezieller Weise konzipiert werden. Ihre Darstellungsform unterscheidet sich entgegen ähnlichen, herkömmlichen Darstellungsformen verwandter gebräuchlicher Textsorten und Hyperlink-Technik (siehe unten).

Das Hypertext-Konzept als abstrakte strukturierende Größe hinter Hypertext einerseits und die Hypertext-Technologie (die Umsetzung des Konzepts im Hinblick auf die technischen Möglichkeiten und Gegebenheiten, die Anforderungen und den Bedarf der Nutzer), machen Online-Hilfen zu Hypertexten.

Hypertext

Betrachtet man Hypertext als zu definierende Größe, so lässt sich Hypertext in die Bereiche Struktur, Operation, Interaktion und Medien unterteilen[29]. Je nach Blickwinkel werden die Schwerpunkte bei der Definition durch unterschiedliche Gewichtung auf diese vier Bereiche verteilt und ihre Betonung variiert. Weitere Spezifika, wie der Aspekt der Modularität, der Vergleich zwischen Hypertexten und Printtextsorten, sich daran anschließende Überlegungen zum Medienwechsel und zu dem potentiellen Mehrwert von Hypertexten, Überlegungen zur Art der Wissensrepräsentation in Hypertexten und Fragen bezüglich der Produzenten- und Rezipientensichtweise markieren die Überlappungen der oben genannten Bereiche.

Was so hyper ist am Hypertext[30], wird in der Literatur ebenso diskutiert, wie die Frage ob es sich bei Hypertexten überhaupt um Texte handelt, wo die Textgrenzen verlaufen und wie Informationseinheiten in diesen Textgrenzen und darüber hinaus gefasst werden.

---

29 Definitionsbereiche: Vgl. Hofmann/Simon 1995:6, ähnlich Pohl 2002:52f, konzeptuelle und technologische Betrachtungsweise vermischend Intemann 2002:67ff.

30 Was ist so hyper am Hypertext: Vgl. Perfetti 1996 und den vielzitierten gleich lautenden Artikel von Storrer 2000.

Um den Rahmen dieser Arbeit nicht zu sprengen, werden die oben genannten Bereiche und ihre Beschreibungsaspekte hier in einschränkender Weise diskutiert, auf entsprechende Basisliteratur wird hingewiesen. Die Einschränkung besteht darin, das sich im Anschluss an die grundsätzliche Bestimmung von Hypertext hier die Beschreibungen konsequent auf Online-Hilfen beziehen – und wo nicht anders angegeben – ein Prozess- und Produzentenblickwinkel angelegt wird.

Bestimmungen und Aspekte

In der Literatur[31] werden Hypertexte im Allgemeinen als nichtlineare oder multilineare bzw. netzartige Organisation elektronischer Texte oder Dokumente auf Computerplattformen[32] definiert, deren Informationseinheiten, Informationsbausteine oder Wissenseinheiten durch assoziative Verbindungen (die so genannten Hyperlinks) verknüpft sind. In diesem Sinne ist Hypertext

> (…) a form of organizing text in computers that permits the linking of any place in text (or other media) to any other place and the rapid retrieval of information by following trails of these associative links. (Horn 1989:I)

Informationseinheiten

Die Verbindung von Informationen und Informationseinheiten in Hypertext erfolgt typischerweise über Grundmuster der Funktionskomponenten aus Knoten (Texte, Textteile oder Präsentationsobjekte[33]) und Kanten (Verbindungen der Knoten, Links).

> Die Grundidee von Hypertext besteht darin, daß informationelle Einheiten, in denen Objekte und Vorgänge des einschlägigen Weltausschnittes auf textuelle, graphische oder audiovisuelle Weise dargestellt werden, flexibel über Verknüpfungen manipuliert werden. (Kuhlen 1991:13)

31 Methoden und Ansätze zur Untersuchung und Design von Hypertexten und Verständlichkeit von Hypertexten: Folz 1996:113f.

32 Elektronische Realisierung: Diese Einschränkung in Definitionen grenzt gedruckte Dokumente, die hypertextähnliche Strukturen, modular aufgebaute Texteinheiten und Verweise aufweisen, wie z. B. Nachschlagwerke aus.

33 Präsentationsobjekte: Begriff bei Eherer. Der Inhalt von Präsentationsobjekten "kann von reinen [sic] Text über Graphiken und Bilder bis hin zu Bewegtbildern oder Ton reichen". (Eherer 1995:2)

> Textuelle bzw. multimediale Informationen werden nämlich in einer netzartigen Struktur dergestalt miteinander verknüpft, dass Nutzer über Mausklick oder Bildschirmberührung auf bestimmte ausgezeichnete Stellen darin (sogenannte Hyperlinks) zu anderen Informationseinheiten gelangen. (Schmitz 2004:87).

Knoten

Somit sind Wissen und Informationseinheiten in Hypertextstrukturen netzartig in einzelnen Knoten(texten) repräsentiert. Diese sind durch Hypertextverknüpfungen an ihren Kanten miteinander verbunden, sie können aufeinander verweisen und stehen zueinander in Beziehung. Die Informationen bestehen aus standard- und/oder fachsprachlicher Hypertextsprache und ggf. aus Multimediaelementen und treten in Fragmenten auf.

> Nodes are the fundamental unit of hypertext, but there is no agreement as to what really constitutes a 'node'. The main distinction is between frame-based systems and window-based systems. (Nielsen 1995:136f.)

> Links are the other fundamental unit of hypertext besides nodes. Links are almost always anchored at their departure point to provide the user with some explicit object to activate in order to follow the link. The result of activating the anchor is to follow the link to its destination node. Most often, this anchoring takes the form of 'embedded menus' where part of the primary text or graphics does double duty as being both information in itself and being the link anchor. (Nielsen 1995:136ff.)

Verknüpfung

Die Verknüpfungsstrukturen sind vor allem deshalb ein hervorstechendes und besonderes Merkmal von Hypertexten, weil sie das Bindeglied zwischen fragmentierten Segmenten und Informationseinheiten bilden. Durch Verknüpfungsstrukturen gestalten sich die Textstrukturen deutlich weniger konventionell als bei Printdokumentationen. Die Textproduktion dieser netzartigen Textgestalt stellt andere Herausforderungen an die Hypertextautoren als die häufig zu Vergleich herangezogenen Printdokumente. Für den Netzaufbau und die Grundstruktur ist die Größe der Knoten, die "Granularität" der Informationseinheiten dieser Fragmente entscheidend. Der häufig heterogene Granulierungsgrad der Knoten, Knoteninformationen und Knoteninhalte sorgt allerdings für notorische Schwierigkeiten bei der Hypertextproduktion. Neben dem veränderten Schreib- und Strukturierungsverhalten der Autoren und den fragmentierten Textprodukten verändert sich auch das Rezeptionsverhalten der Nutzer in Hypertexten entsprechend der verwendeten Vernetzungstechnologien.

> Hypertext: The technology of non-sequential reading and writing. Hypertext is technique, data structure, and user interface. (...) A hypertext (or hyperdocument) is an assemblage of texts, images, and sounds - nodes - connected by electronic links so as to form a system, whose existence is contingent upon the computer. The user/reader moves from node to node either by following established links or by creating new ones. (Berk/Devlin 1991:543)

Hypertextautoren legen für Knoteninformationen in den Hypertexten Informations- und Wissensnetze in Form von Rezeptionspfaden an, entlang denen sich Softwarenutzer bei der Rezeption der Hypertexte bewegen, indem sie aneinander gereihte Einheiten eines Hypertextes in Form von Links verfolgen und anderen Steuerungsmechanismen betätigen.

Die Schreibwege der Autoren und die Lese-, Wahrnehmungswege der Nutzer weichen allerdings aufgrund von variierenden Textproduktions-, Rekombinations- und Rezeptionsaspeken (technischer und sprachlicher Art) voneinander ab.

Hypertextarchitektur

Dem Ansatz der Architektur von Hypertextsystemen nähert man sich durch die Trennung zwischen Aufbau- und Zugriffskomponenten[34] des Hypertextsystems. Diese werden in der englischen Literatur als Browsing und Authoring bezeichnet, teilweise auch in Retrieving (Browsing und Searching) und Authoring (Creating and Designing[35]) unterteilt.

Besonders aus Produzentensicht ist diese Betrachtungsweise sinnvoll, weil sie den bei der Gestaltung von Hypertexten immer wieder erforderlichen Perspektivenwechsel auf die Sicht der Nutzer unterstützt. Kuhlen teilt Hypertextsysteme entsprechend in folgende Komponenten ein:

34 Aufbau- und Zugriffskomponenten: Vgl. Streitz/Hannemann/Thüring 1989:344, Kuhlen 1991:18f., mit Bezug auf Online-Hilfen: Knopp 2001:41f.

35 Design: Designverfahrensentwicklung nach den Prinzipien der Softwareentwicklung: Vgl. Kendall/Kendall 1992. Zusammenfassung der linguistischen Aspekte des Designs: Ibsen 2001:70f.

- eine aus mehr oder weniger strukturierten und verknüpften Knoten und Links bestehende, technisch auf ein Hypertext-Managementsystem aufgesetzte Hypertextbasis (Dateien),
- eine Navigationskomponente (Navigations- und Suchkomponente) auf der Nutzerseite,
- eine Autoren- und Konversionskomponente (vgl. Kuhlen 1991:20f.).

Das Zusammenspiel der Komponenten verdeutlicht die Abbildung 2-4.

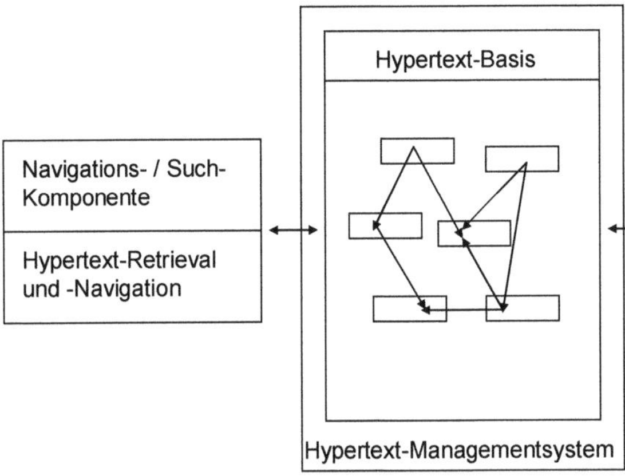

Abb. 2-4: Architektur eines Hypertextsystems (Kuhlen 1991:20f.)

Hypertextproduktion

Während Hypertexte in der Vergangenheit häufig durch Konversion[36] von Standardtexten in Hypertexte entstanden ist, wird Hypertext heutzutage meist nicht mehr aus existierenden linearen Textelementen, sondern vielmehr heterogen erstellt. Wissen und Wissensstrukturen werden direkt in die Hypertextbasis eingegeben[37]. Dadurch bilden sich eigenständige Formen der Eingabe und Verwaltung von Wissen[38] und modularer aufgebaute Informationsgestal-

[36] Konversion von Text in Hypertext: Vgl. am Beispiel von wissenschaftlichen Texten Storrer 1997:121-253; Verhältnis von Text und Hypertext: Storrer 2000.

[37] Wisseneingabe: Das Eingeben von Wissen erfolgt in modernen Arbeitsumgebungen in der Regel mit Hilfe von so genannten Autorensystemen, nach Struktuierungs-, Modularisierungs- und Designprinzipien.

[38] Hypertext als Strukturierungswerkzeug: Einen Ansatz für die Verwendung von hypertextuel-

ten heraus. Diese gehen nicht mehr zwingend zuerst den (Um)weg über die lineare Textproduktion. Bei der Produktion dieser Hypertexte berücksichtig man die Nutzer als konstruierende Rezipienten von Wissenspfaden. Die hier genannten Produktionsaspekte von Hypertexten gelten ebenso für Online-Hilfe-Produktionen. Auf die Produktionskomponenten von Online-Hilfesystemen und ihr Zusammenspiel aus Prozess- und Produktionssicht gehe ich weiter unten detailliert ein.

Hypertextstrukturen

In Hypertextsystemen lassen sich unterschiedliche Hypertext-Strukturen[39] finden. Gerdes unterscheidet linearen, hierarchischen und vernetzten Hypertext. Lineare Hypertexte sind keine klassischen Hypertexte, allerdings werden innerhalb von Hypertexten auch lineare Strukturen gebildet, wo z. B. Knoten sequentiell angeordnet sind. Thematisch-sequentielle Knoten sind in vielen Hypertexten gängige Verknüpfungspraxis. Die häufig als Merkmal von Hypertexten angenommene Dichotomie Linearität-Nichtlinearität zu konventionellen Texten besteht demnach nicht wirklich. Zum einen, weil gedruckte Texte Elemente von Nicht-Linearität aufweisen können (z. B. Fußnoten) und zum anderen weil auch nichtlineare Texte nur linear vom Nutzer rezipiert werden können. Dabei stehen dem Nutzer in Hypertextsystemen multilineare Verknüpfungsstrukturen zur Verfügung.

Mit Hilfe dieser multilinearen Strukturen stehen dem Nutzer vielfältige Möglichkeiten offen, sich im Hypertextsystem zu orientieren. Nutzer können sich selbstbestimmt oder durch vom Autor intendierte Lesepfade gesteuert durch das System zu bewegen. Dies geschieht durch das Verfolgen von Links, Browsing und oder unter Zuhilfenahme der Navigation[40].

Links

Links werden vom Autor so gesetzt sein, dass bei ihrer Verfolgung der Sinn der Verlinkung für den Nutzer schlüssig und nachvollziehbar ist und keine Verwirrung und Orientierungsverluste entstehen. Da die Hypertexte in der

len Verfahren für die Schreibplanung legt van Berkel 1995 vor.

39 Zu Hypertext-Komponenten siehe Kuhlen 1991:20ff., zu Hypertext-Strukturen, Gerdes 1997:26ff., Bartsch 2001:42f.

40 Navigation: Browsing und Orientierung vgl. Knopp 2001:52ff.

Regel von unterschiedlich vorgebildeten Personen mit voneinander abweichendem Wissensstand benutzt werden, gestaltet sich vor allem das zielgruppenadäquate Verknüpfen im System für Autoren schwierig. Um dem entgegenzuwirken, werden in Hypertexten Informationen häufig auf unterschiedlichen Informationsniveaus zugänglich gemacht.

Browsing

Unter Browsing versteht man kreatives Durchsuchen eines Hypertextsystems nach geeigneter Information. Im positiven Fall führt dies Herumschweifen und Stöbern beim Nutzer zu Mitnahme- und Serendipity-Effekten und sich daran anschließender Erkenntnis oder Problemlösung. Im negativen Fall kann es zu Orientierungsproblemen, wie dem so genannten "Lost in Hyperspace Syndrom" oder, nach eingetretenem Orientierungsverlust, zu kognitiver Überlastung, dem so genannten "Cognitive Overload"[41] oder "Cognitive Overhead" führen.

Navigation und Gestaltung

Neben Links und gerichtetem und ungerichtetem und assoziativem Browsing[42] finden auch traditionelle Navigationsmittel wie z. B. Inhaltsverzeichnisse, Stichwortverzeichnisse, Glossare und Übersichten in Hypertexten Verwendung. Die Orientierung im System wird ergänzt durch hypertextspezifische Orientierungshilfen wie Backtracking, History List (Dialog-Historie) oder Bookmarks, Fish-Eye-Views, Verweismarkierungen und Suchmechanismen (Schlüsselwortsuche, Volltextsuche)[43]. Die Navigation hängt eng mit der optischen Gestaltung der Informationseinheiten zusammen. Die optische Gestaltung der Informationseinheiten einer Hypertextbasis im Hinblick auf

41 Cognitive overload: Kognitive Mehrbelastung, die aus der Nutzung von Wahlmöglichkeiten beim Navigieren im Hypertext entstehen kann. Die Entscheidungsprozesse für die Pfadauswahl im multilinearen System beanspruchen Ressourcen, die wiederum nicht mehr zur eigentlichen Informationsverarbeitung des betreffenden (Lern)Themas zur Verfügung stehen. Bezüglich digitaler Lernumgebungen ist die Frage, ob frei navigierbare Hypertexte im Vergleich zu linearen Texten deutlicher zu kognitiver Mehrbelastung der Nutzer führen oder nicht strittig. (Vgl. Zumbach/Rapp 2001.) Die Simplifizierung von textuellen Angeboten in Untersuchungs-Settings und die fragwürdige Validität von Untersuchungen in diesem Bereich ist anzuprangern.

42 Browsing und Browsingarten: Vgl. Kuhlen 1991.

43 Orientierung im System: Vgl. Knopp 2001:56f.

Lesbarkeit, Übersichtlichkeit, Wiedererkennungswert, Erkennbarkeit der Strukturebene und visuelle Auszeichnungen trägt auf Gestaltungsebene zur Nutzerorientierung im Hypertext bei.

Hypertext und Hypermedia

Ein häufig verwendetes Synonym von Hypertext ist Hypermedia[44]. In Abgrenzung betont Hypertext den textuellen Anteil innerhalb einer Gesamtstruktur, medial betont alle anderen graphisch-visuellen und audiovisuellen Anteile eines Hypersystems. Seit Nelson 1965 den Begriff Hypertext geprägt hat, wird dieser als Oberbegriff für alle Systeme, auch diejenigen die Grafiken, Videos und Ton einbinden, verwendet.

> Let me introduce the word 'hypertext' to mean a body of written or pictorial material interconnected in such a complex way that it could not conveniently be presented or represented on paper.[45] (Nelson 1965:188)

Als Väter des Hypertext-Konzepts gelten Vannevar Bush (Grundidee, *Memex*), Ted Nelson (Weiterentwicklung der Grundidee, *Xanadu*) und Douglas Engelbart (Realisierung, *NLS/Augment*)[46]. Ihnen verdankt das Hypertext-Konzept die Grundüberlegung der möglichen Analogie zwischen assoziativem Arbeiten des menschlichen Gehirns und assoziativem Vernetzen von Texten zur vereinfachten und beschleunigten Rezeption in Computersystemen.

> (...) we can say that hypertext was conceived in 1945, born in the 1960s, and slowly nurtured in the 1970s, and finally entered the real world in the 1980s with an especially rapid growth after 1985, culminating in a fully established field during 1989. (Nielsen 1990:41)

Kognitive Plausibilität

Ziel der Hypertextentwicklung war einerseits, die Reichweite des menschlichen Denkens zu erweitern, andererseits Texte nicht-lokal miteinander zu

---

44 Hypermedia: Multimedialer Hypertext. Hypertext bildet in Form der Verkettungstechnik von Knoten die Basis für die Verknüpfung verschiedener Medien.

45 'Hypertext': Der Autor knüpft an das Wort Hypertext im Zitat oben die folgende Fußnote: *The sense of 'hyper-' used here connotes extension and generality.* (Nelson 1965:188).

46 Historische Überblicke über Hypertextkonzept und Systeme: Conklin 1987, Nielsen 1990, Schulmeister 2002.

verknüpfen. Die Analogie zwischen netzwerkartiger Struktur der Wissensorganisation im menschlichen Gehirn und Hypertext[47] ist bis heute ebenso strittig, wie die Überlegung, dass beim Rezipieren von multilinearen Hypertexten der Prozess der Delinearisierung entfällt, weil Wissen aus netzwerkartigen Strukturen "direkt" aufgenommen werden kann und Hypertext zur Kommunikation von Wissen besser geeignet ist als lineare Texte. Diese unter dem Schlagwort "kognitive Plausibilität"[48] bekannt gewordenen Annahmen werden vielfach harsch zurückgewiesen. Beispielsweise Lutz, der sie als "Vulgärvorstellung der kommunikativen Effizienz von Hypertext" (Lutz 1996:95) bezeichnet. Bei der kognitiven Plausibilitätstheorie nimmt man an, dass von der Wissensorganisation im Gehirn in vernetzten topologischen, nicht-linearen Strukturen direkt auf die Lernförderlichkeit von Hypermedia (mit ähnlichen Strukturen) geschlossen werden kann. Dieser vereinfachten Annahme ist entgegenzusetzen, dass Hypertexte zwar multilinear vorliegen, aber linear rezipiert werden. Sofern, wie angenommen, bei jedem Nutzer im Gehirn schon Netzwerkstrukturen vorliegen, die durch den Hypertext erweitert werden sollen, ist es sehr unwahrscheinlich, dass das vom Hypertextautor vordefinierte Netzwerk genau zur Netzstruktur im Gehirn des Nutzers passt. Bei Abweichungen kann die Integration beider Netzwerke für den Nutzer schwieriger sein, als z. B. die Integration einer linearen Informationsstruktur (vgl. Kuhlen 1991:55f., Zumbach/Rapp (2001)). Der Grund dafür ist, dass Hypertexte nur eine relativ statische strukturierte Datenbasis sind, ein Gedächtnis aber anhand von Regeln und Prozessen operiert, dynamischer und komplexer ist.

> In popular discussions, hypertext has come to be associated with the notion of associative thought. Hypertext, we have often been told, provides a technology of writing and reading that fits the associative way that the human mind works. Yet, neither the mind nor hypertext is simply associative, and hypertext can assist thought and writing in multiple ways. (Kolb 2005:7)

Während die Idee, assoziatives Verbinden von Informationen – wie es in Hypertexten realisiert wird – bilde die Funktionsweise des menschlichen

---

47 Analogie: Aus rein struktureller Sicht durchaus zustimmbar.

48 Kognitive Plausibilität: Zusammenhang zwischen Informationsaufbereitung und Informationsverarbeitung. Vgl. Kuhlen 1991 und besonders Hammwöhner 1993:23-28.

Gehirns ideal ab, ins Reich der Mythen gehört, da sich Hypertextautoren (besonders in der technischen Dokumentation) bisher in ihrer Tätigkeit im Sinne von lerndidaktisch orientiertem Wissenserwerb (zu) wenig mit assoziativen Theorien menschlicher Kognition beschäftigen[49], hat sich die Idee einer aus mehreren Informationseinheiten bestehenden und an den Kanten verbundenen Struktur sowohl als Standard im World Wide Web als auch in lokalen Anwendungen heutzutage durchgesetzt, bleibt aber in ihrer Realisierung weit hinter den technischen Möglichkeiten zurück.

> Hypertext und Hypermedia erlauben völlig neue, nichtlineare und multimediale Darstellungsweisen, deren semiotische Möglichkeiten trotz großer Experimentierfreude bisher erst kaum ausgeschöpft wurden. (Schmitz 2004:88)

Konventionalisierung

So sind z. B. eine Vielzahl von Verweismöglichkeiten nicht für alle Textsorten und Hypertext-Realisierungen sinnvoll, der Anwendungsbereich, die Aufgabenorientierung und das prototypische Nutzerverhalten bestimmen den Grad der Technologisierung. Dabei muss bedacht werden, dass das Nutzerverhalten im Hinblick auf Hypertechnologie noch nicht konventionalisiert und Hypertextkonventionen beim Nutzer noch nicht "veralltäglicht" (vgl. Jakobs 2004:249) sind. Eine Überfrachtung mit technologisch unterstützten Nutzungsmöglichkeiten kann für die Rezeption, Verständlichkeit und Anwendbarkeit von Hypertextprodukten kontraproduktiv sein.

> (...) I suggest that the fragmentation of hypertext will likely continue, since different tools answer to differing needs of authors and to the internal complexities of the process of writing. (...) Hypertext is an event, a mode of access and reading, an experience of nonlinear linking and juxtaposition, no matter what data structures the content resides in. Many hypertext systems include mulitple modes of presentation and manipulation to fit authors differing cognitive and compositional styles. (Kolb 2007:12)

Im Hinblick auf die Nutzungsmöglichkeiten von Hypertexten rückt die Einbeziehung der Nutzer nicht nur als lesepfadkonstruierende, sondern auch als

49 Unterschiedliche Zielgruppen: Mit dem Phänomen des Schreiben-Lernens und dem Wissenserwerb durch Schreiben für unterschiedliche Zielgruppen beschäftigt sich die Studie von Stahl/Bromme/Stadtler/Jaron 2007.

struktur- und inhaltverändernde Größe zunehmend in den Vordergrund. Entsprechend unterscheidet man zwischen explorativen und konstruktiven[50] Hypertexten. Erstere werden nur gelesen, letztere ermöglichen den Eingriff des Nutzers durch Änderung und Reorganisation. Diese Entwicklung beeinflusst auch die technische Umsetzung in Nutzerkonzepte bei der Online-Hilfe-Produktion.

Online-Hilfen als Hypertexte

Oben habe ich zunächst das Hypertext-Konzept mit seinen Möglichkeiten, zugrunde liegenden Ideen, Grundmustern, Realisierungsformen und typischen Nutzungsmöglichkeiten vorgestellt. Im folgenden Abschnitt werden die dringlichen Aspekte diskutiert, die sich im Zusammenhang mit der Produktion von in Online-Hilfen umgesetzten Hypertexten ergeben.

Struktur und Modularisierung

Die oben beschriebenen hypertextuellen Strukturen treten auch in Online-Hilfen auf. Grundmuster finden sich in Breite, Tiefe und Funktionalität etwas reduzierter auch in dieser Textsorte. Hier funktionieren sie mit dem Ziel, schnell und unmittelbar im aktuellen Arbeitskontext des Nutzers Unterstützung bei seiner Arbeit zu liefern. Sie sind damit kleine, in sich geschlossene Verwandte von großen offenen Hypertextsystemen. Online-Hilfen werden vom Nutzer konsultiert, wenn das aktuell benutzte Anwendungsprogramm an irgendeiner Stelle nicht selbsterklärend ist und Informationen benötigt werden, die nicht offensichtlich erschließbar sind. Online-Hilfen werden konsultiert, um bei der Arbeit auftretende Probleme zu lösen oder eine Tätigkeit erfolgreich durchzuführen, weiterzuführen oder abzuschließen. Durch Stockungen im Arbeitsprozess des Softwareanwenders entsteht Zeitdruck. Um diesen so gering wie möglich zu halten, werden Nutzern in Online-Hilfen selektive Rezeptionsformen zur Verfügung gestellt, die einen schnelleren Zugriff auf die aktuell vom Nutzer benötigte Information gewährleisten können. Aus Nutzersicht müssen Informationen leicht zu finden, seinem Vorwissen entsprechend leicht zu verstehen, so kurz und knapp wie möglich und so

50 Explorative und konstruktive Hypertexte: In der Literatur auch als Lesesysteme und Autorensysteme (Anwender verändert aktiv am Hypertextnetz) unterschieden (Fremmer 1992:190). Die Benennung Autorensystem wird heutzutage nahezu ausschließlich für ein Anwendungsprogramm verwendet, das z. B. technische Redakteure bei ihrer Tätigkeit unterstützt.

informativ und umfassend wie nötig sein. Neben der Kürze und Prägnanz von textuellen und visuellen Elementen sind vor allem deren Strukturierung und Organisation im System und die Unterscheidung der Informationsebenen im Hinblick auf verschiedenen Nutzertypen für die Hypertextstrukturierung relevant. Auf dieser Basis ergeben sich für Online-Hilfen typische hypertextuelle Strukturierungsmuster der Hypertextbasis. Neben der meist dreiteiligen Grundstruktur (siehe unten) treten sie in den folgenden Formen auf:

- modular in Teiltexte zerlegte Informationseinheiten mit Verknüpfungen (die unten beschriebenen Knoten und Links, die in der Regel als dreiteiliges Fenster (vgl. Abbildung 2-3) parallel zur Anwendung auf der Benutzeroberfläche dargestellt werden),
- hypertextuelle Navigationskomponenten,
- Strukturierungsvarianten (z. B. kontextsensitive Hilfeelemente, wo Problemgegenstand und Problemlösungsmittel miteinander verknüpft sind (vgl. Jakobs 2004:243)).

Grundstrukturierung

Zur Grundstrukturierung gehört die Modularisierung des Systems, die in jeweils in einer bestimmten Hierarchisierung vorliegt. Diese Hierarchisierung in Online-Hilfe-Systemen kann sich auf die folgenden Bereiche beziehen:

- Inhalte (z. B. Text oder Bild und deren Länge und Umfang),
- Themen (inhaltliche Ebene) oder
- interaktive Elemente.

Man unterscheidet Strukturierungsmuster in Über-, Unter- und Nebenordnung (Baum-, Gitter-, Lineare- oder Netzstruktur) und die Strukturierung nach Handlungshierarchie und Themenhierarchie, sowie nach materieller Textgestalt. Typischerweise wird auch in Online-Hilfen in Knoten und Kanten (Links) strukturiert. Die Relation zwischen beiden bezeichnet man als Pfade. Diese Benennungen werden durch die Netzmetapher unterstützt, die das Gebilde aus Knoten, Verknüpfungen und Pfaden zusammenfasst.

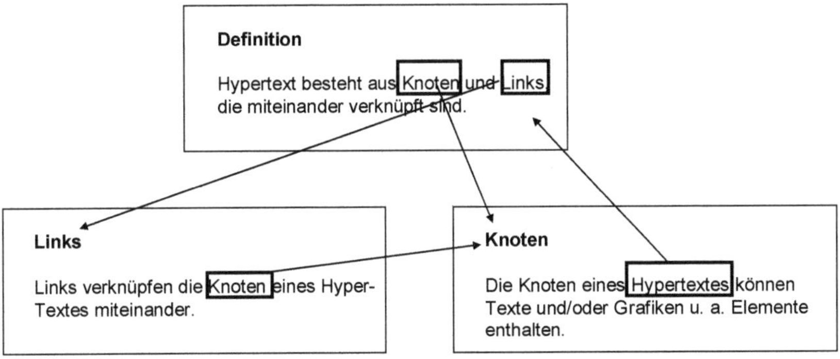

Abb. 2-5: Zusammenhang zwischen Knoten und Links

Die Netzstruktur liegt aber im Verborgenen, in der Regel sieht der Nutzer eines Hypertextnetzes nur den aktuellen Knoten.

Knoten

Knoten können in Online-Hilfen Text oder alle anderen Arten von Daten sein. Eine Kombination aus Text und Abbildungen aus der Anwendungssoftware sind die häufigsten Datenarten. Von einem Knoten wird zu anderen verwiesen, indem im Text oder Bildteilen durch farbliche Gestaltung oder sonstige Markierung (z. B. ikonische Schaltflächen) hervorgehoben oder unterstrichen werden. Diese sind interaktiv. Werden sie mit der Maus angeklickt, dann verweisen sie als so genannte Anker auf Ziele in anderen Knoten desselben oder eines anderen Hypertexts. Strukturknoten, in der Regel übergeordnete Knoten des Systems, geben Aufschluss über die Gesamtstruktur des Netzes und enthalten z. B. Inhaltsverzeichnis und Index. Navigationsknoten enthalten Anleitungen zur Orientierung im System und in der Regel Angaben über die Handhabung der Software, die sie beschreiben. Knoten werden aufgrund ihrer äußeren Gestalt häufig als Fenster oder Frames bezeichnet. Der Name des Fensters und der Knotenname können voneinander abweichen. Der Knoteninhalt bildet die informationelle Einheit[51], wobei je nach Gesamtstruktur des Hypertextes der Knoten eine in sich geschlossene, kontextuell unabhängige

51 Informationelle Einheit: Kohäsiv geschlossene Texteinheit, die auch als Node, Information Block, Informationseinheit, Frame, Card, Fenster, Textblock oder Knoten bezeichnet wird.

Einheit bildet (lokale Kohärenz) oder offen ist und von anderen Knoten inhaltlich abhängt (globale Kohärenz). Abbildung 2-6 zeigt eine Knotens.

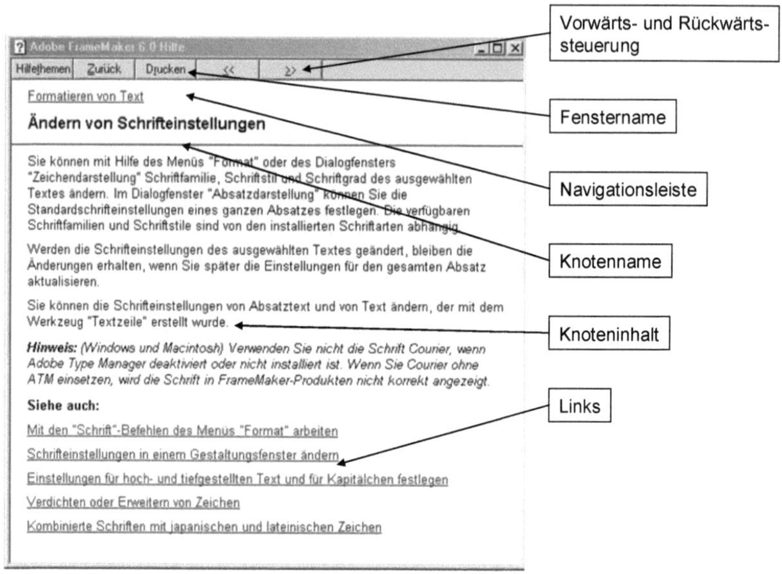

Abb. 2-6: Informationsknoten aus der Online-Hilfe von Adobe FrameMaker 6.0

Haupt- und Unterknoten können unterschiedliche Arten von Informationen enthalten und die Informationen können vom Autor wahlweise auf viele kleine Knoten mit vielen Verknüpfungen oder auf wenige große Knoten verteilt werden. Die räumliche Verteilung und deren Erkennbarkeit für den Nutzer spielen bei der Gestaltung von Online-Hilfen eine große Rolle. Die Knoten sind mit ihren über- bzw. unter- oder nebengeordneten Knoten durch Navigationskomponenten verbunden.

Navigationskomponenten können Pfeilikonen, Vorwärts- und Rückwärtssteuerung oder auch interaktive Seitenzahlen und in den laufenden Text oder in Bilddarstellungen eingebettete Links oder als Aufzählung gestaltete Links sein. Da über die Verwendung der Links die Knoten verlassen werden und die Links damit die Außenfläche der Knoten repräsentieren, bezeichnet man sie auch als Kanten.

Links

Links sind unterschiedlich einteilbar und werden in der Literatur und der Anwendungspraxis auch teilweise unterschiedlich benannt:

- nach ihrer Beziehung und Direktionalität untereinander (1:1-Verknüpfung, 1:m-Verknüpfung, n:1-Verknüpfung oder n:m-Verknüpfung[52]),
- nach der Frage, wo sich Quell- und Ziel, bzw. Ausgangs- und Zielanker befinden (intra-, inter-, extrahypertextuelle Verknüpfungen),
- nach der Frage der Erkennbarkeit der Relation des Quellankers zum Zielanker am Quellanker (referentielle oder typisierte Verknüpfungen) und
- nach der Frage, ob Quell- und Zielanker ein Knoten oder nur ein Teil des Knotens sind (Global-Lokalverknüpfung)[53].

Einsatz der Grundmuster bei der Produktion

Online-Hilfe-Produktionen müssen im Hinblick auf die Verknüpfungsrelationen gut organisiert sein. Dies gilt vor allem für die Anzahl der gewählten Knotenarten, die Knotentiefenstruktur und die Art und Anzahl der gewählten Verknüpfungsmöglichkeiten und deren Funktionalitäten sowie im Hinblick auf zentrale Datenhaltung auch für die Gestaltung und die inhaltlichen Strukturierung der Knoten. In Online-Hilfen werden längst nicht alle möglichen Verknüpfungsstrukturen und Navigationsmöglichkeiten umgesetzt. Da die Nutzeranforderungen bei der Online-Hilfe-Produktion im Vordergrund stehen, werden die Notwendigkeiten und Nutzeranforderungen vor die technischen Möglichkeiten gestellt. Eine Kernanforderung einer Online-Hilfe ist ihre Darstellbarkeit am Bildschirm, parallel zur vom Nutzer bearbeiteten Software. Die eingeschränkte Größe des Bildschirms setzt bei der Entwicklung von Online-Hilfen durch die Granularität der Knoten räumliche Grenzen ((Parallel)darstellung und Aufteilung von informationellen Einheiten). Eine geringe Granularität der Knoten kann zu Dekontextualisierung von Informati-

52 Verknüpfungen: 1:1 = ein Ausgangspunkt, ein Zielpunkt; n:1 = mehrere Ausgangspunkte, ein Zielpunkt; 1:m = ein Ausgangspunkt, mehrere Zielpunkte; n:m = mehrere Ausgangspunkte, mehrere Zielpunkte.

53 Grundstrukturen: Vgl. Kuhlen 1991, Nielsen 1995:2f., Bartsch 2001:39ff., Knopp 2001:44ff., Villiger 2002:25f. Intertextualität bei Hypertext: Landow 1992, Knoten und Links besonders Schnupp 1992:58,134, referenzielle und assoziative Verknüpfungen Kuhlen 1991:34.

onen führen, wird die Korngrößen zu groß gewählt, geht der hypertextuelle Eindruck von Verknüpfung und Modularisierung verloren.

Modularisierung

Die Modularisierung stellt eine weitere Kernanforderung an Online-Hilfen dar. Sie wird technisch durch das Baukastenprinzip des Single-Source-Publishing (SSP) realisiert, einer Strukturierungsmethode, die "Inhalte in wieder verwendbare Module zerlegt, aus denen sich nach dem Baukastenprinzip nach Bedarf passende Dokumente zusammenstellen lassen". (Closs 2007:27). SSP basiert auf der Hypertextforschung und wird mit Unterstützung durch Hilfeproduktionstools in der Online-Hilfe-Produktion schon seit einigen Jahren eingesetzt. SSP verwendet als Ausgangspunkt eine Strukturierungstechnik, die durch die Trennung von Inhalt und Layout unterstützt wird. Das Grundprinzip der Strukturierung und Modularisierung bleibt unabhängig von der Technisierung der Vorgänge im Produktionsprozess jedoch bei der jeder Hypertextproduktion erhalten:

> Die Modularität der Hilfetexte hat auch Einfluss auf die Organisation der Textbasis des gesamten Online-Hilfesystems. Wegen seiner Modularität muss der einzelne Hilfetext in die Gesamtstruktur des Textes eingebettet werden, denn der Benutzer muss häufig mehrere Hilfetexte aufrufen, um die notwendigen Informationen zur jeweiligen Problemstellung zu erhalten. Die Orientierung des Benutzers kann durch eine übersichtliche Gestaltung der Texte (z. B. Tabellen, Listen) und durch eine einheitliche Strukturierung der Texte unterstützt werden. (…) Dabei wird darauf geachtet, dass die Art der Präsentation der Informationselemente in allen Online-Hilfetexten gleich ist (z. B. eine wiederkehrende Abfolge von Überschrift, Darstellung des Verfahrens, Beispiele, u. U. auftretende Probleme, benachbarte Themen). (Villiger 2002:33)

Neben der bei Villiger genannten einheitlichen Strukturierung der Texte und der Informationselemente, sind, bei der Modularisierung die inhaltlichen Aspekte der deklarativen und prozeduralen Informationsvermittlung (wobei die deklarative Vermittlung vor dem Erwerb prozeduralen Wissens erfolgt), der Handlungsbeschreibung und Handlungsanleitung, von Bedeutung. Die Inhaltselemente betreffen das Moduldesign. Ihnen ist noch der Aspekt der Lesbarkeit am Bildschirm hinzuzufügen.

Die Modularisierung setzt voraus, dass die einzelnen Knoten und ihre standardisierten informationellen Einheiten als Teile eines Ganzen unabhängig voneinander Sinn ergeben und sich untereinander kombinieren lassen.

Die Kombinationsmöglichkeiten sollten idealerweise Nutzer mit voneinander abweichenden Kenntnisniveaus in jeweils für sie optimaler Weise unterstützen. Die inhaltlichen Verbindungen zwischen den Knoten sollten dennoch in jedem Fall schlüssig, nachvollziehbar und die Knoten verständlich sein. Die Modularisierung von Inhalten erhöht bei Online-Hilfen den Nutzungskomfort durch schnellen Zugriff auf die gesuchten Informationen (z. B. in Form von Volltextsuchen).

Eine weitere Anforderung an die modularisierten Knoteninhalte ist die der Lokalität des Knoteninhalts zum Nutzerproblem. Ideale Lokalität wird erreicht, wenn der Nutzer mit nur wenigen Klicks die Informationen findet, die ihm bei der Lösung seines Anwendungsproblems optimal helfen können. Damit wird die redundanzfreie Darstellung[54] von Informationen unterstützt, die dafür sorgt, dass Informationen nur einmal vorliegen (und somit auch nur einmal produziert werden müssen), auf sie jedoch von verschiedenen Stellen im Hypertext verwiesen und zu ihnen verknüpft wird.

Die Modularisierung ist Strukturierungsfaktor für die Wissensrepräsentation und Wissens- und Informationsverteilung und bei der Hilfeproduktion auch ein wirtschaftlicher Faktor. Indem standardisierte Knoten eingesetzt werden, hält man laufende Produktionskosten niedrig und erlaubt schnellere Produktzyklen. Diese sind bei der Online-Hilfe-Produktion sehr wichtig, da die Textsorte in hohem Maße der Versionierung unterliegt. Bei der Versionierung werden Module der Hypertextstruktur einzeln oder in Gruppen ausgetauscht oder erweitert, wenn sich an der entsprechenden Softwareanwendung Teile ändern, ohne dass die gesamte Dokumentation überarbeitet werden muss.

Die Kopplung zwischen Kombinierbarkeit, Verständlichkeit, Lokalität und Versionierung ist die inhärente Qualitätsanforderung an Online-Hilfen. Sinnvoll umgesetzt unterstreichen die Strukturierungsfaktoren die hohe Ausdruckskraft von Modulen, umgekehrt können sie zu Navigations- und Orientierungsproblemen im Online-Hilfe-System führen.

54 Redundanzfreie Darstellung: Schütt/Forst 1992:40, Schweiger 1996:327, Edelmann 2003:61.

Navigation und Orientierung

In Online-Hilfen kommen nicht alle für die Informationsvermittlung und den Informationszugang verfügbaren Orientierungs- und Navigationsmittel (vgl. unten) von Hypertexten zum Einsatz.

Navigation

Typischerweise werden traditionelle und multi-lineare Orientierungsmittel vermischt. Neben den oben beschriebenen Informationeinheiten (Knoten) und Links und den dazugehörigen Pfaden, Browsern, vernetzten Ansichten (Web Views), Backtracking, Dialoghistorien, retrospektiven Übersichten, Bookmarks oder Lesezeichen, Wegweisern (Thumb Tabs) und der technischen Möglichkeit der Markierung bereits besuchter Bereiche (Bread Crumbs), werden konventionelle Orientierungsmittel wie Suchfunktionen (Volltextsuche), Index, Inhaltsverzeichnis, bzw. Inhaltsübersichten, Register und gelegentlich auch Wissenskarten (Mind Maps) verwendet. Werden Knoten, Links und Verzeichnisse eingesetzt, dann spricht man von vorwärts gerichteten Navigationsmitteln. Die zeichnen sich dadurch aus, dass sie entweder den Überblick über die Gesamtstruktur beinhalten oder Auskunft über mögliche Lesepfade geben können. Bei Backtracking, Historien, Lesezeichen und Verweisen handelt es sich um rückwärtsgerichtete Navigationsmittel, die den bereits vom Nutzer beschrittenen Pfad rückverfolgen. Backtracking ermöglicht dem Nutzer ein schrittweises "Zurückgehen" im Hypertext, indem zu sämtlichen bereits besuchten Knoten zurücknavigiert werden kann. Die Dialoghistorie (Kuhlen 1991:156, Gerdes 1997:44) stellt eine protokollartige Übersicht über bisher vom Nutzer besuchte Knoten dar. Lesezeichen ermöglichen es, dem Nutzer besonders relevante informationelle Einheiten zu markieren und in eine Liste aufzunehmen, um diese zu späteren Zeitpunkten ohne Zeitverlust wieder ansteuern zu können. Der Lesefortschritt wird dem Nutzer damit nachvollziehbar gemacht.

Browsing

Das sich suchend im Hypertextsystem Bewegen wird als Browsing bezeichnet und nach Kuhlen in gerichtetes Browsen mit Mitnahmeeffekt, gerichtetes Browsen mit Serendipity-Effekt, ungerichtetes Browsen und assoziatives

Browsen[55] unterteilt. Da Online-Hilfen ad hoc Hilfen zu Problemsituationen liefern sollen, sind für Online-Hilfe-Produzenten besonders das gerichtete Browsen mit Mitnahmeeffekt und das ungerichtete Browsen der Nutzer beachtenswerte Größen.

(1) Gerichtetes Browsen mit Mitnahmeeffekt im Online-Hilfe-Zusammenhang:
Thematisch verwandte Informationen werden durch z. B. durch Bubble Help unterstützt. Weiterführende Links zu eng verwandten Themen oder zur vertiefenden Lektüre desselben Knotenthemas (Tiefenstruktur und Nutzerpfade für verschiedene Nutzergruppen) ergänzen das Angebot in den Knoten. Inhaltlich ähnliche oder zusammengehörende Programmaspekte werden in der Hypertextstruktur so zueinander gruppiert, das dem Nutzer ein Informationsangebot gemacht wird, das er nach Bedarf und Interesse annehmen oder übergehen kann.

(2) Ungerichtetes Browsen im Online-Hilfe-Zusammenhang:
In der Online-Hilfe wird das ungerichtete Browsen durch Verzeichnisse und fein gegliederte, programmunterstützte Stichwortsuche abgefangen, wo der Nutzer einerseits durch Einwortbenennungen im System suchen und andererseits in der Übersicht nach Gliederungspunkten suchen kann, die seiner Fragestellung gerecht werden könnten. An das ungerichtete Browsen schließt sich häufig ein gerichtetes Browsen in der Online-Hilfe an.

Serendipity-Effekte sind in Online-Hilfen nicht gewünscht, gelegentlich jedoch nicht vermeidbar. Die informationellen Einheiten werden in Online-Hilfen vom Produzenten bewusst kohäsiv geschlossen gehalten, damit keine

55 Browsingarten: Gerichtetes Browsen mit Mitnahmeeffekt: Bei gezielter Suche stößt der Nutzer auf thematisch verwandte Informationen, nach denen er ursprünglich nicht gesucht hat. Die zusätzlichen Informationen werden aufgenommen, der Nutzer verfolgt aber sein ursprüngliches Ziel weiter. Gerichtetes Browsen mit Serendipity-Effekt: Bei gezielter Suche stößt der Nutzer auf eine zusätzliche Information, die so sehr vom eigentlichen Suchziel abgelenkt, dass das ursprüngliche Ziel uninteressant wird. Ungerichtetes Browsen: Bei der Suche ist der Nutzer sich des Problems, das die Suche ausgelöst hat, bewusst, er weiss aber noch nicht genau welche Informationen zur Lösung er sucht. Assoziatives Browsen: Die Suche erfolgt nicht gezielt, sondern wird solange vom Angebot geleitet, bis dieses uninteressant wird. (Vgl. Kuhlen 1991:126ff.).

überflüssigen Links das Browsing unterstützen. Assoziatives Browsen wird durch Online-Hilfen aufgrund ihrer Textfunktion (Zweck: Nachschlagefunktion) nicht unterstützt.

Orientierung

Die Möglichkeiten der Informationsfindung aus der gegebenen Vielfalt des Hypertextsystems und die hypertextuellen Effekte beim Lesen, die zu dem vielzitierten "Getting lost in Hyperspace" führen können, sind für Online-Hilfe-Nutzer nicht in dem Maße zwingend eine Bedrohung ihrer kognitiven Leistungsfähigkeit, wie dies beim Gebrauch großer Hypertextsysteme postuliert wird. Obwohl auch Online-Hilfen durch den Nutzer nicht systematisch erschlossen werden, kann der Nutzer möglicherweise aufgrund der Ähnlichkeit und des Vorhandenseins von konventionellen Strukturierungselementen schnell ein abstraktes Konzeptwissen über die Verzeichnisse und Verweisstrukturen der Online-Hilfe entwickeln. Der bei der Überlastung beim Nutzer entstehende Cognitive Overhead oder Overload wird in der Regel mit der Schwierigkeit und den Anforderungen begründet, die die Wahlmöglichkeiten im System erzeugen. Nutzer beschäftigen sich beim Rezipieren der informationellen Einheiten nicht nur mit deren Inhalt, sondern parallel auch mit der Struktur und der Steuerung des Hypertextes. Hauptproblem ist dabei für den Nutzer, eine kohärente Wissensstruktur durch die entlinearisierte Hypertextstruktur aufzubauen. Dies ist um so schwieriger, je vernetzter der Text ist und je mehr Informationen er bietet. Simon (1999:313) wies jedoch in einer Studie nach, dass bei stärkerer Strukturierung und weniger Wahlmöglichkeiten, Hypertexte effektiver genutzt wurden. Edelmann wirft dazu sehr richtig die Frage auf, wie entlinearisiert ein Text sein darf, damit der Leser kohärente Wissensstrukturen aufbauen kann (vgl. Edelmann 2003:59).

An die Überlegungen zur Effektivität der Navigationsmöglichkeiten in Abhängigkeit von den Nutzerbedürfnissen und Nutzerfähigkeiten, schließt sich direkt die Frage nach dem Einfluss der Nutzerexpertise auf die Strukturierung, Modularisierung, Navigation, Informationsübermittlung und nicht zuletzt die Interaktionsfähigkeit der Online-Hilfe an.

Interaktivität

Von Interaktivität spricht man bei der Nutzung von Online-Hilfen dann, wenn zwischen der Online-Hilfe und dem Nutzer eine wechselseitige Bezugnahme entsteht.

Allgemeine Betrachtungsweise

Mit Interaktion ist nicht die reine Bereitstellung von Informationen (z. B. durch Verschriftlichung) gemeint und auch nicht die Interaktivität im Sinne sprachlicher Interaktion von Menschen miteinander. Interaktion ist hier vielmehr das Reagieren der Softwareanwendung auf menschliche Eingaben, wie sie durch Online-Hilfen kontextsensitiv oder kontextunabhängig angeboten werden, sowie das Reagieren des Nutzers auf Online-Hilfe-Angebote. Interaktivität der Online-Hilfe ist dort gegeben, wo innerhalb der Online-Hilfe die Auswahl und die Art der Darstellung von Informationen an das Vorwissen, die Interessen und Bedürfnisse der Nutzer angeschlossen ist. Nutzer können dann manipulieren, welche informationellen Teile sie im interaktiven Dialog mit der Online-Hilfe auswählen und rezipieren wollen. Interaktivität stützt die folgenden Funktionen:

- Orientierungs- und Navigationsfunktionen,
- Dialogfunktionen mit der Online-Hilfe,
- Bearbeitungsfunktionen für präsentierte Inhalte und
- die Möglichkeit aktiv in die Darstellung einzugreifen (z. B. durch das Setzen von Lesezeichen).

Die Interaktivität lässt sich quantitativ und qualitativ unterscheiden, siehe Tabelle unten.

quantitativ		
	Art und Anzahl der Modalitäten	Tastatur Maus Sprache
	Gewählte Plattformen	Einzelrechner Netzwerk Internet
	Medienart	Text Grafik Video

qualitativ		
	Interaktionsqualität	keine Interaktion – selbstständige Interaktion
	Navigationsstruktur	keine Navigationsstruktur – freie Navigation
	Medienart	statisch – dynamisch

Tab. 2-2: Quantitative und qualitative Unterscheidung bei Interaktivität (vgl. Intemann 2002:69ff)

Produzentensicht auf die Interaktivität

Je komplexer und ausgefeilter die Interaktionsarten, desto dynamischer und freier erfolgt die Interaktion und desto weiter entfernt sich die Online-Hilfe-Produktion von der traditionellen Produktionssituation von instruktionellem Text.

Tatsächlich setzen sich die komplexeren Interaktionsformen (in Form von dynamischen Medien und freier Navigation) jedoch in der Online-Hilfe-Produktion nur sehr langsam durch, eine traditionell geprägte Vorgehensweise bei der Umsetzung der Informationen in Informationsknoten (z. B. in Kurztexte) bestimmt nach wie vor die Darstellungsformen.

Aus Produzentensicht kann man zwischen Steuerungsinteraktion und Problembehebungs- und Lerninteraktion unterscheiden, wobei erstere beim Nutzer zur verbesserten Operation in der Anwendungssoftware und der Hilfe beitragen sollen. Problembehebungs- und Lerninteraktion sollen den Nutzer zum Weiterdenken, Konzepte übertragen und konstruktiv mit der Anwendungssoftware arbeiten anregen. Im Hinblick auf Interaktivität ist bei der Produktion von Online-Hilfen zwischen Gestaltungsaspekten die den Interaktionsprozess unterstützen können und den Erforderlichkeiten der Problemlöseprozesse der Nutzer zu unterscheiden. Beide Aspekte sollten in gegenseitigem Abgleich berücksichtigt werden. Dabei muss der Produzent, z. B. durch Zielgruppenanalysen oder Usability-Testing (siehe unten) von Vorläuferversionen, die Medien- und Interaktionskompetenz der Nutzer ermitteln (oder vermuten) und die Online-Hilfe dann der Nutzerkompetenz entsprechend gestalten. Dabei ist außerdem zu berücksichtigen, dass das Werkstück (als didaktisch-instruktive Textsorte) nicht nur informieren, sondern auch Probleme lösen helfen soll, aber statisch bleibt, während sich das Nutzerverhalten (entlang des bei der Nutzung stattfindenden Lernprozesses der Nutzer) und das Nutzerwissen verändern. Dies ist auch der Hauptgrund dafür, dass typischerweise mehr als eine Nutzergruppe als Zielgruppe der Hilfe angenommen wird.

Interaktivität und Usability

Interaktivität hängt direkt mit der Usability der Online-Hilfe zusammen, die sich ihrerseits auf Wissen und Kompetenzen der Online-Hilfe-Produzenten über Aspekte der Medienkompetenz der Nutzer (vgl. Schubert 2007:281), Rezeptionsaspekte, redaktionelle Konzepte und das Konvergenzverhalten verschiedener Medientypen (vgl. Pfammatter 2005:218) stützt. Die Usability beschreibt die Qualität der Erfahrung, die Nutzer mit den Nutzungsaspekten der Online-Hilfe machen. Zentrale Dimensionen der Funktionalität eines Hypertextsystems sind nach Pfammatter:

- Lernbarkeit
- Effizienz
- Erinnerbarkeit
- Fehlertoleranz
- Zufriedenheit

Diese werden von Güte- und Nutzbarkeitsfaktoren, wie dem Aktualitäts- und Informationswert und der Verständlichkeit und Interpretierbarkeit der gegebenen Informationen (vgl. Modell der Usability und ihrer zentralen Dimensionen, Pfammatter 2005:219f.), flankiert. In der Online-Hilfe-Produktionspraxis werden Usability-Tests typischerweise der Produktion nachgeschaltet. Es soll hier und im weiteren Verlauf der Arbeit jedoch deutlich hervorgehoben werden, dass es erforderlich ist, Usability-Faktoren auch als Produktfaktoren in den Produktionsprozess mit einzubeziehen, um die spätere Funktionalität der Hilfe zu sichern. Usability-Faktoren werden deshalb in dieser Arbeit als die Interaktion bedingende Qualitäts- und Prozessaspekte und nicht ausschließlich als Prüfgrößen behandelt.

Die Interaktivität ist im Textsortenvergleich zwischen Printtextsorten und Online-Textsorten das ausschlaggebende Unterscheidungsmerkmal. Interaktivität macht auf der technischen Ebene einen Mehrwert der Online-Hilfen aus, da die Softwareanwendung und die Hilfe-Inhalte auf der gleichen Oberfläche sichtbar und damit schneller und direkter nachvollziehbar sind.

Medien

Der Aspekt der Medialität von Hypertexten tritt bei Online-Hilfen besonders deutlich hervor. Zunächst ist hier die Online-Hilfe selbst ist ein noch relativ neues Medium (im textsortenlinguistischen Sinn (vgl. auch Kapitel 2.3)), der instruktiven und deskriptiven Darstellung softwaretechnischer Abläufe. Die Online-Hilfe beschreibt das technische Medium – die Anwendungssoftware – und wird mit Hilfe eines weiteren Mediums, der Autorenumgebung[56], produziert. Die technischen Arbeitsprozesse der Hilfe-Produktion werden weiterhin durch ergänzende Softwareprodukte gesteuert. In dieser Arbeit wird deshalb für eine Mediendominanz im Gesamtprozess der Online-Hilfe-Produktion argumentiert und von medialen Effekten auf die kognitiven Prozesse bei der digitalen Produktion und beim digitalen Schreiben ausgegangen. Der Einfluss der oben genannten Aspekte der Medialität auf die Organisation der Produktionsvorgänge und der Interaktionen während des Online-Hilfe-Produktionsvorgangs ist hoch. Die Verknüpfung von Produktionsprozess, Arbeitsumgebung, Werkstück und zu beschreibendem Produkt (Anwendungssoftware) markiert den bei der Textsorte Online-Hilfen so relevanten Medienwechsel. Dieser verlangt spezielle Formen von Textproduktion und Gestaltung, der technischen Aufbereitung des Informationsdesigns und dessen Verknüpfung und Umsetzung. Das Präsentationsmedium ist in digitalen Medien nicht mehr nur der statische beschreibende Text.

> Digital media brings new or transformed genres. Didgital media bring into question the stability or fixity in the production and transmission of texts, a taken-for-granted feature of genres in print, but a feature that is missing. The lines between producers and receivers of texs have blurred. (…) Many new forms (hypermedia, WWW) make new demands on writers and writing pedagogies. (Neuwirth et al. 2006:3)

Medienwechsel, wie der bei der Online-Hilfe-Produktion vollzogene Sprung vom linearen Fließtext zum multilinearen Medienprodukt, verlangen Adaptionsleistungen und Kompensationsstrategien vom Produzenten, bei dessen Tätigkeit sich organisationale (Workflow) und technische Kenntnisse (Kompatibilität von Systemen und Werkzeugen) und Sachkenntnis über Multimedia-

[56] Autorenumgebung: Im Online-Hilfe-Produktionsmodell wird die Autorenumgebung in dieser Arbeit als Hilfsmittel des Arbeitsprozesses bezeichnet.

Dokumentation ergänzen müssen. Aufgrund der medialen und der interaktiven Anforderungen an die Online-Hilfe-Produktion wird in dieser Arbeit dafür argumentiert, dass es sich bei Online-Hilfe-Produktion nicht nur um einen technisierten Produktions- und Problemlöseprozess, sondern, im Hinblick auf die Gestaltung des Informationsangebots durch den Autor für den Nutzer, auch um ein Gestaltungsproblem handelt.

Nutzer und Produzenten

Ich habe hier bisher relativ unspezifisch von den am Produktions- und Rezeptionsprozess Beteiligten und ihren Aufgaben und Anforderungen gesprochen. Die Personen wurden stillschweigend vorausgesetzt, um die Beschreibung von Hypertext und Online-Hilfe nicht zusätzlich zu verkomplizieren.

> Im Falle von Hypertext sind typischerweise mehrere Situationsbeteiligte erwartbar, denen unterschiedliche soziale Rollen und Intentionen zuzuschreiben sind. (Jakobs 2004:239)

Die Rollenverteilung über häufig mehrere Produzenten und verschiedene Nutzer bedingt die oben beschriebenen Faktoren wie Medialität, Interaktivität, Orientierung, Strukturierung und Modularisierung. Im Folgenden bespreche ich wird das Wechselspiel zwischen Nutzern und Autoren besprochen.

Nutzergruppen

Der entscheidendste Faktor für die Identifikation der Rollen in der Online-Hilfe Produktion und Rezeption, ist die zu beschreibende Anwendungssoftware (das Produkt) selbst. Hochspezialisierte Anwendungsprodukte, die nur von einem begrenzten Kreis von Anwendern genutzt werden, erfordern zwar spezielle, jedoch auch "nur" auf diesen Nutzerkreis ausgelegte Softwaredokumentation. Bei spezialisierten Softwareanwendungen ist davon auszugehen, dass die Aneignungs-, Handlungs- und Erschließungsfähigkeit der Nutzer im Hinblick auf die Online-Hilfe hoch ist und dass vom Nutzer eine höhere Hilfe-Nutzungsexpertise vorausgesetzt werden kann. Anders bei Standardsoftware, die einem breiten Nutzerpublikum zugänglich ist, dessen Vorkenntnisse und Anforderungen vielfältiger sind und deren Nutzungsexpertise weniger oder nur teilspezialisiert ist.

Bei Standardsoftware reicht die Nutzerbandbreite von Anfängern über Fortgeschrittene bis hin zu Expertennutzern[57]. Diese in der Softwaredokumentation als Zielgruppen bezeichneten Benutzertypen haben unterschiedliche Anforderungen, Erwartungen, Bedürfnisse und Nutzungsgewohnheiten. Vor allem haben sie unterschiedliche Kenntnisstände über die Software und deren Nutzung und die Online-Hilfen und deren Nutzungskonventionen.

Aus Produzentensicht kommt noch erschwerend hinzu, dass die jeweilige Expertise des Nutzers schwer vorauszusagen ist und dass sich diese im Verlauf der Nutzung und Gewöhnung an die Software ändern kann, während die Online-Hilfe-Oberfläche (zumindest bis zum nächsten Versions-Update) statisch bleibt.

Produzentenrollen

Im Idealfall sind die Rollen der Online-Hilfe-Produzenten mit technischen Redakteuren oder anderen Softwaredokumentationsspezialisten besetzt. In der realen Produktionssituation arbeitet man in der Online-Hilfe-Produktion in Teams mit unterschiedlichen Qualifikationen. Häufig arbeiten Personen aus unterschiedlichen Abteilungen gemeinsam an einem zentralen Datenbestand, der ggf. auch über weltweite Standorte verteilt ist. Diese Mehrautorenschaft in interdisziplinären Teams, mit häufig arbeitsteilig organisierter Produktion, stellt besondere Herausforderungen an die Produktionssituation.

Verteilte Rollen

In der Literatur wird häufig von Rollenüberlappungen bei der Rezeption von Hypertexten gesprochen, wo der Leser selbst zum Produzenten wird (siehe unten).

Da in Online-Hilfen verschiedene Rezeptionspfade möglich sind, können die vom Produzenten intendierten Nutzergruppen unterschiedliche Texte auf dem Bildschirm konstruieren. Dies macht den Online-Hilfe-Produzenten

[57] Experten versus Laien: In der Expertiseforschung sind Experten Spitzenkönner in ihrer Domäne (mit mindesten zehn Jahren (Ten Year Rule) intensivster Beschäftigung in ihrem Feld). In einem breiteren Sinne sind sie Fachleute, die mit Hilfe von professionellem Wissen komplexe Anforderungen bewältigen können, jedoch nicht notwendigerweise Spitzenleistungen erbringen. (Vgl. Ericsson/Smith 1991). Laien sind Personen ohne disziplinär strukturiertes Fachwissen und professionelle Erfahrung. In Bezug auf das Wissensmanagement (wie es auch in Online-Hilfe-Produktions-Szenarien vorkommt), unterscheidet man Expertise im kognitiven oder sozialen Sinne (vgl. Bromme/Jucks/Rambow 2004:177).

verantwortlich für die Bereitstellung von Handlungsmöglichkeiten und den Nutzer mitverantwortlich für die Gestaltung seines Textes.

> Man kann also sagen, dass der von der Leserin linear rezipierte Text erst durch seine Interaktion mit dem vom Autor kreierten multilinearen Hypertext entsteht. Damit verwischen die traditionellen Grenzen zwischen dem Autor und der Rezipientin in zunehmendem Maße. (Jucker 2000:23)

Rosenberg betont die Untrennbarkeit zwischen Autor und Nutzer, indem er vom "Wreader" spricht. Intemann betont, die "'Verautorisierung' des Lesers (sei) abhängig von der zugrunde gelegten Hypertextsorte" (Intemann 2002:119). Geht man von dieser Annahme aus, dann lässt sich feststellen, dass bei Online-Hilfen eine mittlere "Verautorisierung" stattfindet, da Online-Hilfe-Hypertextnetze zwar räumlich begrenzt sind, aber verschiedene Rezeptionspfade und Mehrfachverknüpfung zulassen. Außerdem machen sie es möglich Teile zu markieren oder Text hinzuzufügen (Lesezeichen). Online-Hilfen erfordern aktive Leser, die selbst über ihre Lesewege entscheiden und in der Lage sind, sich in Bildschirmarbeitsumgebungen zurecht zu finden. Online-Hilfe-Produktion erfordert lesewegvorausschauende Planung vom Produzenten.

Die Aufgabe des Nutzers besteht darin, aus dem Angebot unbegrenzter Verknüpfungsmöglichkeiten kohärente Folgen von Informationsfragmenten zu bilden, um Hilfe zu seinem aktuellen Problem oder seiner Fragestellung zu bekommen. Dabei stößt er auf fragmentierte Textteile mit konzeptuellen, prozeduralen oder funktionsorientierten Informationen. Deren inhaltliche Strukturierung bleibt dem Nutzer, je nachdem von welcher Stelle im Hypertext er auf die Information zugreift, möglicherweise verschlossen, wenn er nicht erkennen kann, in welchem Hilfeknoten er sich befindet und in welchem Verhältnis dieser Knoten zum Gesamthypertext steht. Der Nutzer muss eher raten als wissen, ob das Verfolgen eines Links ihn jetzt zu der für ihn relevanten Information führt und ob diese im gegenwärtigen Kontext kohärent ist. Dieses für alle Hypertexte so charakteristische Problem der Voraussage der möglichen Erschließungsleistung der Nutzer und deren Fortsetzungserwartungen bei der Linkbenutzung stellt sich, vor der Folie eines funktionsorientierten und zweckgebundenen Textproduktion, Intentionalität, Zielführung, Situationslenkung und Orientierung in der Struktur, natürlich besonders für die Produzenten. Sie sind letztendlich für die Interaktivität zuständig. Sie lösen aus, dass sich der Nutzer als konstruierender Rezipient fühlt, denn "der angeblich zum Autor werdende Leser ist (...) doch nur das Produkt der Möglichkeiten, die ihm gelassen werden" (Intemann 2002:120).

Eine Rollenüberlappung mit umgekehrten Vorzeichen erfolgt im Produktionsprozess beim Produzenten, wenn dieser sich während seiner Produktionsabläufe in seine Nutzer hineinversetzt oder sich selbst einer Nutzergruppe zugehörig fühlt. Dieser Produktionsaspekt rückt den Kenntnisstand und die Expertise des Produzenten und im Prozess in den Vordergrund.

Funktionaler und arbeitspsychologischer Aspekt

Online-Hilfe-Produzenten definieren Online-Hilfen für ihre Produktionssituation über ihre pragmatischen Hauptzwecke:

- Funktionsorientierung
- Soforthilfe und schnelle Problemlösung für den Nutzer
- Standardisierung von Inhalten und Abläufen
- Anpassbarkeit
- Einheitlichkeit
- Klarheit
- Übersichtlichkeit

Auf der funktional-thematischen Ebene definieren sie diese über die emotionslose Vermittlung von informationellen Inhalten in Wissenskategorien. Die notorische Unbeliebtheit dieser Textsorte beim Nutzer lässt sich arbeitspsychologisch wie folgt begründen:

> Arbeitspsychologisch gesehen geht dadurch (durch fehlende emotionale Komponente: CH) Motivation verloren. Betrachtet man die zwangsläufig fantasielosen Online-Hilfen aus der Sicht der Hirnforschung, so wird nur die linke Gehirnhälfte angesprochen, die das Rationale verarbeitet. Die rechte Gehirnhälfte, die für Assoziationen, Intuition und Emotionalität zuständig ist, wird nicht gefordert. Und damit sind der Lerneffekt und die Aufnahmefähigkeit eingeschränkt. Nicht, dass hier die Online-Hilfen in ihrer schnörkellosen Klarheit als notwendige Problemlöser in Frage gestellt würden! Es soll nur herausgestellt werden, dass typische Online-Hilfe-Systeme in ihrer Uniformität weder eine Lernmotivation ausstrahlen noch als Medium zum Lernen dienen können. Ihre Funktion ist auf die Soforthilfe und schnelle Problemlösung beschränkt. (Hoffmann/Hölscher/Thiele 2002:80)

Informationsrepräsentation

Informationen werden in Online-Hilfen in der Regel mindestens in deklarative und prozedurale Inhalte untergliedert (vgl. Knopp 2001:159f.; Duffy/Palmer/Mehlenbacher 1992:81).

Deklarative, bzw. konzeptuelle Informationseinheiten

Deklarative bzw. konzeptuelle Informationen stellen einen Rahmen von Erklärungen, Definitionen und Analysen in Form von Referenzinformationen zur Verfügung, den die Nutzer zur Erfüllung einer Aufgabe gebrauchen können. Deklarative Knoten (vgl. Abbildung 2-7) informieren mittels Fakten und Rohdaten über grundlegende Sachverhalte und geben Hintergrundinformationen. Sie sind nicht gezielt für die Problemlösung der Nutzer bestimmt und auf sie wird aus anderen Knoten verlinkt oder verwiesen, bzw. verweisen sie selbst häufig auf prozedurale Informationsknoten.

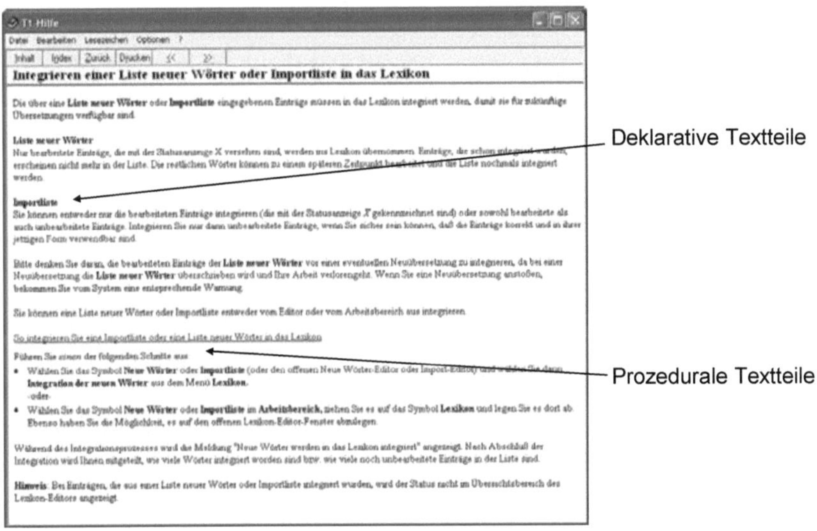

Abb. 2-7: Hilfeknoten der Langenscheidts T1 Professional Hilfe, mit deklarativen und prozeduralen Textteilen

Prozedurale Informationseinheiten

Prozedurale Information beschreiben die Schritte und Handlungsabläufe, die erforderlich sind, um eine Aufgabe auszuführen. Der Nutzer bekommt einen Lösungsweg zum Umgang mit der Anwendungssoftware aufgezeigt. Diese Informationsteile sollte idealerweise den Grundstock und Hauptbestandteil der Hypertextbasis (des Hilfesystems) bilden, der Textaufbau in prozeduralen Informationsknoten sollte entsprechen problemorientiert sein. Prozedurale Information wird häufig in Form von handlungsanweisenden Ablauflisten dargeboten (vgl. Abbildung 2-8).

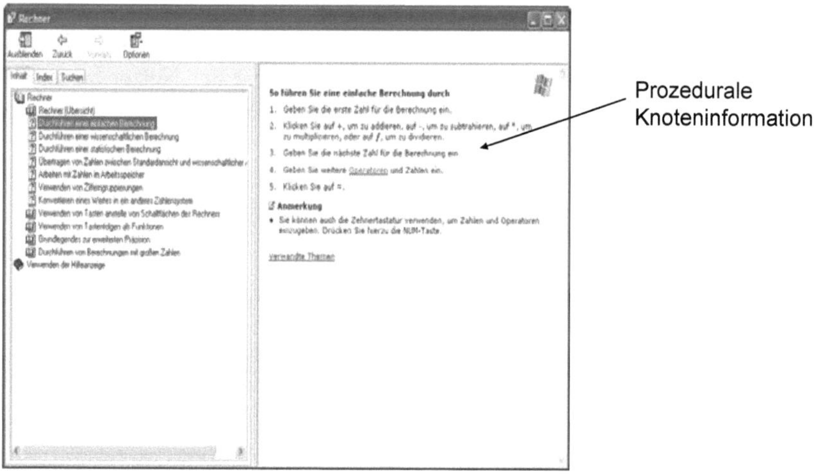

Abb. 2-8: Hilfeknoten des Rechners von Microsoft mit prozeduralen Knoteninformationen

Die Zweiteilung zwischen deklarativer und prozeduraler Informationsvermittlung soll den Informationsverarbeitungsprozessen der Nutzer entgegen kommen. Dabei liegt die Schwierigkeit für den Autor darin, an der jeweils richtigen Stelle zu schätzen, welche Art von Informationen welcher Nutzertyp gerade benötigt. Während man bei Bedienungsanleitungen häufig zunächst deklaratives Wissen vermittelt, indem man Zusammenhänge erklärt und Hintergrundinformationen liefert, erwarten Online-Hilfe-Nutzer eine andere Art der Informationsanordnung. Sie erwarten gezielt prozedurale, idealerweise schrittweise Anleitungen zur Problemlösung. Wenn in Informationsknoten zuerst deklarative Informationen gegeben werden, dann erwarten Expertennutzer (mindestens) einen früh im deklarativen Text platzierten Link, der sie direkt zur prozeduralen Information führt. Die Entscheidung des Autors, ob zunächst erklärende Informationen gegeben werden, bevor gezielt handlungsanleitende Informationen bereitgestellt werden, ob diese in Knoten voneinander getrennt, aufeinander bezogen oder aufeinander folgend (oder verlinkt) dargestellt werden, ist *die* grundlegende Makrostrukturentscheidung, die alle weiteren Entscheidungs- und Produktionsprozesse bei der (textuellen) Online-Hilfe-Produktion unmittelbar beeinflusst. Darüber hinaus hängen auch die Produktionsprozesse der Gestaltung und der Navigation unmittelbar von dieser Entscheidung ab. In idealverständlichen Hypertexten unterscheiden sich deklarative und prozedurale Knoten bzw. Knotenelement in der Gestaltung voneinander. Eine unterschiedliche grafische Gestaltung ermöglicht einen Wiedererkennungseffekt beim Nutzer. Die Unterscheidung zwischen verschiedenen Linktypen (Verweistypen) für unterschiedliche Informationsarten ermöglicht – idealerweise ohne dem Nutzer überhaupt bewusst aufzufallen – eine leichtere Navigation durch die Hilfe.

2.3 Textlinguistische Betrachtungsweise

Textsortensystematisch ergeben sich in Bezug auf den Begriff Online-Hilfe immer noch Beschreibungs- und Abgrenzungsprobleme. Gängige Textsorten- und Textmustermodelle greifen für die Einordnung von Online-Hilfen bisher meist aufgrund der mangelnden Berücksichtigung der medialen Präsentationsformen zu kurz.[58] Für die für Online-Hilfen adäquate Unterscheidung zwischen Hypertexten und Hypertextnetzen greife ich auf Storrer (2003:284) zurück, die Hypertexte als institutionelle, funktionale oder thematisch begrenzte Teilnetze von Modulen bezeichnet, die für einen bestimmten kommunikativen Zweck hergestellt werden. Die Verwaltung der Module übernimmt dann das Hypertextsystem. Storrer trifft allerdings auch eine Unterscheidung zwischen offenen (ergänzbaren und fortschreibbaren Texten) und geschlossenen Hypertexten (eher statischen Systemen mit einer festen Anzahl von

[58] Textsortensystematik: Eine Ausnahme bildet im Bereich der Online-Hilfen die integrative Mehrebenenklassifikation von Online-Hilfetexten von Villiger (Villiger 2002:64ff.).

Modulen) und Jakobs ordnet integrierte Online-Hilfen diesen zu (vgl. Jakobs 2004:236). Trotz vorhandener externer Links in diesen geschlossenen Textsorten (die auf offenen Hypertext schließen lassen würden), betrachten Storrer und Jakobs Online-Hilfen als statische Produkte mit stabiler Struktur. Der relativen Abgeschlossenheit dieser Texte stehen m. E. allerdings die Arbeitsprozesse der Softwareentwicklung mit ihrer Schnelllebigkeit, hohen Änderungshäufigkeit und Versionierung gegenüber, die aus den offenen Enden der stabilen Struktur produktentwicklungsbedingt "Texte-in-Bewegung" (Storrer 2000) machen können, eine Betrachtungsweise, die Storrer und Jakobs eher an offene Hypertexte und Hypertextnetze anlegen (vgl. Jakobs 2004:237).

Göpferich schließt in ihre Fachtexttypologie (Göpferich 1998:90) die Darstellung technischer Texte in elektronischen Medien nicht ein. Wäre dies der Fall, lägen Online-Hilfen vermutlich in mehreren Hierarchiestufen quer zwischen didaktisch-instruktiven Texten und wissenszusammenstellenden Texten. Im Sinne einer klassifizierenden Einordnung ist die integrative Mehrebenenklassifikation nach Villiger[59] (Villiger 2002:64ff.) für die Beschreibung von Online-Hilfen hilfreich, da sie von einer "idealtypischen/prototypischen Textsortenkompetenz von Kommunizierenden in Bezug auf Online-Hilfetexte" (Villiger 2002:64) ausgeht. Die Typologisierung von Villiger macht die situativen und darstellungsmäßigen Gemeinsamkeiten von Online-Hilfen deutlich.

Online-Hilfen können – aufgrund des Vorhandenseins charakteristischer Merkmale – von ihren unmittelbaren Textsortennachbarn, den Bedienungsanleitungen und Gebrauchsanweisungen für technische Produkte und den offenen Hypertexten mit Nachschlagefunktion (Internet), unterschieden werden. Bei Online-Hilfen bilden sich derzeit Konventionen der Nutzung und der Produktion heraus. Dennoch wird diese Textsorte als noch nicht bei allen Produzenten und bei allen möglichen Mitgliedern der jeweiligen Online-Hilfe-Zielgruppen als vollständig konventionalisiert eingestuft. Der Umstand, dass der Vertrautheits- und Konventionalisierungsgrad nicht präzise feststeht und sich im Zusammenhang mit dem Alltagswissen der Beteiligten nur schwer ermitteln lässt, erschwert zum heutigen Zeitpunkt eine eindeutige Zuordnung

[59] Mehrebeneklassifikation nach Villiger: Villiger legt eine Nutzerperspektive an. Eine Produzentenperspektive fehlt in diesem Zusammenhang nach meinem Wissen bisher.

und Typologisierung. Dies liegt nicht zuletzt in der Schnelllebigkeit der Softwarebranche und der hypertextualisierten Textsorten überhaupt begründet.

> Die Entwicklung und Nutzung der Medien eilen ihrer theoretischen und lebensweltlichen Reflexion voraus. Hypertextsorten repräsentieren einen mediengeschichtlich sehr jungen Teil unseres kommunikativen Haushalts, der sich von der Adaption bestehender zur Ausbildung neuer Muster bewegt. (…) Das Wissen um Konventionen und Muster ist er in Ansätzen als Teil des Alltagswissens auszumachen. Hypertextsorten werden im kommunikativen Alltag genutzt, selten jedoch in ihrer Eigenart reflektiert. (Jakobs 2004:250)

Textsortenwissen kann im Hinblick auf Online-Hilfen somit bei Produzenten und Nutzern derzeit als ein Wissen über die situative Angemessenheit (hauptsächlich Nutzerwissen) und Normen (Nutzer- und Produzentenwissen) der Kommunikation mittels informationsvermittelnder und softwarebegleitender Texte verstanden werden. Implizit werden im minimalsten Sinne die folgenden Aspekte bei Online-Hilfen erwartet oder als notwendig erachtet:

- die charakteristischen Formen der Struktur des Informationsangebots,
- die typische Aufbereitung der informationellen Einheiten und Inhalte und
- der Sprachgebrauch und die Darstellungsart.

Diese geben Produzenten eine mehr oder weniger feste Orientierung. Von völliger Handlungssicherheit kann bei Textproduktion, Gestaltung und Navigation beim Produzenten dieser Textsorte m. E. heute noch nicht gesprochen werden. Von einer Teilkonventionalisierung jedoch schon. Gezielte Untersuchungen über die Nutzervoraussetzungen und -erwartungen stehen noch aus. Über den Grad des Informationsstandes zwischen einer Stufe der Aneignung, aktiver Beherrschung und Geläufigkeit im Umgang mit der Textsorte kann man für die Mehrheit der Bevölkerung zum heutigen Zeitpunkt allenfalls spekulieren. Aufgrund der zunehmenden Häufigkeit der Textsorte (Usualität und Frequenz, vgl. Heinemann 2000:21), die mit der Verpflichtung der Hersteller zur Programmdokumentation zusammenhängt, ist eine Gewöhnung und ein damit einhergehendes Normenwissen (Textsorten) und Verfahrenswissen (Textmuster) für die Zukunft jedoch sowohl von Produzenten, als auch von Nutzerseite in zunehmendem Maße zu erwarten.

Textmusterwissen und Produktion

Das Textmusterwissen dient bei der Produktion von Online-Hilfen als Impulsgeber für die Produktion zielgruppenadäquater Hilfe-Produkte. Dabei liegt die Schwierigkeit für die Produzenten darin, die Erwartungshaltung der Nutzer durch Erfüllung der bisher entwickelten Konventionen (erwartete Muster) gewissermaßen vorwegzunehmen.

> Textmusterwissen ist (...) ein prozedurales, intuitives Wissen und als solches flexibel, variabel und vage genug, so dass es im Umgang mit Exemplaren konkreter Textsorten aufgerufen und auf der Basis von Erfahrungen und Wissen modifiziert werden kann. (Pospiech 2005:88)

Ein intuitives Wissen über formale und sprachliche Anforderungen von Textsorten erlaubt die Anwendung der den Expertenschreibern bekannten Schreib-, Textgestaltungs- und Formulierungsverfahren. Dabei wird die Produktion von der Sicherheit im Umgang mit Textmustern und durch die Interaktion von Wissenskomponenten[60] bestimmt. Die Beziehung zwischen Textmustern und Textsorten ist jedoch keine 1:1-Beziehung (vgl. Psopiech 2005:89).

> Textmuster bieten dem Schreibenden ein Handlungsgerüst für die Textproduktion, indem sie das Endprodukt als Exemplar einer Textsorte gewissermaßen als Handlungsziel umreißen. (Pospiech 2005:90)

Als Handlungsziel der Produzenten bei der Online-Hilfe-Produktion gilt dabei, sprachliche und mediale Darstellungs- und Inhaltkonventionen mit dem vorausgesetzten Nutzerwissen und Nutzeranforderungen abzugleichen (adressatengerechte Darstellung von Sachverhalten). So erwarten Nutzer bei Online-Hilfen beispielsweise eine Makrostruktur – mit formal erkennbaren Strukturelementen bekannter Textsorten (Überschrift, Absätze, Verweise) – die prozedurale von deklarativen Informationen trennt und die ersichtlich macht, welche Information sich hinter welchem Link(anzeiger) verbirgt. Sie erwarten Übersicht, der Online-Hilfen in der Regel durch ihren Nachschlagcharakter entgegenkommen. Leselenkung und eine didaktische Aufbereitung

60 Wissenskomponenten: Komponenten aus dem Langzeitgedächtnis des Produzenten einerseits und aus den situativen Bedingungen andererseits.

der Informationen zur tatsächlichen "Hilfe" des Nutzers sind dagegen aus Nutzersicht gewünschte Eigenschaften, die Online-Hilfen heute noch nicht befriedigend erfüllen. Der Zusammenhang zwischen Muster, Konventionalisierung und Nachbartextsorten wird bei dem Nutzerwunsch nach didaktisch aufbereiteter Dokumentation besonders deutlich. Diese, samt einer leserführenden Strukturierung, findet sich in der Softwaredokumentation eher im Bereich der Lernsoftware und der Guided Tours als in Online-Hilfen.

Bei Online-Hilfen spielt vor allem der Ähnlichkeitsbezug zur Nachbar- und Vorgängertextsorte Bedienungsanleitungen (mit deren klassischen Elementen wie Inhaltsverzeichnissen, Schlagwortregistern usw.) eine Rolle. Der Wiedererkennungseffekt und die Ähnlichkeit bestimmter Elemente oder Präsentationsteile mit bereits bekannten Oberflächen oder Mustern aus tiefer konventionalisierten Textsorten sind hier maßgeblich.

Fairclogh spricht von "hybridization of discourse practice" (Fairclogh 1993:157), wenn er zeigt, wie Textsorten sich mit der Zeit entwickeln, indem sie u. a. typische Elemente anderer Textsorten in sich aufnehmen. Im Falle von Online-Hilfen werden Ordnungsstrukturen, Vertextungsmuster, etc. aus Bedienungsanleitungen und Linkstrukturen und Leserführungselement aus Hypertexten zusammengeführt. Dieses Phänomen beschreibt Bhatia unter der Benennung "Genre Mixing" (Bhatia 1997:189). Die Perspektive, unter der die Textsorte Online-Hilfe produziert wird, ist im Hinblick auf die Muster entscheidungsstrategisch. Die vom Nutzer erwarteten Merkmale regelhaft aus Nachbartextsorten übertragbar. Und die Fähigkeit zu Übertragung von Textmusterwissen wird beim Nutzer zunehmend vorausgesetzt.

2.4 Bestandsaufnahme

Aus den oben beschriebenen komplexen technischen, organisationalen, gestalterischen und inhaltlichen Aspekten der Online-Hilfe-Produktion ergeben sich Relevanzen für das Online-Hilfe-Produktionsmodell. So sind die Kenntnis über die dargestellten Zusammenhänge und die Koordination von Einzelaktivitäten und Fähigkeiten und Fertigkeiten der Beteiligten im Produktionsprozess als Schlüsselfaktoren anzusehen. Dies gilt für die Tätigkeit von einzelnen prozessbeteiligten Produzenten ebenso, wie für die Projektplanung und Projektkoordination. Das Wissen über die Struktur und das System von Online-Hilfen und die Anforderungen und Zusammenhänge der Produktion, teilt sich dabei in mehrere Bereiche. So gehören die umfangreiche Kenntnis über die Textsorte Online-Hilfen, die Sachkenntnis über die zu beschreibende Software, die Kenntnis über die Funktionen der technischen Produktionshilfsmittel und strategisches Wissen über die Produktionsbedingungen im hochtechnisierten Produktionsumfeld zu den Wissensaspekten, die das Gefüge der Produktion von Online-Hilfen handhabbar und überhaupt möglich machen. Diese Wissensbestandteile sind als Komponenten für die Modellierung der Online-Hilfe-Produktion relevant. Über die Kenntnis der Textsorte und das Fach- und Medienwissen hinaus sind besonders die Produktionsbedingungen und der Entwicklungsprozess für die Online-Hilfe-Produktion interessant. Die Beschreibung des in den Softwareentwicklungsprozess eingebetteten Prozesses der Online-Hilfe-Produktion ist Gegenstand des folgenden Kapitels.

3 Produktionsprozesse und Ontogenese

In dieser Arbeit wird die Produktion von Online-Hilfen als gekoppelter Produktions- und Gestaltungsprozess verstanden und entwicklungstechnisch (ontogenetisch) die Produktion einer Online-Hilfe mit Produktionsprozessen der industriellen Fertigung verglichen (siehe Kapitel 3.2). Diese hier angelegte extralinguistische Betrachtungsweise stützt sich auf die Nähe zum Softwareprodukt (Anwendungssoftware) und auf die Einbettung des Online-Hilfe-Produktionsprozesses in den Softwareentwicklungsprozess. Es handelt sich hier um eine Teil-Ganzes-Relation, wobei das Ganze die Softwareentwicklung und der hier interessante Teil die Online-Hilfe-Produktion ist. Betrachtet man beide Prozesse zunächst getrennt voneinander, dann entsteht in beiden ein Produkt. Im Fall der Softwareentwicklung wird aus dem unten beschriebenen Prozess eine Anwendungsumgebung, bei der Online-Hilfe-Produktion entsteht eine Online-Hilfe, die ich hier als Tätigkeit technischer Redakteure[61] oder Redaktions-Teams[62] analog zu den Arbeiten von Schubert (vgl. Schubert 2007:5f.) als Werkstück bezeichne.

Dieses Kapitel gibt einen Überblick über den Softwareentwicklungsprozess und beschreibt die Aspekte und Phasen seines Sub-Prozesses, der Softwaredokumentation, die für diesen Prozess wichtigen theoriegeleiteten und branchenüblichen Strukturierungsansätze und die im Produktionsverfahren eingesetzten

61 Berufsbild technischer Redakteure: Kerntätigkeit ist die Konzeption, Erstellung und Aktualisierung technischer Dokumentationen (z. B. Gebrauchsanweisungen, Montageanleitungen, Handbücher, Schulungsmaterialien und Softwaredokumentation). Dabei werden mit dem Ziel der Verständlichkeit komplexe technische Sachverhalte für die Nutzer der Dokumentation zu zielgruppenadäquater Informationen aufbereitet. Vgl. zum Berufsbild auch: Hoffmann/Hölscher/Thiele 2002:409f., Hennig/Tjarks-Sobhani 2005, tekom-Berufsbild, Schubert 2007:102f., Schütz 2008:52-55.

62 Redaktions-Teams: Interdisziplinäre Teams: Mehrere Personen mit unterschiedlichen Qualifikationen erledigen unterschiedliche Arbeiten und Zuarbeiten an unterschiedlichen Teilen des Werkstücks. Intradisziplinäre Teams: Mehrere Personen mit im Wesentlichen gleicher Qualifikation verrichten gleichartige Arbeit an unterschiedlichen Teilen des Werkstücks. (Def. vgl. Schubert 2007:90). Kommunikation über einen Koordinator ist in beiden Fällen erforderlich. Standortübergreifend rechnergestützt kooperierende Teams (Schubert 2007:352): Mehrere Personen mit unterschiedlichen oder gleichen Qualifikationen erledigen unterschiedliche Arbeiten und Zuarbeiten an unterschiedlichen Teilen des Werkstücks auf einer gemeinsamen Plattform. Die Beteiligten sind räumlich voneinander getrennt, die Kommunikation findet über PC-Nutzung und mit Hilfe von Hilfsmitteln der Arbeitsprozesse statt.

Werkzeuge. Daraus ergibt sich, als Zwischenfazit der Prozessbeschreibungen, eine Bestandsaufnahme der Softwaredokumentationsaspekte zur Modellierung von Online-Hilfe-Produktionsprozessen aus Produktionssicht.

Zur Veranschaulichung des Online-Hilfe-Produktionsprozesses bediene ich mich der Ontontogenese-Analogie. Den auf dem Ontogeneseblickwinkel basierende Zugang zum Online-Hilfe-Produktionsmodell erläutere ich in Kapitel 5.5.

3.1 Softwareentwicklungsprozess

Der Prozess zur Entwicklung einer Software ist ein komplexes und aufwendiges Verfahren, das in der Regel von Softwareentwicklern mit Hilfe von Prozessmodellen gesteuert wird. Solche Modelle unterteilen den Entwicklungsprozess in Primärprozesse und Teilprozesse, die zeitlich und inhaltlich begrenzt, aber miteinander verzahnt und teilweise iterativ sind.

Primärprozesse eines Softwareentwicklungsprozesses sind typischerweise Planung, Analyse und Akquisition, Entwurf und Konzeption, Programmierung, Betrieb und Evaluierung. Diese werden durch begleitende Managementprozesse wie Projektmanagement, Kostenmanagement, Qualitätsmanagement und Versionsmanagement unterstützt. Der Teilprozess, der für diese Arbeit von besonderem Interesse ist, ist die Softwaredokumentation. Diese ist in der Regel ein der Programmierung und Evaluierung nachgeschalteter individueller Prozess. Aus Sicht der Online-Hilfe-Produktion ist diese Nachschaltung zum Gesamtprozess ein Produktionsproblem.

Online-Hilfe-Produzenten wären gern früher (wo möglich schon bei der initialen Planung eines Softwareprojekts) in die Abläufe involviert, um z. B. den Zeitdruck am Projektende abzufangen, um durch Konsistenthaltung von Terminologie der sprachlichen Strukturen Einheitlichkeit in Softwareprodukt und Dokumentationsprodukt zu gewährleisten oder, um beim Gesamtprojektmanagement und im Qualitätsmanagement und bei der Versionierung mit berücksichtigt zu werden. Diesen Umstand zeigen die Ergebnisse der Studie von Pemberton et al. deutlich.

> Complaints in this area constituted a criticism of the current organisation of the authoring process itself. In particular, there is a strong felt need for better communications to be established and maintained between the writers and other interested parties, including the end-user and, above all, the development team. (...) Technical writers could take part in aspects of interface design, particularly those where their particular linguistic expertise is of use. For instance, writers could design system messages, menu choices and so on, as well as the wording of the printed manual. (Pemberton et al. 1996:66)

In der Planungsphase der Softwareentwicklung werden Lastenheft[63], Pflichtenheft[64] und Spezifikationen[65] für die Software erstellt und ein Vorgehensmodell[66] (oder eine ähnliche Strukturierung des Ablaufs) und das Gesamtmanagement festgelegt, personelle Zuständigkeiten und technische Anforderungen und Möglichkeiten das Produkt zu realisieren geklärt. Softwarehersteller und Kunden bedienen sich hier häufig des ISO/IEC Standards 12207 (Software Life Cycle Processes), der im Falle von Divergenzen zwischen Lasten- und Pflichtenheft hilft, vor Auftragserteilung mittels akzeptierter Terminologie über die Projektabwicklung und die Prozessstruktur zu sprechen und durch organisationelle Abstimmung auf ein konkretes Projektvorhaben zugeschnitten werden kann.

In der Analyse- und Akquisephase werden mit der Anforderungsanalyse die Kundenbedürfnisse mit den technischen Möglichkeiten abgeglichen und

63 Lastenheft: Vom Auftraggeber festgelegte Gesamtheit der Forderungen an die Lieferungen und Leistungen eines Auftragnehmers innerhalb eines Auftrages (DIN 69905). Bei Softwareentwicklung: Resultat der Planungsphase, Vorstufe zum Pflichtenheft.

64 Pflichtenheft: Vom Auftraggeber erarbeitete Realisierungsvorgaben aufgrund der Umsetzung des vom Auftraggeber vorgegeben Lastenheftes (DIN 69905).

65 Spezifikation: Formalisierte Produktbeschreibung mit definierten Merkmalen. Technisches Dokument zur Absicherung kaufmännischer und juristischer Belange. Bei der Softwareentwicklung: Beschreibung des Programms und dessen Aufgaben.

66 Vorgehensmodell: Projektmanagementsystem. Zusammenstellung von Methoden und Elementen des Projektmanagements zu Prozessen und Phasen eines standardisierten Projektablaufs. Dient dazu den Softwareentwicklungsprozess übersichtlich zu gestalten und seine Komplexität handhabbar zu machen. Beim Wasserfallmodell werden die Entwicklungsphasen explizit gemacht und zielgerichtet schrittweise durchlaufen, das objektorientierte Spiralmodell ermöglicht eine iterative Vorgehensweise. Vorgehensmodelle sind je nach Detaillierungsgrad mehr oder weniger statische Modelle. Sie sind für die Ablaufstrukturierung von Projekten hilfreich, hemmen allerdings durch ihre rigide-bürokratische Konstruktion die Entwicklerkreativität. Eine kommunikationsorientierte Alternative zu gängigen Vorgehensmodellen bietet die Extremprogrammierung, die Softwarekunden in kleinschrittigen Rückkoppelungsschleifen einbezieht und dadurch flexibler ist. Die verschiedenen Programmierrichtungen und Modelle werden hier nicht im Detail beschrieben. Es sei auf die entsprechende Basisliteratur zur Softwareentwicklung verwiesen.

die Ergebnisse ausgewertet, damit sie in der Entwurfs- und Konzeptionsphase zur Verfügung stehen, wo die Softwarearchitektur[67] ausgewählt und das Design[68] festgelegt wird.

Im nächsten Schritt erfolgt in der Programmierungsphase die Erstellung erster Grobentwürfe der Module der Software und deren Prüfung auf technische Machbarkeit und die Erstellung einer ersten lauffähigen Version des Softwareprogramms (Funktionsmuster) und die noch nicht für den Softwarenutzungseinsatz bestimmte Alpha-Version, eine Art Prototyp der Software.

Spätestens an diesem Punkt werden idealerweise technische Redakteure in die Entwicklung einbezogen, um mit der Planung für die Online-Hilfe-Produktion beginnen zu können. Der Entwicklungseinbezug ist aus Produzentensicht bei Software-Dokumentationsprojekten ein besonders kritischer Aspekt, dem zu wenig Rechnung getragen wird.

Nach Überarbeitung der Programmfehler in der Alpha-Version wird die Beta-Version der Software erstellt, die von Testpersonen (den direkten Auftraggebern der Software, potentiellen Anwendern, erfahrenen Usability-Testern, idealerweise auch technischen Redakteuren oder willkürlich aus der Zielgruppe der Software gewählte Versuchspersonen) in Audit[69] und Praxistest auf Funktionsmängel und Programmmängel evaluliert wird. Im Softwareentwicklungsstadium zwischen Alpha- und Beta-Version beginnt auch (spätestens) der Prozess der Softwaredokumentation (siehe unten). Diesem widerfährt ebenfalls eine Evaluation durch Kunden, Nutzer oder andere Tester, bevor das Gesamtpaket der Software einschließlich der Dokumentation nach einem abschließenden Produkt- oder Systemtest den Softwarenutzern verfügbar gemacht wird.

Den Zustand, in dem sich die Software befindet, nennt man Release, man kann ihn an der Versionsnummer der Software ablesen. An das Release schließen sich im Rahmen der Versionierung die Pflege und Aktualisierung der Software ebenso an, wie ggf. Neuentwicklung, Variantenkonstruktion und ähnliche Aspekte aus dem Lebenszyklus der Anwendungssoftware.

67 Softwarearchitektur: Zusammenspiel der Komponenten eines Softwaresystems.

68 Design (Softwareentwicklung): Entwurfsmuster für Lösungsschablonen (Problemlösungskonzept, Strukturen und Mechanismen der Softwareumgebung). Aus Entwurfsmustern entwickeln Programmierer unter anderem Programmiersprachen.

69 Audit: Qualitätssichernde Ablaufbewertung bzgl. gegebener Anforderungen und Richtlinien.

Die Teilprozesse werden vom Projektmanagement gesteuert und von einem durchgängigen Qualitätsmanagement begleitet. Der Veröffentlichung der Software folgt das Änderungs- und Anpassungsmanagement. Die Prozesse und Phasen variieren entsprechend der Anforderungen an die Softwareentwicklung und werden nicht bei allen Projekten immer alle durchlaufen.

3.2 Softwaredokumentationsprozess

Softwaredokumentationen, die nicht für spezialisierte Softwareanwendungsfelder erstellt werden, sondern breit gefächerte Zielgruppen haben, werden meist im Rahmen des Dokumentationsmanagements von größer angelegten klassischen Dokumentationsprojekten durchgeführt. Von Unternehmens- und Projektgröße unabhängige Arbeitsgänge mit direktem Tätigkeitsbezug zur technischen Redaktion sind nach Schubert:

- Rezeption der Auftraggeberdokumentation
- Rezeption der Auftraggebervorgaben
- Informationsrecherche
- Werkstücksplanung
- Textproduktion
- Visualisierung
- Werkstücksgestaltung
- Korrektur
- Endfertigung (Schubert 2007:81).

Schubert stellt diese Arbeitsgänge in eine ungefähre zeitliche Reihenfolge, weist aber darauf hin, dass ein Ablaufdiagramm ausführlicher sein müsste und das einige Arbeitsgänge "miteinander verflochten sind und parallel oder iterativ durchgeführt werden müssen". (Schubert 2007:81).

> Ein präzises Ablaufdiagramm hätte zudem darzustellen, dass die Arbeit bei einem Einzelredakteur sequenziell, bei einem Team dagegen streckenweise parallel verläuft. (Schubert 2007:81).

Abstrakter fasst Schütz (2008:54) Produktionsphasen von Dokumentationsprojekten (der technischen Redaktion) mit Betonung auf dem kommunikativen Aspekt der Produktionshandlung (Informationsfluss mit Planung und Steuerung durch die technische Dokumentation) in einer Grafik (siehe Abbildung 3-1) zusammen.

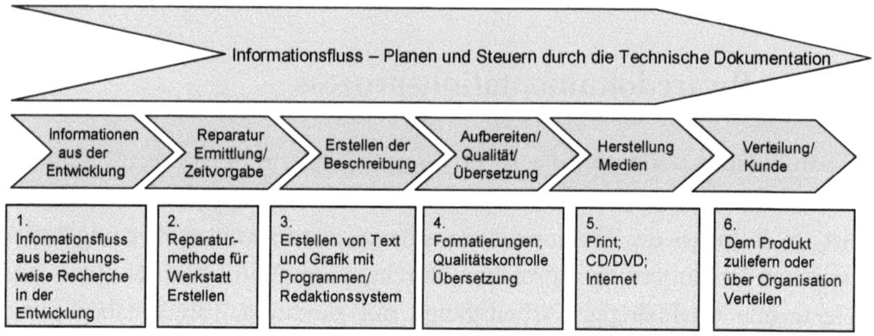

Abb. 3-1: Erstellungsprozess der technischen Dokumentation (Schütz 2008:54)

Nach Hoffmann, Hölscher und Thiele können Dokumentationsprojekte in sechs typische Phasen untergliedert werden, für die technische Redakteure verantwortlich sind und die im folgenden näher erläutert werden:

- Input
- Manuskript
- Freigabe/Zulassung
- Produktion
- Verteilung
- Änderungsdienst

An den Projektstart schließt sich eine umfangreiche Recherchephase an (Rezeption der Auftraggeberdokumentation, Rezeption der Auftraggebervorgaben und Informationsrecherche als Arbeitsgänge bei Schubert (vgl. oben), aufgrund deren Arbeitsergebnissen das Manuskript der technischen Dokumentation erstellt wird. Dieses durchläuft Korrektur- und Freigabephasen, um dann in die Produktion (in der Regel Druck oder Druckvorstufe[70]) und Vertei-

[70] Druckvorstufe: Zwischenstufe zwischen Druckvorlage und Druckprodukt. Heute meist in Form von layout-identisch reproduzierbaren PDF-Formaten.

lung zu münden. Schubert trennt im Arbeitsprozess die Produktion in Textproduktion und Gestaltung, also in Werkstücksplanung und Textproduktion einerseits und Visualisierung und Werkstücksgestaltung andererseits. In der Regel folgt auf die Verteilung auch die Pflege und Überarbeitung von Dokumentation durch die Dokumentationsproduzenten (vgl. ausführlich Hoffmann/Hölscher/Thiele 2002:144ff.). Bei Schubert schließt sich an den Arbeitsgang der Endfertigung kein weiterer überarbeitender oder wartender Arbeitsgang an.

Bei einer allgemeinen Betrachtung des Arbeitsumfeldes und der Produktion von Softwaredokumentation (Authoring Process) ergeben sich, bezogen auf Softwaredokumentation, anhand von strukturierten und unstrukturierten Interviews mit technischen Redakteuren (In-House und Freelance) in einer Studie von Pemberton et al. 1996 die der Darstellung von Hoffmann/Hölscher/Thiele sehr ähnlichen Dokument-Produktions-Stufen laut Abbildung 3-2.

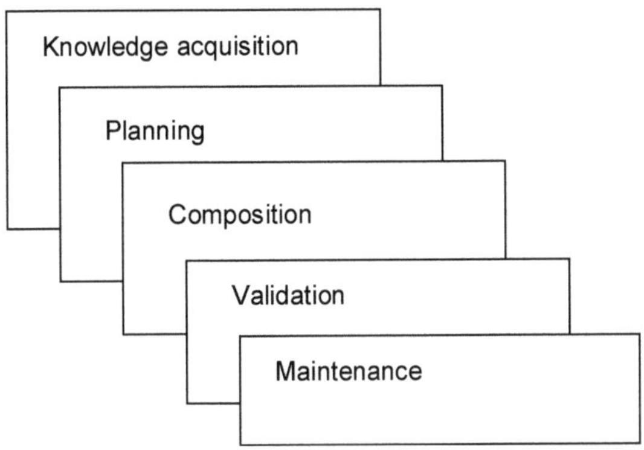

Abb. 3-2: Stages in production of a document (Pemberton et al. 1999:60)

Die Autoren bezeichnen die Stufen Knowledge Acquisition, Planning, Composition, Validation und Maintenance als konzeptuell unterschiedlich, die in ihnen verlaufenden Aktivitäten jedoch als im Produktionsprozess miteinander verwoben. Während die Stufendarstellung bei Pemberton et al. eher wasserfallartig und chronologisch dargestellt ist, platziert van der Geest die Zyklizität der Aktivitäten, die die Ontogenese (vgl. Kapitel 3.6) im Dokumentations-

Produktions-Prozess stützen, in ihrer Projektmanagementgrafik (Abbildung 3-3) im Vordergrund.

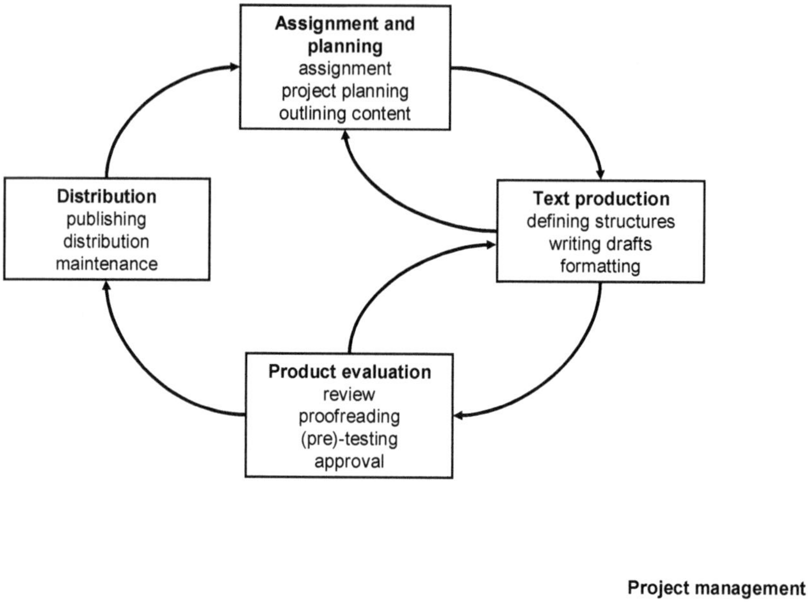

Abb. 3-3: Activities in the document production process (van der Geest 1996:12)

Bei van der Geest basiert die Gruppierung der vierzehn Prozessaktivitäten in vier Phasen auf Expertenaussagen (18 Autoren verschiedener Schreib-Tätigkeitsfelder, darunter 7 im Bereich Softwaredokumentation) und markiert von den an der Studie Beteiligten als bedeutsam hervorgehobene Bereiche.

> This grouping does not mean that writing is a linear process: the accounts show that writing at work is even more recursive than it already appeared to be from studies of the writing processes of students or writers working on an imposed simulated task under 'laboratory' condidtions. In almost all cases, planning and text production took place in a considerable number of cycles of review, negotiation and revision. (van der Geest 1996:12).

Wie sich die Phasen in den Online-Hilfe-Produktionen in einigen Aspekten von klassischen Dokumentationsphasen unterscheiden wird im folgenden deutlich.

Der herausragende Unterschied zwischen klassischer Dokumentation und Online-Hilfe-Produktion besteht in der medienneutrale Produktion mit Hilfe von Autorenwerkzeugen (siehe ausführlicher Kapitel 3.3) und der Informationsvermittlung über modulare und verlinkte Konzepte. Diese sind in der technischen Redaktion auch in anderen Bereichen gängig, bei der Softwaredokumentation aber charakteristisch. Ein weiterer Unterschied liegt darin begründet, dass Online-Hilfen in Produktion und Verteilung und in ihren Änderungs- und Update-Prozessen viel kurzfristiger angelegt sind als andere Produkte der technischen Dokumentation. Dies gilt auch für die Zyklizität der Abläufe und für Anpassungen an der Software, die jeweils Teile der Dokumentation mit betreffen können und mit dem Release-Stand der Software geändert werden müssen (z. B. die Konsistenz der Linkverknüpfungen). Neben teilstandardisierten Qualitätsprüfungen in Form von Korrektur- und Freigabephasen bei der klassischen Dokumentation, fällt bei der Online-Hilfe-Produktion der zusätzliche Aspekt des Usability-Testings an, eine qualitätssichernde Maßnahme, die die Software und die Online-Hilfe im Zusammenspiel testet.

Die Arbeitsteiligkeit der Dokumentationsprozesse und interdisziplinäre Teams sind in allen Arten von Dokumentationsprojekten gängig, bei der Softwaredokumentation jedoch besonders typisch und aus Qualitätssicht auch außerordentlich kritisch; besonders, wenn die Produktion der Softwaredokumentation als Dienstleistung aus dem Softwareentwicklungsprozess ausgelagert und extern von anwendungs- oder fachfernen Redakteuren erstellt wird.

Auch auf der technisch-konstruktiven Ebene sind einige Phasen klassischer Dokumentationsprojekte und Online-Hilfe-Produktion vergleichbar. Im Hinblick auf die Publikationsform (Print versus Online) ist jedoch das an Nutzerbedürfnissen und Anforderungen orientierte Design[71] bei Softwaredokumentationen und Hypertextdokumenten anspruchsvoller und eine größere Herausforderung im Produktionsprozess.

[71] Design: hier im angelsächsischen Sinne Entwurf, Formgebung und Gestaltung der Hilfe-Oberfläche.

Applikationsdesign

Das Applikationsdesign von Online-Hilfen umfasst die Hilfefunktionen und deren Umfang ebenso wie die detaillierte Gestaltung der Hilfefenster. Beim Online-Hilfe-Design stehen die Zielgruppenorientierung, die Zweckorientierung, die Funktionalität der Hilfe und die Benutzerfreundlichkeit deutlich über der Ästhetik. Dennoch sind auch ästhetische Gesichtspunkte unter Berücksichtigung von Lesbarkeits- und Verständlichkeitsaspekten der GUI-Schnittstelle[72] und im Hinblick auf die Corporate-Identity des Softwareanwendungsherstellers in der Online-Hilfe-Produktion wichtig, denn von Online-Hilfen wird ein gleicher "Look and Feel" erwartet, was bedeutet, dass die Oberflächen des Anwendungsprogramms und der Online-Hilfe möglichst einheitlich und/oder zusammenpassend gestaltet werden müssen. Dies gilt für die einheitliche Verwendung von Farben, Formen, Layout und Schriftarten und -größen (Look) ebenso wie für die dynamischen Elemente wie Schaltflächen und Menüs (Feel). Aus Sicht der Online-Hilfe-Produktion ergibt sich hier eine zwingende Zusammenarbeitsschnittstelle mit Softwareentwicklern und Marketing und Vertrieb.

Vermittlungsfähigkeit der Produzenten

Neben der Oberflächengestaltung tragen auch auf der textuellen Ebene der informationellen Einheiten die Produktionsphasen Züge prototypischer Designaktivitäten (Analyse, Konzeption, Entwurf, Realisierung, Kommunikation), die einem industriellen Design deutlich ähneln. Die Besonderheiten der Textproduktion von Online-Hilfen liegen hier auf der Kopplung von Werkstückentwicklung und Werkstückgestaltung und auf der Nutzung, Einbindung und gleichzeitiger Erweiterung verschiedener Wissensbereiche des Produzenten im Verlauf des Schreibens[73].

Softwareentwicklungsprozess und Softwaredokumentationsprozess ähneln sich in ihren Produktions- und Entwicklungsphasen. Beide Prozesse sind Produktions- und Designprozesse mit hohen Anforderungen an die Kommunikations- und Vermittlungsfähigkeit, die kognitive Leistung und Kreativität der ausführenden Produzenten. Kreativität bei der Online-Hilfe-Produktion

[72] GUI: Graphical User Interface: Benutzerschnittstelle.

[73] Schreiben als Designproblem: Vgl. den Artikel "Schreiben als Designproblem: kognitive Grundlagen einer Hypertext-Autorenumgebung", von Hannemann/Thüring 1993:147ff.

bezieht sich auf die Oberflächen- und Strukturgestaltung und die Verknüpfungsaspekte. Inhaltliche Kreativität ist aufgrund der geforderten emotionslosen Vermittlung von informationellen Inhalten weniger gefragt. Kommunikations- und Vermittlungsfähigkeit sind an die intendierten Nutzergruppen und an das Vorhersehen derer Kommunikations-, Informations- und Lernanforderungen geknüpft. Das Softwareprodukt und dessen Aufbaustruktur beeinflussen nachhaltig die Makrostruktur der Dokumentation (vgl. Schäflein-Armbruster 2004:6 [1-4]).

Grünwied beschreibt die Ähnlichkeit der Prozesse wie folgt:

> Programme, Datenbanktabellen und Schnittstellen in der Software entsprechen Texten, Grafiken und Hilfesystemen in der Dokumentation. Beide “Produkte” müssen in Abstimmung geplant, analysiert, erstellt und produziert werden. (Grünwied 2007:49)

Grünwied teilt die Entwicklungsphasen der Software-Dokumentation in fünf aufeinander folgende Phasen, mit jeweils dazugehörigen Meilensteinen im Prozess ein, siehe Tabelle 3-1[74].

1. Phase	**2. Phase**	**3. Phase**	**4. Phase**	**5. Phase**
Planung	**Analyse und Konzeption**	**Erstellung und Korrektur**	**Produktion und Distribution**	**Evaluierung und Update**
Meilensteine:				
▪ **Rahmenbedingungen** ▪ **Dokumentationsplan**	▪ **Zielgruppenanalyse** ▪ **Redaktionsleitfaden**	▪ **Entwürfe** ▪ **Endfassung**	▪ **Medienprodukte**	▪ **Testberichte** ▪ **Änderungsanforderung**

Tab. 3-1: Entwicklungsphasen der Software-Dokumentation nach Grünwied (Grünwied 2007:49)

74 Die gestrichelten Spaltenlinien werden bei Grünwied nicht erklärt, ich vermute, dass sie eine gewisse Durchlässigkeit der Prozessphasen zueinander repräsentieren sollen.

1. Phase

Bei Grünwied dient die erste Phase dazu, allgemeine Anforderungen und Randbedingungen für die Dokumentation zu ermitteln und Fragen zu folgenden Aspekten zu klären:

- Produkt (Anwendungssoftware)
- Dokumentationsziel
- rechtlichen, normativen oder vertraglichen Vorgaben (auch zum Medium)
- Budget
- Zeit
- Personal
- technischer Ausstattung
- späterer Übersetzung

Nach der Klärung wird ein Dokumentationsplan mit Angaben zu den folgenden Bereichen erstellt:

- Versionierung und Aktualisierung der Dokumentation
- Projektmitglieder
- Tätigkeiten
- Ausstattung
- Verantwortlichkeiten
- Kosten und Zeitplänen
- Prototypen und Entwürfen
- Systemtests
- Revisionen
- Usability-Test
- Übersetzung
- Individualisierung (vgl. Grünwied 2007:50).

Die genannten Anforderungen und Randbedingungen implizieren vermutlich Aspekte wie Auftragsdetails, Motivation und Anreize für die beteiligten Produzenten. Diese nehme ich in mein Online-Hilfe-Prozessmodell (Kapitel 5) auf.

2. Phase

Phase zwei umfasst bei Grünwied die Nutzergruppenanalyse und die Tätigkeitsanalyse, die konzeptionell in die Modularisierung der Softwaredokumentation münden. Das entstehende Konzept wird in einem Redaktionsleitfaden festgehalten (Grünwied 2007:50f.). Auch Schütz schlägt die Verwendung eines Leitfadens vor:

> Wenn Prozesse und Verantwortlichkeiten klar sind, ist ein Leitfaden, der für alle intern und extern verpflichtend ist, sehr empfehlenswert. Dabei lässt sich ein Leitfaden mit den heutigen technischen Mitteln systemgestützt elegant in den Arbeitsablauf einbauen. Es lohnt sich also in das Prozessmanagement Geld und Zeit zu investieren. (Schütz 2008:54).

Die Phasen eins und zwei bei Grünwied decken sich mit dem Knowledge-Aquisition-Stadium bei Pemberton et al., wobei letztere die Notwendigkeit des "Knowledge-Engineering" in Kooperation mit Designern und Ingenieuren als eine Art Vorabschritt beschreiben und als wichtigen Arbeitsschritt für den technischen Redakteur betonen, zunächst Informationen zu sammeln und diese zu strukturieren, bevor der eigentliche Schreibprozess beginnen kann.

> Technical writers plan and draft both new and updated documents of various kinds, in a variety of organisational structures. But before this, and also concurrent with it, is a 'knowledge engineering' activity which is vital and which ideally involves close collaboration with designers or engineers. In other words, before technical writers are in a position actually to write, they must first gather and structure infromation about the product or procedure in question. (Pemberton et al. 1996:60)

Bei Pemberton et al. kommt das Wissen, das Produzenten über das Softwareprodukt zu einem mentalen Modell formen, aus verschiedenen Quellen, wie Abbildung 3-4 zeigt.

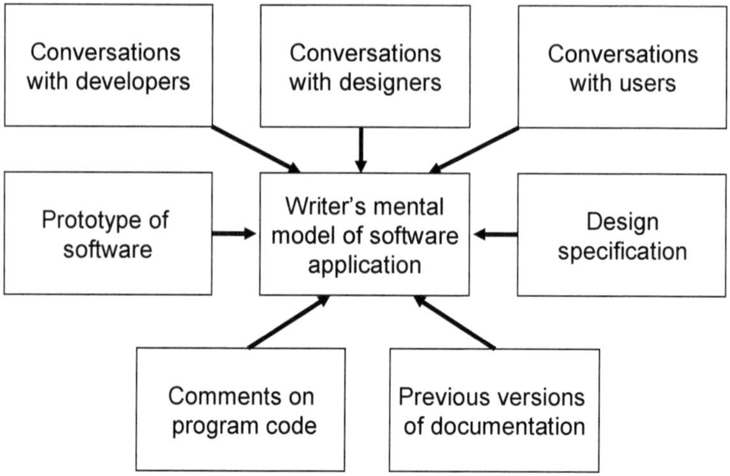

Abb. 3-4: Sources of knowledge about the application (Pemberton et al. 1996:61)

Auf die so bei Pemberton et al. als Wissensquellen für den Produzenten definierten Einflussfaktoren Entwickler, Designer, Nutzer, Software-Prototypen, Spezifikationen, Quellcode und Vorgängerversionen komme ich in meinem Online-Hilfe-Produktionsmodell (Kapitel 5) erneut zurück. Im Zusammenhang mit diesem Prozessstadium machen Pemberton et al. zwei Erkenntnisse ihrer Studie über Softwaredokumentation deutlich, die auch bei meiner Modellbildung relevant sind:

> An unexpected finding of our discussions was that knowledge acquisition can occupy as much time as composition. (Pemberton et al. 1996:61)

> Updating a document makes no fewer demands of knowledge engineering. (Pemberton et al. 1996:62)

3. Phase

Bei Grünwied entsteht in Phase drei auf der Basis des Redaktionsleitfadens und des Dokumentationsplans die Dokumentation in mehreren Entwurfsschritten und Korrekturdurchläufen. Pemberton et al. weisen im Composition-Stadium ebenfalls ausdrücklich auf Dokumentationsleitlinien hin.

> Writers may also be subject to local constraints intended to promote and enforce a house style and image. Most companies have either an informal or formal style guide to recommend or prescribe the use of specific constructions and terminology, and the manner of addressing the user. (Pemberton et al. 1996:62)

Closs 2007 dagegen argumentiert mit Blick auf die Werkzeuglastigkeit der Prozesse gegen rigide Redaktionsleitfäden und für erweiterbare und durchlässige Konzeptklassen bei der Modularisierung (Closs 2007).

4. Phase
In Phase vier wird die Dokumentation auf verschiedenen Medien produziert und der ausgelieferte Stand wird archiviert.

5. Phase
In Phase fünf erfolgt die Evaluierung durch Redakteure und Kunden. Testergebnisse dieser Phase fließen in zukünftige Updates der Software ein (vgl. Grünwied 2007:51). Pemberton et al. betonen den Zeitaufwand, den solche "Wartungsarbeiten" am Softwaredokumentationsprodukt im Produktionsprozess ausmachen.

> A significant proportion of a writer's time is spent on maintaining documentation when changes are made to existing products. (Pemberton et al. 1996:64)

Grünwied verzichtet zugunsten einer genaueren Beschreibung der Hilfeformate und Werkzeuge, der Beschreibung des Aufbaus von Online-Hilfen und Text- und Bildgestaltungshinweisen in ihrer Arbeit auf eine detailliertere Beschreibung und Modellierung des Online-Hilfe-Produktionsprozesses.

Desiderate aus der Prozessbeschreibung von Grünwied
Ihre sehr klare und eingängige Aufteilung der Prozessphasen ist jedoch für die Modellierung des Online-Hilfe-Produktionsprozesses auf verschiedenen Ebenen erklärungs- und ergänzungsbedürftig.

Mit Blick auf die Modellbildung des Online-Hilfe-Produktionsprozesses ist bei der allgemeinen Prozessbetrachtung die wechselseitige Einbettung in den übergeordneten Softwareentwicklungsprozess ebenso zu berücksichtigen wie die Produktionsprozesse der Werkstückerstellung selbst. Von besonderer

Wichtigkeit sind auch die kognitiven Prozesse der arbeitsteiligen Aufgabenstellungen der Prozessbeteiligten und deren Wissen, Kompetenzen, Fähigkeiten und Fertigkeiten vor dem Hintergrund der jeweiligen situativen Produktionsbedingungen (z. B. Verwendung von Werkzeugen und Datenhaltung und Datenmanagement).

Darüber hinaus muss die inhärente Parallelität und Rekursivität der Online-Hilfe-Produktion ebenso einbezogen werden, wie Fragestellungen nach der Arbeitsteiligkeit von Prozessen (Mehrautorenschaft und interdisziplinäre Teams) und die an diese Produktionsprozessfaktoren gekoppelten Kompilierungsaspekte bei der Online-Hilfe-Produktion und die Medienaspekte.

Kernaspekt Kompilierung

Grünwied beschreibt in ihrer Arbeit den Kernaspekt der Kompilierung der Online-Hilfe-Produktion, nämlich die von ihr als Hilfe-Authoring bezeichnete Erstellung der Online Hilfe in einem Autorensystem (siehe Kapitel 3.3). Dabei werden die folgenden Teilprozesse getrennt voneinander durchgeführt:

- Erstellung von informationellen Inhalten (z. B. in Form von Text, Grafik, Screenshots und Multimedia)
- Erstellung der Navigationskomponenten (z. B. Inhaltsverzeichnis, Index, Suche, Favoriten, Browse-Sequenzen und Links)
- Gestaltung (z. B. in Form von Formatvorlagen und Textbausteinen)

Ein Kompilierungsvorgang erzeugt aus diesen Einzelkomponenten die ausführbare Online-Hilfe. (siehe Abbildung 3-5, vgl. Grünwied 2007:109).

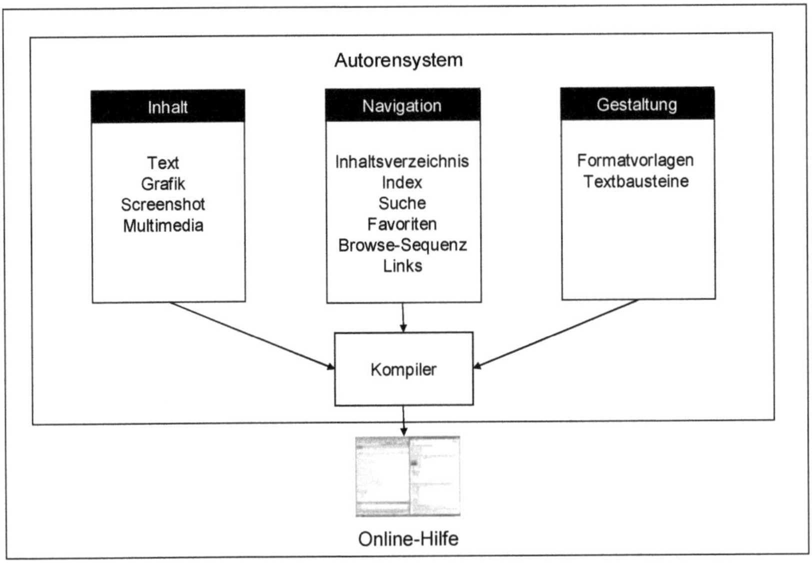

Abb. 3-5: Hilfe-Authoring nach Grünwied (2007:109)

Dieser Kernaspekt, der sowohl einen unmittelbaren Bezug zur Medialität der Arbeitsprozesse und der Textsorte, als auch zur Arbeitsteiligkeit und Kompetenzteiligkeit der Prozesse hat, findet in den Entwicklungsphasen bei Grünwied keinen Niederschlag, obwohl er wie kein anderer den Unterschied zwischen der Online-Hilfe als Hypertextsorte und anderen Printtextsorten, wie z. B. der Bedienungsanleitung, deutlich macht, indem er, einer industriellen Produktion und besonders der Softwareentwicklung ähnlich, das technische Werkzeug der Produktion ins Zentrum des Produktionsgeschehens stellt. Die Kompilierung schlägt sich als prominente Prozesskomponente in meinem Online-Hilfe-Produktionsmodell (Kapitel 5) nieder.

Pemberton et al. schlagen drei Modellszenarios als Herangehensmöglichkeiten an die Softwaredokumentation vor.

Modellszenario 1

Das erste bezieht sich auf die Unterstützung der Produktionstätigkeit der P durch ein der Produktionssituation angemessenes Werkzeug-Instrumentarium, ähnlich dem, das ich unten beschreibe.

Modellszenario 2

Das zweite Szenario konzentriert sich auf Vorschläge zur Verbesserung der Wertigkeit und Rolle der Produzenten im Gesamtzusammenhang der Softwareentwicklung und Software-dokumentationsentwicklung. Dies bezieht sich auf die Zusammenarbeit in interdisziplinären Teams mit dem technischen Redakteur als Schnittstelle und als Interessenvertreter der Nutzer ('User Advocate' vgl. Pemberton et al. 1996:66f.) und gleichzeitig als allgemeine Kontrollinstanz.

Modellszenario 3

Das dritte und radikalste Szenario verbindet eine weitgehend computerunterstützte automatische Dokumentgenerierung mit der Idee, die Rolle des Redakteurs im Gesamtprozess neu zu bestimmen. Pemberton et al. skizzieren das Modellszenario für eine begrenzte Art von Softwareanwendungen in den folgenden fünf Schritten:

1. Ein formales Modell der Softwareanwendung wird erstellt. Es beschreibt die Funktion und das Erscheinungsbild der Software. Dieses Modell wird im Team von Fachexperten, Softwareentwicklern, Personen aus der Nutzergruppe und Wissensmanagern unter Verwendung von Entwicklungswerkzeugen erstellt.
2. Auf dem formalen Modell basierend werden Quellcode und Dokumentationsentwürfe automatisch erstellt. Nutzer, die nicht am Entwicklungsprozess beteiligt waren, können in dieser Phase Produkt und Dokumentation gleichzeitig testen. Fachexperten, Softwareentwickler, Marketingexperten, Manager, etc. testen in gleicher Weise.
3. Das formale Modell der Softwareanwendung samt der Dokumentation durchläuft zyklisch verschiedene Entwurfs- und Änderungsstufen, bis die Ergebnisse zufrieden stellend ausfallen.

4. Sprachversionen der Software und der Dokumentation werden generiert.
5. Software und Dokumentation werden von Produzenten und Nutzern der jeweiligen Landessprachen geprüft und ggf. überarbeitet. (vgl. Pemberton et al. 1996:69f.)

Das Modell von Pemberton et al. ist mit Blick auf die Rolle des technischen Redakteurs so zu verstehen, dass Aufgaben neu verteilt werden, Wissensmanager (siehe Zitat oben) und Ingenieure das Schreiben einer ersten Dokumentationsversion übernehmen und traditionelle Schreibkompetenzen erst am Ende eingesetzt werden "traditional writing skills are used only at the end in order to give a final polish" (Pemberton et al. 1996:69). Pemberton et al. widersprechen sich allerdings selbst, wenn sie einerseits ein verbessertes Rollenverständnis der technischen Redakteure fordern und andererseits diesen dann aber im Modell den Status des "Polierers" zuweisen. Die fünf Schritte orientieren sich sinnvollerweise an der Softwareentwicklung, setzen diese allerdings so ins Zentrum, dass dem Prozess der Dokumentation wenig Aufmerksamkeit entgegengebracht wird. Die Autoren schließen von vornherein z. B. die Nutzergruppenanalyse als "Vorbereitungsarbeit" aus der Modellierung aus. Ob jedoch weitere wichtige Rahmenbedingungen, wie die Beachtung von rechtlichen Bestimmungen und Normen, aber auch Bestandteilbereiche der Software, Informationsarten, Angaben zur Navigation und Orientierung und die sprachlichen Aspekte solchermaßen "mit gemeint" sind, bleibt unklar. Dies ist besonders erstaunlich, da Pemberton et al. in der gleichen Arbeit auf die Wichtigkeit der Knowledge-Aquisistion-Stufe hinweisen (siehe oben), diese dann aber nicht in das Modell überführen.

Die Art und Weise, wie Dokumentationsentwürfe automatisch zu erstellen sind und auch, wie die Sprachversionen generiert, die Softwarelokalisierung durchgeführt und in das in der Softwarebranche übliche Simultaneous-Shipment-Konzept[75] umzusetzen ist, ist im Modell eher implizit vorhanden.

[75] Simultaneous Shipment (SimShip): Veröffentlichung internationalisierter und lokalisierter (übersetzerisch in die Kultur- und Landessprache übertragene) Softwareversionen zeitgleich mit der Veröffentlichung im Ursprungsland. SimShip ist bei weit verbreiteter Standardsoftware gängige Praxis und erhöht den Druck von Mitarbeitern in Dokumentations- und Übersetzungsarbeiten, deren Tätigkeit in der Regel am Ende der Prozesskette liegt. Diese Praxis macht es erforderlich, dass Softwaredokumentationstätigkeit und Lokalisierungsarbeiten von Über-

Die bei Pemberton et al. beschriebenen Prozessschritte Composition, Validation, und Maintenance berücksichtigen jedoch explizit alle zum Erstellungsprozess gehörenden Übersetzungsaufgaben. Usability-Testing der Software und Begleitdokumentation und zyklisches Überarbeiten der Software und Dokumentation wird dagegen in allen Schritten betont. Dieser Faktor zeigt, dass das Modell eher den Softwareentwicklungs- als den Dokumentationsentwicklungsprozess spiegelt und einen stark idealisierten und damit vergleichsweise unrealistischen Produktionsprozess annimmt, da in der realen Redaktionspraxis eben diesem Usability-Testing, erst recht auf sprachlicher Ebene im Bereich der Softwarelokalisierung und auch noch in Form von muttersprachlichen Kontrollen, am Projektende wenig Aufmerksamkeit zukommt.

Das Modell lässt keine Rückschlüsse über die Gewichtung der einzelnen Schritte zu, dennoch fällt auf, dass über den Umgang mit den verschiedenen Entwurfs- und Änderungsstufen und über die Datenhaltung und Weiterverwendung (Versionierung) der Dokumentation keine Angaben gemacht werden. Dieses Fehlen überrascht ebenso, da Vorgängerversionen der Dokumentation (Previous Versions of Documentation) und Spezifikationen (Design Specifications) als Wissensquellen im von Pemberton et al. aufgebauten mentalen Autorenmodell (siehe Abbildung 3-4) hervorgehoben werden.

3.3 Autorenwerkzeuge

Wenn bei der Erstellung von Online-Hilfen der Begriff der Produktion verwendet wird, dann handelt es sich in der Regel um Tätigkeiten eines oder mehrerer technischer Redakteure oder im Bereich der Informationsgestaltung und –vermittlung versierten Mitarbeiter(n) eines anderen Tätigkeitsbereichs außerhalb der Redaktion. Im Umfeld der technischen Kommunikation verschwimmen die Benennungen der Tätigkeitsbegriffe und Berufsbezeichnungen der Online-Hilfe-Produzenten. In gleicher Weise schwammig verwendet werden die Bezeichnungen der Arbeitsumgebungen, Informations- und Dokumentenmanagementsysteme und Autorenwerkzeuge, die je nach Herstellerausrichtung, Systemtyp und Funktionalität unterschiedliche Schwerpunkte

setzerteams früh in die Softwaredokumentationsentwicklung eingebunden werden, damit die engen Zeitrahmen eingehalten werden können.

bei den Arbeitsprozessen der Dokumentationserstellung, Dokumentationsverarbeitung und Dokumentationsverwaltung setzen.

Es ist weder Ziel dieser Arbeit, die derzeit gängigen Autorensysteme, Content-Management-Systeme (CMS) und Hilfesysteme (Programme zur Erstellung von Hilfen) in ihren Einzelapplikationen und Funktionsweisen zu beschreiben, gegeneinander abzugrenzen und zu bewerten, noch wird eine allgemeingültige Charakteristik, systematische Beschreibung und Einordnung der Systeme angestrebt. Hier wird vielmehr ihr Stellenwert in der Online-Hilfe-Produktion hervorgehoben und aus der abstrakten Modellsicht beleuchtet.

Dies gilt in gleicher Weise für die theoretischen Konstrukte und Systematiken (Funktionsdesign, DITA[76] (siehe unten) und Informationsmanagement), softwareunterstützten Strukturierungsmethoden, Dokumentenformate und die in diesen Bereichen verwendeten Auszeichnungssprachen, die als Konzepte die oben genannten Managementsysteme in ihren Verlaufsprozessen begleiten.

Werkzeuge im Online-Hilfe-Produktionsprozess

Ich bediene mich hier in Anlehnung an Schubert 2007 im vollen Bewusstsein der Novität und Schnelllebigkeit der Branche, einiger Begriffe und Beschreibungskonventionen aus dem Bereich des Dokumentationsmanagements (vgl. Schubert 2007:110-114) und beziehe diese wo nötig auf die Online-Hilfe-Produktion. Diese sind Dokumentationsmanagement, Content-Management, Autorensystem und Autorenwerkzeuge, Hilfesystem und Hilfeformate, Single-Source-Publishing (SSP), Informationsmanagement, Dokumentenmanagement. Textverarbeitung und Desktop-Publishing als Standard-Textproduktionshilfsmittel gehören ebenfall zu den Werkzeugen, werden hier jedoch nicht näher erläutert.

Dokumentationsmanagement

Schubert bezeichnet Dokumentationsmanagement als "Arbeitsfeld, in dem Content-Management und Informationsmanagement betrieben werden, wobei die Objekte fachkommunikative Dokumente oder deren Komponenten sind" (Schubert 2007:109). Datenmanagement (Speichern, Ordnen, Archivieren von

[76] DITA: Darwin Information Typing Architecture. Werkzeug- und herstellerunabhängige Definition für in sich abgeschlossene, möglichst kontextunabhängige Inhaltsblöcke des Baukastenprinzips modularisierter Texte. Das Basisformat von DITA ist XML.

Daten, Bereithalten zur Nutzung, Zugänglichmachen für Suchvorgänge) und Dokumentenmanagement (einschließlich Wissensmanagement) werden im Content-Management und Informationsmanagement vorausgesetzt (vgl. Schubert 2007:108f.). Beim Informationsmanagement werden Daten gesammelt und strukturiert gespeichert.

Dokumentenmanagement
Beim Dokumentenmanagement werden elektronische Dokumente zusammen mit ihren Komponenten und Querverweisen gespeichert. Einige Dokumenten-Management-Systeme steuern ganze Prozesse und Workflows (Verwaltungstools), andere sorgen lediglich für die Speicherung und Verwaltung von Dokumenten (Finderfunktion) (vgl. Lüthy/Wenzel 2001:66f.). Erstere dienen der Optimierung und Automatisierung von Dokumentationsprozessen.

Content-Management
Content-Management-Systeme sorgen für die Erstellung und die Speicherung, systematische Verwaltung und Verknüpfung von inhaltsbezogenen Einheiten (die nicht zwangsläufig komplette Dokumente sein müssen). Nach Schubert ist Content-Management

> (…) das Erstellen, strukturierte Speichern und Verknüpfen von Contents sowie das Bereithalten zur Nutzung, wobei unter Nutzung in der Fachkommunikation oft eine Neuzusammenstellung (Rekombination) von Contents zu neuen Dokumenten und Dokumentationen zu verstehen ist. (Schubert 2007:109)

Schubert meint hier Rekombination von Textstücken im Sinne der Zusammenstellung von Inhalten in einem anderen als dem Erstellungskontext. Rekombination bei der Online-Hilfe-Erstellung bedeutet in der Regel die Zusammenstellung von informationellen Einheiten aus ursprünglichen Kontexten für die Verwendung in ähnlichen oder geringfügig angepassten Kontexten. So werden z. B. in Softwareproduktfamilien Grundkomponenten der Software über verschiedene Produkte "vererbt" (in Form und Funktion gleich gestaltet) und die zugehörigen Softwaredokumentationsteile der Online-Hilfe ebenfalls mehrfach verwendet und nur in Teilen bei der Werkstücksproduktion neu gestaltet. Dies gilt ebenso für die Versionierung von Softwaredokumenten. Die sich daraus ergebende Problematik der Rezeptionsreihenfolge gilt für alle Arten von rekombinierten Texten gleichermaßen.

> Wenn eines der verwendeten Zielformate (der Dokumentationstätigkeit, Anm. CH) Hypertext ist oder wenn Textkomponenten für unterschiedliche Versionen ein- oder ausgeblendet oder ausgetauscht werden sollen und insbesondere wenn, wie sehr häufig, beides zugleich der Fall ist, dann wird es notwendig, kleine Textkomponenten und einzelne nichtsprachliche Dokumentkomponenten in einzelnen Dateien zu erstellen, zu bearbeiten, zu fixieren und zu verwalten. Hierdurch entsteht großer Organisationsaufwand hinsichtlich des Arbeitsprozesses, der Ressourcen und der Softwarehilfsmittel. Erstellung, Korrektur, Freigabe, Aktualisierung, Versionierung, Übersetzung, Parallelhaltung unterschiedlicher Sprachversionen bei Beibehaltung abweichend intendierter Text- und Illustrationskomponenten in den einzelnen Sprach- und Länderversionen – all dies schafft sehr schnell Unübersichtlichkeit und damit Organisationsbedarf. Eine gangbare Lösung ist der Einsatz eines Redaktions- oder eines Content-Managment-Systems oder eines Workflow-Management-Systems. (Schubert 2007:127)

Herausstechende und für die Online-Hilfe relevante Aspekte des Content-Managements sind:

- das Baukastenprinzip des Datenmangements, bei dem unterschiedliche Datenarten in unterschiedlichen Datenformaten getrennt voneinander gehalten werden können,
- die Verwaltung von Metadaten (Zuordnungsinformationen) und
- die Verwaltung von Datensätzen oder Verwaltung ganzer Dokumentation untereinander (Verknüpfungsinformationen, Beziehungs- und Veränderungshistorie), besonders im Hinblick auf deren Reihenfolge und Versionierung.

Content-Management als Inhaltsverwaltung hängt eng mit dem Gedanken des Single-Source-Publishings zusammen.

Single-Source-Publishing

Beim Single-Source-Publishing können aus einer Quelle (bedarfsgerecht) unterschiedliche Ausgabeformate und Varianten produziert werden.

> SSP-Systeme automatisieren den gesamten Publikationsvorgang und binden die transformierten Dokumente in den passenden Publikationskontext ein. (Soethe 2008:15)

Das Single-Sourcing ist als technische Lösung jedoch erst der zweite Schritt, dem eine topicorientierte Strukturierung der Inhalte (in Bausteine) als Grundgedanke vorausgehen muss.

> Die topicorientierte Strukturierung ist die Basis für erfolgreiche Single-Source-Lösungen. Außerhalb der Online-Hilfen ist diese Strukturierungstechnik allerdings noch unbekannt und der richtige Umgang damit nur wenigen vertraut. (Closs 2007:27)

Eine topicorientierte Strukturierung wird bei der Online-Hilfe-Produktion durch die Trennung von Inhalt, Navigation und Gestaltung (Layout) erreicht. Texte werden inhaltlich scharf voneinander getrennt, jedes Thema wird isoliert und möglichst kontextunabhängig in einem eigenständigen Baustein (Topic) beschrieben (vgl. Closs 2007:29). Bestimmte Inhalte (z. B. prozedurale oder deskriptive Textteile) werden immer nach demselben Muster geschrieben und gestaltet.

Systematisierung und Strukturierung
Die Systematisierung und Strukturierung dieser Muster erfolgt in der technischen Redaktion durch Techniken wie Information-Mapping, Funktionsdesign, Klassenbildungskonzept und z. B. die technische Realisierung durch DITA, die ich unten näher beschreibe.

Bausteinprinzip
Durch diese Standardisierung entsteht eine Bausteinsystematik, die für Produzenten und Nutzer leicht zu überblicken ist. Begriffe müssen nur einmal in einem Baustein erklärt und dieser dann, wo erforderlich, verlinkt werden. Dadurch werden Redundanzen vermieden. Die Einheitlichkeit der Bausteine erleichtert die Mehrautorenschaft und verringert Koordingierungsproblematiken im Workflow. Die Bausteine können über mehrere Ebenen hinweg unterschiedlich gestaltet werden. So können bestimmte Informationen auf der ersten Ebene anders gelayoutet und strukturiert werden als Information auf tieferen Ebenen. Für unterschiedliche Rezeptionszwecke kann der Produzent durch Verknüpfung und Verlinkung relevanter Bausteine den Rezeptionsweg beliebig skalieren und dadurch unterschiedlichen Zielgruppen und deren unterschiedlichen Anforderungen und Erklärungsbedarfen gerecht werden.

Aus produktionstechnischer Sicht ist bei der Online-Hilfe-Produktion besonders die Schnittstellen zwischen der verwendeten Strukturierungstechnik, dem verwendeten Hilfesystem und dessen Hilfeformaten und dem beteiligten Content-Management-System wichtig.

Die oben genannten Aspekte des Content-Managements und des Single-Sourcings bieten in Kombination ideale Möglichkeiten der Standardisierung und Produktivitätssteigerung von Online-Hilfe Produktionen und deren Qualitätssicherung. Die Systeme und Werkzeuge werden in der Regel in Kombinationen verwendet. So können z. B. Systematisierungstechniken, wie DITA oder Funktionsdesign (siehe unten) als Programmelemente in Content-Management-Systeme eingebaut sein. Dennoch müssen nicht alle diese Aspekte zwingend in ein System integriert sein, da auch komplexe Dokumentationsprojekte auf der Basis von Dateiensystemen verwaltet werden können. Unabhängig vom verwendeten Management-Werkzeug oder Hilfesystem ist jedoch eine Systematik für die Modularisierung und der Inhalte bei Online-Hilfe-Produktionen zwingend notwendig.

Systematisierungstechniken

Informationen und deren Design zu systematisieren und zu strukturieren und damit Produktion und Rezeption zu erleichtern ist in der Lernpsychologie und der technischen Dokumentation schon lange Thema und gängige Praxis. Besonders bekannte und verbreitete Techniken sind Information-Mapping, Funktionsdesign und das moderne Klassenbildungskonzept der topicbasierten Modularisierung (Informationsarchitektur auf XML-Basis). Inhaltliche Aspekte dieser Methoden finden sich in der einen oder anderen Form kombiniert mit Ergebnissen aus dem Instruktionsdesign, der Lesbarkeits- und Verständlichkeitsforschung und der kontrollierten Sprachverwendung in nahezu allen Style-Guides, Redaktionsrichtlinien und Leitfäden der technischen Dokumentation. So sind die Topic-Klassen der topicorientierten Strukturierung inhaltlich mit den Informationseinheiten des Information-Mapping vergleichbar, allerdings für die praktische Anwendung offener und die Funktionsdesign-Technik bietet eine Grundlage für die topicorientierte Modularisierung (vgl. Closs 2007:111).

Information Mapping

Die durch Warenzeichen und Handelsmarken geschützte Methode des Information-Mapping wurde von Robert E. Horn bekannt gemacht. Beim Information-Mapping werden Informationen in geschlossene Einheiten umgewandelt, die nach Verständlichkeitsregeln verkürzt und formuliert wurden, um die Verarbeitung durch den Empfänger der Information zu vereinfachen. Bei dieser Informationsstrukturierung sollen mittels klarer Gliederung und Verständlichkeit die Effizienz bei der Produktion gesteigert und sowohl Produzenten- wie Nutzerbedürfnisse berücksichtig werden. Innerhalb der Methode werden sieben Grundprinzipien der Informationsstrukturierung und sieben Informationseinheiten unterschieden.

Funktionsdesign

Das von Jürgen Muthig und Robert Schäflein-Armbruster entwickelte Funktionsdesign teilt, in Anlehnung an die Spechakt-Theorie, sprachliche Inhalte in funktionale Einheiten mit zugehörigen Formulierungsmustern, Gestaltungsvorgaben und Vorgänger- und Nachfolger-Einheiten ein und kann durch Dokument- und Formatvorlagen technisch unterstützt zur hierarchischen Organisation und sinnvoller Strukturierung und Modularisierung dienen. Standardisierung[77] ist dabei das Hauptziel. Schäflein-Armbruster baut das Funktionsdesign in sieben für die technische Dokumentation gangbaren Schritten auf, die zur weiterführenden Nutzung in durch Hilfsmittel des Arbeitsprozesses unterstützten Klassenkonzept-Ansätzen systematisch eingesetzt werden können. (vgl. Schäflein-Armbruster 2005:117f. [3-23]).

Klassenkonzept

Das Klassenkonzept als derzeit neuster technischer Standard verknüpft die auf die Nutzersicht bezogenen Grundgedanken der oben beschriebenen inhaltsbezogenen Methoden und ergänzt sie um Erstellungsaspekte und technische Aspekte, besonders die der Beziehungen der Topics untereinander.

So werden z. B. Online-Hilfe Fenster zu einer Informationsgebildeklasse, Beschreibungen, Aufgaben, Abläufe etc. bilden ebenfalls mögliche Topic-

[77] Standardisierung mit Funktionsdesign: Titel des Workshops von Robert Schäflein-Armbruster bei der DokuNord, Hamburg, am 30.11.2004.

Klassen. Ein Beispiel für ein solches erweitertes Klassenkonzept zeigt die von Closs übernommene Tabelle unten.

Topic-Klasse							
	Inhalt	**ID Konvention**	**Title Konvention**	**IVZ**	**IX**	**Lay-out**	**An-zeige**
Beschrei-bung	Überblick über System, Einführungen, Besonderheiten der GUI	DES_ [kurztitel]	*[substantiv]*	ja	ja	help.css	main window
Aufgabe	einzelne Aufgaben in Form von Schrittanleitungen	HOW_ [kurztitel]	*[aufgabe verbal, verb im infinitiv]*	ja	ja	help.css	main window
Ablauf	Zusammenhang und Reihenfolge der Teilaufgaben einer komplexen Aufgabe	FLW_ [kurztitel]	Ablauf [aufgabe verbal verb im infinitiv]	ja	ja	help.css	main window
Fenster/ Register	Funktion des Fensters bzw. Registers, Felder, Aufgabenliste	SCR_ [fenstername] SCR_[register name]	Fenster [*fenstername*] Register [*registername*]	nein	nein	help.css	main window

Tab. 3-2: Erweitertes Klassenkonzept (Closs 2007:116)

Klassenkonzepte enthalten eine Inhaltsbeschreibung, Konventionen für ihre Benennung im System, Konventionen für ihren Titel, eine Referenz, ob der Titel im Inhaltsverzeichnis oder im Index erscheinen soll, ihnen wird ein Layout zugeordnet und es wird festgelegt, wo im System die Anzeige erfolgen soll.

Neben den Topic-Klassen bilden Beziehungsklassen im Klassenkonzept eine technisch-funktionale Größe. Während eine Topic-Klasse (Topic-Typ) eine Menge von Topics der gleichen Art umfasst (Beispiel Handlungsanleitung, Begriffserklärung, Beispiele Closs 2007:108), umfassen Beziehungsklassen Beziehungen gleicher Art (Link-Typ). Ein Beispiel für Beziehungsklassen eines Klassenkonzepts für Online-Hilfen zeigt die folgende von Closs übernommene Tabelle.

Link-Klasse	verweist auf	Quelle	Ziel	Sprungtyp	Anker	Position im Topic
Themen	Unterthemen	DES	DES	jump	Text **Themen** Liste *ziel-topic-titel*	Liste von Links am Topic Ende
Beispiel	Beispiel	DES	EXP	jump	Text **Beispiele** Liste *ziel-topic-titel*	Liste von Links am Topic Ende vor **Aufgaben** und **Themen** (wenn vorhanden)
Aufgaben	zugehörige Anleitung	DES, SCR, HOW, FLW	HOW, FLW	jump	Text **Aufgaben** Liste *ziel-topic-titel*	Liste von Links am Topic Ende hinter **Beispiele** (wenn vorhanden) und vor **Themen** (wenn vorhanden)
Begriffs-definition	Begriffs-definition	DES, SCR, HOW, FLW	GLO	pop-up	Begriff	erstes Vorkommen
Verwandte Aufgaben	verwandte Aufgaben	HOW, FLW	HOW, FLW	jump	Text **Verwandte Aufgaben** Liste *ziel-topic-titel*	Liste von Links am Topic Ende

Tab. 3-3: Beziehungsklassen eines Klassenkonzepts für Online-Hilfen (Closs 2007:122)

Die Klassen des Klassenkonzepts sind nicht statisch sondern systemabhängig und nicht fest vorgegeben. Die Klassifizierung richtet sich nach dem zu verwaltenden Inhalt und dessen Standardisierung und die Kopplung an Softwaresysteme und Datenverwaltungssysteme kann die Produktion von Online-Hilfen vereinfachen. Die Strukturierungsmethode allein ist jedoch

> (…) nicht ausreichend für eine erfolgreiche Single-Source-Umgebung. Schon die Ermittlung der geeigneten Struktur muss im Team erfolgen. Selbst wenn Experten eine perfekte Struktur entwickeln würden, könnte eine Single-Source-Umgebung fehlschlagen, wenn nicht alle Beteiligten die Festlegungen akzeptieren und sich auf eine Zusammenarbeit einlassen. Deswegen sieht die Klassenkonzept-Technik die Strukturierung nie isoliert, sondern immer im Kontext mit den konkreten Gegebenheiten und im Zusammenhang mit einer kreativen, kooperativen Arbeitskultur. (Closs 2007:135)

DITA

Technisch wird das Baukastenprinzip (vor allem das topicbasierter Informationsgebilde) mit der standardisierten XML-Sprache z. B.[78] mit DITA umgesetzt. DITA ist eine Strukturierungsarchitektur. Das D steht für Charles Darwin (Evolutionstheorie) und für das Konzept der "Vererbung". IT steht für Information Typing, die Typisierung und Wiederverwendbarkeit innerhalb von Strukturen. A steht für Architecture, dies sind einerseits Regeln für Dokumenttypen, andererseits Regeln für die Erstellung von Informationseinheiten. DITA unterstützt – verankert mit dem jeweils bei der Produktion verwendeten Online-Hilfe-Produktionswerkzeug, der Standardautorenumgebung und der ihr eigenen DITA-Architektur – die Erstellung, Verteilung und Wiederverwendung von Informationen. DITA unterstützt vor allem das oben beschriebene Topic-Konzept. Für die Produzenten von Online-Hilfen bedeutet die Verwendung von einer auf DITA basierenden Arbeitsumgebung vor allem die Fähigkeit zur Modularisierung von Inhalten (für die Darstellung und Speicherung als Informationseinheiten = Topics), zur Strukturierung und Kenntnisse der Regeln von Markup-Sprachen (im Fall von DITA XML). Das bedeutet jedoch nicht, dass vom technischen Redakteur zwingend Programmierkenntnisse vorausgesetzt werden. Inzwischen bieten Autorensysteme und Online-Hilfe-Werkzeuge technischen Redakteuren in der Regel Windows-ähnliche Benutzeroberflächen, wo Online-Hilfe-Texte in der Umgebung geschrieben und gestaltet werden können, in der sie später auch vom Nutzer gelesen werden. Die Beherrschung von inhaltlichen Strukturierungsregeln und das Einhalten von festgelegten Informationsstrukturen – und damit auch die Fähigkeit Beschränkungen in Sprache und Design aller Art sinnvoll umzusetzen – ist jedoch für den technikgestützten Umgang mit dem Baukastenprinzip unerlässlich.

Autorensysteme

Je digitalisierter die Inhalte, je größer der Umfang und je schnelllebiger die Produktzyklen, desto mehr Systematik ist bei der Online-Hilfe-Produktion erforderlich. "Je komplexer die Dokumentation ist, umso eher eignet sich der

78 Beispiele für Dokumentenformate in der Online-Hilfe-Produktion: DITA ist ein Beispiel für auf DTD (Document Type Definition) basierende Dokumentenformate. Auch das Konkurrenzprodukt DocBook verwendet DTDs als Regelsätze, die benutzt werden, um Dokumente eines bestimmten Typs zu repräsentieren. Dokumenttypen sind Klassen ähnlicher Dokumente, bzw. deren Strukturen.

datenbankgestützte Redaktionsprozess". (Grünwied 2002:99). Dazu gehört auch die Unterstützung durch Online-Hilfe-Autorensysteme. Diese Systeme unterstützen den Produzenten bei den folgenden Tätigkeiten:

- Erstellung und Verwaltung von Hilfemodulen,
- Varianten und Sprachvarianten und Versionskontrolle,
- bei der Arbeit mit verschiedenen Formaten (z. B. WinHelp, HTML Help, Web-based Help, JavaHelp, XML-Help),
- bei der Teamarbeit.

Eine Übersicht über gängige Werkzeuge und Anwendungsgebiete der einzelnen Werkzeuge bietet Grünwied 2002[79].

Bei der Wahl des Online-Hilfe-Autorensystems für die Online-Hilfe-Produktion sind das Betriebssystem der zu beschreibenden Anwendungssoftware und die vorhandenen Kenntnisse der Produzenten über Auszeichnungssprachen und Programmierkenntnisse ausschlaggebend. Ein wichtiger Aspekt für das freie Schreiben von Online-Hilfe-Texten und auch für die Übernahme von informationellen Einheiten aus bestehenden Dokumenten ist der Editor, in dem die Autoren arbeiten (proprietäre Editoren des Systems oder freie Editoren). Freie Editoren können Textverarbeitungssysteme oder Desktop-Publishing-Systeme verschiedener Hersteller sein, deren Datenformate entsprechend an das Format des Online-Hilfe-Autorensystems angepasst werden müssen. Der Parametrisierung von Textbausteinen, denen bei der Kompilierung automatisch Inhalte zugewiesen werden können (vgl. Grünwied 2007:100) ist bei der Auswahl des Editor-Werkzeugs besondere Aufmerksamkeit zu schenken.

Die Werkzeuge des Dokumentationsmanagements und der Hilfsmittel des Arbeitsprozesses bei der Online-Hilfe-Produktion begleiten den Online-Hilfe-Produktionsprozess nahezu in allen Produktionsphasen, wenn auch in den einzelnen Produktionsphasen unterschiedliche Werkzeuge eingesetzt werden. So kann ab der Planungsphase ein Managment-Prozesstool, das die zeitlichen Abläufe überwacht, Verwendung finden. Die Bereiche Inhalt, Navigation und Gestaltung werden mit unterschiedlichen Werkzeugen erstellt, die dann im

79 Übersicht Hilfeformate und Autorensysteme: Hilfeformate (auch browser- und serverbasierte): Grünwied 2002:74ff., Vergleich der Hilfeformate: Grünwied 2002:95f. Autorensysteme: Grünwied 2002:97f.

Autorensystem durch einen rein technisch gestützten Prozess der Kompilierung zusammengeführt werden, hier können CMS-System und Autorensystem zusammenwirken und die Trennung von Inhalt, Navigation und Gestaltung macht es für spätere Folgeprozesse, wie Evaluierung und Versionierung leichter, Daten und Inhalte in einzelnen Modulen wieder aufzufinden, ggf. an Softwareänderungen anzupassen und/oder für andere Arten von Dokumentationen die Inhalte neu zusammenzusetzen (Rekombination), dies ist für die Recyclingphase des Produktlebenskreislaufs der Online-Hilfe ein besonders markanter Aspekt. Ohne vertieft auf die Kompetenzen der Produzenten einzugehen bleibt hier in diesem Zusammenhang festzuhalten, dass Kenntnisse der beteiligten Produzenten über das Zusammenwirken der Komponenten der für die Produktion ausgewählten Systeme, Ausgabeformate, Auszeichnungssprachen, usw. bei der Online-Hilfe-Produktion weit über die Anforderung nach zielgruppenadäquater Textproduktion und Gestaltung (wie bei anderen Textsorten üblich) hinausragen.

3.4 Zwischenfazit Prozessbeschreibungen

Den hier dargestellten Prozessbeschreibungen entnehme ich prozessurale Merkmale und Aspekte für die Zusammensetzung meines eigenen Modells. Die hohe Komplexität und Aufwendigkeit der beteiligten Produktionsverfahren und des Produktlebenskreislaufs legt nahe, dass bei meiner Modellierung Abstraktion in Form von Komponentenbildung gefordert ist. Dies gilt besonders für die Aufteilung der Prozessaktivitäten in Primär- und Sekundärprozesse und den Einbezug des Softwareentwicklungsprozesses.

Aus den Prozessphasen bei Grünwied und dem Modellansatz von Pemberton et al. leite ich im Hinblick auf die Komponentenbildung für mein Modell zunächst die Notwendigkeit einer groben Minimalaufteilung wie der folgenden ab:

- Produktionsprozesse
- kognitive Prozesse
- Werkzeuggebrauch, Baukastenprinzip und technische Prozesse
- Wissenssteuerung
- situative Bedingungen

Ferner leite ich für mein Online-Hilfe-Produktionsmodell ab, dass dem Zusammenspiel zwischen den einerseits linear-chronologisch verlaufenden primären Entwicklungsphasen der Online-Hilfe und andererseits der Zyklizität und Rekursivität einzelner Teilprozesse und deren Komponenten sowie den lenkenden Einflüssen auf Prozesse und Teilprozesse Rechnung zu tragen ist. Um diesen komplexen Zusammenhang handhabbar zu machen, lege ich im folgenden eine ontogenetische Sicht auf den Produktionsprozess zugrunde.

3.5 Ontogenese-Analogie

Um die oben entwickelte Prozess-Sicht auf die Online-Hilfe-Produktion abstrakt und für mein eigenes Modell der Online-Hilfe-Produktion (Kapitel 5) übertragbar zu machen, bediene ich mich ähnlich der Prozesse aus Industrie und Wirtschaft der Analogie der Ontogenese.

Die Prozessphasen der Produktion gleiche ich funktionell mit den Stadien der Ontogenese ab, strukturell unterscheiden sich jedoch die Systeme. Der Grundgedanke der Verwendung eines biologischen Systems als Analogie ergibt sich einerseits aus dem Entwicklungsaspekt, anderseits aus dem Zyklizitäts- und Strukturierungsaspekt heraus. Dies gilt vor allem für die Notwendigkeit, Vorgänge und Tätigkeiten des Prozesses zu gruppieren, um ihr Aufeinanderaufbauen und Voneinanderabhängigsein darstellbar zu machen und, um durch Phasenbildung Schnittstellen für Prozessmeilensteine und phasenabschließende Handlungen generieren zu können, ohne diese jedoch in ein allzu rigides Modellkorsett zu pressen. Nicht zuletzt ist auch die Nähe zur Schreibprozessforschung, die Schreiblernprozesse ebenfalls in ontogenetischen Analogien betrachtet, für meine ontogenetische Sichtweise mitbestimmend.

Der hohe Abstraktionsgrad der unten dargestellten Analogie dient im Verlauf der Arbeit und bei der Modellkonstruktion als Filter, um chronologische aufeinander folgende Produktionsprozesse von zyklischen Prozessphasen zu unterscheiden. Die hier dargestellten Ontogenese-Phasen unterstützen die Modelldarstellung in Kapitel 5.4, indem sie sprachliche Elemente und gestalterische Elemente der Werkstückerstellung untereinander und im Prozesszusammenhang von anderen Prozessen abgrenzen und darüber hinaus die Möglichkeit bieten, wissensbasierte Einflussfaktoren der prozessbeteiligten

Personen und situative Faktoren aus dem Produktions- und Arbeitsumfeld der Online-Hilfe-Produzenten aus der Prozesssicht herausgelöst als prozessexterne kognitive Einflussfaktoren zu betrachten. Der Ontogenese-Filter erleichtert weiterhin den Einbezug von Modellaspekten aus den Nachbardisziplinen der Online-Hilfe-Produktion, der Schreibprozessforschung, besonders im Hinblick auf den Kernprozess der Online-Hilfe-Produktion, die Hypertextproduktion. Dass die Analogiebildung hier anfangs methodisch problematisch erscheinen könnte, weil sie mit dem Augenschein arbeitet und möglicherweise zunächst eher verschleiernd als erhellend wirkt, nehme ich um ihrer Vorteile der Systematisierung und Strukturierung willen in Kauf.

3.6 Ontogenese im Produktionszusammenhang

In dieser Arbeit wird die Hypertextproduktion und -gestaltung von Online-Hilfen als produktive und designerische Tätigkeit betrachtet, ein Blickwinkel, der aus betriebswirtschaftlicher Sicht mit dem von der Boston Consulting Group entwickelten Konzept des (Produkt)lebenszyklus (Life Cycle Management) verbunden wird, das seinerseits biologische Gesetze vom Entstehen und Vergehen des Lebens (der Ontogenese nämlich) zugrunde legt. In einer realen industriellen Produktionsumgebung fallen hierein die Phasen Fertigung, Nutzung und Entsorgung.

Dabei überträgt man in Form eines Entwicklungsmodells den biologischen Lebensweg eines lebenden Organismus auf ein Produkt und geht davon aus, dass Produkte vergleichbare Lebenskurven haben, die je nach gegebenen Umständen unterschiedlich sein können, allerdings eine relativ natürliche Lebensdauer haben. Diese vereinfachte betriebswirtschaftliche Sichtweise (Produktmarktzyklus) geht davon aus, dass Produkte nach Ablauf ihrer Lebensspanne am Markt nicht mehr nachgefragt werden. Betriebswirtschaftlich wird die Umsatz- /Absatzentwicklung über die Zeit gemessen und verläuft in der Regel in den Phasen Einführung – Wachstum – Reife – Sättigung – Niedergang.

In strategische Planung umgesetzt, die auch die virtuellen Planungsphasen beinhaltet, wird eine umfassendere Betrachtung notwendig, bei der auch die Entstehung (Entwicklung) und die Nachsorge für das Produkt berücksichtigt wird. Hier spricht man von einem integrierten Produktlebenszyklus[80] (Back-Hock 1987:167ff.). Die Tabelle unten trennt den Produktlebenszyklus in eine virtuelle und eine reale Welt, wobei in der virtuellen Welt kognitive Aspekte, Planung und Organisation als eher mentale Tätigkeit vorkommen, in der realen Welt die Tätigkeiten handfest sind und das Produkt tatsächlich vorhanden und in Bearbeitung ist. Diese "Weltentrennung" lässt sich auch auf die kognitiven und realen Phasen des Textproduktions- und Gestaltungsprozesses übertragen und empirisch nachweisen (vgl. die empirische Untersuchung und Datenanalyse, Kapitel 6).

Planung	**Konstruktion**	**Arbeitsplanung**	**Fertigung Montage**	**Vertrieb**	**Nutzung**	**Planung**
Entstehungszyklus			Marktzyklus		Nachsorgezyklus	
Virtuellen Welt			**Reale Welt**			

Tab. 3-4: Weltentrennung, inspiriert von [http://www.digital-engineering-magazin.de]

Auch im Bereich der Technik findet der Begriff der Ontogenese Verwendung und beschreibt die möglichen Phasen der Entstehung und Diffusion einzelner technischer Innovationen. Hier wird das Ontogenese-Paradigma verwendet, um den interdisziplinären Charakter von Innovationsprozessen zu verdeutlichen. Ontogenese wird in der Technik als Beschreibungs- und Erklärungsmodell, bezogen auf die Entwicklung spezifischer Technologie verwendet und dezidiert als auch für nicht-technische Innovationen anwendbar definiert (vgl. Hübner/Jahnes 1998:205f.).

In Abgrenzung zur Phylogenese, die die gesamte Entstehungsgeschichte von Artefakten der Anfänge der Technik bis in die Zukunft erfasst (historische Entwicklung), betrachtet man die technische Ontogenese auf <u>eine</u> konkrete Innovation bezogen (vgl. Hübner/Jahnes 1998:206). Ropohl und Hübner/Jahnes definieren und skizzieren 4 Phasen der technischen Ontogenese und ihren Zusammenhang nach Ropohl. Ich beschreibe die vier Phasen unten im Zusammenhang mit den Arbeiten von Ditlevsen et al. und Kastberg.

80 Produktlebenszyklus: Der integrierte Produktlebenszyklus erweitert den Produktmarktzyklus um den Entstehungszyklus des Produkts.

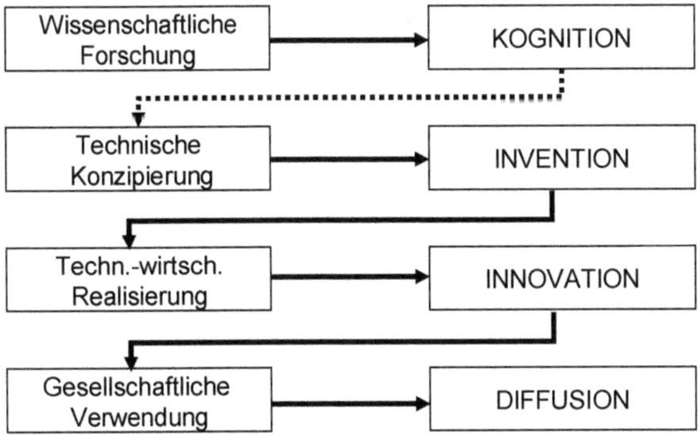

Abb. 3-6: Phasen der Technischen Ontogenese Ropohl (1979:273)

Ontogenese und Textproduktion

Kastberg (2002a und Ditlevsen et al. 2003, 2007) verwenden erstmalig die Ontogenese-Analogie im Hinblick auf Fachtextproduktion und deren Verknüpfung mit den Phasen der technischen Ontogenese.

Den vier Innovationsphasen der technischen Ontogenese, die das lineare Innovationsmodell von Ropohl (1979:273) beschreibt, fügt Kastberg die Degenerationsphase hinzu. Eine aus meiner Sicht sehr sinnvolle Verknüpfungsmaßnahme, die bei Kastberg aus betriebswirtschaftlichen Betrachtungen zu stammen scheint und impliziert, dass ein Produktlebenszyklus nicht bei der Diffusion, also der gesellschaftlichen Verwendung eines Produkts abschließt, sondern berücksichtigt, dass bei Funktionsverlust und Absterben eines Produktes Nachsorge in Form einer Degenerationsphase erforderlich wird. Damit wird an den Technologie-Entstehungszyklus ein Übergang zu den Produktmarktzyklusphasen angeschlossen[81].

Kastberg weist darauf hin, dass Textproduktion von technischen Texten in Breite und Tiefe in dem Diskursuniversum zu betrachten ist, in dem man auch die Anwendungsumgebungen der Texte in Relation zu den technischen Produkten, die die Texte zu bestimmten Zwecken und auf bestimmte Weisen beschreiben, in Betracht zieht:

---

[81] Produktmarktzyklusbetrachtung: Diese eher holistische Prozessbetrachtung scheint mir sowohl aus techniksoziologisch-innovationtheoretischer Sicht als auch aus Textproduktionsperspektive sinnvoll und auch für meine eigene Modellentwicklung gangbar.

> (…) kan man forsøgsvis vise bredden og dybden af det diskursunivers, som tekniske tekster findes i, ved at se på teksternes andvendelsesområder i relation til de tekniske produkter, som de – på den ene eller anden måde, af den ene eller anden grund – fortekster. (Kastberg 2002b:182)

> (…) kann man versuchsweise Breite und Tiefe des Diskursuniversums, in dem sich technische Texte befinden, zeigen, indem man die Anwendungsbereiche der Texte in Relation zu den technischen Produkten betrachtet, die diese – auf die eine oder andere Weise, aus dem einen oder anderen Grund – beschreiben. (Kastberg 2002b:182, Zitatübersetzung: CH)

Indem eine prototypische Ontogenese eines technischen Produkts zugrunde gelegt wird, lässt sich zeigen, welche Texte ein solches Produkt ontogenetisch begleiten. Den fünf Produktontogenesephasen Kognition, Invention, Innovation, Diffusion und Degeneration lassen sich beispielhaft typische Textprodukte und Textartefakte zuordnen (vgl. Kastberg 2002b:182 und Ditlevsen et al. 2007:249ff.), wie die folgende Tabelle zeigt.

Produktionsphase	Produktionsaspekt des technischen Produkts	Typisches zugehöriges Textprodukt oder Textartefakt
Kognition	Entwicklung der Produktidee	Entwicklungsdokumentation, Skizzen, Notizen, interne Memos
Invention	Konzeption des Produkts	Produktbeschreibung, Patentanmeldung
Innovation	Realisierung des Produkts, (Prototyp)produktion	Produktionshandbuch oder Produktionsanleitung, Bedienungs- und Wartungsanleitungen, Warnhinweise
Diffusion	Kommerzialisierung des Produkts, Einsatz im Echtbetrieb (Serien)produktion	Produktbeschreibungen (allgemein-publizistischer Art), Produktinformationen in (fachspezifischer Art), Lexikaeinträge über das Produkt,
Degeneration	Rückgang, Abnutzung, Verschleiß, Funktionsverlust (ggf. durch unzureichenden Gebrauch), Anfallende Änderungen im Echtbetrieb, Recycling	Texte, die das Produktrecycling, beschreiben, Texte, die die Aufbewahrung des Produkts beschreiben
Kognition	Entwicklung der Produktidee	Entwicklungsdokumentation, Skizzen, Notizen, interne Memos
Invention	Konzeption des Produkts	Produktbeschreibung, Patentanmeldung

Tab. 3-5: Produktontogenesephasen eines technischen Produkts mit zugehörigen Textprodukten

So wird deutlich, dass "eine chronologische faktuelle Handlungskette (z. B. erst erfinden, dann produzieren, schließlich verkaufen usw.) im Unternehmen nicht nur von einer textuellen Handlungskette begleitet wird, sondern, dass die faktuelle Handlungskette die textuelle auslöst." (Kastberg 2005:156). In dieser Betrachtungsweise setzt der Produktlebenszyklus eines technischen Produkts den Rahmen für die Gebrauchssituationen von Fachtexten.

Für den Ansatz gilt, dass er interne und externe Dokumentationsprozesse mit Produkt-Produktionsprozessen verknüpft und eine gegenseitige Beeinflussung zwischen Produkt und Dokumentation (als faktuelle Handlungskette Produkt-wird-zu-Text) zugrunde legt. Der "Brückenschlag" zwischen Wissensmanagement, Dokumentation und Datenintegration in der (Text)produktionspraxis und auch der Übergang zwischen Produkt und Werkstück und deren wechselseitige Beeinflussung wird bei Kastberg nicht explizit erläutert.

Der Schnittstelle zwischen Produkt und Werkstück kommt nun allerdings in meiner Betrachtungsweise als Schnittstelle zwischen Softwareprodukt und Online-Hilfe besondere Bedeutung zu, da die Online-Hilfe medial in ihr Produkt mit eingebunden ist (Kontextsensitivität), die Werkstückproduzenten früh in die Softwareentwicklung einbezogen werden und beide "Produkte" ein gemeinsames Endprodukt bilden, das nach Fertigstellung (Release) in einen gemeinsamen Wartungs- und Recyclingzyklus (Versionierung) mündet, der wiederum wechselseitige Abhängigkeiten in Folgeprozessen schafft.

Ontogenese-Aspekt im Online-Hilfe-Produktionsmodell

Meine Modellierung des Online-Hilfe-Produktionsprozesses (den ich oben als Bestandteil des Softwareentwicklungsprozesses definiert habe) überträgt den Ontogenese-Zugang *direkt* auf die Online-Hilfeproduktion. Hier werden nicht die bei der Programmierung von Software sozusagen "nebenbei" entstehenden zugehörigen Texte, Teiltexte und Textartefakte[82], sondern vielmehr der gesamte Online-Hilfeproduktionsprozess ontogenetisch betrachtet. Dabei löst nicht ein technischer Prozess, wie z. B. das Produktdesign, eine textuelle Handlungskette aus, sondern die Handlungskette besteht selbst aus text- und gestaltungsprozessuralen Handlungen, mit der Hypertextproduktionsaufgabe als Auslöser.

[82] Zugehörige Artefakte: Artefakte gehören selbstverständlich zum Produktionsprozess von Online-Hilfen dazu. Sie werden im Online-Hilfe-Produktionsmodell als Begleitdokumentation definiert und gehören in meiner Modellsicht zu den situativen Bedingungen. Sie beeinflussen den Prozess als externen Informationsquellen. Definition von Artefakten bei Risku (2004), vgl. Fußnote 79. Göpferich bezeichnet externe Informationsquellen der Schreibumgebung auch als Interimsversionen und nennt als Beispiele Mind Maps, Netzwerkdarstellungen, Skizzen etc. Krings bezeichnet Artefakte auch als "Zwischenprodukte" des Prozesses (Krings 1992:52).

	1. Phase	**2. Phase**	**3. Phase**	**4. Phase**	**5. Phase**
Vorlauf	**Kognition**	**Invention**	**Innovation**	**Diffusion**	**Degeneration**
Hypertextproduktionsaufgabe Arbeitsmotivation	Planung	Einzelaufträge	Produktion	Kompilierung Prototyping	Evaluierung Recycling
			Trennung von Inhalt, Navigation und Design		
Mehrheitlich kognitive und mentale Prozessphasen			Mehrheitlich kognitive und real-produzierende Prozessphasen		

Tab. 3-6: Ontogenesephasen und Prozessphasen der Online-Hilfe-Produktion im Überblick

Der Phasenverlauf der Ontogenesephasen ist wie folgt zu verstehen: Der Anstoß zur Produktion des Werkstücks ergibt sich aus dem juristischen Dokumentationszwang und dem Entwicklungsstand der Software heraus als externe Motivation. Diese Vorlaufphase geht der eigentlichen Kognitionsphase von Online-Hilfe-Produktionen voraus, wird aber trotz ihrer Relevanz für den Projektverlauf in der Regel in klassischen Schreibprozessmodellen nicht mitmodelliert. In der Kognitionsphase wird das Online-Hilfe-Produktionsprojekt geplant und in der Inventionsphase in Einzelaufträge zerlegt. Die Innovations- und Diffusionsphase (3. und 4., Tabelle 3-6) bilden die Prozessphasen, in denen sich Online-Hilfe-Produktionen von Printdokumentationsprojekten unterscheiden. In der Innovationsphase werden durch Trennung von Inhalt, Navigation und Design die kognitiven und realen Prozessphasen in kleine Produktionseinheiten aufgesplittet, bei der Diffusion werden diese Einheiten dann funktionsadäquat durch Kompilierung zusammengesetzt. Im Online-Hilfe-Produktionsprozess schließen sich in der Degenerationsphase die Versionierungsstadien und Recyclingstadien des Prozesses an, die direkter als andere vergleichbare Produkt-Werkstück-Koppelungen, bei Softwareprodukt und Online-Hilfe eng miteinander verbunden ist. Bei der Online-Hilfe werden nicht mehr relevante Bausteinbestandteile in der Versionsverwaltung nicht mehr weiter gepflegt oder gelöscht und/oder aus den alten Versionen werden neue entwickelt. Die Schwerpunkte der ontogenetischen Sichtweise liegen auf der Vorlaufphase und den Phasen 3, 4 und 5.

3.7 Bestandsaufnahme Ontogenesezugang und Softwaredokumentationsprozess

Aus dem abstrakten Ontogenesezugang zur Modellierung ergeben sich die folgenden Aspekte als Ausgangspunkte für meine eigene Modellierung der Prozessphasen und -zyklen.

a) Erfordernisse strategischer Planung, vor allem in der Vorlaufphase,
b) Zyklizität und Rekursivität, inklusive der Nachsorge im Prozess,
c) Trennung zwischen mehrheitlich kognitiven und mentalen bzw. mehrheitlich kognitiven und real-produzierenden Prozessphasen.

Das hier vorgestellte technische Ontogenese-Modell veranschaulicht die strategische Planung und den Faktor, dass sich Planungsphasen zu einem im Kreislauf funktionierenden Ganzen zusammensetzen und in dieser Weise auch darstellen lassen. Das betriebswirtschaftliche Lebenszyklusmodell und mein hier aus Hilfe-Produktions- und Entwicklungsphasen konstruierter ontogenetischer Zugang zur Online-Hilfe-Produktion und dessen Zuordnung zu den Phasen des Online-Hilfe-Produktionsprozesse, bilden bezüglich der Zyklizität und Rekursivität der Prozesse den abstrakten Bezugsrahmen für die aufeinander aufbauenden und zueinander in Beziehung stehenden Phasen und Komponenten in meinem Online-Hilfe-Produktionsmodell (Kapitel 5). Dass vom Menschen durchgeführte Entwicklungsprozesse und Tätigkeiten bei der Online-Hilfe-Produktion kognitiver Art sind, wird hier vorausgesetzt. Gleichzeitig unterscheide ich jedoch zwischen kognitiv-produzierenden und rein kognitiven (also real am Werkstück versus kreativ in Gedanken durchgeführten) Prozessphasen. Auf diese Unterscheidung komme ich bei der Darstellung meines Modell im Hinblick auf die Kompetenzen der Werkstückproduzenten und deren Einsatzbereiche (situative Bedingungen) in Online-Hilfe-Produktionsprojekten zurück.

Bevor ich in Kapitel 5.5 den Ontogenesezugang in mein eigenes Modell integriere, gehe ich im folgenden Kapitel auf den Schreib- und Textproduktionsprozess und die einschlägigen Modelle der Schreibprozessforschung, auf denen mein Online-Hilfe-Produktionsmodell basiert, näher ein.

4 Schreibprozess und Schreibprozessforschung

Die Forschung im Bereich des Schreibens, bei der die Erstellung von Texten behandelt wird, untersucht seit den 1960er Jahren die Leitfrage, was Schreibende beim Schreiben (bzw. der Textproduktion, in diesem historischen Überblick gleichgesetzt[83]) tun sollten. In dieser Zeit ist das fertige Schreib*produkt* der Forschungsgegenstand und die Beurteilungskriterien werden der Rhetorik und der Stilistik entnommen. Schreibprodukte sollen semantisch und syntaktisch korrekt und thematisch und inhaltlich kohärent erstellt werden. Ein idealer Schreibablauf (das "sollten" im Eingangssatz) verläuft in drei aufeinander folgenden Stufen:

- Planen
- Schreiben
- Überarbeiten

In diesem auf normativen Annahmen basierenden didaktischen Paradigma waren die Betrachtungen des Schreibens präskriptiv und hauptsächlich pädagogisch-didaktisch ausgerichtet (vgl. Antos 2001:105 und 107f.).

Die Beantwortung der Frage, ob das, was getan werden sollte, auch das ist, was Menschen tatsächlich "tun", wenn sie schreiben, wurde in den späten 1970er und 1980er Jahren zum Forschungsschwerpunkt. Damit wurde der Schreib*prozess* und dessen Prozessphasen zum Untersuchungsgegenstand und es waren die Untersuchung der unterschiedlichen Formen der Informationsverarbeitung und der Problemlöseansatz vorherrschend. Aus heutiger Sicht

[83] Benennung Textproduktionsforschung versus Schreibforschung: Seit den 1990er Jahren löst sich die Textproduktionsforschung von der Schreibforschung. Es wird nicht mehr "nur" geschrieben, es wird auf wandelbaren Informationsträgern mit Hilfe von visueller Text- und Bildgestaltung publiziert. Ferner wird der mündliche Charakter von Textproduktion (auch der medial unterstützten Mündlichkeit (Mündlichkeit der Textproduktion als eigenständiger Forschungsbereich: Antos 1992, Gülich 1994)) in der Textproduktionsforschung mehr beachtet. Besondere Beachtung finden ebenfalls der Einfluss der Verwendung neuer Medien und die technologisch basierte Textproduktion (elektronische Informations- und Wissensspeicher, veränderte Produktions- und Rezeptionsprozesse, Reproduktionsprozesse, kooperative und arbeitsteilige Textproduktionsformen).

kann man diese Phase der Schreibprozessforschung wohl als "Gründerzeit" bezeichnen. Durchgeführte Studien und daraus entstandene Modelle der Schreibprozessforschung der 1980er Jahre werden als Leitmodelle und Meilenstein in der Sprachforschung[84] und als Arbeiten von "entscheidender Bedeutung für die Schreibprozeßforschung" (Grieshaber 2003-2004) bezeichnet. Als Durchbruch in der Erforschung des Schreibprozesses können besonders die Erkenntnisse über den Zerfall des Schreibprozesses in vielschichtige und iterativ-rekursive Sub-Prozesse und deren individuelle Untersuchung in vielen Studien[85], die unterschiedliche Handhabung von Schreibhandlungen bei Schreibanfängern und fortgeschrittenen Schreibern bzw. Expertenschreibern und besonders die Erforschung des Zusammenhangs zwischen Wissen und Schreiben, respektive Schreiben und Denken im kognitiven Problemlöseprozess bezeichnet werden. Untrennbar mit diesem kognitiven Paradigma verbunden sind die aus dem Forschungsbereich der kognitiven Psychologie entlehnten Untersuchungs- und Datenerhebungsmethoden (Introspektive Datenerhebung mittels lautem Denken[86]), die auch in dieser Arbeit Verwendung finden (vgl. Kapitel Methoden und Auswertung). Besonders herauszuheben sind in dieser Phase u. a. die einflussreichen Arbeiten von Hayes/Flower, Bereiter/Scardamalia und Ludwig, die ich unten skizziere und im Hinblick auf ihre Relevanz für meine Arbeit diskutiere.

Damit klingt an, dass sich die Schreibprozessforschung bis heute auf Erkenntnisse aus Nachbardisziplinen und deren Teildisziplinen stützt. So gibt es u. a. in Sprach- und Literaturwissenschaft, Erziehungswissenschaft (hier besonders der Schreiblehre), Psychologie und Soziolinguistik wechselseitige Einflussnahmen der Bereiche. Die unten vorgestellten Modelle kommen aus ausgesuchten Parallel- und Überlappungsbereichen und zeigen Einflüsse psychologischer oder erziehungswissenschaftlicher Richtungen. Die einflussreichen Modelle des kognitiven Paradigmas beschäftigen sich mit den internen

84 Meilenstein in der Sprachforschung: Eigler 1990 und 1995 über das Schreibprozessmodell von Hayes/Flower von 1980.

85 Studien zu: Pausen: Eklundh/Kollberg 1996; Kollberg/Eklundh 2002, Revisionen: Baurmann/Ludwig 1985; Wrobel 1992; Eklundh/Kollberg 1996. Wissen und Schreiben: Ortner 2000.

86 Lautes Denken: Wurde, damals als Compose Aloud bezeichnet, erstmalig von Emig 1971 eingesetzt. Krings bezeichnet die Studie von Emig für die Schreibprozessforschung als katalysatorisch. (Vgl. Krings 1992:47).

Prozessen des Schreibens, in meiner Terminologie des Textproduzierens als Teil des Produktionsprozesses.

Seit den 1990er Jahren beschäftigt sich die Textproduktionsforschung mit dem Textproduzieren als "sprachliches, kommunikatives und sozio-kulturelles Handeln im Kontext von Diskursgemeinschaften" (Antos 2001:105). In diesem sozio-kognitiven Paradigma bewegt sich die Textproduktion vom schulisch-universitären Umfeld und der Schreiblehre hin zu praktischen Feldern wie privatem und besonders auch beruflichem Schreiben. Darüber hinaus interessiert auch Schreiben in Institutionen, kulturell-fremdsprachliches Schreiben und die medialen Rahmenbedingungen der Textproduktion, sowie die "daraus resultierenden interaktionellen, sprachlichen, rhetorischen und stilistischen Konvention und Erwartungen" (Antos 2001:108). Bezüglich des Schreibgeräts ist der Medienwechsel inzwischen vollzogen. Es steigt die Erkenntnis, dass für die Textproduktion am Computer spezielle Adaptionsleistungen und Kompensationsstrategien der Schreiber im Prozess zu untersuchen sind. Dabei sind an die Expertiseforschung angebundene Studien einzelner Schreiber und deren Schreiberfahrungen im Arbeitskontext ebenso interessant, wie arbeitsteilige Textproduktionsprozesse und Interaktionsbeziehungen in Schreib- und Diskursgemeinschaften; diese jeweils auch in Verbindung mit neuen Medien (vgl. Hess-Lüttich 1997, Jakobs/Knorr/Pogner 1999) und mit einem Schwerpunkt auf der Arbeitsorganisation, also der prozeduralen Ebene. Aus diesem Grund verbindet man diese Schreibprozessphase auch mit dem Schlagwort des "Skrivande i yrkeslivet"[87]. "Writing at Work" bzw. "Schreiben am Arbeitsplatz"[88], das auch Faktoren wie Unternehmensziele, abteilungsübergreifende Zusammenarbeit und Kommunikation als Faktoren berücksichtigt (vgl. auch Knorr/Jakobs 1997, Jakobs/Knorr/Pogner 1999, Jakobs 2005).

> Die sozio-kognitive Schreibforschung setzt sich verstärkt mit den situativen Rahmenbedingungen auseinander, in die Schreibprozesse eingebettet sind, und betont die sozialen Komponenten des Schreibens (Jakobs 2005:14)

87 Skrivande i ykreslivet: Schreiben im Berufsleben von Gunnarsson 1992.

88 Schreiben am Arbeitsplatz: Vgl. gleich lautenden Titel eines Sammelbandes von Jakobs/Lehnen/Schindler 2005

So wie in den vorangegangenen Phasen der Schreibprozessforschung die Übergänge zwischen Untersuchungen von handschriftlichen zu mit Schreibmaschine geschriebenen Texten eine Rolle gespielt haben, wird mit Blick auf die Textproduktion mit dem Computer in dieser Phase die Forderung nach, auf sozio-kognitiver Basis entwickelten, Werkzeugen für das Schreiben am Arbeitsplatz laut. Sharples legt dies – hinsichtlich des Bedarfs an die Entwicklung von Schreibumgebung für den Schreiber (hier User) – dar.

> Socio-cognitive system design is a methodology for developing complex technology that matches the system to the cognitive processes of the user and to the social and organisational context in which both the user and the system are embeded. (Sharples 1996:112)

Seit Anfang der 1990er Jahre untersucht man also, neben schulischer und wissenschaftlicher Textproduktion, vermehrt auch Textproduktion oben skizzierter Ausprägung, die in Arbeitsprozesse von Technik und Wirtschaft eingebunden ist. Im Bereich der technischen Fachkommunikation stehen besonders Textgestaltung[89], Formulierungsprozesse und Revisionsprozesse[90], Pausenverhalten der Textproduzenten, Arbeitsprozesse[91] und -organisation, Qualitätssicherung[92] und situative Bedingungen, (juristisch)-adäquate, normgerechte[93] und adressatenspezifische[94] und auch interkulturelle Textformulierung im Vordergrund. Neben der weiterhin als feste Größe im Prozess angenommenen "Last" des Schreibens wird der Zweck der Handlung und ihre unmittelbaren Rahmenbedingungen (entgegen aller Constraints Ordnung ins Wissenschaos zu bringen) ins Zentrum der Aufmerksamkeit gerückt.

89 Textgestaltung: Hoffmann/Hölscher/Thiele: 2002: 171f.; Handler 2005. Bezogen auf Hypertexte: Knopp 2001a, 2001b, Knorr 1997, Knorr/Jakobs 1997.

90 Olive/Levy 2002

91 Arbeitsprozesse der Fachkommunikation: Schubert 2007, besonders S.260f.;

92 Qualitätssicherung und Qualitätsmanagement: Krings 1996: 22f.; Schulz 1996; Riedel/Walter/Wallin-Felkner 2000; Heine 2001, Hoffmann/Hölscher/Thiele 2002:32-43; Leferink 2006. Qualität fachsprachlicher Kommunikation: Göpferich/Engberg 2004. Computergestützte Qualitätssicherung: Navarro-Kraus 2005.

93 Normen: Pichler 1997.

94 Adressatenspezifische und interkulturelle Textformulierung: Adressatenorientierung: Schindler 2003; Adressaten und Interkultur: Göpferich 1996a, b; im Hinblick auf Verständlichkeit: Gröben 1982.

> Wie Schreiber mit der kognitiven Überlastung beim Schreiben umgehen bzw. umgehen können: mit den verschiedenen Festlegungen (constraints) und Anforderungen, einmal ihr Wissen im Hinblick auf das Thema in eine geordnete Form (knowledge network) zu bringen und gleichzeitig den Sprachkonventionen hinsichtlich schriftlicher Texte zu genügen und schließlich noch den Zweck des Schreibens im Hinblick auf einen bestimmten Adressatenkreis durchzuhalten. (Eigler et al. 1990:8)

An der Jahrhundertwende sprechen Knorr/Jakobs 1997:2, Knorr 1998, Jakobs/Knorr/Pogner 1999 und Antos 2001:105f. hinsichtlich eines sich neu herauschristallisierenden Paradigmas der Textproduktionsforschung von "Electronic Literacy".

Der Begriff impliziert die mit vermehrter Automatisierung der Prozesse, Hypertextualität von Texten, veränderten Schreib- und Genrekonventionen und Bedarfen des Informationsmanagements bei der Verwaltung neuer Textsorten einhergehenden Lese- und Schreibkompetenzen in medien- und fachsprachenspezifischer Textproduktion.

Zu diesen an Medialität gebundenen Interessenbereichen zählt auch die Schreibinteraktion über verteilte Teams, mit unterschiedlichen fachlichen Kompetenzen, bei der fachsprachlichen technologisch basierten Textproduktion mit Prozesseinbindung. Eher implizit scheint auch die Erweiterung der produktionstypischen Autorenaufgaben zur "Electronic Literacy" zu gehören. Dies gilt besonders für über die reine Schreibtätigkeit hinausreichende Aspekte der Dokumentationsgestaltung. Dem daran anhängigen Bereich der "Informations- und Wissensspeicherung mit fachsprachlichen Textproduktionsprozessen als Folge von Rezeptions-, Produktions- und Re-Produktionsprozessen" (Jakobs 1995:2) würde wohl eher der Begriff der "Electronic Knowledge Construction and Control" gerecht. Um die elektronische Wissenskonstruktion und Steuerung ist das "Electronic Literacy" Paradigma m. E. zumindest inhaltlich zu ergänzen. In der heutigen Wissensgesellschaft ist nicht zuletzt auch die verstärkte Beschäftigung mit dem Zusammenhang zwischen Wissen und Schreiben am Computer mit entsprechenden Hilfsmitteln (im neurolinguistischen ebenso wie im realen Sinne) dem "neuen" Paradigma verpflichtet. Die Effekte digitaler Medien auf die kognitiven und sozialen Prozesse beim Schreiben (auch hinsichtlich der Schreibwerkzeuge) sind ein Forschungsdesiderat. Vor dem Hintergrund sich ständig verändernder Schreibsituationen und

Schreib- und Produktionsmedien müssen besonders wissensbedingte Dokumentationsaspekte untersucht und interpretiert werden.

> Die geringe Aufmerksamkeit, die in der Forschung dem Schreiben überhaupt und insbesondere im Sinn von Textproduzieren zugewendet wird, verkennt nicht nur die Bedeutsamkeit von Texten für die Kommunikation, sondern auch die Bedeutsamkeit, die das Produzieren von Texten als eine Form des Verarbeitens von Wissen für das Wissen selbst gewinnen kann. (Eigler et al. 1990:5)

Die kognitiven Prozesse des Schreibens sieht man heute in breiteren sozio-kognitiven, sozio-kulturellen und medial unterstützten Schreibprozessszenarios. Ein Jahrzehnt später finden im Bereich der für diese Arbeit relevanten Online-Hilfe-Produktion längst die in Kapitel 3.3 beschriebenen Autorenwerkzeuge Verwendung. Die Veränderungseffekte, die sich aus sich wandelnden Dokumentationsumgebungen beim professionellen Schreiben für die Produzenten ergeben, fallen grob in die hier skizzierten Gruppen.

1) Die physischen und sozialen Umgebungen der Schreiber werden in den Computer einbezogen, die Kommunikation findet vermehrt elektronisiert statt. Anstatt Gesprächen gibt es elektronische Mail, Recherche erfolgt nicht mehr in externen Bibliotheken sondern über das Internet und Online-Datenbanken, die Prozesse finden somit in der gleichen Umgebung statt wie die Textproduktion. Die Arbeitswelt wird virtueller.
2) Das Schreiben und Gestalten von Dokumenten wird durch Medienunterstützung stärker automatisiert. Nickl nennt als Beispiele für die Automatisierung in der Technischen Redaktion exemplarisch Schreibprogramme, Translation Management Systeme, Single-Source-Publishing-Systeme und Ähnliches (Nickl 2005:43-55). Gleichzeitig rückten Tätigkeiten aus dem Bereich des Designs und der Informatik (programmierendes Schreiben, Verwendung von Auszeichnungssprachen, Bildschirmanpassungen, grafisches Design etc.) weiter in den Tätigkeitsbereich von professionellen Schreibern.
3) Arbeitsansätze, wie z. B. Teamarbeit, findet virtuell räumlich verteilt statt. Gemeinsame Datenhaltung und Zugriff aller Beteiligten auf z. B. ein Großdokument verändern die Organisation der Arbeitspro-

zesse und die Interaktion am Arbeitsplatz und erfordern angepasste Fähigkeiten im Bereich der Koordination von Produktionsprojekten.

4) Die Arbeitsprozesse müssen neu strukturiert werden, da sie durch die Verwendung von Hilfsmitteln der Dokumentationsproduktion stärker als Redaktions-Workflows (teil)automatisiert sind (vgl. Nickl 2005:43-55 zur Industrialisierung des Schreibens). Diese Notwendigkeit ergibt sich aus der stärkeren Modularisierung von Prozess und Produkt. Dokumentationsprojekte werden planbarer, erfordern jedoch auch entsprechende Planungs- und Überwachungsressourcen.
5) Die Schreibaktivität verändert sich mit dem Computer. Dies gilt besonders für die Verwendung bestehender Textteile aus Datenbanken und deren Neuzusammensetzung (Rekombinationstexte). Die technische Möglichkeit Texte beliebig umzuformulieren und umzugestalten und die zunehmende Delinearisierung des Schreibens bei verstärkt automatisierter Strukturierung muss zukünftig stärker berücksichtigt werden. (Vgl. Sharples 1996:99).

Textproduktionsforschung ist heute immer noch eine junge Wissenschaft, deren Form sich vor allem entlang technischer und administrativer Gegebenheiten und technologischer Neuerungen bei den Produktionswerkzeugen und Produktionsoberflächen – und damit besonders dem oben letztgenannten Paradigma verpflichtet – im ständigen Wandel befindet. Die bestehenden Forschungsansätze und Interessen klaffen inhaltlich und empirisch weit auseinander, Forschungsergebnisse finden sich vereinzelt und weit versprengt. Einige wenige Übersichten über das Feld sind vorhanden[95]. Ergebnisse aus empirischen Studien sind jedoch wegen der Unterschiedlichkeit der Untersuchungsaufbauten und Methoden wenig generalisierbar und schwer vergleichbar. Einen Grund für die mangelnde Erforschung von Schreibprozessen sieht Krings "in der Flüchtigkeit des Prozesses gegenüber der Beständigkeit des Produktes"

[95] Überblicke über die Schreibprozessforschung: Überblicksartikel (veraltet): Emig 1975, Hayes 1989. Interdisziplinärer Forschungsüberblick: Antos/Krings 1989; Wissen und Textproduzieren: Eigler/Jechle 1990; Methoden und Ergebnisse der Schreibprozessforschung: Krings 1992; Studienbibliographie Schreiben: Antos/Pogner 1995; Methoden der Textproduktionsforschung: Eigler 1996; Schreiben als mentaler und sprachlicher Prozess: Molitor-Lübbert 1996; Schreibentwicklung und Textproduktion: Becker-Mrotzek 1997; Ansätze zur Erforschung der Textproduktion: Antos 2001; Durchgang der relevanten Modelle: Alamargot/Chanquoy 2001.

(Krings 1992:47). Sechzehn Jahre später betrachtet, verstärkt sich dieses Problem dadurch, dass sich die Produkte in der Flüchtigkeit den Prozessen angleichen. Vor allem Hypertextdokumente sind durch Reproduktion, Versionierung und Verlinkung (und damit Veränderung des Schreib- und Leseflusses) längst nicht mehr so beständig, wie es Printdokumentationen der vergangenen Jahrzehnte waren.

Weiterhin gab und gibt es in der Schreibprozessforschung methodische Schwierigkeiten, wie z. B. die der vollständigen Dokumentation des Schreibprozesses mit empirischen Mitteln in methodisch reflektierter Form, die überwunden werden müssen. Die lange Zeit vorherrschende normative Sichtweise auf den Schreibprozess hat sich längst zugunsten einer kognitiven Prozesssicht, die (frei nach Krings) beleuchtet, was in den "Köpfen der Schreiber vorgeht" während sie Schreibprozesse ausführen, geändert. Die Frage aus welcher Motivation, in welcher oder welchen Weise/n, mit welchen persönlichen, situativen, institutionellen oder sonstigen Mitteln text- und dokumentproduzierend gearbeitet wird, ist immer noch ungeklärt. Besonders die neueren Textsorten des Medienwandels sind entlang ihrer Produktionsbesonder heiten bisher noch nicht detailliert untersucht worden.

Schreibprozessforschung erfolgt nun seit 30 Jahren mit Hilfe von typischen Forschungssettings (vgl. Kapitel 6.4 zu empirischen Methoden), indem Phasen und Merkmale des Prozesses und seiner Subprozesse und die individuellen und situativen Einflussfaktoren auf den jeweils untersuchten Prozess oder seine Teile, sowie die Hilfsmittel im Einzelnen oder in ihrer Gesamtheit untersucht werden. Die Ergebnisse von Schreibprozessforschungsansätzen werden ausgearbeitet und in Modell- oder Theoriezusammenhänge gestellt. Einen Durchgang wichtiger Schreibprozess- und Kommunikationsmodelle und deren Einordnung in eine auf Online-Hilfen zugeschnittene Modellierungssicht leistet Kapitel 4.

Kriterien für Modellbildung im neuen Paradigma

Auf die Ablaufbeschreibungen der Erstellungsprozesse und deren Relevanz für mein Modell bin ich oben und in der Bestandsaufnahme dazu eingegangen. Aus den hier folgenden Schreibprozessmodellen bespreche ich die Komponenten und Kernaspekte, die in meiner Modellierung des Produzierens von

Online-Hilfen als fachkommunikative Tätigkeit im Management- und Softwareentwicklungskontext eine Rolle spielen, anhand der folgenden Kriterien:

- Phasenstruktur der Modelle und Handlungsorientierung
- Komponenten und Produktionssystematik
- Haupt- und Subprozesse (Schreiben als Teilprozess) und deren Lenkung
- Beachtung der physischen und sozialen Umgebung der Schreiber und deren Einfluss
- Industrialisierung des Schreibens (Automatisierung von Teilprozessen und technologische Neuerungen)
- Wissensvermittlung durch Textproduktion, hauptsächlich neue Produktions- und Nutzungskontexte (Nutzer- und Leserverhalten bei Softwaredokumentation)
- Rekursivität und Wechselbeziehungen

Diese Kriterien verwende ich als notwendigen Filter, um der Tatsache Rechnung zu tragen, dass Schreibprozessmodelle die Produktion von Texten in den Vordergrund der Betrachtung stellen und nicht die Produktion von multimedialen Dokumenten, bzw. die Kommunikations- und Wissensprozesse und auch nicht hauptsächlich die Arbeitsprozesse einer bestimmten Kategorie von technischer Dokumentation mit einer Kette fachkommunikativer Handlungen. Dies gilt selbst für diejenigen Modelle, die das Schreiben nur als Teilprozess eines größeren Ganzen betrachten. Die Kriterien sind wichtig, weil auch in meiner prozessuralen Sicht das Schreiben nur ein Teilaspekt des Arbeitsprozesses ist, Schreibprozessmodelle aber die Grundideen und die Terminologie meiner Arbeit bilden und nicht zuletzt meine Modellierung in deren Tradition zu verstehen ist.

Es gilt hier weiterhin für alle folgenden Modelle die Schwierigkeit, interpretativ aus dem jeweiligen Modell herleitbare Aussagen zu diskutieren, ohne die gesamte begleitende Literatur wiederzugeben. Aus diesem Grund verweise ich an den jeweiligen Stellen auf die entsprechenden Diskussionen in der Literatur und vor allem auf die Überblicksdarstellungen (vgl. Fußnote 12).

4.1 Modelle der Schreibprozessforschung

In diesem Teil der Arbeit diskutiere ich Modelle der Schreibprozessforschung. Modelle der mündlichen Textproduktion klammere ich im vollen Bewusstsein der Tatsache, dass "beim Sprechen und Schreiben aus Gründen der Verarbeitungsökonomie des kognitiven Systems eine große Schnittmenge zentraler kognitiver Produktionsprozesse vorhanden ist" (Günther 1993:13) aus der Modellbetrachtung aus und verzichte hier auf die Verknüpfung der Forschungsbereiche Schreiben und Sprechen. Ich konzentriere mich auf die schriftsprachliche Erstellung. Zwar hat der Forschungsbereich der Produktion gesprochener Sprache, im Vergleich zur Schreibprozessforschung, eine längere Tradition und Vielzahl von Modellen zu bieten und die Ähnlichkeiten der Prozesse der gesprochenen und schriftlichen Textproduktion sind nicht von der Hand zu weisen. Bei der Modellierung von Online-Hilfe-Produktionen und Theorieentwicklung in diesem Bereich hinsichtlich von Hypertextualität und technisch unterstützte Verknüpfungen zwischen Textteilen, spielt mündliche Textproduktion jedoch eine eher untergeordnete Rolle, da Hypertextualität als hervorstechendes Textmerkmal und Eigenschaft der Textsorte im Vergleich mit der mündlichen Sprachproduktion nur geringe Ähnlichkeiten aufweist. Explizite Hypertextualität (z. B. durch Links- und Vor-Zurückspringen anhand von manipulierbaren Textkomponenten) und die technischen Herausforderungen, die Hypertextualität mit sich bringt, kommt in gesprochenen Diskursen nicht vor. Unkorrigiert und relativ linear verlaufende mündliche Kommunikation lässt sich in Modellen im Vergleich zu in Korrektur- und anderen Schleifen verlaufenden Schreibprozessen leichter algorithmisch darstellen und ist daher durch Computersimulation testbar. Weil sich der Gültigkeitsnachweis durch Computersimulation leichter erbringen lässt, sind die Modelle der mündlichen Textproduktion etablierter und werden als valider angesehen als vergleichbare Schreibprozessmodelle. Modelle der mündlichen Textproduktion betonen bevorzugt den kommunikativen, nicht den prozessuralen Aspekt von Handlungen. Diese Schwerpunktsetzung wird als Teilkomponente im Produktionsprozess dann interessant, wenn Prozesse dezidiert im Hinblick auf ihre kommunikativen Inhalte untersucht werden und nicht, wie in dieser Arbeit, aufgrund ihrer lenkenden Einflüsse, Auftreten im und Wirkung auf den Gesamtprozess. Aus oben genannten Gründen werden mündliche Modelle des Produktionsprozesses hier trotz ihrer Relevanz, Vorgängerschaft und Einflussnahme auf Schreibprozessmodelle nicht berücksichtigt[96]. Prozessrelevante mündliche Artefakte[97] (Telefonate, Meetings u. ä.) finden jedoch als Einflussfaktoren Niederschlag in meinem Modell.

Eine Auswahl der einflussreichsten Modelle des Schreibens und Modelle der Fachkommunikation stelle ich im Folgenden vor und diskutiere sie im Hinblick auf die Online-Hilfe-Produktion und mein für diesen Prozess erstelltes Online-Hilfe-Produktionsmodell (Kapitel 5). Mein Modell ist dem neuen Paradigma verpflichtet. Da ein Teil der unten diskutierten Modelle zu einer Zeit entstanden ist, als noch nicht in verteilten Teams mit Werkzeugen des Arbeitsprozesses und Computertechnik für Medien als Produkte der Textproduktion geschrieben und/oder produziert wurde, ergeben sich in der Diskussion Forschungsdefizite und Desiderate. Diese betreffen, vor allem die Adaptierbarkeit von Faktoren, Merkmalen und Phasen von Modellen, Theorien und Herangehensweisen aus anderen als den Feldern der Fachkommunikation und Softwaredokumentation. Dies gilt auch für den einflussreichen Bereich der Schreiblehrforschung, der Zugang und Ausgangspunkt vieler Modelle der Vergangenheit war und ist. Die Diskussion der zweifellosen Nutzbarkeit der Modelle für Schreibinstruktion und Schreiblernsituationen vernachlässige ich zugunsten einer ausdrücklich fachkommunikativ-anwendungsbezogenen Prozesssicht.

4.2 Klassische Schreibprozessmodelle, Diskussion und Desiderate

Bei der Vorstellung und Begutachtung der ausgewählten Schreibprozessmodelle beginne ich mit dem Bekanntesten, dem Modell von Hayes/Flower 1980.

96 Vergleich mündlicher und schriftlicher Textproduktion: Abgrenzung der Bereiche (Antos 1989:5), Krings 1992 weist deutlich auf einen nach wie vor bestehenden akuten Mangel von unmittelbar vergleichenden Forschungen (bei gleicher Textproduktionsaufgabe) zwischen mündlicher und schriftlicher Textproduktion hin. (Krings 1992:97 und allgemein zur Diskussion Krings 1992:96f.). Vgl. bezogen auf das Pausenverhalten im Prozess auch Keseling 1987:113f.

97 Artefakte: "Artefakte sind Teile des gegenständlichen professionellen Umfelds. Artefakte werden einerseits von der Handlung strukturiert und von den Handelnden interpretiert und andererseits strukturieren sie selbst die Situation und die Aktivitäten in diesen Situationen". (Risku 2004:114).

Im Anschluss bespreche ich seine direkten Nachfolger und andere prominente Modelle der Schreibprozess- und Textproduktionsforschung, indem ich ihre Merkmale, Bezugsgrößen und Komponenten und deren Bedeutung für die Modellierung meines eigenen Modells diskutiere. Dabei arbeite ich während der Betrachtung und dezidiert anschließend aus der Sicht von Online-Hilfe-Produktionsprozessen Desiderate an ein "neues" Produktionsprozessmodell heraus, indem ich jeweils den Einfluss des diskutieren Modells auf meine Modellierung von Online-Hilfe-Prozessen hervorhebe.

Ich zeige beim Modelldurchgang überblicksartig, in welcher Weise die Komponenten der besprochenen Modelle heute noch gültig sind, jedoch auch kritisiert wurden und weise auf einflussreiche Ergänzungen, Überarbeitungen und Neugewichtungen zur Grundidee des Modellierens von Schreibprozessen hin. Dabei konzentriere ich mich besonders auf die Punkte, die vor dem Hintergrund heutiger moderner Textproduktionssituationen und -anforderungen weiterhin sinnvoll oder immer noch diskussionsbedürftig sind. Die Liste der hier angeführten Punkte erhebt jedoch weder Anspruch auf Vollständigkeit noch auf Adaptierbarkeit auf andere als das hier als Ausgangspunkt der Diskussion zugrunde gelegte Feld der Softwaredokumentation.

Modellgruppen

Ich teile die hier beschriebenen Modelle in drei Gruppen ein. Zur ersten Gruppe gehören die klassischen Schreibprozessmodelle, die den Schreibprozess in Komponenten und Phasen zerlegen. Die zweite Gruppe bilden Modelle die sich vorrangig mit dem Erwerb von Schreibkompetenz beschäftigen. In die dritte Gruppe fallen Modelle der Fachkommunikation, die die Textproduktion in modernen Arbeitsumgebungen beschreiben. In der ersten Gruppe beschreibe ich zunächst kurz das Hayes/Flower Modell. Im Anschluss stelle ich das Modell von Ludwig 1983 in Grundzügen vor und kontrastiere es mit Hayes/Flower und einem Ausblick auf Hayes 1996. Ich bespreche Hayes 1996 im Hinblick auf die Kritik von Göpferich 2002 und die sich für Online-Hilfe-Produktion ergebenden Desiderate. Daran anschließend diskutiere ich das Schreibprozess-Schema von Molitor-Lübbert 1991 im Vergleich zum entsprechenden Teilprozess bei Hayes/Flower, mit Ergänzungen aus dem Schreib-Lese-Prozessmodell von Jakobs/Perrin 2006. Als weitere aus meiner Sicht wichtige Ergänzung zu einem Teilprozess des Schreibprozesses bespreche ich das Modell der Text-Reproduktion von Rickheit/Strohner und nutze es als Überleitung zur zweiten Modellgruppe und von der eher phasen- und schreibumgebungsorientierten Modelldiskussion zur Besprechung von Modellen, die sich der Schreibkompetenz, der Ontogenese der Schreibkompetenz und dem Verarbeiten von Wissen durch Schreiben widmen. Hier stelle ich die Modelle von Bereiter, Bereiter/Scardamalia und Feilke/Augst in den Zusammenhang mit der Produktion von Online-Hilfen und stelle hier einen Vergleich zwischen Feilke/Augst 1989 und Rothkegel 2005 an. Im Anschluss daran bespreche ich abschließend in der dritten Gruppe fachpraktische Textproduktionsmodellierungen neueren Datums, darunter das didaktik-orientierte Schreibprozessmodell von Göpferich 2002, im Vergleich mit der linguistischen Modellierung von Schreibaufgaben von Rothkegel 2005 und Ergänzungen dazu aus den Modellen der Fachkommunikation von Schubert 2007. Beim Durchgang der Modelle beschreibe ich jeweils kurz das Modelle, meine eigene und die Kritik anderer am Modell und halte fest, welche Relevanz das Modell für meine Online-Hilfe-Produktionsmodellierung hat.

Die theoretisch erhobenen Desiderate und die sich aus der Diskussion ergebenden Übernahmekomponenten für mein eigenes Online-Hilfe-Produktionsmodell fasse ich in der Bestandsaufnahme in Übersichtstabellen zusammen.

4.3 Schreibprozessmodell: Hayes/Flower (1980)

Das Modell von Hayes/Flower ist das klassische unter den Phasenmodellen und enthält typische Modellkomponenten, wie Arbeitsumgebung, Langzeitgedächtnis und einen Planungsraum (im Gedächtnis des Schreibers). Protokolle des Lauten Denkens (vgl. Kapitel 6.5) von "kompetenten Textproduzenten" bilden die Basis für das 1980 von Hayes/Flower entwickelte Schreibprozessmodell (siehe Abbildung 4-1).

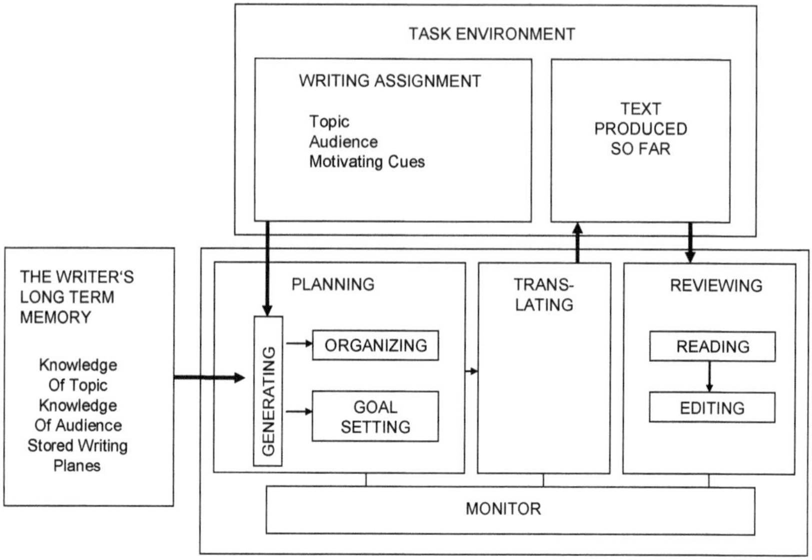

Abb. 4-1: Struktur des Schreibmodells von Hayes/Flower (1980:11)

Hayes selbst entwickelt den Vorläufer 1996 terminologisch und grafisch optimiert 1996 weiter und setzt sein eigenes, an die Fortschritte der Schreibprozessforschung angepasstes Modell von 1996 daneben (Diskussion und Abbildung 4-4 unten). Die optimierte und die ursprüngliche Modellierung sollten und wurden zu ihrer Zeit als vorläufig und als Arbeitsmodelle (Rahmenmodelle) verstanden. Hayes/Flower gehen von den bisher in der Schreibprozessforschung als gegeben hingenommen Teilprozessen des Planens (Planning), Übertragens (Translating) und Prüfens (Reviewing) aus. Ihnen wird häufig unterstellt, sie hätten diese Abfolge als linear-sequentiell verstanden. Dies ist nicht der Fall, denn besonders die Wechselwirkung zwischen Subprozess (Task Environment) und Schreibprozess[98] hatte (im Vergleich zu dreigeteilten Vorgängermodellen) bei Hayes/Flower Neuheitswert. Der Gedanke der

98 Schreibprozess als Teilprozess: Die oben beschriebenen methodischen Schwierigkeiten, einen ganzen Prozess vollständig zu überwachen und auszuwerten, hatten auch Hayes/Flower, die zur Bestätigung nicht ihr ganzes Modell empirisch prüfen, sondern einzelne Beziehungen innerhalb des Modells mit methodischen Instrumentarien aus dem kognitiven Ansatz von Newall/Simon 1972 (Lautes Denken) und Protokollanalyse prüfen.

Rekursivität des Prozesses stammt aus Modellen des Problemlösens. Die kognitive Orientierung stammt aus der kognitiven Sozialforschung.

> Das Modell von Hayes & Flower 1980 erfüllt die Bedingungen eines Problemlösemodells weitgehend: Es nennt Ziele, Probleme, eine Sequenz von Operatoren und enthält einen Mechanismus zur Analyse und Bewertung des Lösungsvorgangs. (Molitor-Lübbert 1996:1006)

Ziele sind im alten Hayes/Flower Modell jeweils das Planen, das Übertragen und das Prüfen. Die Schreibaufgabe bildet das übergeordnete Problem, die erfolgreiche Durchführung der Prozesse (auf dem Weg zu den Teilzielen) formt den Lösungsweg. Die Abfolge der Prozesse wird durch eine Kontroll- und Steuerungsinstanz (Monitor) reguliert. Das Langzeitgedächtnis beeinflusst den gesamten Prozess. Die Abfolge der Prozesse ist variabel und rekursiv und kann in Schleifen wiederholt werden. Die produktionssystematisierende Funktion der Kontroll- und Steuerungsinstanz (Monitor) bei Hayes/Flower ist interpretativ aus dem Modell von 1980 herleitbar, was ich hier zum besseren Verständnis an einem Beispiel tun werde.

Beispiel: Produktionssystematische Funktion im Hayes/Flower-Modell
Man betrachtet das Produktionssystem immer von links nach rechts (in Pfeilrichtung), wobei die rechte Seite die Bedingung darstellt und die linke Seite die Aktion. Auf der Aktionsseite werden innere (kognitive) oder äußere Verhaltensweisen durchgeführt. Dazwischen liegende Regeln bestimmen den Prozessverlauf (das Einleiten oder Abbrechen von Prozessphasen und Subprozessen oder Prozessschritten). Diese Regeln werden hier und in anderen Modellen gewöhnlich durch Pfeile oder Ja/Nein-Workflowschleifen dargestellt. Dieses Zusammenspiel sieht man in der Abbildung 4-2 im ausgegrauten Bereich. Aus Produktionssicht ist das Formulieren (Translating) also Bedingung dafür, dass Textteile überhaupt entstehen können (Text produced So Far). Das Vorhandensein von bereits geschriebenem Text ist Voraussetzung für Überarbeitungsaktionen (Reviewing mit Reading und Editing). Die ableitbare Produktionsregel ist hier das zielgerichtete Anwenden von

a) einer kognitiven Fertigkeit, nämlich der Formulierungs- und Überarbeitungsfertigkeit und
b) einer realen Textkompetenz,

die gemeinsam mit der kognitiven Leistung so lange "durchgeführt" wird, bis die Kontrollinstanz (Monitor) das "Problem" als gelöst betrachtet abbricht.

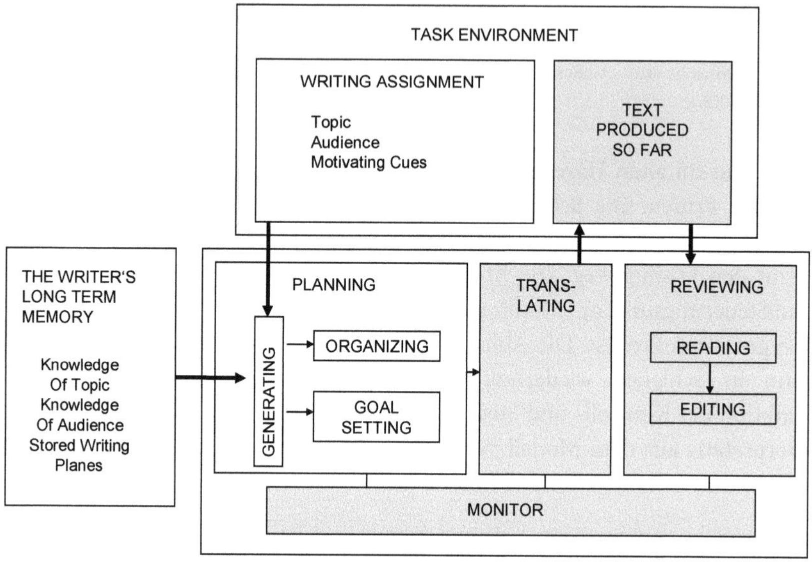

Abb. 4-2: Schreibmodell von Hayes/Flower (1980:11), produktionssystematische Funktion

Hayes/Flower unterteilen die Hauptprozesse in ihrer Arbeit unter dem Problemlöseparadigma in weitere, hier im Einzelnen nicht vorgestellte, produktionssystematische Ablaufschemata ein. Hier sind in der Vergangenheit bei der Interpretation des Modells häufig Missverständnisse entstanden, da der Problemlöseaspekt aus dem 1980er Modell nicht explizit hervorgeht, in einer Arbeit der Autoren aus den 1970er Jahren[99] jedoch erklärt wird. Hayes/Flower 1980 und Hayes 1996 skizzieren den Schreibprozess als "nicht durchgängig determinierte Abfolge aus Teil- und Subprozessen" bestehende Größe (vgl. Eigler et al. 1990:5). Der Schreibprozess ist hier – sehr typisch für die Schreibprozessforschung seit Hayes/Flower – nur ein Teil des Prozesses.

99 Forschung von Hayes/Flower aus den 1970er Jahren: Problem-Solving Strategies and the Writing Process: 1977.

> In dem 1980 veröffentlichten Modell des Textproduzierens von Hayes/Flower ist der Schreibprozeß selbst nur eine Komponente des Modells. (Eigler et al. 1990:6).

Tatsächlich modellieren Hayes/Flower 1980 mit ihrem Modell nicht allein den Schreibprozess, sondern einen kognitiven Arbeitsprozess unter Einbezug der Komponente Langzeitgedächtnis und der Komponente Arbeitsumgebung eines einzelnen Schreibers.

> At the time, they claimed that the task environment (that is, the writer's conception of the rhetorical problem to be solved and the text produced so far) and the writer's long-term memory (containing the topical and strategical knowledge the writer has at her disposal) influenced the actual writing process. The writing process itself appeared to consist of sub-processes like planning, translating the plans in language and reviewing the language generated (…) which made writing into a recursive and iterative cognitive process. (van der Geest 1996a:7)

Hayes/Flower setzen mit Hilfe ihres Modells bedeutsame Komponenten des Textproduzierens in Beziehung. Sie entfalten die Verbindung zwischen Wissen und Textproduzieren. Dabei konzeptualisieren sie Wissen in der Modellkomponente Langzeitgedächtnis und machen es, in Verbindung mit vorhandenen Plänen (Stored Writing Plans), zu einer Bedingung des Textproduzierens. Wissensspeicher ist in dieser Sicht das Gedächtnis, das zur Nutzung aktiviert und zeitgleich aktualisiert wird. Dabei werden Thema oder Zweck bezogene Auswahlen des verfügbaren Wissens getroffen, die dann thema- oder zielgruppenadäquat in einen Schreibproduktionszusammenhang gebracht werden. Verankert man allerdings das Wissen über den Gesamtzusammenhang der Produktionssituation in realen Produktionsumgebungen modellierend zu rigide in den internen Wissensrepräsentationen der Autoren (Long Term Memory), wie Hayes/Flower es tun, dann unterschätzt man gleichzeitig die externen (situativen) Einflussfaktoren auf den Schreibprozess.

> It is important to note that factors external to the writer, such as the writing situation in which the text production took place, were only given attention in the form of the internal representation the writer had of this factors. This is logical and sound for an account of the cognition involved in writing, but for those who study writing processes in order to design and improve the writing environment and the professional practices taking place in it, this approach obscures the view of many external factors that influence the writing process. (van der Geest 1996a:7)

Den (negativen) Effekt der rein kognitiven Sicht auf den Prozess macht auch Barabas 1990 deutlich, indem er den sozialen Kontext und dessen Einflussfaktoren auf Prozess und Produkt hervorhebt.

> (…) the cognitive views of process are based on the assumption that meaning is a product of internal representations (…which is) in the cognitive view, arriving at logical conclusions by applying problem-solving strategies. The result is that (…) writing remains an essentially private, egocentric matter: writing as a form of communicating with oneself rather than communicating with others. Most of all, [the cognitive views] fail to account for how social contexts influence meaning and affect with how one approaches a writing task (the process) and what one writes (the product). (Barabas 1990:47)

Im Beispiel oben erfolgt der skizzierte Ablauf selbstverständlich nicht ohne den vorausgegangenen Planungsprozess und den Einfluss des im Langzeitgedächtnis des Schreibers gespeicherten Wissens. Dieses beeinflusst die Planung und alle weiteren Prozessschritte nachhaltig. Allerdings nicht einseitig, wie bei Hayes/Flower dargestellt, sondern wechselseitig[100]. Hayes/Flower fehlt in diesem Bereich die Wechselwirkung zwischen Schreiben und Langzeitgedächtnis auf das Langzeitgedächtnis (vgl. hierzu die Ausführungen über Fähigkeiten der Schreibkompetenz bei Bereiter, Strategien der Wissensproduktion bei Bereiter/Scardamalia und Ontogenese der Schreibkompetenz bei Feilke/Augst (unten). Diese Wechselwirkung sollte bei der Textproduktion nicht unterschätzt werden.

Modelleinfluss auf die Modellierung von Online-Hilfe-Prozessen

Dem Hayes/Flower Modell entlehne ich die Darstellung des Online-Hilfe-Produktionsprozesses in Phasen und Komponenten, die durch lenkende Einflüsse verbunden sind und Wechselbeziehungen zueinander haben. Ich entnehme dem Modell von Hayes/Flower den Grundgedanken des Problemlösens, der kognitiven Betrachtung von Prozessen und der Zerlegung in Teilhandlungen. Außerdem entnehme ich dem Modell die Trennung zwischen Langzeitgedächtnis und Arbeitsumgebung des Schreibers.

[100] Wechselseitigkeit der Prozessschritte: Hier ist der Wechselbezug zwischen Langzeitgedächtnis und den anderen Modellkomponenten bei Hayes/Flower gemeint, der im Modell einseitig vom Langzeitgedächtnis auf die anderen Komponenten wirkt, jedoch in beide Richtungen gestaltet werden sollte.

4.4 Schreibprozessmodell: Ludwig (1983)

Das Modell von Ludwig 1983 konstruiert den Schreibprozess aus aufeinander folgenden Einzelprozessen. Ludwig berücksichtigt den Text in seiner Entstehung (Der entstehende Text) und schließt die Komponente Vorbereitungshandlungen ein. Der Schwerpunkt des Modells liegt auf der Komponente Motivation (Motivationale Basis). Ludwig 1983 baut in seinem Modellentwurf auf fünf Komponenten auf (siehe Abbildung unten).

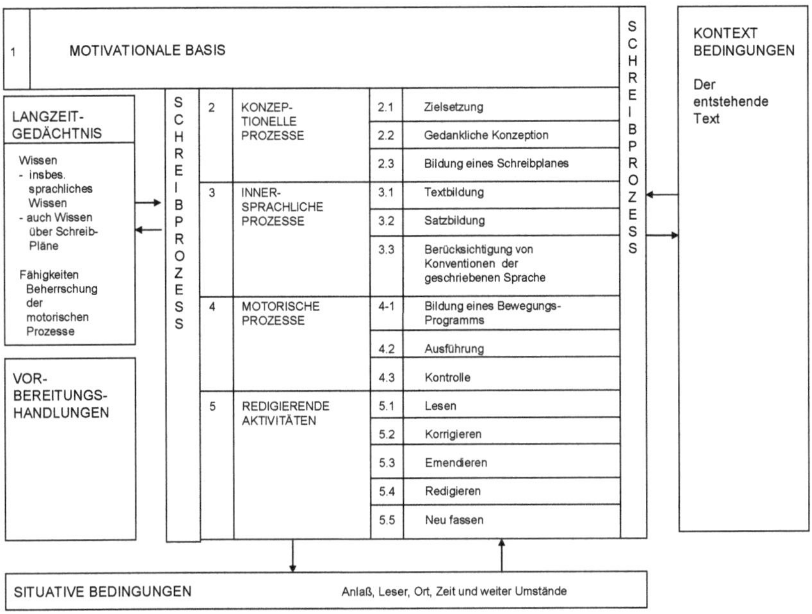

Abb. 4-3: Die Struktur des Schreibprozesses (Ludwig 1983:46)

Entsprechend ergeben sich die folgenden fünf Prozessarten:

- Motivationale Prozesse
- Konzeptionelle Prozesse (Planung bei Hayes/Flower)
- Innersprachliche Prozesse (Durchführung bei Hayes/Flower)
- Motorische Prozesse
- Redigierende Prozesse (Kontrolle bei Hayes/Flower)

Bei Ludwig sind die motivationale Basis und die Vorbereitungshandlungen als Ausgangspunkt für den Schreibvorgang im Modell neu. Die Vorbereitungshandlungen sind jedoch nicht in den Gesamtprozess eingebunden. Die Einbindung von Vorbereitungshandlungen in den Gesamtprozess der Dokumentationserstellung und das Einbinden der Schreibprozesse in Umgebungszusammenhänge ist aus heutiger Sicht unabdingbar.

Das Individuum selbst, als handelnde Instanz, scheint als Komponente keine Rolle zu spielen, die Motivation des Individuums steht hier im Vordergrund. Es wird deutlich, dass hier Schreibvorgänge von Einzelschreibern modelliert werden und dass es sich bei Ludwigs Betrachtung um intrinsisch motiviertes "aus sich selbst heraus" Schreiben handeln muss, das allen anderen Prozessen übergelagert ist. Ich behaupte hier, dass Fachtextproduktion an diesem Punkt anders modelliert werden müsste, weil beim domänenspezifischen Schreiben häufig der Arbeitskontext das Schreiben in Form von äußeren Anreizen (z. B. Gehalt) beeinflusst.

In der Modellbeschreibung bei Ludwig erscheint der Monitor (Hayes/ Flower) als Ist-Soll-Vergleich. Im Modell ist er implizit Bestandteil der konzeptionellen Prozesse. Die motorischen Prozesse sind im Modell von Ludwig neu und deren Beachtung wichtig. Aus heutiger Sicht fehlt die Anbindung der motorischen Tätigkeit des Schreibens an eventuelle Hilfsmittel des Arbeitsprozesses, die hier nur als Wahl des Schreibwerkzeugs in der Komponente Vorbereitungshandlungen auftauchen. Werkzeug und Werkzeugverwendung im Prozesskontext wurden nicht in Kopplung mit dem entstehenden Text (Kontextbedingungen) in das Modell eingebaut. Die Kontextbedingungen sind, anders als im Hayes/Flower Modell und bei Hayes 1996, aus den situativen Bedingungen ausgelagert. Dies ist so zu verstehen, dass der Text "entlang" der Prozesse 1 bis 5 (siehe Abbildung 4-3) entsteht. Die Wissensbereiche wurden entlang der Prozessarten ergänzt. Diese Auflistungen zeigen deutliche Züge einer chronologischen Sichtweise, die Interaktivität berücksichtigt.

Reflexivität, wie sie für die hier vorausgesetzten epistemische Schreibfunktion[101] von Expertenschreibern inhärent sein sollte, ist nur implizit in der Verbindung zwischen den Prozessen und dem Langzeitgedächtnis angedeutet.

[101] Epistemische Funktion des Schreibens: Einfluss des Wissens auf Merkmale der Schreibproduktes und des Schreibprozesses. "Das Schreiben kann (...) eine epistemische, das heißt eine Wissen-entwickelnde Funktion übernehmen. "Epistemisches Schreiben" ist also eine Form des

Modelleinfluss auf die Modellierung von Online-Hilfe-Prozessen

In meinem Online-Hilfe-Produktionsmodell berücksichtige ich nach Ludwig Individuum und Produzententeam. Ich übernehme den Gedanken der Vorbereitungshandlungen von Ludwig in mein eigenes Modell. Weiterhin berücksichtige ich die beim professionellen Schreiben veränderten motivationalen Aspekte auf die Prozesskomponenten, deren Zusammenhänge und die bei Ludwig angedeutete Reflexivität.

4.5 Schreibprozessmodell: Hayes (1996)

Anders als Ludwig teilt Hayes 1996 sein Schreibprozessmodell in zwei große Bereiche (The Task Environment und The Individual) auf. Er zeigt die Verknüpfungsrelation durch Pfeile an, wie aus der Abbildung unten hervorgeht.

Weiterverarbeitens eigenen Wissens". (Eigler/Jechle/Merzinger/Winter 1987:383). Vlg. auch die Kompetenzmodelle in Kapitel 4.9, 4.10, 4.11.

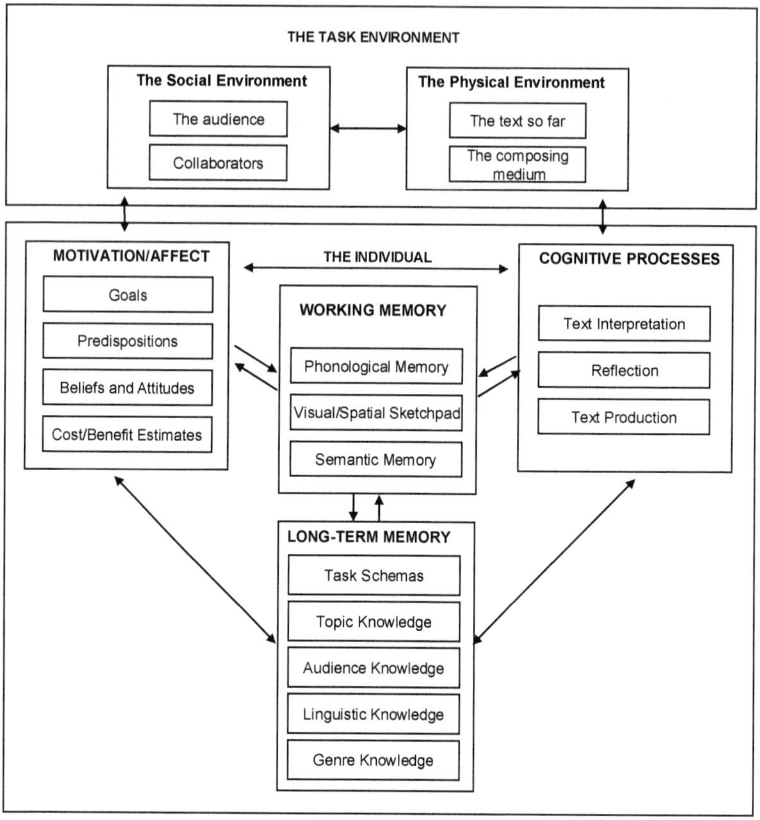

Abb. 4-4: Schreibprozessmodell von Hayes (1996:4)

Der Bereich Individuum umfasst bei Hayes die im Individuum verankerte Motivation, das Zusammenspiel des Langzeit- und des Kurzzeitgedächtnisses und die kognitiven Prozesse. Diese Komponenten sind bei Hayes abstrakt angelegt, sind jedoch in hohem Maße reflexiv. Die Wissensaspekte aus der Individuum-Komponente dieses Modells diskutiere ich in 4.11 im Zusammenhang mit Feilke/Augst und Rothkegel. Hayes trennt in der Arbeitsumgebung seines Modells soziale von physischen Komponenten, ein Vorgehen, das Göpferich (2002:236f.) mit Blick auf die Erstellung fachbezogener Texte aus den folgenden Gründen kritisiert:

1. Die soziale Umgebung sollte bei der professionellen Erstellung fachbezogener Texte keine Rolle spielen.
2. Die soziale Umgebung ist in den kognitiven Strukturen der Schreiber verankert und gehört zur Komponente Individuum und dort zum Langzeitgedächtnis.
3. Adressaten, Zweck und Auftraggebermerkmale führen nur zusammen zu hinreichend spezifizierten Auftragsdaten, diese sind im Hayes/ Flower Modell von 1980 noch enthalten, fehlen aber bei Hayes 1996.
4. Die Informationsquelle Recherche fehlt im Modell und wäre, in Form von Dokumenten, der physischen Komponente und, in Form von Informanten, der sozialen Komponente bei Hayes zuzurechnen.
5. Bei arbeitsteiliger Textproduktion wäre zunächst zwischen kommunizierender Texterstellung am selben Textstück und aus Teilaufgaben bestehenden Gesamtdokumentationsprozessen zu unterscheiden. Letztere Texterstellung erzeugt Koordinationsaufwand aller Beteiligten (Collaborators) und stellt damit ein Problem der sozialen Komponente dar, in der prozessuralen Sicht entstehen hierbei jedoch auch Artefakte (z. B. ein Redaktionsleitfaden, Style Guide oder ähnliches), die der physischen Komponente zugeordnet werden müssten. (Vgl. Göpferich 2002:236f.).

Dem ersten Kritikpunkt von Göpferich kann ich nicht uneingeschränkt zustimmen. Besonders im Lichte von professionellem Schreiben im "standortübergreifend rechnergestützt kooperierenden Team" (Schubert 2007:352), vgl. jedoch auch Punkt 5 dieser Liste, ist diese Modellkomponente bei der Modellierung von Produktionsaufgaben erforderlich.

Ich hebe die besonders relevante Hayesschen Komponente Mitverfasser (Collaborators) als bahnbrechend hervor, da es sie bis zu diesem Zeitpunkt m. W. explizit in Modellen bisher nicht gegeben hat. Der oben angesprochene Koordinierungsaspekt bei arbeitsteiliger Tätigkeit ist in neueren Modellkonstruktionen zu bedenken. Er ist einerseits prozessbegleitende und lenkende Produktionsaufgabe und hängt eng mit der Qualitätssicherung zusammen. Er ist andererseits kognitive und metakognitive Herausforderung für den einzelnen Produzenten, der in arbeitsteiliger Produktion nicht nur seine eigenen

Informations-, Reflexions-, Produktions- und Evaluationsprozesse mehr oder weniger bewusst steuert, sondern auch, wenn auch in möglicherweise anderer Gewichtung, ein Aspekt, der die anderen Aspekte reflexiv betrachtend, steuernd oder evaluierend begleitet. Shaples teilt die arbeitsteiligen Tätigkeiten in drei Typen ein (siehe Abbildung 4-5).

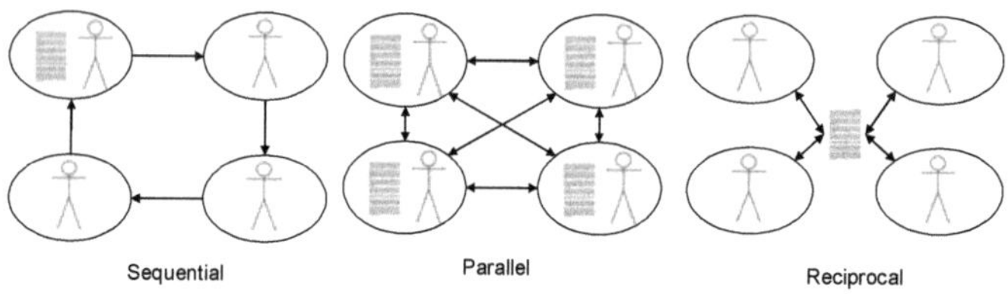

Abb. 4-5: Types of coordination in collaborative writing (Sharples 1996:109)

> Parallel working divides the writing into sub-tasks, corresponding either to parts of the document, or to jobs that can be accomplished in parallel, such as checking spelling along with tidying references. The collaborators all work simultaneously and send their products to each other. (...) Sequential writing is where the collaborators divide up the task among the partners so that the output form one stage is passed to the next writer in line. In reciprocal working the partners work together to create a common product, mutually adjusting their activities to take account of each other's contributions. (Sharples 1996:109)

Bei der arbeitsteiligen Zusammenarbeit in Online-Hilfe-Produktionsprojekten tritt zu den bei Sharples entworfenen Typen als Faktor hinzu, dass es sich bei den zusammenarbeitenden Gruppen in der Regel um Teams mit verteilten Kompetenzen handelt, die unterschiedliche Teile des Werkstücks erstellen. So können z. B. einige Personen für die Erstellung von instruktiven Textteilen verantwortlich sein, andere für die Gestaltung der Hilfefenster analog zur Software (Look and Feel) und wieder andere für die technische Umsetzung der vorgenannten Elemente in die Anwendungsumgebung. Diese Trennung von Verantwortungen und Kompetenzen berücksichtigt mein Produktionsprozessmodell.

Neben den Collaborators ist im Hayes Modell von 1996 auch die Anlage des Erstellungsmediums (The Composing Medium) in der Arbeitsumgebung grundlegend und wichtig. Bei der Weiterentwicklung der Schreibprozessmodelle ist es sinnvoll und notwendig, und in keiner Weise als selbstverständlich voraussetzbar, dass Hilfsmittel des Arbeitsprozesses (als Faktoren der Arbeitsumgebung), deren Einfluss auf den Arbeitsprozess (einschließlich der technischen Anforderungen, bei Online-Hilfe-Produktion z. B. Kompilierung) und das mit ihnen verbundene Wissen über den meist rechnergestützten Prozess (als kognitiver Einflussfaktor) bei der Modellierung prominent berücksichtigt werden.

Im Modell von Hayes verschwinden zugunsten der kognitiven- und Problemlösungssicht die Phasen des Schreibprozesses und die dem Prozess eigene Linearität völlig. Dadurch bildet das Modell einen reflexiven Lösungsmechanismus ab, der kein Ziel und keine Problembedingungen spezifiziert. Dabei fällt weg, dass sich Aufgabenstellung, Produktionszusammenhang und Problembedingungen wechselseitig beeinflussen. Diesem Umstand ist in Schreibprozessmodellen jedoch unbedingt Rechnung zu tragen. Auch bei kognitiver Sichtweise auf den Prozess das Produkt nicht aus den Augen zu verlieren bleibt ein wünschenswerter, bisher jedoch nicht realisierter Ansatz.

Modelleinfluss auf die Modellierung von Online-Hilfe-Prozessen

Für mein Online-Hilfe-Produktionsmodell übernehme ich von Hayes den Gedanken der Trennung zwischen Arbeitsumgebung und Individuum und die ausdrückliche Rekursivität der Prozesse. Ich übernehme ferner die Betonung der Wichtigkeit von kollaborativer Tätigkeit und die Schwerpunktsetzung auf das Erstellungsmedium. Außerdem inspiriert Hayes meine Sichtweise, dass es auch aus Prozessperspektive notwendig ist, kognitive Prozesse des Einzelnen in die Modellierung zu integrieren.

4.6 Prozessschema: Molitor-Lübbert (1991), Schreib-Lese-Modell: Jakobs/Perrin (2006)

Dem Wunsch nach einer reflexiveren Betrachtung, zumindest eines Teilkomplexes des Schreibprozesses, wird das Schema von Molitor-Lübbert 1991 gerecht. Sie basiert ihr Schema auf der Idee des CDO (Compare – Diagnose – Operate)[102]. Damit wird die Interaktion zwischen Autor und Text vor dem

[102] CDO: Compare Diganose Operate. Das CDO-Modell von Bereiter/Scardamalia vergleicht bei der evaluierenden Bewertung zwischen Absicht und dem tatsächlich Geschriebenen. Es basiert auf einem Handlungsmodell.

Hintergrund von Kontextbedingungen in den Mittelpunkt gestellt. Es ist ausdrücklich als Darstellung des epistemischen Schreibens zu sehen und behandelt die Rolle der kognitiven Repräsentation als zentral (vgl. Molitor-Lübbert 1996:1023). Die Schwäche liegt in diesem Schema darin, dass die kognitive Repräsentation nicht ausdifferenziert wird, ihre Ursprünge (aus welchen Teilen von Planungsprozessen speist sich die Repräsentation des Textes, welches Wissen über Text beeinflusst das Leseverhalten, welche Wissenskomponenten steuern das Lesen und Evaluieren, etc.) bleiben unklar.

Das Schema überwindet allerdings einen von Molitor-Lübbert bei Hayes/Flower bemängelten Aspekt. Hayes/Flower setzen Planen, Formulieren und Überarbeiten in der Komplexität in ihrem Modell gleich, legen den Leseprozess aber auf der (niedrigeren) Generierebene an (vgl. Molitor-Lübbert 1996:1008). Molitor-Lübbert "hebt" den Leseprozess in ihrem Modell auf eine prominentere Position (siehe Abbildung 4-6).

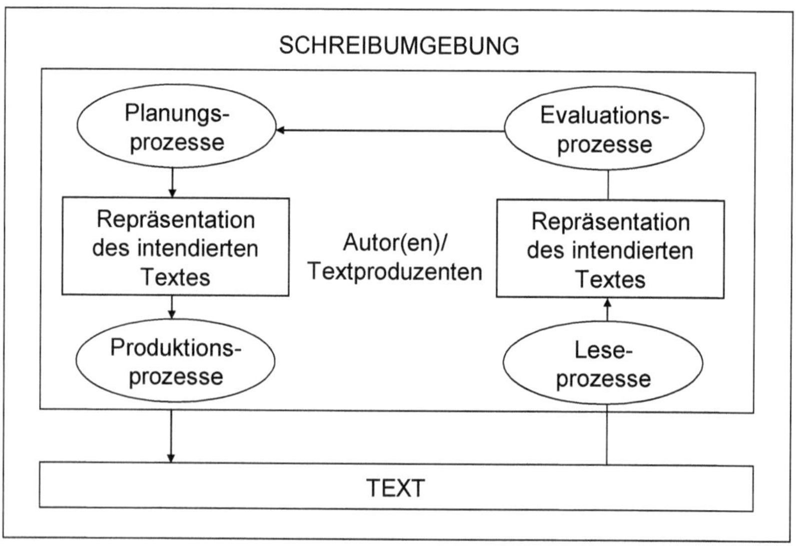

Abb. 4-6: Schema eines reflexiven Schreibprozesses (Molitor-Lübbert 1991:156)

Bei Molitor-Lübbert bedingen Leseprozesse[103] und Evaluationsprozesse die Materialisierung des Textes ebenso, wie Planungs- und Produktionsprozesse. Den Zusammenhang zwischen Schreiben und Lesen veranschaulicht mit ähnlicher Grundauffassung ebenso das von den Autoren auch als "Wäschetrommel-Modell" bezeichnete Phasenmodell des Schreib-Lese-Prozesses von Jakobs/Perrin 2006[104]. In diesem Modell werden das Schreiben und das Lesen als gleichermaßen in den Prozess eingebettet gesehen, dem Quelltextlesen kommt eine besondere Stellung zu. Die Autoren arbeiten mit Mustern (Grundmuster, Fehlermuster, Schreibmuster und Lesemuster) und gehen davon aus, dass Experten systematisch anders schreiben als Novizen. (Vgl. Abbildung 4-7).

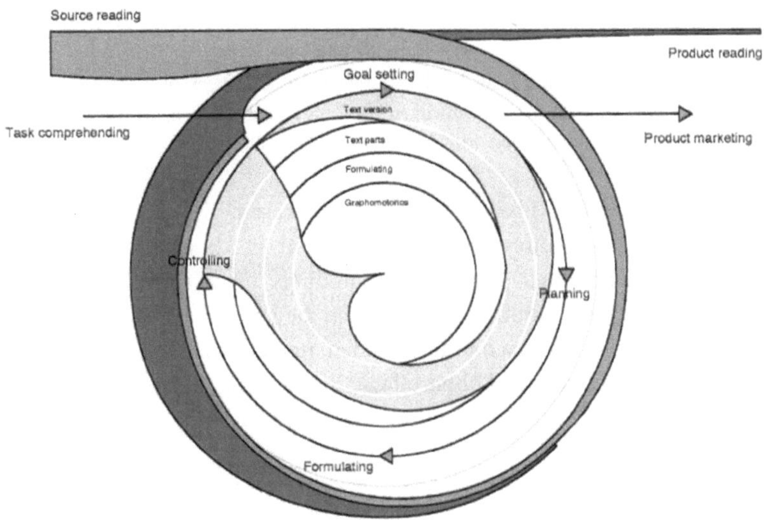

Abb. 4-7: Phasenmodell des Schreib-Lese-Prozesses (Jakobs/Perrin i.V.)[105]

103 Leseprozesse: Leseprozesse und Leseverhalten (von L2-Lernen) als Basis für das Textdesign speziell von Hypertexten untersuchen auch De Ridder, Rijlaarsdam, Van Waes (2005:186-202).

104 Jakobs/Perrin 2006: Die Angaben beziehen sich auf den Vortrag "Kumulierte Abweichungen um den linearen Trend, Schreibphasen statistisch ermitteln". Jahrestagung der Gesellschaft für Angewandte Linguistik GAL, Sektion 6, 2006.

105 Phasenmodell des Schreib-Lese-Prozesses: Vorgestellt von Perrin im Rahmen des Vortrags

Die Evaluierung und Korrektur der eigenen und der Texte anderer, möglicherweise am Produktionsprozess beteiligter Produzenten (durch Lesen) ist in Online-Hilfe-Produktionsprozessen ein zentraler Faktor. Evaluierung und Korrektur bilden darüber hinaus eine Schnittstelle mit einem der wichtigsten Faktoren der Softwareentwicklung, dem Usability Testing.

Das Schema von Molitor-Lübbert soll dazu anregen

> (…) den Einfluß verschiedener Kontextbedingungen (z. B. der Schreibaufgabe, des Schreibmediums oder des sozialen Kontextes) auf den Verlauf der jeweiligen Prozesse und Prozeßgruppen und den Inhalt der verschiedenen Repräsentationen zu untersuchen und darzustellen. (Molitor-Lübbert 1996:1024).

Es kann durch Detail-Modelle weiter ausgebaut werden und wurde so konzipiert

> (…), daß personen- und aufgabenspezifische Schreibstrategien an den Stellen gekennzeichnet werden können, die das Zusammenwirken von Kontextbedingungen, Schreibstrategie und Schreibprodukt deutlicher hervortreten lassen. (Molitor-Lübbert 1996:1024)

Mit den vier Prozessen (Planung, Produktion, Lesen, Evaluieren) und den Repräsentationen auf Autor- und Textseite sind in diesem Schema zwar kognitive Repräsentationen angedeutet, allerdings nicht spezifiziert. Dabei wird weder auf einem Kontinuum zwischen bewussten bis am wenigsten bewussten kognitiven Prozessen unterschieden, noch werden Wissensbestände überhaupt umrissen. Molitor-Lübbert fasst ihr Schema heuristisch auf und misst ihm die Funktion eines "Hypothesengenerators" zu.

> Deshalb haben solche (heuristischen, Anm. CH) Modelle ihren Stellenwert als Konstrukte, die nicht nur Bekanntes wiedergeben, sondern Wegweiser für zukünftige Erkenntnisse darstellen. (Molitor-Lübbert 1996:1024).

Modelleinfluss auf die Modellierung von Online-Hilfe-Prozessen

Für meine Modellierung kommt dem oben angesprochenen Usability-Testing als Qualitätssicherungsfaktor von Produkt (Software) und Werkstück (Online-

"Kumulierte Abweichungen um den linearen Trend, Schreibphasen statistisch ermitteln". Jahrestagung der Gesellschaft für Angewandte Linguistik GAL, Sektion 6, 2006.

Hilfe) eine Schlüsselfunktion[106] zu. Die Wissensbestände der Beteiligten am Schreibprozess zu erfassen und im Prozesszusammenhang zu beleuchten, betrachte ich ebenfalls als Anforderung für mein eigenes Modell.

4.7 Text-Reproduktionsmodell: Rickheit/Strohner (1989)

Quer zwischen Textproduktion und Textrezeption siedeln Rickheit und Strohner ihr Modell zur Text-Reproduktion an.

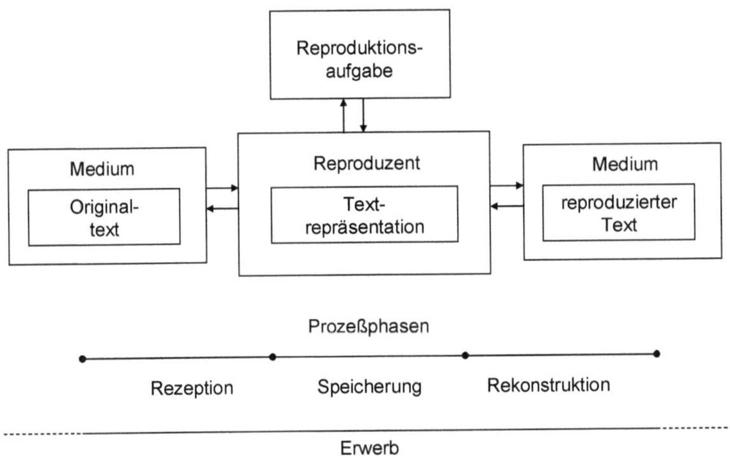

Abb. 4-8: System der Textreproduktion mit Komponenten, Umweltbedingungen, Prozeßphasen und dem ontogenetischen Erwerb der Textreproduktion (Rickheit/Strohner 1989:230)

Bei der Reproduktion von Texten werden Erinnerungsbruchstücke vom Autor zu einem sinnvollen Ganzen rekonstruiert. Hier führt die übergeordnete Aufgabe über die Aktivierung der Wissensbestände (des Autors) zur Genese der Inhaltsstruktur des "neuen" reproduzierten Textes. Das Modell ist (onto-

106 Evaluierung durch Lesen als Schlüsselfunktion: Aussagen aus meinen erhobenen Prozessdaten und die Herangehensweise der Probanden an die Aufgabenstellung im Hinblick auf das Einlesen und Korrekturen aller Art durch Lesen unterstützen diese Schwerpunktsetzung.

genetisch) von links nach rechts zu verstehen, mit einer Rezeptionsphase, der Speicherungsphase und der Rekonstruktionsphase. Die mittlere Speicherungsphase unterliegt starken kognitiven Kontrollen und löst Problemlösestrategien beim Schreiber aus. Das Modell wurde zu seiner Zeit für die Wiedergabe gelesener Texte (also in hauptsächlich rezeptiver Hinsicht) und im Hinblick auf seine Wertigkeit für die Verstehensforschung betrachtet. Aus der sehr praxisnahen Schreibsicht heutiger hypertextueller Textproduktion und Informationsvermittlung ist vor allem der Aspekt der (technisch gestützten) Wiederverwendbarkeit und Reproduzierbarkeit von Wissen (des Autors) und Informationen (in textuellen oder sonstigen Informations- und Inhaltseinheiten) von Bedeutung. Heute ist direkte Reproduzierbarkeit durch Datenhaltung gegeben. Die im Modell skizzierten Schritte,

- erstens des Rezipierens des Ausgangstextes vor der Folie einer neuen Aufgabenstellung (z. B. bei Online-Hilfe-Produktionen der Versionierung),
- zweitens des Auswertens, Umorganisierens und an die Aufgabenstellung Anpassens von Inhaltselementen und
- drittens deren Rekonstruktion mit Hilfe der vorangegangenen Schritte und technischer Unterstützung,

sind auch für moderne Textproduktionsprozesse typisch. Der Modellansatz schließt die im Hayes/Flower Modell aufgerissene Lücke der fehlenden rückwirkenden Verbindung zwischen Überarbeiten und Formulieren, bzw. Planen. Dieses Modell ist angesichts der enormen Bedeutung von Rekonstruktionen im in dieser Arbeit betrachteten Arbeitsfeld (der Fachkommunikation) von großem praktischen Wert für die in dieser Produktionsdomäne typischen Rekombinationstexte und vor allem für Online- und Hypertextproduktion.

Modelleinfluss auf die Modellierung von Online-Hilfe-Prozessen

Gezielte Reproduktions*planung*, wie sie z. B. bei der Überarbeitung und Versionierung von Softwaredokumentation üblich ist, wird im Rickheit/Strohner-Modell noch nicht explizit gemacht und ist somit eine Modellierungsanforderung für mein Online-Hilfe-Produktionsmodell.

4.8 Schreibkompetenzmodelle

Die oben beschriebenen Modelle stellen Schreibprozessabläufe von einzelnen Schreibern bei der Produktion von literarischen Textsorten dar. Bei den modellierten Schreibverläufen und Prozessen wurde epistemisches Schreiben (d. h. im engeren Sinne Schreiberfahrung und Wissen über das Schreiben) vorausgesetzt. Die ab hier beschriebenen Modelle beschäftigen sich mit dem Erwerb dieser Kompetenzen.

Die bei Rickheit/Strohner vorausgesetzten Kompetenzen (z. B. die der Fähigkeit, Wissen in reproduzierendes Schreiben umzusetzen) erwerben Schreiber im Verlauf eines lebenslangen Prozesses der Entwicklung von Schreibkompetenz. Diese hängt wiederum eng mit dem Verarbeiten von Wissen durch Schreiben zusammen. Dabei erfassen Schreibprozessmodelle mit Schreibkompetenzausprägung, wie die im Folgenden besprochenen entweder

- die Arten von Wissen, die das Schreiben über die Entwicklungsschübe des Schreibenlernens hin begleiten oder
- ein Kontinuum zwischen bewusstem und gänzlich unbewusstem Wissen.

Diese Modelle beschäftigen sich auch mit dem Umgang mit Wissen im Zusammenhang mit der Textgestaltung. Sie versuchen über die Textstrukturierung zu erschließen, welche Aspekte der Textproduktion wann im kognitiven Problemraum[107] Berücksichtigung finden. Mit der Modellierung der Unterschiede zwischen Novizen und Expertenschreibern versucht man, die im Schreibprozess angewendeten Strategien zu erfassen. Entwicklungsschübe beim Schreiberwerb hat man lange Zeit mit Schreibstrategien gleichgesetzt, bzw. Muster (vgl. Textmuster, Kapitel 4.2) aus beiden miteinander verglichen. Die Schreibentwicklung ist nicht

> (…) als eine linear-additive Abfolge von Entwicklungsschritten aufzufassen, sondern als ein Ineinander von auf verschiedene Wissensbereiche bezogenen Differenzierungs- und

[107] Problemraum: Abstrakte Einheit im Individuum, die aus verschiedenen Wissenszuständen und Operationen besteht, die dazu dienen, einen Wissenszustand in einen weiteren zu überführen. Inhaltlicher Problemraum: Überzeugungen des Schreibenden können durch Schlussfolgern und Überdenken verändert werden. Rhetorischer Problemraum: Repräsentation der Textsituation und der Textziele.

> Integrierungsprozessen. Man geht davon aus, dass ein Verhältnis zwischen Textsorten und Strukturierungsmuster beobachtbar ist, auch wenn entsprechende Untersuchungen noch nicht vorliegen. (Feilke 2003:183)

Über die Schreibstrategien, Textsortenwissen und Strukturierungsmuster hat man auch die Unterschiede zwischen Expertenschreibern und Novizen erklärt. Man weiß heute, dass klassische Novizenstrategien auch von Experten (zur Entlastung des Schreibvorgangs) als Teilstrategien genutzt werden.

> Der Erwerb textstrukturierender Fähigkeiten vollzieht sich nicht als ein Prozeß, in dem mit der fortschreitenden Entwicklung der Schreiber alte Textstrukturierungsfähigkeiten durch die neu erworbenen ersetzt werden. Vielmehr werden auf der Basis der bereits erworbenen Muster neue Fähigkeiten entwickelt und ausgebaut. (Feilke 1988)

Es ist selbstverständlich davon auszugehen, dass auch erfahrene Schreiber auf linear entwickelten Textordnungsmustern aufbauend schreiben (sonst könnte kein erwachsener Schreiber einen zusammenhängenden Satz zu Papier bringen). Sie legen aber im weiteren Verlauf ihres Schreibens auch materialsystematische (auf die Sache gerichtete), formal-systematische (auf den Text/das Medium gerichtete) und linear-dialogische Muster beim Schreiben zugrunde. Letztere berücksichtigen die Perspektive der anderen (der Zielgruppe) (vgl. Feilke 1988:78). Im Gefüge von Schriftspracherwerb und Expertenschreibertum, lässt sich intuitiv feststellen, dass bei zunehmender Expertise auch Perspektivenwechsel besonders im Hinblick auf sich verändernde Textsorten möglich sind. Außerdem fließen bei zunehmender Expertise neue textstrukturierende Fähigkeiten in die Schreibroutine ein. Diese werden vom Schreiber an neue Schreib- und Rezeptionssituationen angepasst. Daher sind besonders die Teile der unten beschriebenen Schreiberwerbsmodelle interessant, die sich mit der Anpassung an und dem Umgang mit Wissen im Hinblick auf neue Medien und Softwaredokumentation in Verbindung bringen lassen.

4.9 Modell: Bereiter (1980)

Einen Kompetenz-Integrationszugang, allerdings ohne explizite Wissenskomponente, bietet das Modell von Bereiter 1980 (siehe 4-9).

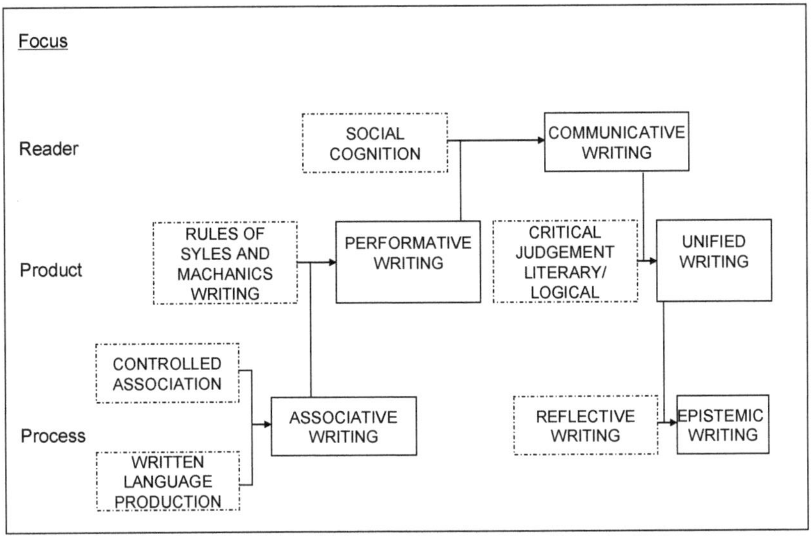

Abb. 4-9: Model of skill systems integration in writing development (Bereiter 1980:84)

Bereiter geht von der Annahme aus, dass sich bei koordinierbaren Prozessen bei zunehmendem Alter von Lernenden deren Verarbeitungskapazität erhöht. Die Automatisierung von Teilfähigkeiten trägt zu einem Wechselspiel zwischen Top-Down und Bottom-up Prozessen beim Schreiben bei. Aufsteigend werden Diskrepanzen und Inkonsistenzen zwischen den Ebenen (hier Prozess, Produkt und Leser) ausgeglichen. So entwickelt sich in einem 5-stufigen Prozess die Aneignung der Schreibfähigkeit mit Hilfe von Strategien (Formen des Schreibens). Diese sind nicht als aufeinander folgende Entwicklungsstufen zu verstehen, sondern als "a form of organization that is preceeded or followed by other forms" (Bereiter 1980). Die folgende Tabelle fasst die Organisationsformen des Schreibprozesses erklärend zusammen:

Stufe bei Bereiter	Übersetzung	Textentwicklung über die Entwicklungsstufen	Focus (Aspekt)	Erklärung
Associative Writing	Flüssiges Schreiben	Ergebnis des Schreibens	Prozess	Das flüssig Schreiben Können beginnt mit der Schreibtechnik und der Fähigkeit sich in Schrift ausdrücken zu können. Der Text entsteht durch flüssiges Schreiben, der mündlichen Sprachproduktion ähnlich.
Performative Writing	Regelgeleitetes Schreiben	Schriftstück	Produkt	Berücksichtigung des Lesers und Argumentation. Sprach- und Stilregeln treten beim Schreibenlernen hinzu. Normen, Konventionen und Muster werden berücksichtigt. Schreiben ist instrumentell.
Communicative Writing	Kommunikatives Schreiben	Kommunikationsmittel	Leser	Textprodukte werden beim Schreiben auf den Adressaten hin kontrolliert, Lesersituation und -erwartungen werden mit einbezogen.
Unified Writing	Reflektiertes Schreiben	Sprachwerk	Produkt (reflexiv)	Inhaltlich logische Gestaltung des Textes wird ergänzt. Text wird gestaltet, Schreiben wird zu einer produktiven Tätigkeit. Zielentsprechende Modifikation von Norm- und Musterbezügen (vgl. Pospiech 2005:25).
Epistemic Writing	Epistemisches (erkenntnisbildendes) Schreiben	Denkmittel	Prozess (reflexiv)	Das Schreiben führt zu Erkenntnissen über die Sache. Erkenntnisbildung Schreiben wird Bestandteil des Denkens.

Tab. 4-1: Stufen der Schreibentwicklung (Inhalte inspiriert von Pospiech 2005)

Die Entwicklung erfolgt, indem einfache Schreibstrategien automatisiert werden und die Grundlage für komplexere Strategien bilden. Das epistemische Schreiben ist die am weitesten entwickelte Form. Es integriert die folgenden Fähigkeitskomplexe:

1) Schreibmotorik
2) Ideenfindung und Wiedergabe von Wissen
3) Beherrschung von Schreibkonventionen
4) Fähigkeit Texte sprachlich und stilistisch zu beurteilen
5) Empathie für Lesererwartungen
6) Reflexion, Textbeurteilen und –überarbeiten (vgl. Pospiech 2005:25).

Bereiter unterscheidet auch zwischen Beherrschung einer Fähigkeit (Mastery) und automatisiertem Können (Automaticity). Zur Mastery gehört „eine Bewusstheit für das Tun, die es zum Handeln werden lässt. Entscheidend ist (…) die (explizite) Kenntnis von kommunikativ-pragmatischen Anforderungen und textgrammatischen Regelhaftigkeiten des zu schreibenden Textes (Pospiech 2005:26). Dem Modell ist interpretativ zu entnehmen, dass, wenn durch die schreibende Arbeit am Text neue Wissensstrukturierungen entstehen, also innerhalb der Berücksichtigung von Textsortenregeln neue Ordnungen erstellt werden, dies als Anzeichen fortgeschrittener Schreibentwicklung gelten kann. (Vgl. Pospiech 2005:26).

Von so einer fortgeschrittenen Fähigkeit kann bei den Produzenten von Online-Hilfen ausgegangen werden. Beim Expertenschreiben im Bereich der Softwaredokumentation treten mit wechselnden zu beschreibenden Anwendungsprogrammen immer neue Schreibinhalte aus möglicherweise nicht vertrauten Fachbereichen auf. Diese Fachbereiche und das mit ihnen zusammenhängende Wissen beeinflussen die Schreibstrategien jedoch in einer Weise, die das Fähigkeitenmodell von Bereiter meiner Ansicht nach nicht abbilden kann. Innerhalb der Bereiche entwickelt sich das "neue" Wissen ebenso ontogenetisch[108] bis hin zur Routine, wie die Schreibkompetenz.

Beim fachlichen Schreiben reflexiv auftretende Produktaspekte (z. B. zielentsprechende Modifikation von Norm- und Musterbezügen beim Produzieren) und Prozessaspekte (Schreiben als nichtkommunikatives Mittel zur eigenen Erkenntnisbildung des Schreibers) (vgl. Feilke 2003:181) sind in

[108] Ontogenetische Entwicklung: Hier wird die Ontogenese (bei Bereiter des Schreibens) sozusagen in ihrem Quellbereich verwendet. Ich verwende für meinen Modellzugang jedoch die Ontogenese-Analogie im Produktionssinne. Als Entwicklung eines Schreibproduktes.

Schreibentwicklungsstufen[109] im epistemischen Schreiben zu verorten. Dabei wird es besonders bei erfahrenen Schreibern methodisch schwierig die einzelnen Stufen voneinander abzugrenzen. Dies gilt sowohl rückvollziehend als auch beim Schreiben selbst.

Des Weiteren ist es methodisch nahezu unmöglich, epistemische Effekte im Schreibprozessverlauf deutlich zu erkennen und deren Einfluss auf das Werkstück direkt nachzuvollziehen. Der Grund dafür ist, dass die Wechselbeziehungen zwischen Wissen und Textproduktion im epistemisch schreibenden Individuum kognitiv vollzogen werden, ohne dass Beobachter können nicht nachvollziehen, welche Tätigkeiten des Prozesses des Schreibers in seiner kognitiven Arbeit gerade "untergeordnet" bzw. "automatisiert" ablaufen und welche Tätigkeit gerade auf welcher Ebene koordiniert wird. Geringfügige Einblicke können hier Protokolle des Lauten Denkens geben. Diese können allerdings durch ihren "hemmenden kognitiven Effekt" genau die Prozessteile, die sie eigentlich untersuchen sollen, störend beeinflussen. Das Modell von Bereiter kann eine Grundlage für die Entstehung und Erklärung von Schreibstrategien bilden. Aus fachkommunikativer Sicht auf das Schreiben wäre es von Vorteil, in die Modellierung auch die schrittweise Integration anderer als der rein schreibkompetenzontogenetischen Fähigkeitskomplexe – zumindest als Einflussfaktoren – aufzunehmen. So wird z. B. spätestens ab dem Einsatz des kommunikativen Schreibens die Schreibumgebung zu einem wichtigen Einflussfaktor, beim reflektierten Schreiben ließen sich kognitive Prozesse der Reflexion, und beim epistemischen Schreiben der Zusammenhang zwischen Individuum und Schreibumgebung mit Hilfe zu benennender Wissensarten modellieren. In dieser Weise arbeitet Göpferich 2002, siehe unten.

Modelleinfluss auf die Modellierung von Online-Hilfe-Prozessen

Für mein Online-Hilfe-Produktionsmodell übernehme ich den Grundgedanken, dass professionelles Schreiben epistemisches Schreiben ist. Da diese Art des Schreibens bei Textproduktion in modernen Umgebungen vermutlich durch die Umgebung und den Arbeitsauftrag in einer Weise beeinflusst wird, die bisher in Modellen noch nicht berücksichtigt wurde, entlehne ich diese Überlegung für mein eigenes Modell.

[109] Schreibentwicklung in der technischen Redaktion: Vgl. Becker-Mrotzek 2005:403-431.

4.10 Knowledge-Modelle: Bereiter/Scardamalia (1987)

In der Schreibprozessforschung arbeitet man unter dem kognitiven Paradigma mit der Gegenüberstellung von Experten und Novizen. Der Frage, wie aus Novizen Expertenschreiber werden, versucht man sich über die Beschreibung von Schreibstrategien zu nähern. Diese wiederum verknüpft man mit der Untersuchung, in welcher Weise Wissen zwischen Text und Autor "fließt" und Inhalt generiert wird. Versteht man den Wissensfluss der "einfachen" Wissensproduktion als Einbahnstraße, die vom Wissen zum Text führt, dann handelt es sich nach Bereiter/Scardamalia um bloße Wiedergabe von Wissen, genauer Wissensreproduktion (Knowledge-Telling-Process) beim Schreiben. Diese Strategie wird Knowledge-Telling-Strategie genannt. Bereiter/Scardamalia stellen fest, dass vor allem Anfänger Wissen ohne übergreifende Planung oder Ziel in Text versprachlichen. Im inhaltlichen und rhetorischen kognitiven "Problemraum" des schreibenden Individuums finden scheinbar keine Problemlöseprozesse statt. Das inhaltliche und sprachliche Wissen zum Schreibthema wird aus Abrufschemata konstruiert (Retrieve Content from Memory Using Probes) und wird praktisch ungefiltert assoziativ durch Reproduktion wiedergegeben (vgl. Molitor-Lübbert 1996:1014). Dies bedeutet, dass im Gedächtnis (vor dem Hintergrund der Schreibaufgabe) Suchprozesse angeregt werden. Diese aktivieren zusammenhängende Konzepte[110], die wiederum automatisch (durch ihren Zusammenhang) zu kohärenten Texten führen. Vorangegangene Texteinheiten dienen als Reize für das Weiterschreiben und verstärken Kohärenzeffekte im Text.

> Literarisches Wissen oder eine gezielte und bewußte Anwendung des Erfahrungswissens spielen für Kohärenz und Stil eines mit dieser Strategie produzierten Textes eine untergeordnete Rolle. (Molitor-Lübbert 1996:1014)

Diese Verarbeitungs- und Schreibstrategie ähnelt in Planungs-, Ziel- und Überarbeitungsprozessen der gesprochenen Sprache. Diese Strategie ist nicht nur eine Anfängerstrategie. Auch Expertenschreiber bedienen sich zwischen-

---

110 Konzepte: Gedächtnisaktivierte Bereiche, aus denen Informationen abgerufen werden, die dem unmittelbaren Kontext oder dem Aktivierungsursprung am nächsten sind. Das Phänomen ist unter der Bezeichnung "Spreading Activation" bekannt.

durch bei der Textproduktion bei Textstellen, die ihnen Bekanntes wiedergeben oder die sie aus dem Gedächtnis "herunterschreiben" oder bei bestimmten Textsorten und Textteilen (z. B. Listen oder ähnliches) ebenfalls dieser eher "schnellen" und schlichten Strategie.

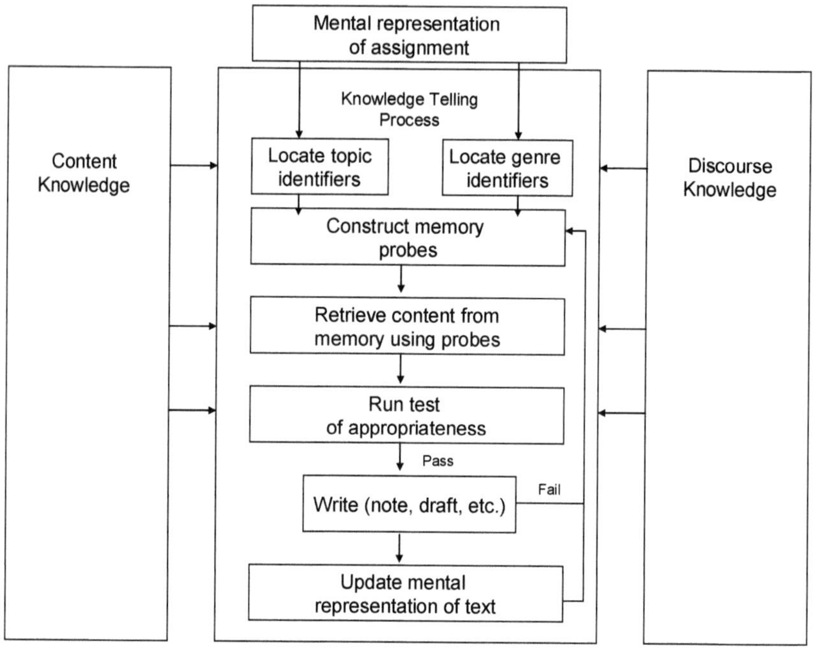

Abb. 4-10: Knowledge-Telling-Strategie (Bereiter/Scardamalia 1987:62)

Das oben abgebildete Modell zeigt diesen von Bereiter/ Scardamalia angenommen eindirektionalen Fluss des Wissens durch den Autor hindurch.

> *Wissen wiedergeben* ist eine routinisierte und bewußt nur bedingt vom Textproduzenten steuerbare Strategie. (Günther 1993:28)

Es wird hier angenommen, dass Schreibanfänger aneinanderreihen, was ihnen zu einem gegebenen Thema einfällt (bzw. an Ausgangswissen in irgendeiner externen Form, also z. B. eines Ausgangstextes oder ähnlichem vorliegt und übernommen werden kann).

> Wissen-Wiedergeber verwenden keine zusätzlichen Mittel, um Kohärenz zu erzeugen – alles was den Bedingungen des Inhalts und der Textsorte genügt, kommt in den Text. (Pospiech 2005:21f.)

Das diese Anfängerstrategie (die allerdings auch von Experten bei passender Gelegenheit praktiziert wird) evtl. auch – wie bei der dagegen gesetzten Expertenstrategie des Knowledge-Transforming (siehe 4.10) epistemische Effekte[111] haben könnte, stellen Bereiter/Scardamalia nicht in Zweifel. Die Frage, was mit dem vom Anfänger beim Knowledge-Telling sozusagen "mitgenommenen" neuen Wissen geschieht, bleibt ungeklärt. Aus der Tatsache, dass das Knowledge-Telling-Modell auf einer globalen Beschreibungsebene bleibt und wenige Angaben über die Produktionsprozesse macht, ergibt sich unter anderem die Annahme, mit dem Wissen passiere "nichts". Dies und die Tatsache, dass die zwischen dem kindlichen Schreiben und dem Expertenschreiben liegenden unterschiedlichen Strategien so wenig Beachtung finden, hat in der Schreibprozessforschung eine gewisse Tradition (vgl. auch Eigler/Jechle/Merziger/Winter 1990:29).

Das Expertenmodell von Bereiter/Scardamalia am anderen Ende der Wissenstransformations-Skala unterscheidet sich dagegen zentral vom oben Beschriebenen. Beim Knowledge-Transforming-Modell (siehe Abbildung 4-11) wird die Schreibaufgabe vom Autor geplant, ein gegebenes Schreibproblem wird rational abgewogen und Wissen wird in den Problemräumen (Inhaltlicher Problemraum (Content Problem Space) und Rhetorischer Problemraum (Rhetorical Problem Space) im Abgleich mit der Zielsetzung und dem inhalts- und sprachbezogenen Wissen (Content Knowledge und Discourse Knowledge) jongliert und durch den Prozess der Wissensreproduktion (Knowledge-Telling-Process) entsteht der Text.

---

111 Epistemische Effekte: Rückfluss und damit Einfluss des beim Schreiben neu Erlernten und Abgleich dessen mit dem bisher geschriebenen Text und dem eigenen, im Langzeitgedächtnis des Schreibers gespeicherten Wissens.

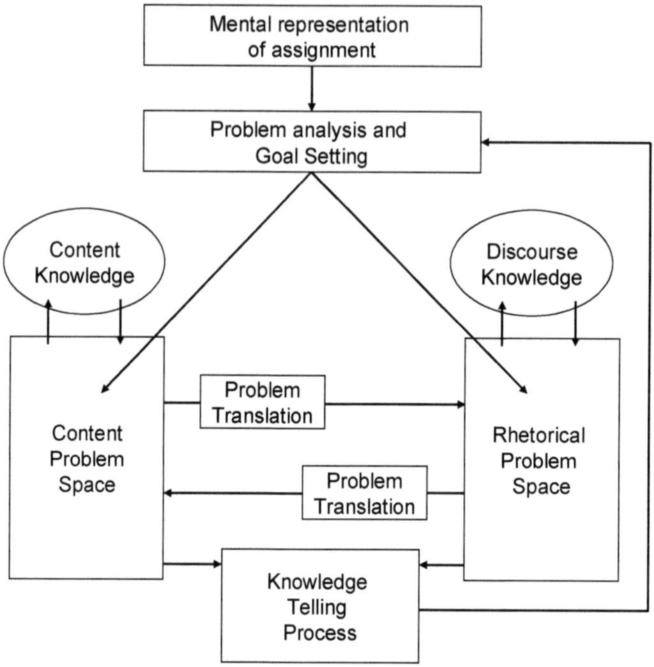

Abb. 4-11: Knowledge-Transforming-Strategy (Bereiter/Scardamalia 1987:146)

> *Wissen transformieren* ist hingegen (im Vergleich zum Wissen wiedergeben, Anm: CH) ein Problemlöseprozeß, währenddessen der Textproduzent rational und rekursiv alle Informationsquellen und Anforderungen einer Schreibaufgabe in einer konkreten Schreibsituation auswertet und gegeneinander abwägt und erst dann einen Text produziert, der nach individueller Einschätzung den Anforderungen der Schreibsituation genügt. (Günther 1993:28).

Der Wissenstransformationsprozess findet im inhaltlichen Problemraum statt, Voraussetzung dafür ist die Wechselbeziehung zwischen inhaltlichem und rhetorischem Problemraum. Die rhetorischen Teilziele sind für die Wissenstransformation wichtig, da sie Thema, Textfunktion und Situation umfassen.

> Bereiter und Scardamalia heben deshalb hervor, daß Schreiben im wesentlichen ein kognitiver Prozeß ist, bei dem das Operieren mit mentalen Wissensrepräsentationen über Sprache, Ideen, Ziele und Textstrukturen im Vordergrund steht. Die Verfügbarkeit und Auswertbarkeit dieser Wissensrepräsentationen ist entscheidend für die Güte der produ-

> zierten Texte. Der produzierte Text selbst hat die Funktion, eine Zugangsmöglichkeit zu diesen mentalen Wissensrepräsentationen zu eröffnen. (Günther 1993:28)

Der Unterschied zwischen dem Anfängerschreiben und dem Expertenschreiben liegt also im Vorhandensein bzw. Fehlen von strategischen Grob- und Feinzielen und anderen Problemlöseprozesskomponenten (wie z. B. Planen, Überprüfen und Überarbeiten). Da der Interessenschwerpunkt von Bereiter/Scardamalia auf der Analyse reflexiver Planungsprozesse liegt, werden in ihrem Modell solche Planungsprozesse nicht erfasst, die unterhalb der Bewusstseinsschwelle liegen. Aus den bewussten Planungsprozessen lässt sich jedoch ableiten, dass die Textproduktion um so epistemischer verläuft, je zielgerichteter der Schreibplan ist. Demnach wären bei der Modellierung prozessurale Planungsaspekte mit Schreibplänen innerhalb der Werkstücksproduktion zu verknüpfen. Das Knowledge-Telling-Modell betont also die Wechselbeziehungen zwischen Wissen und Text deutlich. Die Brücke zwischen den beiden Modellen und evtl. zwischen den beiden Strategien liegenden Teilstrategien werden bei Bereiter/Scardamalia nicht erfasst. Ob überhaupt und wenn ja in welcher Situation und bei welchen Gelegenheiten erfahrene Schreiber z. B. im laufenden Textproduktionsprozess auf die "einfachere" Strategie des Wissen-Wiedergebens ohne Rückkoppelungseffekte zurückgreifen ist unklar. Auch die Verknüpfung der für den Textproduktionsprozess als besonders einflussreich erkannten Reproduktionsphasen mit den Wissensstrategien ist noch ein Desiderat.

Im Bezug auf Online-Hilfe-Hypertexte ist ein Aspekt hier besonders interessant. Hypertexte werden so formuliert, dass sie lokal kohärent sind, teilweise auch über einige Knoten lokal kohärent bleiben, global jedoch nicht unbedingt kohärent sein können, da Lesewege nicht vollständig vorhersehbar sind. Diese textuelle Darreichungsform in Online-Hilfen ähnelt dem Ergebnis von Knowledge-Telling-Strategien, die unerfahrene Schreiber anwenden. Beim Online-Hilfe-Produzenten wird allerdings eine epistemische Schreibkompetenz und die Fähigkeit zum Knowledge-Transforming vorausgesetzt, weil nur diese wissensintegrierende Schreibstrategie in der Lage ist

- schriftliche Sprachproduktion,
- kontrollierte Assoziationen,
- Schreibkonventionen,

- soziale Kognition und
- kritische Urteilsfähigkeit (= Fähigkeiten nach Bereiter 1980)

so in Einklang zu bringen, dass sich die volle Schreibkompetenz im Hinblick auf Prozess, Produkt *und* Leser entfaltet. Es ergeben sich für Hypertextsorten allerdings aus diesen Überlegungen weiterführende Fragen:

1) Ob es beim Expertenschreiber ein bewusstes Unterscheiden zwischen Strategien bei der Hypertextproduktion überhaupt gibt. Dies ist bei der Produktion von Hypertexten besonders im Hinblick auf Reproduktionen interessant. Und wenn ja, in was für einer Streuung sich die Strategien vom reflektierten Schreiben bis hin zum epistemischen Schreiben bewegen (im hypertextuellen Sinne einschließlich Linkverlegen und Lesewegantizipation).
2) Ob Hypertextualitätsaspekte der Hypertextproduktion mit der Knowledge-Transforming-Strategie vollkommen im Einklang stehen oder ob im Hinblick auf die hypertextuellen Textsorten ein bisher nicht gekannter Transformations-Modus ergänzt werden müsste.
3) Wie sich die von Bereiter etablierten Aspekte Beherrschung einer Fähigkeit (Mastery) und automatisiertes Können (Automaticity) bei der Hypertextproduktion auf die Strategien auswirken[112].

Zu 1 ergeben sich aus meinen für diese Arbeit erhobenen empirischen Daten mögliche Anschlusshypothesen. Um die obigen Fragen ausführlich zu beantworten müsste herausgefunden werden, wie die Ziele, Ideen und das Sach- und Textwissen (auch das Textsortenwissen, im hier angenommen Fall über Online-Hilfen) und Dokumentationswissen[113] im einzelnen Produzenten mental repräsentiert sind. Die Beantwortung der hier aufgeworfenen Fragen würde den Rahmen des mit dieser Dissertation leistbaren Erkenntnisgewinns sprengen, ist jedoch im Spannungsfeld zwischen Textsortenkonventions- und Schreibprozessforschung nach meiner Meinung ein dringendes Forschungsdesiderat.

[112] Fragestellungen Hypertextualität und Wissensstrategien bei der Textproduktion: Einblicke in die Aspekte dieser Fragestellung liefern die von mir gewonnen Daten.

[113] Sachwissen, Textwissen und Dokumentationswissen: Einteilung der Wissensphänomene bei der professionellen Textarbeit. Ich übernehme diese Einteilung für mein Modell von Rothkegel. (Vgl. Rothkegel 2005).

Modelleinfluss auf die Modellierung von Online-Hilfe-Prozessen
Ich übernehme für mein Online-Hilfe-Produktionsmodell die Erkenntnis, dass Textproduktion epistemischer verläuft, je zielgerichteter der Schreibplan ist. Daraus schließe ich für mein Modell, dass Gesamtprozessplanung und individuelle Schreibpläne miteinander zu verknüpfen sind. Ich übernehme außerdem das Desiderat der Rückkopplung zwischen Reproduktion und Wissensstrategien als Anforderung für mein Online-Hilfe-Produktionsmodell.

4.11 Modell: Feike/Augst (1989) und Spezifikation der Wissensbereiche: Rothkegel (2005)

Während Bereiter/Scardamalia aus entwicklungspsychologisch-vergleichender Sicht den Wissensfluss "durch" den Schreiber und "im" Schreiber als sich ontogenetisch weiter entwickelnde Strategie sehen, leisten Feilke/Augst einen Beitrag zur Sicht auf die sich durch verändernde Wissensbestände mitverändernde Schreibkompetenz.

Das Modell von Feilke/Augst (Tabelle 4-12) ist für meine eigene Modellierung aufgrund der hervorgehobenen Stellung des linguistischen Makrostrukturwissens interessant. Das linguistische Makrostrukturwissen organisiert die Top-Down-Prozesse der Textproduktion und beeinflusst alle anderen Aspekte der schriftlichen Produktion. In ähnlicher Weise stellt Rothkegel in ihrer linguistischen Betrachtung das Textwissen ins Zentrum (Tabelle unten rechts). Dies gilt in gleicher Weise auch für die Online-Hilfe-Produktion. Hier bedingt es darüber hinaus die Organisation anderer als der Schreibprozesse des Dokumentationsprozesses und hat (im wissenstransformierenden Sinne) Einfluss auf das allgemeine Hintergrundwissen des Produzenten. Die Stufenfolge von Konzeptions-, über Realisierungs- bis hin zu Routinewissen bildet die hierarchischen Stufen von bewusstem zu unbewusstem Wissen ab. Zum Routinewissen gehören nach Feilke/Augst auch Planungsprozesse beim Formulieren und Strukturieren. Ich erarbeite, analog zu Rothkegel 2005:63, die Wissenskomponenten in meinem Modell auf einer weniger entwicklungspsychologischen, sondern eher textlinguistisch-anwendungsorientierten Basis.

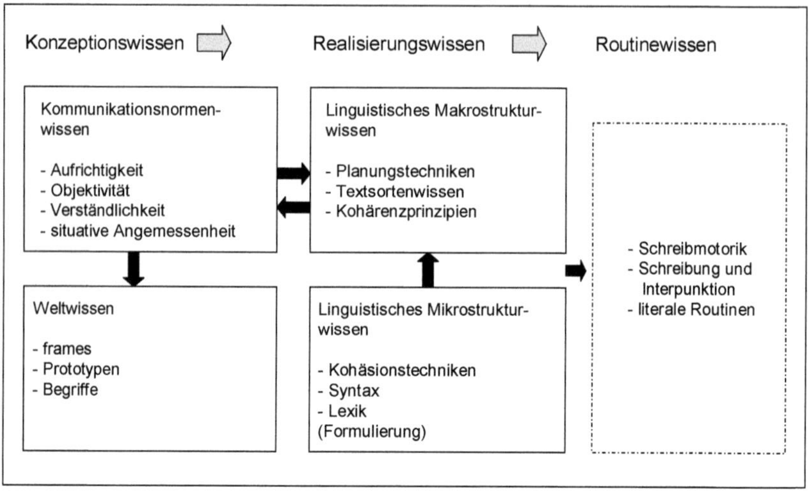

Kognitives Modell für die Ontogenese der Schreibkompetenz (Feilke/Augst 1989:302)

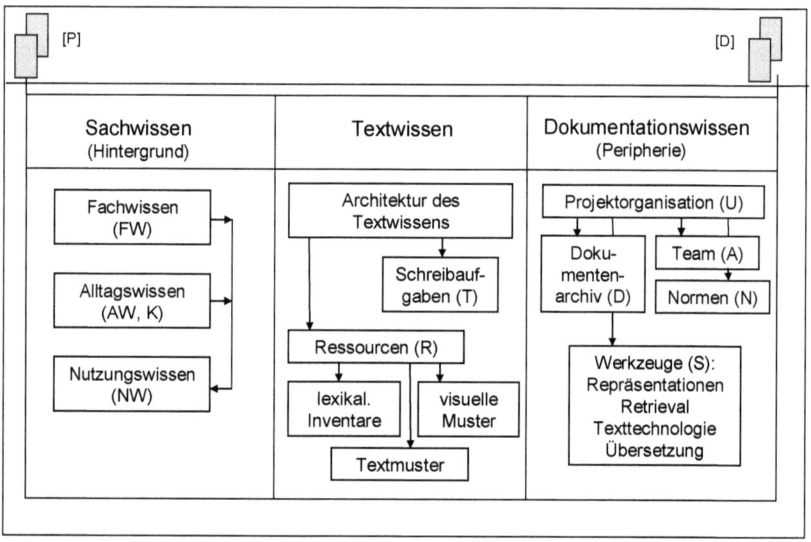

Spezifikation der Wissensbereiche (Rothkegel 2005:63)

Abb. 4-12: Modellvergleich Kompetenz und Wissensbereiche (Feilke/Augst und Rothkegel)

Die beiden aufeinander bezogenen Modelle von Feilke/Augst (Kognitives Kompetenzmodell) und Rothkegel (Spezifikation der Wissensbereiche von Schreibaufgaben im Wissenskontext) stelle ich in der Abbildung zur besseren Übersicht untereinander. Die detaillierte Besprechung der für mein Modell entnommen Wissensbereiche erfolgt in Kapitel 5.6. Bei den produktionsprozessorientierten Überlegungen steht das Textwissen (linguistisches Wissen) “steuernd” im Zentrum.

Das Konzeptionswissen findet sich als Hintergrundwissen zum Sachwissen wieder. Das Sachwissen wäre außerdem um das Praxiswissen der Dokumentationspraxis ergänzbar. Wissen über die Dokumentationspraxis ist, im entwicklungspsychologischen Sinne gesehen, Routinewissen der Autoren, das auf Text und Sachwissen (Realisierungs- und Konzeptionselementen) aufbaut.

Modelleinfluss auf die Modellierung von Online-Hilfe-Prozessen
Ich übernehme von Feilke/Augst und Rothkegel den Gedanken der abstrakten Modellierung von Wissen und die Erkenntnis des sich Überlappens von Wissen. Die grundlegende Unterscheidung zwischen Konzeptionswissen, Realisierungswissen und Routinewissen übernehme ich implizit in mein eigenes Modell.

4.12 Fachpraktische Textproduktionsmodelle

Die oben beschriebenen Schreibprozessmodelle stellen Schreibprozessabläufe von Schreibern bei der Produktion von literarischen Textsorten und Modellierungen von Schreiberwerbs- und Schreibkompetenzen dar. Mit der Modellierung von fachpraktischen Textproduktionsprozessen beschäftigen sich die im Folgenden diskutieren Modelle der Fachkommunikation. Fachkommunikationsmodelle, wie die von Göpferich, Rothkegel und Schubert, setzen das epistemische Schreiben als Kompetenz[114] und die mit Textsortenwissen und Strukturierungsmustern zusammenhängenden Textproduktionsstrategien (meist) stillschweigend voraus.

[114] Epistemische Schreibkompetenz: Göpferich 2002 geht in ihrem Modell auf den Unterschied zwischen Knowledge-Telling und Knowledge-Transforming ein, indem sie Prozesspfeile in das Modell einfügt. Vgl. Modell 4-13.

Nun sind in der technischen Redaktion tätige Schreiber in der Regel volljährige und erfahrene Schreiber, die sich jedoch während des Schreibens weiterentwickeln. Dies gilt besonders im Bereich der Strukturierung von Inhalten. Schreiber entwickeln bei der Produktion von Online-Hilfen nicht nur reine Textproduktionsmuster, sondern setzen auch vom Nutzer erwartete Design- und Navigationsmuster im Zusammenhang mit Text um. Da Online-Hilfe-Texte in der Redaktionspraxis zwar zunehmend wichtig sind, aber immer noch zu den neuen, weniger konventionalisierten Textsorten und Online-Hilfe-Produktionen zu neuen Schreibaufgaben zählen, sind die Kompetenzmodelle im Lichte einer Textmuster-Kompetenz[115] neu zu betrachten. Die Modelle der Fachkommunikation von Göpferich und Rothkegel (Kapitel 4.13) legen ihre jeweiligen Schwerpunkte deutlich in diese Richtung.

> An neuen Schreibaufgaben zeigt sich, dass Vorgehensweisen weiterentwickelt werden müssen, da zunehmend mehr Aspekte zu berücksichtigen sind. (Pospiech 2005:30).

Die bei neuen Schreibaufgaben zu berücksichtigenden Aspekte und das Zusammenwirken der Komponenten der Fachkommunikationsmodellierungen bespreche ich im Folgenden im Hinblick auf ihre Verwendbarkeit bei der Modellierung von Online-Hilfe-Produktionsprozessen.

4.13 Schreibprozessmodell: Göpferich (2002) und SchreibaufgabenModell: Rothkegel (2005)

Göpferich übernimmt für ihr didaktik-orientiertes Modell die Aufteilung zwischen der Arbeitsumgebung (Schreibumgebung bei Göpferich) und dem Individuum von Hayes 1996. Siehe Abbildung 4-13.

[115] Textmuster-Kompetenz: Göpferich nennt z. B. (Textsorten-)Konventionswissen als Wissenskomponente, Rothkegel definiert beispielsweise Dokumentationswissen hinsichtlich der Arbeitsumgebung und meint damit Nutzungs- und Ressourcenwissen in Kombination.

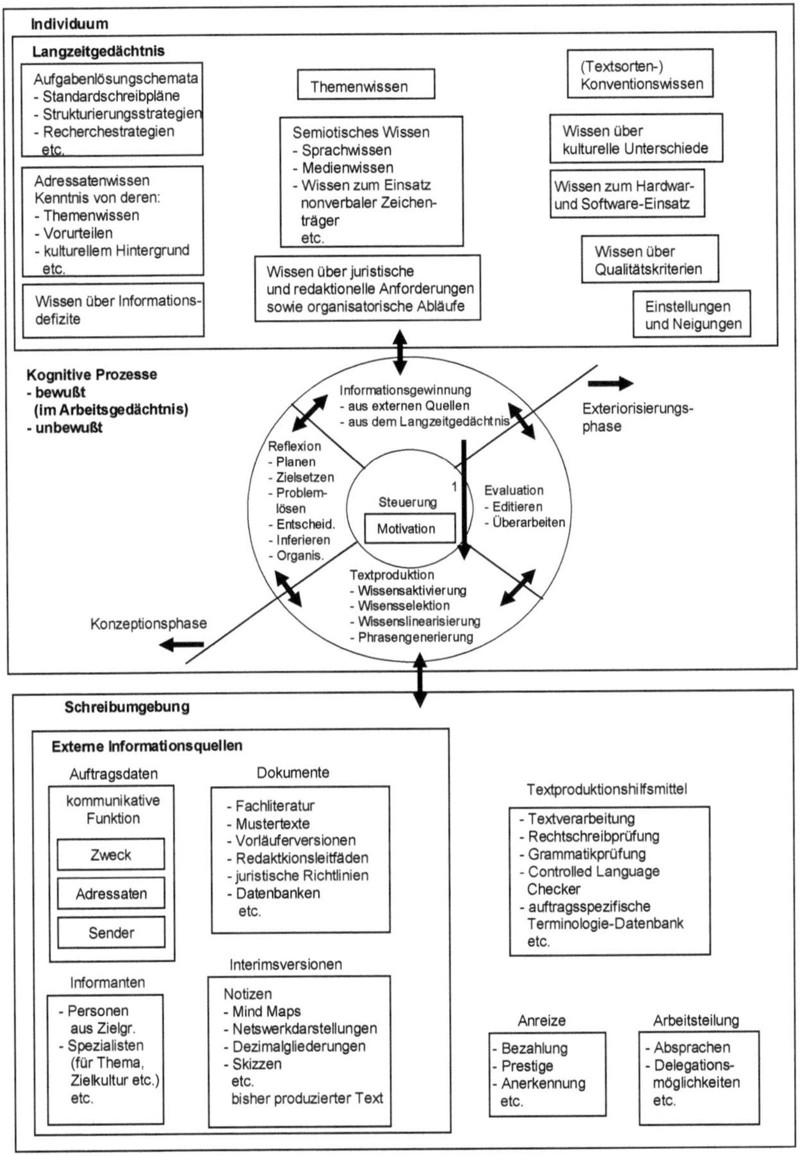

Abb. 4-13: Didaktik-orientiertes Schreibprozeßmodell (Göpferich 2002:250)

In diesem Modell enthält die Komponente Langzeitgedächtnis die Wissenstypen von Hayes, die Göpferich im Hinblick auf die Produktion von Fachtexten ergänzt und präzisiert. Die Verbindung zwischen den kognitiven Prozessen des Schreibens, im Modell durch die kreisförmige Darstellung als rekursiv ablaufende, miteinander verknüpfte Prozesse dargestellt, und der Vielzahl von möglichen Wissensaspekten, die das "kognitive Kreisen" im Prozess begleiten, expliziert Göpferich in ihrem Modell sehr eindringlich. Sie betrachtet den gesamten Prozess des Schreibens als intrinsisch gesteuert. Die Steuerung kommt auch in weiteren Ansätzen vor, interessanterweise mit der Metapher des Orchesters[116] verbunden. Im Zentrum des Modells von Göpferich kommt der Motivation des Schreibers und der Ablaufsteuerung durch die Motivation m. E. ein höherer Stellenwert zu, als dies für Fachkommunikation erwartbar wäre, in der in der Regel nicht die Motivation des Einzelnen die Ausführung des Arbeitsprozesses steuert, sondern vielmehr der Arbeitsauftrag als externer Anreiz und die organisatorischen Vorgaben (Termine, Fristen, Meilensteine) des Projekts. Diese Überlegung lehnt sich an die Betrachtungsweise Schuberts an, der im Zusammenhang mit fachkommunikativem Handeln von lenkenden Einflüssen spricht (vgl. Schubert 2007:136).

Das Workflowartige des Schreibprozesses ist aus diesem Modell jedoch nur implizit herzuleiten. Zum einen durch nur zwei benannte Phasen, nämlich der Konzeptionsphase, in der Information gewonnen und reflexiv bearbeitet wird und der Exteriorisierungsphase, in der evaluiert und Text produziert wird. Zum anderen durch die Doppelpfeile, die eine prozedural-strategische Knowledge-Transforming-Strategie (nach Bereiter/Scardamalia) andeuten sollen und durch den Pfeil nach unten in Verbindung mit der Zahl 1, der einen Knowledge-Telling-Prozess ausdrückt, bei dem Wissen ohne Reflexion mittels der Schreibumgebung in Text umgesetzt wird. Der Zusammenhang zwischen den Modellelementen Individuum und Schreibumgebung wird im Modell skizziert. Wann im Prozess welche Informationsquellen in Anspruch genommen, welche Hilfsmittel eingesetzt werden und wie sich Aufgaben unter Beteiligten organisieren lassen, geht nicht daraus hervor. Die Art und Weise,

[116] Orchestermetapher: Als Orchester-Modell der Textproduktion bei Baer et al. 1995 (mit einer Exekutive (dem Dirigenten oder Bandleader) als Metakomponente, die allen anderen sieben Hauptkomponenten und einer Prüfkomponente übergeordnet ist) und bei Braaksma/Rijlaarsdam/Van den Berg/Van Hout-Wolters 2004:1-36 als "Observational Learning and its Effects on the Orchestration of Writing Processes".

wie Wissen in den Prozess eingreift, welcher Art dieses Wissen ist und wann dieses jeweilige Wissen im Prozess greift, wird im Modell ebenfalls nicht dargestellt, da das prozessurale Element zugunsten der Ausführlichkeit der Komponenten und der kognitiven Sicht hier vernachlässigt wurde. Vergleicht man die zweifellos ebenfalls linguistisch ausgerichtete Zuordnung der Wissensbereiche bei Göpferich mit den abstrakteren Größen bei Rothkegel und beide im Kontrast zu Hayes 1996, fällt auf, dass Rothkegel mit nur drei übergeordneten Wissenskomponenten arbeitet, siehe Tabelle 4-2 und Abbildung 4-14.

WISSENSBEREICHE		
HAYES	**GÖPFERICH**	**ROTHKEGEL**
Task Schemas	Aufgabenschemata - Standardschreibpläne	Textwissen Dokumentationswissen
Topic Knowledge	Themenwissen	Sachwissen
Audience Knowledge	Adressatenwissen	Sachwissen Textwissen Dokumentationswissen
Linguistik Knowledge	Semiotisches Wissen - Sprachwissen	Sachwissen Textwissen Dokumentationswissen
Genre Knowledge	Textsortenwissen	Sachwissen Textwissen Dokumentationswissen
	Wissen über kulturelle Unterschiede	Sachwissen
	Wissen über juristische und redaktionelle Anforderungen sowie organisatorische Abläufe	Dokumentationswissen - Normen
	Wissen über Informationsdefizite	Sachwissen - Fachwissen
	Wissen zum Hardware- und Softwareeinsatz	Dokumentationswissen - Werkzeuge
	Wissen über Qualitätskriterien	Dokumentationswissen - Normen Textwissen - Textmuster
	Einstellungen und Neigungen	Sachwissen Textwissen Dokumentationswissen

Tab. 4-2: Wissensbereiche bei Hayes,Göpferich und Rothkegel im Vergleich

Die abstrakte und damit handhabbare Dreiteilung der Wissensbereiche bei Rothkegel in Sachwissen, Textwissen und Dokumentationswissen vereinfacht die Darstellung der Komponenten und Abläufe. Dies erscheint sinnvoll, da sich in der technischen Fachkommunikation die Dokumentationsaufgabe bei der Text- und Dokumentationsproduktion im Spannungsfeld zwischen der Produktorientierung (dem Produkt als Objekt der Beschreibung, bei Online-

Hilfe-Projekten der Software) und Nutzungsorientierung (bei Online-Hilfe-Projekten der Nutzung der Online-Hilfe) bewegt.

> Thematisiert wird einerseits das Produkt als Objekt mit seinen spezifischen Eigenschaften (Produktorientierung), andererseits die Nutzung des Produkts zu übergeordneten Zwecken und innerhalb eines mehr oder weniger spezifizierten Nutzungskontextes (Nutzungsorientierung). Ersteres korrespondiert mit der Herstellerperspektive (ProduzentInnen), Letzteres mit der Perspektive der NutzerInnen (KonsumentInnen). Mit bezug auf die gängigen Instruktionstexte (Gebrauchsanleitung, Produktinformation) existiert ein Mix beider Perspektiven, obschon hier in der Praxis sehr unklare Vorstellungen existieren. (Rothkegel 2005:61)

Die Abbildung unten veranschaulicht den Zusammenhang zwischen Produkt und Wissen bei Software und Online-Hilfe[117] und stellt laut Rothkegel die Kernaufgaben von Kommunikationshandlungen bei professioneller Textarbeit dar. Die Kernaufgaben werden zur Ablaufsystematik ausgebaut (Abbildung 4-14) und in einen (wenn auch nur grob skizzierten) Zusammenhang gestellt.

[117] Wissensbereiche und Produkte, Grafik Rothkegel: Die dargestellte Grafik ist eine Vereinfachung der Grafik von Rothkegel 2005:60. Über Software und Online-Dokumentation hinausgehende Beispiele für Technikprodukte und Kommunikationsprodukte wurden nicht aufgenommen. In der Rothkegel-Grafik wird zwischen Sprachwissen [sic. (Sachwissen)], Textwissen und Dokumentationswissen unterschieden. Dort müsste es statt Sprachwissen, wie im sonstigen Artikel Sachwissen lauten.

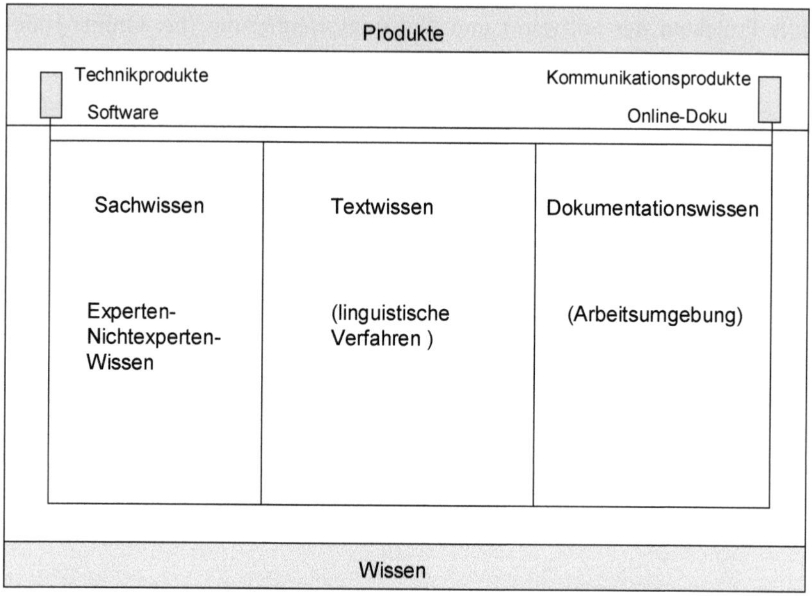

Abb. 4-14: Wissensbereiche und Produkte (vereinfacht CH) (Rothkegel 2005:60)

Indem Rothkegel über das Sach- und Textwissen hinausgehend das Dokumentationswissen mit berücksichtigt, trägt sie der Medialität und der zunehmenden Standardisierung und Professionalisierung der Fachtextproduktion teilweise Rechnung (vgl. Rothkegel 2005, vgl. auch die Aufteilung in vier Dimensionen bei Schubert 2003, 2007). Dies ist besonders im Hinblick auf die Schreibwerkzeuge bedeutsam, die die Standardisierung der Arbeitsabläufe beeinflussen. Auf den Zusammenhang zwischen dem Dokumentationswissen und dem Textwissen weist Rothkegel ausdrücklich hin.

> (Es ist) wichtig, welche "Schreibkonzepte" oder "Schreibaufgaben" durch unterstützende Software, insbesondere durch Autorensysteme ganz oder teilweise, realisiert werden. Oder umgekehrt, welche Art von Unterstützung bei der Textarbeit, hier am Beispiel der Technikkommunikation, linguistisch interessant wäre. (Rothkegel 2005:69)

Sie elaboriert diesen jedoch in ihrem Schreibaufgaben-Modell nur ganz am Ende des skizzierten Beispielworkflows bei der präsentierenden Ausführung von Schreibaufgaben einseitig (siehe Abbildung 4-15). Die Grafik skizziert die Systematik von Produktion und Modifikation. Damit wird Rothkegel der Tatsache gerecht, dass im professionellen Schreiben Schreibprozesse selten bei Null anfangen, sondern häufig Vorgängerdokumente haben, die modifizierend bearbeitet werden müssen. Rothkegel beschreibt das Sachwissen, mit dessen Strukturierung als "Voraussetzung für die Gestaltung des Inhalts im Text" (Rothkegel 2005:64) als Input für Textwissen. Entgegen dem sonst typischen Gedankenmodell des epistemischen Schreibens, berücksichtigt Rothkegel die umgekehrten Einwirkungen von Textwissen und Dokumentationswissen auf das Sachwissen nicht. Anders Göpferich, die diesen Aspekt in Form von Pfeilen und Kreisdarstellung umsetzt, mit der Idee des sich Drehens des Kreises und damit rekursiv Einflussnehmens der kognitiven Prozesse.

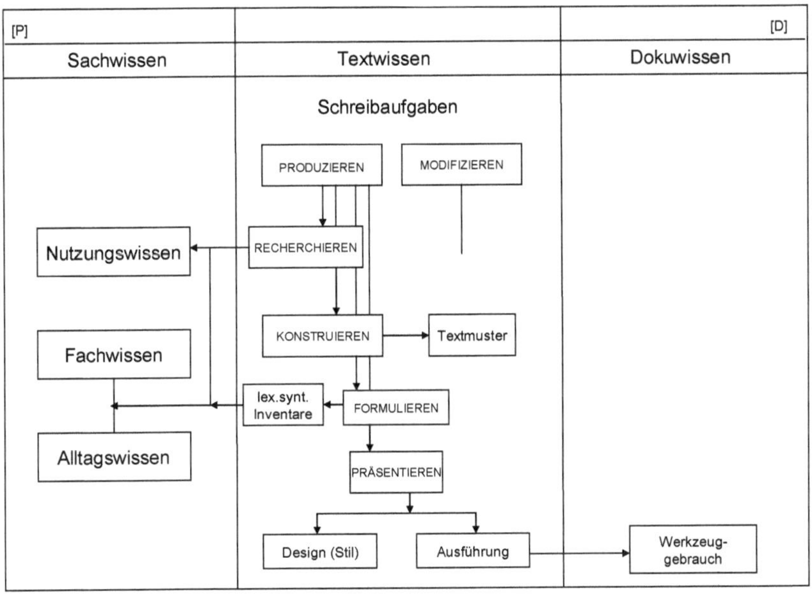

Abb. 4-15: Schreibaufgaben (Rothkegel 2005:68)

Die Darstellung und Beschreibung wechselseitiger Einflussnahme zwischen Dokumentationswissen und Textwissen wäre auch auf allen von Rothkegel angegebenen Schreibaufgabenebenen möglich – für Online-Hilfe-Produktionen sogar nötig. Da beim Text- und Dokumentproduzieren im elektronischen Umfeld auch ständig auf Dokumentationswissen zurückgegriffen und auch hier im Sinne Göpferichs kognitiv bewusst und unbewusst "gekreist" wird, sollte der Komponente Dokumentationswissen, auch im Hinblick auf das in Kapitel 4 beschriebene dokumentations- und wissensintegrierende "neue" Paradigma, eine herausragende Rolle in Modellen zukommen. Sofern möglich und leistbar wäre diese Komponente auch durch unterstützende Untersuchungen zu belegen[118].

Modelleinfluss auf die Modellierung von Online-Hilfe-Prozessen

Ich übernehme die Wissenskomponenten und ihrer Subkomponenten von Göpferich, gestalte sie aber analog zu Rothkegel und erweitere sie um für Online-Hilfe relevante Elemente. Ich berücksichtige auch die Wechselbezüge der Komponenten untereinander (Textwissen und Sachwissen und Textwissen und Dokumentationswissen überlappen sich). Ich übernehme die Kreisdarstellung der kognitiven Prozesse von Göpferich in mein eigenes Modell und ergänze sie dort um für Online-Hilfe relevante Teilelemente. In gleicher Weise verfahre ich mit der Komponente Schreibumgebung.

4.14 Fachkommunikationsmodell Technische Redaktion: Schubert (2007)

Schubert modelliert auf Fachkommunikationshandlungs-, Handlungs- und Akteursebene die Arbeitsprozesse der Fachkommunikation[119] (in Abbildung 4-16 den der technischen Redaktion) zwischen Auftraggeber, Produzent und

118 Dokumentationskomponente untersuchen: Die Beobachtung und Abbildung eines vollständigen Arbeitsprozesses der technischen Redaktion einschließlich aller Abläufe und Artefakte und der Nutzung von Hilfsmitteln des Arbeitsprozesses ist in der Fachkommunikation noch ein Desiderat. Für das Organisationsmanagement in Translationsprozessen liegt eine auf teilnehmender Beobachtung basierende Studie vor (Risku 2004). Mit einem ethnografischen Methodengerüst und im interpretativen Paradigma angesiedelt, untersucht Kastberg (demn.) in Form einer Case Study den Erstellungsprozess einer Bedienungsanleitung.

119 Modelle der Fachkommunikationshandlung: Bei Schubert führen in mehreren Schritten aufgebaute Modelle der technischen Redaktion, des Fachübersetzens und des Fachdolmetschens zu einem integrativen Modell der Fachkommunikation. (Schubert 2007:217ff.). Schubert berücksichtigt in seiner Modellkonstruktion auch die in der technischen Redaktion typische fremdsprachliche Textproduktion.

Rezipienten mit dem Ziel, die durch das Modell beschriebenen Relationen anschaulicher zu machen (vgl. Schubert 2007:263). Die Umsetzung von Sprache in Text ist auch hier eine Teilhandlung.

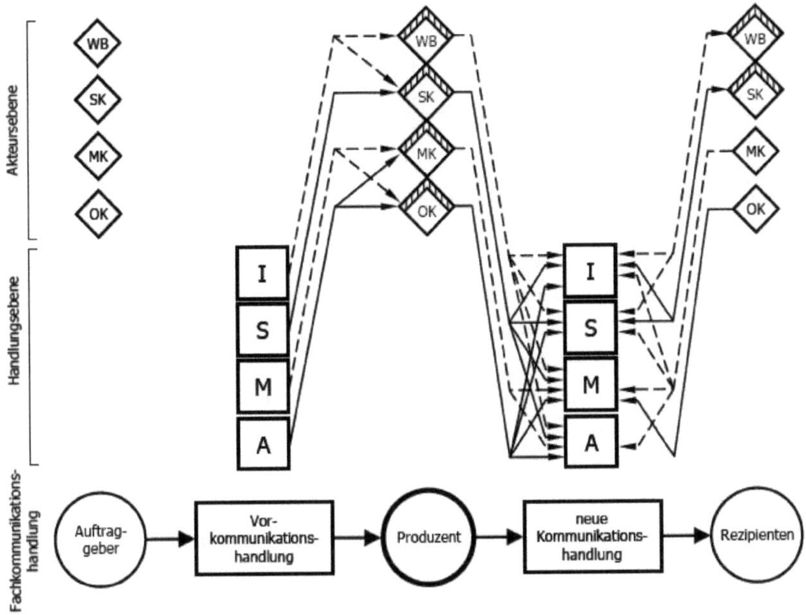

Abb. 4-16: [Fachkommunikationsmodell technische Redaktion]. Die neue Kommunikationshandlung mit den lenkenden Einflüssen der Kompetenzen des Produzenten und der Rezipienten (Schubert 2007:285)

Dieses Modell stellt die Verzahnung und die Wechselbeziehungen zwischen Aktionen und Handelnden, Merkmalen und Kriterien dar. Der Kommunikationshandlung (dem Produzieren von Text und Dokumenten) geht eine Vorkommunikationshandlung als primäres Ausgangsmaterial voraus.

> Mit der bewusst weit gefassten Benennung *Vorkommunikationshandlung* (ist) die Auftraggeberdokumentation der technischen Redaktion (…) gemeint. (Schubert 2007:256)

Die Vorkommunikationshandlung wird darüber hinaus als stellvertretend für ergänzende und parallele Kommunikationshandlungen[120] in der technischen Fachkommunikation behandelt (vgl. Schubert 2007:263). Das Modell arbeitet mit den folgenden Dimensionen und Kompetenzen:

Fachkommunikationsdimensionen		Kompetenzen (Akteursebene)	
I	fachlicher Inhalt	WB	Wissensbestand
S	sprachlicher Ausdruck	SK	Sprachkompetenz
M	technisches Medium	MK	Medienkompetenz
A	Arbeitsprozesse	OK	Organisationskompetenz

Tab. 4-3: Übersicht: Dimensionen und Kompetenzen im Modell von Schubert 2007

Anders als Rothkegel, die mit drei Wissensbereichen arbeitet, teilt Schubert die Fachkommunikation in vier Dimensionen ein, der Neuheitswert liegt darin, dass die Dimension des technischen Mediums von der Dimension der Arbeitsprozesse abgegrenzt wird. Bei Schubert macht das technische Medium (M) die technische Form der Gestaltung (typografische Gestaltung und Formate von Computerdateien) aus (vgl. Schubert 2007:249). Die Dimension des Arbeitsprozesses (A) umfasst die "gesamte Organisation der Arbeit, insbesondere die Anweisungen, Anleitungen und andere Formen der arbeitssteuernden Kommunikation zwischen den an der Arbeit Beteiligten" (Schubert 2007:249).

Die auf der Spitze stehenden Vierecke stellen Kompetenzen dar. Der schraffierte Bereich zeigt eine Erweiterung der jeweiligen Kompetenz. Die Einflüsse (auch die der Erweiterungen) sind durch Pfeile dargestellt. Dabei gibt es keinen Unterschied zwischen durchgezogenen und gebrochenen Pfeilen. Die Pfeile demonstrieren die lenkenden Einflüsse im Arbeitsprozess. Dass nicht allein der Fachkommunikator (hier der technische Redakteur) die Prozesse lenkt, sondern dass die Lenkung von verschiedenen, nicht nur rein kommunikativen Faktoren abhängig ist, macht den Neuheitswert dieser Betrachtungsweise aus Produzentensicht aus.

Da moderne Softwarehilfsmittel der Fachkommunikation und der interdisziplinären Kooperation über die Grenzen der Fachkommunikation hinaus in zunehmendem Maße

[120] Parallele Kommunikationshandlungen: Arbeitsabläufe, die nicht von einem einzelnen Redakteur sequentiell ausgeführt werden, sondern von einem Team parallel. (Vgl. Schubert 2007:81).

> Arbeitsschrittfolgen vorgeben und diese überprüfen, ist es hierbei für die Berufspraxis interessant, Wege zu finden, wie die Erfordernisse der Fachkommunikation in die sprachtechnologische Systementwicklung einfließen können, sodass Fachkommunikatoren nicht nur Befolger, sondern zugleich auch Ausübende lenkender Einflüsse sein können. (Schubert 2007:352)

Entscheidungsprozesse werden hier in einem stark von Auftraggebervorgaben, technischen Gelegenheiten und Ressourcen (z. B. der Hilfsmittel des Arbeitsprozesses) bestimmten Prozessablauf betrachtet.

Im Vergleich zu den oben beschriebenen Modellen rücken bei Schubert der Arbeitsprozess (zweiphasig in Vorkommunikationshandlung und neue Kommunikationshandlung unterteilt) und die Wechselbeziehung zwischen ablaufbestimmenden Auftraggeberdaten und Produzent einerseits und die Wechselbeziehung zwischen Rezipient und Produzent andererseits in den Mittelpunkt des Interesses.

Eine Modellierung der Beziehungen, in denen man mehr als einen Produzenten und mehr als einen Rezipienten voraussetzt, erscheint mir für zukünftige Betrachtungen wichtig, im Rahmen dieser Arbeit aber nicht vollständig leistbar. Diese Beziehung tritt, vor allem bei kooperativ erstellten Hypertexten und anderen Online-Textsorten und im Hinblick auf das zu vermittelnde Wissen durch Text und das veränderliche Wissens beim Nutzer bei statisch bleibendem Wissensangebot in Texten, zunehmend ins Blickfeld von Produktionspraxis und theoretischer Betrachtung[121].

Modelleinfluss auf die Modellierung von Online-Hilfe-Prozessen

Ich übernehme die Trennung zwischen Arbeit und Medium bzw. Werkstück und Hilfsmittel des Arbeitsprozesses und die Dimensionen, definiert als Wissenskomponenten, in mein Modell. Den Grundgedanken der hier als lenkende Einflüsse betrachteten Prozesskomponenten übernehme ich in meine Modellkonstruktion. Auch die Notwendigkeit der Beachtung von Hilfsmitteln des Arbeitsprozesses als Einflussfaktoren auf Prozesse (und letztlich auch das Produkt) betrachte ich als Aspekt für mein eigenes Online-Hilfe-

121 Theorie zu Wissensbeständen und Rekombinationstexten: Vgl. hierzu Schubert über die Phänomene fragmentierter Werkstücke und Arbeitsaufgaben, den Zusammenhang zwischen Lesewegen durch Rekombinationstexte und deren Zusammenspiel mit den Wissensbeständen von Lesern. (Schubert 2007:352 (Bilanz)).

Produktionsmodell. Auch die Wechselbeziehung zwischen Produzent und Nutzer findet in meinem Modell[122] Niederschlag als theoretisches Konstrukt.

4.15 Bestandsaufnahme Schreibprozessmodelle

In der folgenden Bestandsaufnahme fasse ich die den reinen Schreibprozess betreffenden und für meine Modellierung erforderlichen heutigen Erkenntnisse zur Modellierung von Schreibaufgaben zusammen.

In seinem Kommentar zur 2001 erschienenen Überblicksdarstellung über die grundlegenden Modelle der Schreibprozessforschung[123] stellt Hayes zusammenfassend fest, dass, im Gegensatz zur Entwicklung von (auch) computergesteuerten Modellen der benachbarten Disziplinen, wie z. B. der kognitiven Psychologie, die Modellierung von Schreibprozessen bisher in den Kinderschuhen steckt.

> (…) the modeling of writing behavior is still in a very early stage of development. In our field, models have not yet achieved the level of explicitness often found in cognitive psychology. Indeed, some psychological models are explicit enough to be embodied in runable computer programs that can be used to identify the model's predictions. Generally, models in our field are not specific enough to be embodied in computer programs. Indeed, they often seem quite under-specified. (Hayes 2001:234)

Seiner Meinung nach enthalten Schreibprozessmodelle wie diejenigen, die im vorherigen Kapitel diskutiert wurden, typischerweise mehr oder weniger vage beschriebene Elemente wie:

- eine Anzahl von Prozessen,
- eine Anzahl von Verbindungen, die Beziehungen zwischen den Prozessen andeuten (Connections),

---

122 Wechselbeziehung Produzent-Rezipient in meinem Modell: Das theoretische Konstrukt dieser Beziehung speist sich in meinem Modell aus den empirisch gewonnen Daten und den Äußerungen über die Rezipientensicht der Produzenten. Sie ist daher nur einseitig belegbar, Belege der Rezipientensicht liegen in meiner Untersuchung nicht vor.

123 Überblicksdarstellung: Alamargot/Chanquoy 2001: "Through the Models of Writing" mit Kommentaren von Hayes und Kellog. Derzeit aktuellste Überblickdarstellung über Modelle der Schreibprozessforschung.

- Eine Anzahl von Aspekten (Resources), wie z. B. Basisprozesse, Wissen, etc. (vgl. Hayes 2001:234).

Hayes erfindet für seinen Kommentar einen fiktiven Modellskeptiker, der die oben genannten Elemente von Schreibprozessmodellen wie folgt kritisiert: Die Vagheit in der Auswahl und Beschreibung bestimmter Prozesse, die in Modellen repräsentiert werden, und die Angemessenheit von Inklusion und Exklusion bestimmter Prozessteile oder Aspekte sind kritisierbar. Gleichermaßen sind auch die prozessverbindenden Elemente, die in grafischen Modellen meist als Linien oder Pfeile repräsentiert werden und in der Regel Relationen widerspiegeln, die ohnehin nicht mehr kontrovers sind, diskutierbar. Teilweise sind sie ebenso unnötig wie Listen ausgewählter, prozessbeschreibender Aspekte, die vor der Folie bestehender Schreibprozessmodelle bereits als anerkannt gelten. Hayes fiktiver Kritiker beschreibt auch die Modellverteidigung von Bereiter und Scardamalia

> (…) the models of the kind we have proposed are not intended to describe. They are more like representations of design concepts. They are intendend to capture core ideas which can be elaborated in different ways to correspond to real-world variability. (Bereiter/Scardmalia 1987:29)

als offen für Kritik, da die derzeitigen Design Concepts der Schreibprozessmodelle so unterspezifiziert sind, dass es keinen Sinn ergibt, sie mit realen Daten in Beziehung zu setzen, da zu viele Parameter in den Modellen unspezifisch bleiben. An dieser Stelle nimmt Hayes jedoch seinen Kritiker zurück, denn:

> Despite its shortcomings, the current enterprise of modeling writing behaviours is still a valuable one. Although current models are not fully explicit, neither are they completely vague. Predictions can be derived from them and tested. For example, it is clear that the 1980 Hayes and Flower model does not fit the behavior involved in free writing because free writing involves no revision[124]. (Hayes 2001:235)

[124] Im hier genannten Modell von 1980 bildet der Revisionsprozess eine der drei Säulen des Schreibprozesses, der beim freien Schreiben keine Bedeutung zukommt. Damit verdeutlicht er, dass veränderte "Außenbedingungen" auch Modellveränderungen nach sich ziehen müssen.

Meiner Meinung nach wird damit der Tatsache Rechnung getragen, dass sich Einzelaspekte der konstruierten Modelle sehr wohl empirisch testen lassen, wie auch Ludwig schon 1983 vorhersagt.

> Modelle werden aufgestellt, Theorien entwickelt, damit Hypothesen gebildet und diese dann empirisch geprüft werden können. Ich bin überzeugt, daß es jetzt schon möglich sein wird, Fragmente des Modells empirisch zu testen. (Ludwig 1983:69f.)

Im Umkehrschluss und im Lichte der im Kapitel 6.4 vorgestellten aktuellen Methoden der Schreibprozessforschung können solche Tests empirisch gesicherte Aussagen über das tatsächliche Schreibgeschehen in Textproduktionsprozessen ermöglichen und/oder zu neuen theoretischen, und empirisch testbaren Hypothesen (und Modellen) führen. Meine eigene Datenerhebungsstudie (vgl. Kapitel 6.9) testet in dieser Weise einen Teilaspekt meines Online-Hilfe-Produktionsmodells.

4.16 Übernahmeaspekte und Verfahrensweisen

An das neue Paradigma angepasste Aussagen zu medialen Arbeitsumgebungen und Textsorten (Funktion, Form, Inhalt, Gestaltungsanforderungen) werden benötigt. Damit bildet das neue Paradigma mit der fortschreitenden Industrialisierung des Schreibens, den veränderten Produktionssituationen und den Veränderungseffekten, die die Produktion für neue Medien (hier Online-Hilfen) mit sich bringt, sozusagen den äußeren Rahmen, der sich für meine neue Prozessmodellbildung ergebenden Aspekte und Bestandteile. Dies gilt sehr allgemein im Hinblick auf die Adaptierbarkeit von Einflussfaktoren, Merkmalen, Komponenten und Phasen aus bestehenden Modellen. Die folgenden Tabellen stellen eine Auflistung der Aspekte dar, die ich direkt oder an Online-Hilfe-Prozesse angepasst in mein Online-Hilfe-Produktionsmodell übernehme. Die Tabellen folgen der Dreiteilung der oben besprochenen Modelle.

Modellkomponente/Modellaspekt, Relevanz für Online-Hilfe-Produktionsmodell	Verfahrensweise für Online-Hilfe-Produktionsmodell
Schreibprozessmodelle	
Die Steuerungsinstanz des Individuums (Monitor) (Hayes/Flower, Hayes, Göpferich) in Verbindung mit der Motivation ist in der Online-Hilfe-Produktion als Einzelfaktor wichtig, aus der Produktionssicht ist allerdings die Motivation von außen (gegeben durch die Produktionssituation, den Auftrag und die in Aussicht gestellte Belohnung und Entlohnung der Mitarbeiter) von größerer Bedeutung).	Der Ansatz bedarf der Anpassung und Ausweitung auf mehrere Prozessbeteiligte mit unterschiedlichen kognitiven Abläufen. Es besteht die Notwendigkeit zwischen der Steuerung des Einzelnen und der Gesamtsteuerung des Prozesses zu unterscheiden.
Dreiteilung in die Bereiche Langzeitgedächtnis, Arbeitsumgebung und kognitive Prozesse (Hayes/Flower, Hayes, Göpferich). Besonders die Trennung zwischen der Umgebung und dem Gedächtnis ist für die Modellierung notwendig, um die Wissensaspekte des Einzelnen unabhängig von der Gesamtsituation darstellen zu können. Im realen Individuum erfolgt der Abgleich zwischen Situation und Gedächtnis selbstverständlich im Gedächtnis, wobei beide nur im Zusammenspiel miteinander funktionieren können.	Die Dreiteilung wird übernommen und durch die Workflowaspekte und die Chronologie des Erstellungsprozesses (Ontogenese) erweitert.
Die Bezüge (allgemein) zwischen den Bereichen (explizit bei Göpferich, implizit, teilweise ohne Wechselseitigkeit bei Hayes/Flower) und Komponenten treten auch bei der Online-Hilfe-Produktion auf. Sie werden durch die Betrachtungsweise der lenkenden Einflüsse des Prozessverlaufs (inspiriert durch Schubert) ergänzt. Wechselwirkung von Schreiben und Langzeitgedächtnis auf das Langzeitgedächtnis. Wechselwirkung zwischen Reproduktionsphasen und Wissensstrategien.	Die wechselseitigen Bezüge zwischen den Modellkomponenten (Doppelpfeildarstellung) übernehme ich von Göpferich. Die grobe Darstellung von lenkenden Einflüssen des Prozessverlaufs ergänze ich im Prozessbereich meines Modells (inspiriert durch Schubert).
Arbeitsteiligkeit und Kooperative Arbeitsprozesse (Collaborators) (Hayes, Göpferich, Schubert) spielen bei der Online-Hilfe-Produktion eine wichtige Rolle und sind sowohl Produktionsaufgabe als auch kognitive Herausforderung der Prozessbeteiligten.	Der Ansatz wird als Komponente und Einflussfaktor ins Modell übernommen.
Wissensaspekte (Hayes, Ludwig, besonders ausführlich Göpferich) werden im Modell in einer Vierteilung vereinfacht berücksichtigt.	Die Vierteilung erfolgt inspiriert durch Rothkegel und Schubert.

Tab. 4-4: Übernahmeaspekte und Verfahrensweisen (Schreibprozessmodelle)

Die in der Tabelle 4-4 aufgeführten Übernahmeaspekte und Ergänzungen zu den klassischen Schreibprozessmodellen betreffen hauptsächlich die Grundstruktur und die Einteilung meines Online-Hilfe-Produktionsprozessmodells in grobe Bereiche und Komponenten. Sie betreffen außerdem die Darstellung der Bezüge der Komponenten untereinander.

Modellkomponente/Modellaspekt, Relevanz für Online-Hilfe-Produktionsmodell	Verfahrensweise für Online-Hilfe-Produktionsmodell
Schreibkompetenzmodelle	
Vorbereitungshandlungen und Planungsphase (Ludwig und besonders Schubert) müssen berücksichtigt werden, wenn Schreiben als Produktionshandlung betrachtet wird, wo sowohl kognitive Prozesse als auch Produktionsprozesse in Kombination ablaufen. Vorbereitungshandlungen und Planungsphase hängen sowohl mit den Auftraggebervorgaben, den technischen Gegebenheiten, wie auch den Ressourcen zusammen und sind eng mit den kognitiven Schreibplänen (Bereiter/ Scardamalia) (Problem Analysis and Goal Setting), der Textproduzenten und den Gestaltungs- und Navigationsplänen verknüpft.	Die Vorbereitungshandlung und die Planungsphase werden als einflussreiche Faktoren in mein Modell integriert, da sie den gesamten Prozessverlauf bestimmen. Die kognitiven Pläne des Einzelnen werden um Produktionspläne aus der Gesamtplanung und um Gestaltungs- und Navigationspläne ergänzt, da beim Online-Hilfe-Produktionsprozess nicht nur geschrieben, sondern auch gestaltend produziert wird.
Chronologische Sichtweise (Ludwig) und Reflexivität der Prozesse (besonders anschaulich Hayes), vor allem im Hinblick auf Reproduktion (Rickheit/Strohner) müssen verbunden werden, wenn aus Produktionssicht modelliert wird. Damit rücken auch das Ziel der Produktion und das Werkstück im Prozess deutlicher in den Mittelpunkt des Interesses. Reproduktion (Rickheit/Strohner) ist als textsortentypische Notwendigkeit im Zusammenhang mit dem Grundgedanken der Versionierung und Rekombination bei der Online-Hilfe-Produktion ein zentraler Faktor.	Die Prozessphasen (mit Vorlaufphasen, siehe oben) und Prozessschleifen werden gleichermaßen im Modell berücksichtigt. Reproduktion wird als Komponente Versionierung ins Online-Hilfe-Produktionsmodell übernommen.
Leseprozesse (Molitor-Lübbert, Jakobs/ Perrin) werden im Modell einerseits der Informationsgewinnung und andererseits, als Schlüsselfaktor, der Qualitätssicherung und dem Usability-Testing zugeordnet.	Der Rekursivitätsansatz (Lesen zur Informationsgewinnung und Evaluation) wird als Prozesskomponente ins Modell aufgenommen und als Subprozess bei der Textproduktion, Gestaltung und Navigation ergänzt. Dabei wird der Tatsache Rechnung getragen, dass Online-Hilfe-Dokumente nicht nur korrekturgelesen werden, sondern auch Funktionstests unterliegen.

Epistemisches Schreiben (Bereiter) wird als Knowledge-Transforming-Strategie (Bereiter/ Scardamalia) beim Textproduktionsprozess vorausgesetzt. Der sich evtl. aufgrund der Rahmenbedingungen im Sinne Bereiters während der Entwicklung der Schreibkompetenz weiterentwickelnde Fähigkeitskomplex[125] der Beteiligten (und dessen wechselseitige Einflüsse auf Prozess und Produkt) werden im Erklärungsmodell angedeutet, jedoch nicht vertiefend untersucht.	

Tab. 4-5: Übernahmeaspekte und Verfahrensweisen (Schreibkompetenzmodelle)

Die in der Tabelle 4-5 aufgeführten Übernahmeaspekte und Ergänzungen zu den Kompetenzmodellen betreffen hauptsächlich die Prozessabläufe und die Komponenten, um die der klassische Schreibprozesszugang zu erweitern ist. Sie beziehen sich damit direkt auf den Produktionsprozess der Textsorte Online-Hilfe.

Modellkomponente/Modellaspekt, Relevanz für Online-Hilfe-Produktionsmodell	Verfahrensweise für Online-Hilfe-Produktionsmodell
Fachkommunikationsmodelle	
Schreibprozess ist Teilprozess (Hayes/Flower, Hayes, Göpferich, besonders auch Schubert). Zur Textproduktion treten bei der Produktion von Online-Hilfen auch noch strukturgebende und designtechnische Produktionsprozesse hinzu, die arbeitsteilig ausgeführt werden.	Die weiteren Teilprozesse (Navigation und Gestaltung) werden ins Modell aufgenommen und dort im Zusammenspiel mit dem Schreibprozess spezifiziert.
Motorische Prozesse (Hayes/Flower, Ludwig) finden im Online-Hilfe-Produktionsmodell keinen Niederschlag. Ich setze ihnen auf einem höheren Abstraktionsniveau die für die moderne Textproduktion relevante Komponente PC-Nutzung entgegen. Damit bekommt das Erstellungsmedium (The Composing Medium), (vor allem Hayes, Göpferich, auch Rothkegel und dezidiert Schubert), in der hier analog zu Schubert verwendeten Terminologie die Hilfsmittel des Arbeitsprozesses – den Anforderungen des Untersuchungsobjekts gerecht werdend – einen deutlich höheren Stellenwert.	Die Hilfsmittel des Arbeitsprozesses werden prominent im Modell berücksichtigt.

Tab. 4-6: Übernahmeaspekte und Übernahmekomponenten (Fachkommunikationsmodelle)

125 Fähigkeitskomplexe: Im Bereich der sich durch die Tätigkeit verändernden Fähigkeitskomplexe der beteiligten Produzenten ist das Modell besonders offen für Anschlusshypothesen.

Die in der Tabelle 4-6 aufgeführten Aspekte betreffen den fachpraktischen Blickwinkel auf die Online-Hilfe-Produktion.

Modellierungszugang

Zusätzlich zu den in der Tabelle aufgeführten, aus bestehenden Modellen ableitbaren Aspekten, ergibt sich entlang der Novität des Online-Hilfe-Produktionsprozesses und der Prozessphasen und Komponenten, der Bedarf nach Ergänzung und Erweiterung der bestehenden Ansätze auf verschiedenen Online-Hilfe-Produktionsprozessebenen. Diese diskutiere ich im Verlauf des folgenden Modellkapitels. Beim Aufbau des Modellkapitels folge ich modellierend und methodisch den von Hayes (2001) empfohlenen anwendungsbezogenen Ansätzen für die theoretische Entwicklung im Feld der Schreibprozessforschung:

1) Development of vigorous empirical research programs to identify empirical phenomena.
2) Maintainance of a strong connection between research and application.
3) Broadning the view of the field and working towards integrative theories (vgl. Hayes 2001:236).

Die unter 1 genannten Forschungsprogramme sollen das Wissen erweitern, das eine höhere Spezifizierung der Modelle ermöglicht. Diesem Anspruch werde ich bei meiner Modellierung einerseits durch Herleitung bekannter Komponenten aus der Schreibprozessforschung (oben) und andererseits durch die Verwendung der Ergebnisse aus dem empirischen Teil meiner Arbeit gerecht (Kapitel 6.9).

Der unter 2 genannte Ansatz soll den Einbezug der Praxis und den Abgleich und die gegenseitige Befruchtung zwischen Theorie und Praxis gewährleisten, wobei die Qualitätsbewertung von Schreiben und Schreibprozess in den Vordergrund treten sollte. Diesem Punkt trage ich aus Theoriesicht durch die Verwendung von Fachsprachenmodellen und Ablaufbeschreibungen aus der Praxis (vlg. 3.2) Rechnung. Aus Praxissicht gibt mein Modell einen zu diesem Zeitpunkt überfälligen generalisierenden Einblick in die Tätigkeit von Online-Hilfe-Produzenten.

Ansatz 3 schlägt vor, theoretische und angewandte Forschung und ihre jeweiligen Ergebnisse in neuere Schreibprozessmodelle zu integrieren. Dem dritten Ansatz folgend lege ich im nächsten Kapitel mein eigenes Modell in Form eines textsortenspezifischen Prozessmodells dar und diskutiere die Bereiche und Komponenten meines Online-Hilfe-Produktionsmodells im Hinblick auf die folgenden Aspekte:

- Ihren schreibprozessgeschichtlichen Bezug
- Ihre fachtextsortenproduktionsspezifische Relevanz
- Ihre fachtextsortenspezifische Relevanz
- Ihre empirische Belegbarkeit
- Ihre Offenheit für Anschlusshypothesen

5 Online-Hilfe-Produktionsmodell

Mit diesem Kapitel stelle ich mein heuristisch entwickeltes und in Teilen empirisch getestetes Prozessmodell für die Produktion von Online-Hilfen vor. Ich betrachte dazu zunächst theoretisch den Modellierungskontext und die Bedingungen für die Modellbildung. Damit gebe ich einen Ausblick auf die Schwerpunkte, die ich mit Hilfe meiner Modellierung setze und spezifiziere die Blickwinkel, die ich an meine Modellierung anlege. Ich fasse die in den vorhergehenden Kapiteln ausgearbeiteten Modellierungsaspekte für mein Modell zusammen und gehe kurz auf die Desiderate und die Komponenten des Modells ein, die ich direkt aus bestehenden Modellen ableite. Dann definiere ich davon ausgehend die Bereiche und Komponenten des Online-Hilfe-Produktionsmodells. Zu diesem Zweck folge ich dem Modellaufbau, der drei zueinander in Beziehung stehende Bereiche konstruiert.

- Bereich 1: Produktionsprozess mit Produktionsphasen
- Bereich 2: Wissensbedingte Individualaspekte der Beteiligten
- Bereich 3: Situative Bedingungen

Diese Modellbereiche setzte ich über die Beschreibung ihrer Komponenten zueinander in Beziehung und erarbeite so einen Überblick über mein Online-Hilfe-Produktionsmodell und seine Wirkungsweise. Das Modell basiert zum einen auf aus der Schreibprozesstheorie hergeleiteten Komponenten und Verknüpfungsbeziehungen, zum anderen, in einem Schwerpunktbereich – der Textproduktion von Hypertexten – auf empirischen Daten. Die Datenerhebungsstudie, ihre Ergebnisse und ihren Einfluss auf das Modell beschreibe ich in den Kapiteln 6.9 bis 6.12.

5.1 Modellierungskontext

Ein allgemeines Prozesskonzept, genauer, eine ungefähre Vorstellung von der Wirklichkeit im professionellen Produktionsumfeld der Online-Hilfe-Produktion, führt in der Regel beim Einzelnen, sei er nun z. B. Fach-Wissenschaftler, praktizierender Redakteur oder Student eines Studiengangs mit Fachtextproduktionsschwerpunkt, weder zu einem allgemein gültigen Verständnis der Produktionsprozesse, noch zu einer holistischen Gesamtsicht auf dieses Feld. Innerhalb der hier umrissenen Spanne der Zielgruppe gibt es hinreichende Kenntnis über den realen Prozess der Online-Hilfe-Produktion, die Zusammenhänge des Produktionsvorgangs sind in Teilen bekannt, aber das Gesamtwissen bleibt dennoch begrenzt. Das Online-Hilfe-Produktionsprozess-Modell leistet einen Beitrag zum besseren Verständnis der Realität in dieser professionellen Produktions- und Schreibumgebung.

Sein Nutzen liegt darin, dass es einen komplexen Sachverhalt – durch Prototypisierung – der theoretischen Anschauung überhaupt zugänglich macht. Dies erscheint mir aus Schreibprozessforschungssicht ein erster wichtiger Schritt der theoretischen Annäherung an ein von der Wissenschaft wenig untersuchtes praktisches Schreibumfeld. Da das Modell durch Vereinfachung anstrebt, Beziehungen und Zusammenhänge aufzudecken und – erwartbarerweise auch Praktikern nicht explizit vertraute – Strukturen, Fakten und Prozesse offen legt, liegt sein Nutzen im Bereich der Demonstration, die wiederum direkt auch didaktisch (z. B. bei der Aus- und Weiterbildung von technischen Redakteuren) wertvoll ist.

Das Modell bildet in diesem veranschaulichenden Sinne auch keinen spezifischen Ablauf ab, sondern geht von typischen Prozessen, Phasen und Produktionsaspekten aus, die weiter funktional in Bausteine (Komponenten) zerlegt werden. Sein Ziel ist es, Übersicht in die sehr komplexen Zusammenhänge der Online-Hilfe-Produktion zu bringen, indem für die Online-Hilfe-Produktion besonders relevante und typische Aspekte herausgefiltert und in vereinfachter Weise dargestellt werden. Neben allgemeiner Übersicht strebt die Modellgrafik als vereinfachtes Abbild der Online-Hilfe-Produktionswirklichkeit primär die folgenden Ziele an:

- die Identifizierung von Prozessen und Phasen und deren Darstellung in abstrakter Form,
- die Herausarbeitung von Modellkomponenten,
- die Verdeutlichung von assoziativen Zusammenhängen zwischen den Phasen, (Sichtbarmachung von Verknüpfungsrelationen),

- die Verdeutlichung von assoziativen Zusammenhängen zwischen den Modellkomponenten,
- die Hervorhebung von Online-Hilfe-typischen Prozessattributen und
- die Hervorhebung wesentlicher prozessrelevanter Einflussfaktoren.

Vereinfachung und Abstraktion führen vom von mir angenommenen gedanklich entwickelten Denkmodell (dem oben erwähnten Prozesskonzept des Einzelnen), über die materielle Darstellung der Grafik (siehe 5-1, 5-2) zum Erklärungsmodell. Das Erklärungsmodell ist die textuelle Beschreibung der Modellgrafik und Erläuterung der Zusammenhänge. Hauptziele des Erklärungsmodells sind:

- die Beschreibung wesentlicher prozessrelevanter Einflussfaktoren im Gesamtzusammenhang der Online-Hilfe-Produktion,
- die Beschreibung und wechselseitige Beziehung dieser Einflussfaktoren,
- die Hervorhebung von Besonderheiten der Textsorte für die Produktion.

Vollständigkeit und vollständige Exaktheit strebe ich nicht an. Diese ist aufgrund der relativen Unzugänglichkeit des Gegenstandes und der Unübersichtlichkeit und Kompliziertheit der Vorgänge bei der Online-Hilfe-Produktion auch nicht zur Gänze leistbar.

Ich arbeite vielmehr selektiv und treffe pragmatische Entscheidungen, welche Aspekte des Modells ich betonen möchte. Zu den pragmatischen Entscheidungen zählen z. B. die Granularität des Modells und dessen Verallgemeinerbarkeit. Darüber hinaus hebe ich die für den Objektbereich Online-Hilfe-Produktion als wesentlich erachteten Eigenschaften deutlich hervor und nehme zugunsten der Lesbarkeit der Modellgrafik und der Verständlichkeit des Erklärungsmodells in Kauf, dass es mir weder gelingt, die Realität vollständig abzubilden, noch die Wirklichkeit tatsächlich vollständig operationalisierbar zu machen. Mit meiner empirischen Untersuchung des Teilbereichs Textproduktion (der Komponente Inhalt im Modell) setze ich einen weiteren Schwerpunkt. In diesem Bereich überprüfen meine methodisch erhobenen Daten das Modell.

Darüber hinaus wird es mit Hilfe meines theoretischen Modells jederzeit möglich sein, im Abgleich mit der Produktionswirklichkeit in Online-Hilfe-

Projekten, bestimmte Züge und die Beschaffenheit von Individualprozessen zu erschließen, einzuordnen und aus Prozesssicht zu bewerten.

Während Vollständigkeit nicht leistbar ist, ist dagegen erwartbar, dass der komplexe Sachverhalt einfach dargestellt und bekanntes und unbekanntes Teilwissen im Modell zusammengeführt wird.

So führt mein Modell das bekannte sequentielle Paradigma (um die entstehungsgeschichtliche Ontogeneseanalogie und die produktionsprozessrelevanten Aspekte erweitert) und das Problemlösungsparadigma zusammen. Auf Bekanntes greife ich aus den im vorigen Kapitel diskutierten Schreibprozessmodellen und den Ablaufbeschreibungen der Online-Hilfe-Produktionsprozesse zurück, da einige Prozessbestandteile hinreichend bekannt und auch untersucht worden sind und als gegeben vorausgesetzt werden können (vgl. Tabellen 4-4, 4-5, 4-6).

Diese bekannten Fakten integriere ich, in der Tradition der Schreibprozessforschung, mit den Vorgängermodellen der Schreibprozessforschung als Ausgangspunkt, in mein Online-Hilfe-Produktions-Modell. Andere Bereiche des Prozessvorgangs sind nur teilweise bekannt, diese Teilaspekte diskutiere ich, in Teilen datengeleitet, im Produktionszusammenhang.

Vor allem bei der Textproduktion von Online-Hilfe-Texten sind Erkenntnisse über den Hypertext-Schreibprozess heute noch lückenhaft und vage, bzw. nur in vereinzelten Forschungsansätzen bausteinartig vorhanden. Von einer Abdeckung des Bereiches der Produktion von Texten, geschweige denn Hypertexten, im Berufsfeld der technischen Redaktion, kann überhaupt nicht die Rede sein. Mein heuristisches Modell leistet, auch im Hinblick auf das oben diskutierte wissensintegrierende Paradigma, hier einen Beitrag, muss aber in der Natur der Sache vorläufig, subjektiv und auch in Teilen noch unsicher bleiben. Um hier soweit möglich ein Gesamtbild geben zu können, müssen noch vorhandene Lücken durch plausible Annahmen und Schlussfolgerungen (aus Daten und Praxiserfahrung) geschlossen werden. Zu überbrückende Lücken ergeben sich bei der Modellierung in den folgenden Bereichen:

- bei der Datenmenge,
- bei der Unterschiedlichkeit der Prozesse in der Praxis und
- beim Detaillierungsgrad.

In meiner Untersuchung ist die Datenmenge gering und die Aufgabenstellung der Probanden theoretisch konstruiert (vgl. Methodenkapitel), reale Praxisverläufe[126] können nur angenommen werden. Ein umfangreiches Wissen über die Details zu den Modellkomponenten (wie sie eine Praxisstudie liefern könnte), bietet zwar bausteinhafte Erkenntnisse, deren Einordnung in ein verallgemeinerndes Modell würde sich jedoch aufgrund der Individualität der Praxisprozesse schwierig gestalten.

Aus diesen Gründen bediene ich mich der Methode der Verallgemeinerung. Bei der Phasenstruktur werden die Vorgehensschritte verallgemeinert. Im Bereich der Wissenskomponenten ist das Modell besonders abstrakt angelegt und hat dort – sofern es auf die Praxis angewendet wird – Entwurfscharakter. Da mein Modell als Erklärungsrahmen und zur Erweiterung und Systematisierung der verschiedenen Perspektiven, unter denen man die Produktion von Online-Hilfen betrachten kann, dient, und z. B. Computersimulation (als ultimative Prüfinstanz für Modelle) nicht angestrebt wird, stellt diese Vorläufigkeit und wissentliche Vernachlässigung bestimmter Merkmale bei der Konstruktion des Modells und für dessen Prüfbarkeit und Offenheit für Anschlusshypothesen keinen Nachteil dar.

5.2 Modelldesiderate

Für die Modellierung des Produktionsprozesses von Online-Hilfen ergeben sich Wünsche nach einer gezielten, für Online-Hilfen spezifischen und handlungsorientierten Abbildung der Produktionssystematik (Prozesse und Abläufe) und die Notwendigkeit zur Herausarbeitung von Online-Hilfe-typischen Komponenten und Phasen, besonders dort, wo diese z. B. durch Automatisierung und technische Neuerungen von bekannten Produktionsabläufen und der allgemeinen Kenntnis über diese abweichen. Im Zusammenhang mit den

[126] Zugang zu Daten aus der Praxis: Der Zugang zu Daten aus der Online-Hilfe-Produktionspraxis gestaltet sich schwierig. Online-Hilfe-Produktionen sind zeitintensiv, umfangreich und streuen im Unternehmen "breit". Die Erfassung (durch z. B. Bildschirmaufzeichnungen, Videos, Artefakte, teilnehmende Beobachtung etc.) und Auswertung eines solchen Prozesses würde einen enormen Aufwand bedeuten, der, zumindest im Rahmen einer Dissertation, nicht leistbar wäre. Gleichzeitig wäre es nahezu unmöglich von nur einem Prozess zu generalisierbaren Aussagen über die allgemeine Prozessstruktur und deren Komponenten zu kommen.

für mein Modell festgelegten drei Modellbereichen und zwei Überlappungsbereichen sind bestimmte Perspektiven (Aspekte, Bedingungen und Zusammenhänge) interessant, die die folgende Tabelle umreißt. Die Einteilung der Bereiche entspricht auch der Modellstruktur der Modellgrafik (vgl. 5-1, 5-2).

Perspektive	Bereich	
Prozessurale und organisationale Aspekte einschließlich der Lenkung	Produktionsprozesse	1
Wissenszusammenhänge vor allem zwischen Text- und Dokumentationswissen	Wissensbedingte Individualprozesse	2
Situationsbedingungen und Umgebungsbedingungen, hier vor allem die Verwendung von Hilfsmitteln des Arbeitsprozesses und die Koordination	Situative Bedingungen	3
Wechselbeziehungen	Überlappung	Alle
Kognitive Aspekte und Zusammenhänge der beteiligten Produzenten	Überlappung	Alle

Tab. 5-1: Bereiche des Online-Hilfe-Produktionsmodells

Produktionsprozesse

Bei den prozessuralen und organisationalen Aspekten liegt der Modellierungsbedarf aufgrund der Novität der Textsorte und der Besonderheiten der Online-Hilfe-Produktion (vor allem der technologisch unterstützten Phasen) besonders auf der Hand.

Wissensbedingte Individualprozesse

Der Neuheitswert und die zu schließende Lücke bei den Zusammenhängen zwischen Text- und Dokumentationswissen im Bereich der wissensbedingten Individualprozesse besteht zum einen im Produktionsbereich, da hier das fachtextsortenspezifische Wissen, das Dokumentationswissen und die Komponente Medien, zumindest aus der Sicht der Schreibprozessforschungstradition, neu und beschreibenswert sind.

Situative Bedingungen

Gleiches gilt auch für die situativen Bedingungen, bei denen besonders die Verwendung von Hilfsmitteln des Arbeitsprozesses in den Betrachtungsmittelpunkt rückt.

Wechselbeziehungen

Die Betrachtung der Wechselbeziehung der Komponenten untereinander, ist im Hinblick auf die Bezüge der Komponenten und der Abhängigkeitsbeziehungen im Prozess, theoretisch interessant, jedoch nur mit Abstrichen modellierbar. Fachpraktisch betrachtet liegt hier die Herausforderung für Anschlussmodellierungen (z. B. Workflowmodelle) und projekt- und einzelprozessbezogene Erweiterungen, da jeder Prozess individuell unterschiedlich ist und die Wechselbeziehungen (vor allem in Bezug auf Koordination und Workflow), in der Praxis den Beteiligten häufig selbstverständlich und damit implizit sind. Diese sind in der Regel in der Praxis dem Beobachter jedoch verdeckt und ihr Ablauf ist schlecht zugänglich.

Kognitive Aspekte

In gleicher Weise schwer zugänglich, theoretisch nur schwer zuzuordnen und nur unter Zuhilfenahme von (vergleichsweise) umständlichen und prozessbeeinflussenden Methoden überhaupt ermittelbar, sind die kognitiven Aspekte und deren Zusammenhänge mit den weiteren Prozesskomponenten. Sie lassen sich zwar im Modell konstruieren und Wechselbeziehungen zwischen ihnen und anderen Modellkomponenten lassen sich teilweise nachweisen, sind jedoch so von den Individuen, in denen sie ablaufen, abhängig, dass Generalisierungen sehr abstrakt bleiben müssen. Mit Bezug auf die kognitiven Aspekte ist bei der Online-Hilfe-Produktion zu betonen, dass es sich nicht nur um kognitive Aspekte des Textproduzenten, sondern auch um kognitive Aspekte der Gesamtproduktion handelt. Das bedeutet genauer, dass Online-Hilfe-Produzenten in kognitiver Sicht nicht nur den Überblick über die Verfahren und die eigenen Koordination der Tätigkeit, sondern auch die der Koordination von anderen im Auge behalten müssen. Erschwerend kommt – aus kognitiver Sicht – hinzu, dass dabei nicht nur der Schreibprozess koordiniert werden muss, sondern auch die anhängigen Prozesse der Gestaltung und der Navigation. Um den Rahmen dieser Arbeit nicht zu sprengen, arbeite ich hier Ableitungen aus existierenden Modellen und Ansätzen heraus, setze Aspekte (z. B. Hintergrundwissen über die Ermittlung von Textfunktion und Zielgruppenanalyse im

Kontext der technischen Redaktion, um nur einige zu nennen) voraus und übernehme die gängige Terminologie der Schreibprozessforschung[127].

5.3 Abgeleitete Modellbestandteile

Teile des Online-Hilfe-Produktionsmodells können, aufgrund der Tatsache, dass sie auf gesicherten Erkenntnissen der Schreib- und Fachkommunikationsforschung und des Projektmanagements beruhen, direkt in meine Modellkonstruktion übernommen werden. Die folgende Grafik (Abbildung 5-1) ist die materielle Darstellung meines Online-Hilfe-Produktionsmodells.

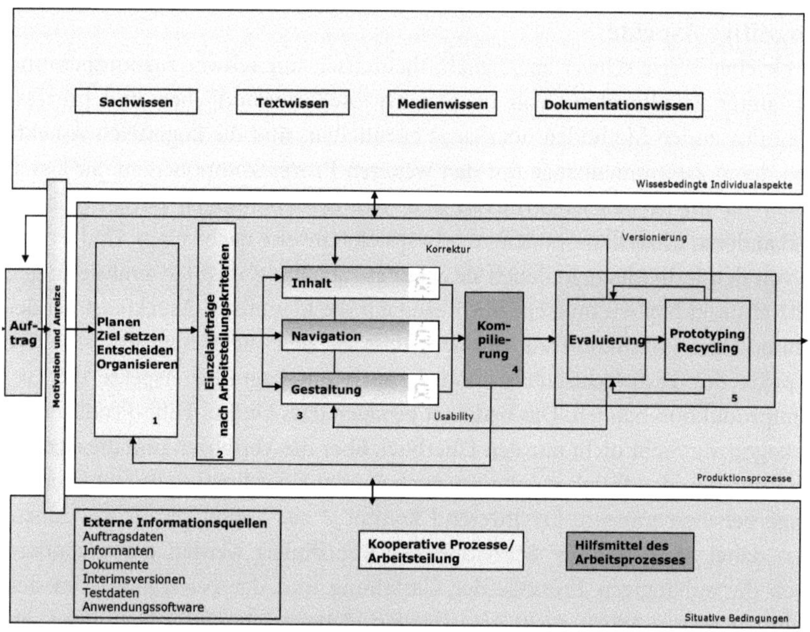

Abb. 5-1: Online-Hilfe-Produktionsmodell

127 Terminologie der Schreibprozessforschung: Ich bediene mich hier der Begriffe Prozess, Phase, Komponente, Wechselbeziehung, Kognition, epistemische Funktion, aus der Schreibprozessforschung und verweise auf die in den Kapiteln x-y angegebenen Definitionen, Verweise und Referenzen.

Ich präsentiere die Grafik an dieser Stelle zusätzlich mit der Einteilung in die drei Modellbereiche, um die Einteilung der Bereiche 1-3 deutlich zu machen und um einen Gesamteindruck über das Modell zu vermitteln. Die einzelnen Komponenten und ihr Zusammenspiel diskutiere ich ausführlich im Verlauf der folgenden Kapitel.

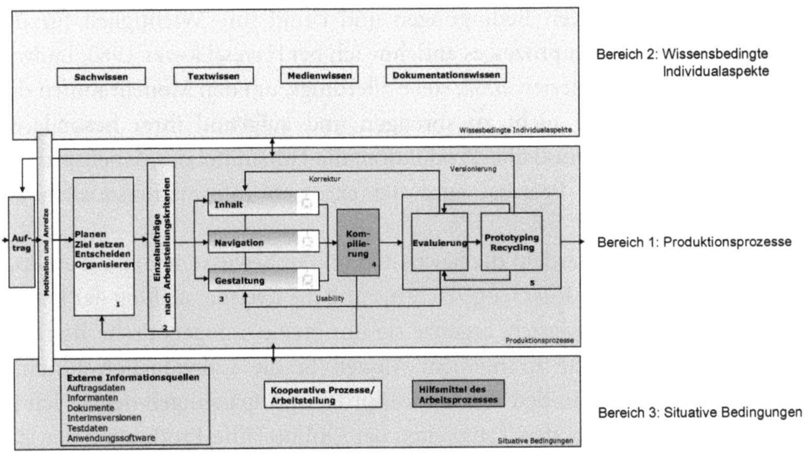

Abb. 5-2: Online-Hilfe-Produktionsmodell mit Bereichen 1-3

Ich gebe hier zunächst einen groben Überblick über die Bereiche und Übernahmeaspekte und Übernahmekomponenten im Modell. Eine detaillierte Übersicht der Übernahmekomponenten aus den Modellen der Schreibprozessforschung bieten die Tabellen 4-4, 4-5, 4-6.

Die Übernahmemethode wende ich hier zunächst für den Bereich 1, Produktionsprozess der Online-Hilfe-Produktion an, dessen Phasen ich grob in Anlehnung an Grünwied 2007 konstruiere. Ich übernehme darüber hinaus das ebenfalls bei Grünwied beschriebene, allerdings dort nicht in den Prozesszusammenhang gesetzte Hilfe-Authoring in die Produktionsprozessphasen (Phasen 3 und 4 im Produktionsprozess).

Direkte Übernahme aus bereits existierenden Modellen betreibe ich auch bei der Trennung zwischen Bereich 2, den wissensbasierten Individualaspekten im Langzeitgedächtnis des Einzelnen und Bereich 3, den situativen Bedingungen. Diese Trennung übernehme ich von Hayes 1996 und Göpferich

(2002:250). Die Wissensinhalte in Bereich 2 entlehne ich der ausführlichen Darstellung bei Göpferich 2002, abstrahiere allerdings, dem Vorbild von Rothkegel 2005 und Schubert 2007 folgend, aus Gründen der Lesbarkeit des grafischen Modells, auf nur vier Wissenskomponenten, denen ich im Erklärungsmodell Unterkomponenten zuordne. Im Erklärungsmodell gehe ich auf die Wissenskomponenten und deren Zusammenspiel und Überlappungen näher ein. Die situativen Bedingungen und damit ihre Wichtigkeit für die Betrachtung des Gesamtprozesses entlehne ich bei Hayes/Flower 1980, Ludwig 1983, Hayes 1996, Göpferich 2002, stelle allerdings, um den Modellrahmen der grafischen Darstellung nicht zu sprengen und aufgrund ihrer besonderen Wertigkeit für die Online-Hilfe-Produktion, die Hilfsmittel des Arbeitsprozesses, die kooperativen Prozesse und die externen Informationsquellen als Komponenten heraus.

Ich übernehme außerdem die bewussten und unbewussten kognitiven Prozesse im Langzeit- und Kurzzeitgedächtnis und die Kreisdarstellung der kognitiven Prozesse von Göpferich, ergänze sie um meine ontogenetische Betrachtung und integriere sie in meinem Modell in die individuellen Produktionsphasen (Phase 3) in den Produktionsprozess. Anpassungen nehme ich in der Kreisdarstellung bei den Tätigkeiten der Online-Hilfe-Produktion vor, die nicht die reine Texterstellung betreffen (Navigation und Gestaltung) (vgl. Modellbereich 1). Eine genaue Erläuterung der übernommenen Modellbereiche und Modellkomponenten einschließlich der jeweils von mir vorgenommenen Ergänzungen erfolgt jeweils im Rahmen der Bereichsbeschreibungen.

5.4 Modellbereiche und Komponenten

Die komplexen Produktionsprozesse, wissensbedingten Individualprozesse und situativen Bedingungen machen die Hauptbereiche meiner grafischen Darstellung aus und werden im folgenden Erklärungsmodell, vom zentralen Produktionsprozess ausgehend in ihren Komponenten einzeln beschrieben. Teilaktivitäten sind in den Komponenten enthalten und werden im Erklärungsmodell beschrieben. Sie sind im grafischen Modell aus Übersichtsgründen nicht aufgeführt. Die kognitiven Prozessphasen, die ich im Modell in den Produktionsprozess integriert habe (Kreisdarstellungen in Phase 3) diskutiere ich im Zusammenhang mit dem Produktionsprozess. Der Beschreibung des Produktionsprozesses folgt die Differenzierung der Wissenskomponenten und der situativen Komponenten aus Bereich 3 sowie deren Wechselbeziehungen mit den anderen Prozesskomponenten. Ich gehe bei der Beschreibung jeweils auf den Neuheitswert meiner Betrachtungsweise besonders ein.

5.5 Bereich 1: Produktionsprozess mit ontogenetischen Produktionsphasen

Während bei klassischen Schreibprozessen, zumindest im kognitiven Paradigma der Schreibprozessforschung, die kognitiven Prozesse in den Mittelpunkt der Modellierung gestellt werden, rücke ich für meine Modellierung den Produktionsprozess (siehe Abbildung 5-3) der Online-Hilfe-Produktion und seine Phasen und Komponenten ins Zentrum der Betrachtung.

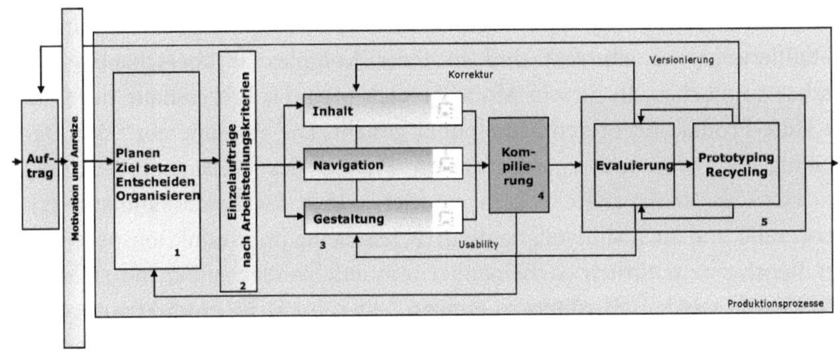

Abb. 5-3: Produktionsprozess im Online-Hilfe-Produktionsmodell

Die zentrale Platzierung des Produktionsprozesses zwischen Wissensprozessen und situativen Bedingungen und deren wechselseitige Beeinflussung, wird durch die Doppelpfeile ⇔ angedeutet. Der Grund für die Betonung des Produktionsprozesses liegt zum einen bei der Einbettung des Online-Hilfe-Produktionsprozesses in den Gesamtprozess der Softwareentwicklung. Die Tatsache ist durch einen Pfeil → zum Auftrag und einen Pfeil → vom Prototyping und Recycling nach außen (womit wieder der Gesamtprozess der Softwareentwicklung gemeint ist) gekennzeichnet. Zum anderen ist die Zentralisierung des Produktionskontextes im Modell durch die Komplexität und den Werkstücksumfang[128] gerechtfertigt.

Phasen im Produktionsprozess

Die Zahlen 1 bis 5 im Modell bilden Vorgehensbausteine als Phasen im Produktionsprozess ab. Hierbei impliziert der Phasenbegriff jedoch weder, dass alle 5 Phasen grundsätzlich in allen Online-Hilfe-Produktionsprozessen auftreten, noch dass sie immer zwingend fortlaufend auftreten. Die Phasendarstellung ist vielmehr als Produktionssystematik zu verstehen, in der auf bestimmte Bedingungen bestimmte Handlungen und Operationen folgen. Die Aktivitäten und Aktivitätengruppen sind im Modell als Kästen dargestellt und ich bezeichne sie als Komponenten. Die Abfolgerichtung ist mit Pfeilen → angedeutet. Der Pfeil gibt dabei die Relation zwischen Bedingung und Aktion an. Rückwärts gerichtete Pfeile ← heben Aspekte im Prozess hervor, die deutlich von Rekursivität geprägt sind. Die nummerierten Phasen dienen dazu, die Aktivitätengruppen der Online-Hilfe-Erstellung, bei geringem Detaillierungsgrad, abstrakt und in ihrer Komplexität überschaubar und fassbar zu machen. In diesem Modellbereich wird das Prozesshafte der Online-Hilfe-Produktion in den Mittelpunkt gestellt. Die gewählte abstrakte Darstellung in Form von übergeordneten Phasen des Gesamt(produktions)-prozesses als strukturierte Folgen, ist hier jedoch für Beschreibungszwecke notwendig und auch sinnvoll, da die Arbeitsschritte im Produktionsprozess in der Regel ganz natürlich nacheinander und aufeinander aufbauend ablaufen. Die Phasen werden allerdings in einigen Teilen im Hilfe-Produktionsprozess mehrmals durchlaufen, bzw. dienen wiederum als Bedingungen für Handlungen und Operationen, die im Prozess in Schleifen verlaufen. Siehe z. B. die in Schleifen verlaufende Evaluation des Werkstücks. Besondere Schwerpunkte setze ich bei der Beschreibung beim Ontogeneseblickwinkel, auf die Komponente Inhalt in Phase 3 und auf die Kompilierung in Phase 4.

---

128 Werkstücksumfang: Auch Projekte mit Online-Hilfe-Dokumentationen geringen Umfangs sind in der Regel in Softwareentwicklungsprozesse eingebunden. Und auch bei Projekten mit geringer Produzentenzahl und geringem Produktionsumfang müssen (aus Prozesssicht) die im Produktionsverlauf meines Modells skizzierten Phasen durchlaufen werden, wenn auch nicht mit dem gleichen Koordinationsumfang, wie bei Großprojekten mit verteilten Teams.

Ontogeneseblickwinkel

Ich übertrage den im Kapitel 3.5 eingeführten Ontogeneseblickwinkel direkt auf die Produktionsprozesse. Dabei werden nicht die bei der Programmierung von Software sozusagen "nebenbei" entstehenden zugehörigen Texte, Teiltexte und Textartefakte, sondern vielmehr der gesamte Online-Hilfeproduktionsprozess ontogenetisch betrachtet. Dabei löst nicht ein technischer Prozess, wie z. B. das Produktdesign eine textuelle Handlungskette[129], aus, sondern die Handlungskette besteht (selbst) aus prozessuralen Handlungen, mit der Produktionsaufgabe als Auslöser. Meine aus den biologisch inspirierten technischen Ontogenesemodellen, dem betriebswirtschaftlichen Lebenszyklusmodell und den Hilfe-Produktions- und Entwicklungsphasen entwickelte Ontogeneseanalogie, bietet hier einen Ansatz für die aufeinander aufbauenden und zueinander in Beziehung stehenden Phasen im Online-Hilfe-Produktionsprozess. Indem ich die Kastbergschen Ontogenesephasen direkt in mein Modell überführe, integriere ich die Ontogenesephasen Kognition, Invention, Innovation, Diffusion und Degeneration. Den Zusammenhang zwischen den Produktionsphasen der Online-Hilfe-Produktion und den Ontogenesephasen illustriert die folgende Abbildung.

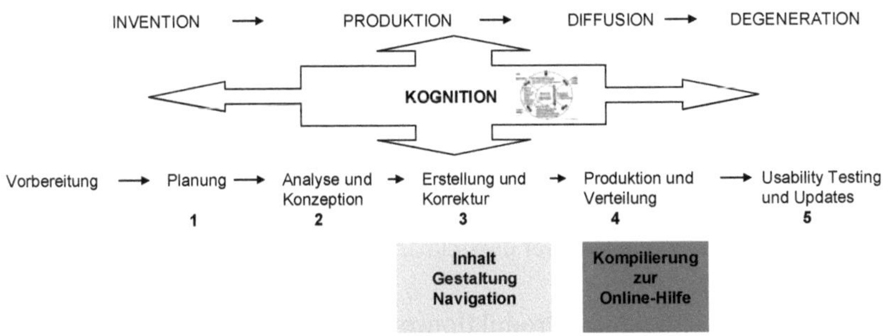

Abb. 5-4: Produktionsphasen und Ontogenesephasen

Die Kognition „umkreist" hier alle anderen Prozesse und bildet den Ausgangpunkt und das Zentrum aller anderen Phasen und dient als Schlüssel zur für die Modellierung des Objekts Online-Hilfe gewählten ontogenetischen Sichtweise (vgl. auch Kapitel 4-13 zur Diskussion des didaktik-orientierten Modells von

129 Textuelle Handlungskette als Ontogeneseauslöser: Vgl. den Ansatz von Kastberg (demn.).

Göpferich (2002:250)). In der Zusammenhangsdarstellung oben überlappen sich beim ontogenetischen Zugang im Bereich der Invention die Vorbereitung und die Planung der Online-Hilfe. Die vorbereitenden Aspekte (Vorbereitung, ohne Nummerierung) habe ich in meinem, an der Realität orientierten, Online-Hilfe-Produktionsmodell nicht in die Produktionsaspekte einbezogen, da es sich um eine Gruppe von Einflussfaktoren, nicht jedoch um Modellkomponenten des Prozessablaufs handelt. Analyse und Konzeption fallen in der Ontogenesesicht schlüssig mit der eigentlichen Erstellung und den ersten Korrekturdurchläufen der Produktion zusammen. Im Folgenden beziehe ich die Ontogenesephasen auf die Produktion von Online-Hilfen: Mit der Produktion und Verteilung (aus technischer Sicht der Kompilierung und beginnenden Versionsverwaltung der Online-Hilfe) setzt im ontogenetischen Sinne die Diffusion des Produkts ein. Im wirtschaftlichen Zusammenhang wird die Degeneration heute als Überarbeitungs- und Recyclingphase von Produkten betrachtet. Bei der Online-Hilfe-Produktion wird hier die kompilierte Version getestet und ggf. werden aus den bestehenden Komponenten neue Versionen geschaffen (Versionierung). Invention, Produktion, Diffusion und Degeneration sind hier einerseits als kognitive Leistung des einzelnen Produzenten, andererseits als kognitiv bewusst und unbewusst begleitete Prozessphasen (1-5) real auszuführender Tätigkeiten im Prozess zu verstehen. Die Ontogenesephasen betonen hier einerseits die inhärente Chronologie der Abläufe (Informationsgewinnung ⇔ Produktion ⇔ Reflexion ⇔ Evaluation), machen mittels der zentralen Kognition jedoch auch deutlich, wie individuell und rekursiv (Vierfachpfeil) die Prozesse sind und dass es die Wechselbezüge zwischen den Phasen sind, die die Prozesse komplex und im Modell schwer darstellbar machen.

Kognitive Prozessaspekte im Produktionsprozess

Der oben dargestellte Zusammenhang zwischen Kognition und Prozessphasen wird, mit den bewussten und unbewussten kognitiven Prozessen des Textproduzenten beim Textproduzieren[130] (nach Göpferich 2002) in Verbindung gebracht, besonders deutlich (vgl. Abbildung 5-5).

[130] Textproduzieren: Hier wird zunächst das Kreiselement des Originalmodells von Göpferich verwendet. Dessen Adaption auf Produktionsprozesse, die keine Textproduktionsprozesse sind, werden im Zusammenhang später entsprechend modelliert.

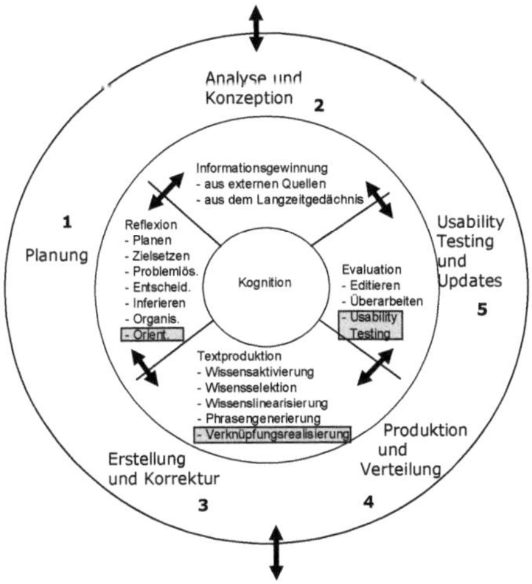

Abb. 5-5: Kreiselement des didaktik-orientierten Schreibprozessmodells von Göpferich (Göpferich 2002:250, Kapitel 4-13), ergänzt um Produktionsaspekte der Online-Hilfe-Produktion und ontogenetische Produktionsprozesse

Die Kreisdarstellung der Textproduktionsphasen (Informationsgewinnung, Produktion, Reflexion, Evaluation) und die Doppelpfeile, die die Wechselbezüge darstellen (nach oben zu Einflüssen des Individuums, nach unten zu situativen Bedingungen) übernehme ich aufgrund ihres hohen darstellerischen Werts dem didaktisch-orientierten Schreibprozessmodell von Göpferich (Göpferich 2002:250) und ergänze sie um die Tätigkeitselemente "Orientierung", "Verknüpfungsrealisierung" und "Usability-Testing" (Diskussion unten). Die Kognition setze ich selbst ins Zentrum. Bei Göpferich stehen dort die Steuerung, womit die kognitive Steuerung der Schreibprozesse gemeint ist, und die Motivation des Individuums (zum Schreiben überhaupt). Ich lege in einem weiteren Ring die oben ontogenetisch elaborierten Produktionsphasen um die Schreibprozessphasen von Göpferich herum, um zu veranschaulichen, welche Produktionsaspekte welche Bereiche der kognitiv bewussten und unbewussten Tätigkeiten beim Schreiben beeinflussen und um zu zeigen, dass die Produktionsphasen im Gesamtprozess sich auch in den Teilprozessen der Produktion wiederfinden.

Mit der Kreisdarstellung für die Textproduktion sind die kognitiven Aspekte der Komponente Inhalt (Phase 3 in meinem Modell) dargestellt. Da die

Online-Hilfe-Produktion jedoch keine reine Textproduktion ist, bedürfen die kognitiven Aspekte der Komponenten Gestaltung und Navigation (Phase 3 in meinem Modell) entsprechende Ergänzung. Zu diesem Zweck passe ich die erweiterte Kreisdarstellung im Bereich Produktion an die gestalterischen Produktionsaspekte und an die Navigationsaspekte an (siehe Abbildung 5-6).

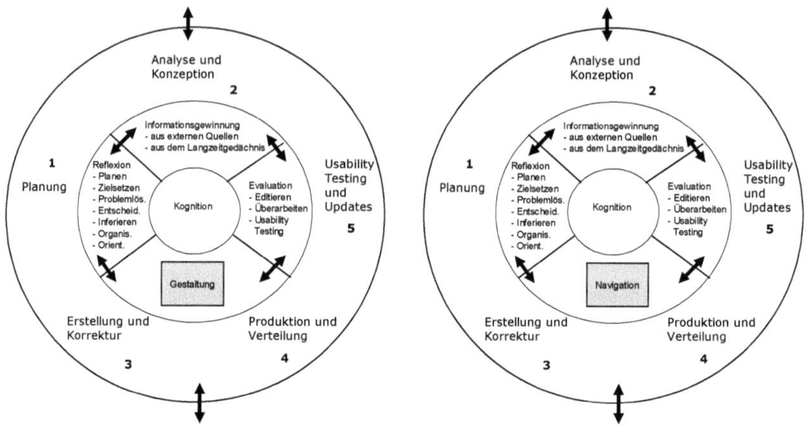

Abb. 5-6: Kreiselemente des didaktik-orientierten Schreibprozessmodells von Göpferich (Göpferich 2002:250, Kapitel 4-13), ergänzt um die Komponenten Gestaltung und Navigation der Online-Hilfe-Produktion und ontogenetische Produktionsprozesse

Diese Anpassung dient der Vollständigkeit meiner Modellgrafik im Bereich der Phase 3 der Produktionsprozesse. Die Kreisdarstellungen sind in der Modellgrafik verkleinert dargestellt. Die gewählte Darstellungsform ergibt sich als Schlussfolgerung aus meiner Kenntnis der Praxis darüber, dass auch bei der grafischen Gestaltung und der Navigation innerhalb der Online-Hilfe-Produktionsprozesse Informationen gewonnen, reflexiv geplant, produziert und gestaltet und das Geleistete im Abgleich zur Aufgabenstellung und durch reale Selbsttests oder durch Probanden geprüft wird. Die Kreisdarstellung bei den Komponenten Gestaltung und Navigation (Phase 3 des Modells) sind theoretisch hergeleitete Ergänzungen, die dem besseren Gesamtverständnis dienen sollen. Eine ausführliche Beschreibung der Vorgänge leiste ich nur bei der Beschreibung der Komponente Inhalt (Text).

Produktionsprozess (Bereich 1): Komponenten und lenkende Einflüsse

Die Produktionsprozesse bestehen in meinem Modell aus den Komponenten Auftrag, Motivation und Anreize, Planung, Einzelaufträge, Inhalt/Navigation/ Gestaltung, Kompilierung, Evaluierung und Prototyping/Recycling. Sie werden durch lenkende Einflüsse und im Modell angedeutete rekursive Prozessschleifen ergänzt und ihre Verknüpfungsrelationen und Wechselbeziehungen zu anderen Komponenten und Bereichen des Modells werden erklärt. Die Bestandteile des Bereichs 1 werden im folgenden beschrieben.

Auftrag (Vorphase)

Der Arbeitsauftrag ist Ausgangs-, Dreh- und Angelpunkt des gesamten Online-Hilfe-Produktionsprojekts. Unabhängig davon, ob ein einzelner Produzent oder eine Gruppe das Projekt durchführt, hängen alle Entscheidungen im Projekt vom Arbeitsauftrag ab. Der Arbeitsauftrag stößt als externe Größe die Prozesse der Online-Hilfe-Produktion an. Er ergibt sich aus dem Dokumentationszwang, dem Softwareprojekte unterliegen, und erfolgt entweder eingebunden in die Softwareproduktion oder nach Abschluss der Softwareproduktion. Hauptbezugsgröße für die Produktion der Online-Hilfe ist die zu beschreibende Software (bzw. deren schon produzierten Teile). Die Software lenkt als Produkt auch alle weiteren Entscheidungen im Prozess und bestimmt über die zu produzierenden Texte, die Navigation und die Sach- und Sinnlogik im Rezeptionsverlauf (und entsprechend die Beschreibung entlang der Ablauflogik der Software im Produktionsverlauf). Neben der Software greifen Spezifikationen, Lastenheft, Pflichtenheft und andere Informationen aus der Softwareentwicklung (Auftraggeberinformation) als Auftragsdetails. Der Auftrag muss (auch und gerade wenn er intern in einen Projektmanagementprozess eingebunden ist) einen Start- und Fertigstellungstermin, die Hauptverantwortlichkeit (Projektleitung), Kontaktpersonen (idealerweise legt der Auftrag Kommunikationsschnittstellen zwischen den Werkstückproduzenten und den Produktproduzenten fest, damit Stockungen aufgrund von Verständnisschwierigkeiten den Projektverlauf nicht gefährden), verfügbare technische und finanzielle Mittel und Ressourcen und ein definiertes Ziel als Mindestanforderungen enthalten. Darüber hinaus können je nach Projektart und Umfang auch die Vorgehensweise, Meilensteine, die Prüfinstanzen und die Art der

Berichterstattung über diese, die Qualitätssicherung und andere projektrelevante Aspekte im Arbeitsauftrag enthalten sein. Die Projektleitung benutzt den Arbeitsauftrag zur Steuerung durch das Projekt. Abhängig von der Größe des Projekts wird nach dem Eingang des Arbeitsauftrags dieser in ein Projektmanagementhandbuch (dies kann auch ein Bestandteil eines Projektmanagement-Werkzeugs sein) überführt. Aus ihm werden Arbeitsaufträge für die beteiligten Produzenten abgeleitet.

In der Regel beginnt mit dem Eingang und der Bestätigung des Arbeitsauftrags das eigentliche Projekt mit der Projektplanung (Phase 1 im Online-Hilfe-Produktionsmodell). Ich habe für meine Darstellung der Zusammenhänge in der Modellgrafik an dieser Stelle zwei Komponenten integriert, die bei allen Prozessen, wo kognitive Tätigkeiten von Prozessbeteiligten eine Rolle spielen, wichtig sind, die Anreize und die Motivation.

Anreize und Motivation (Vorphase)

Ich führe die Modellkomponenten Anreize und Motivation an dieser Stelle als Modellkomponenten und Aspekte vor dem eigentlichen Prozessbeginn ein, da sie, ähnlich wie der Auftrag von großem Einfluss für den Verlauf des Projektes sind. Diese beiden Aspekte sind in der Regel schwer modellierbar, da sie nahezu nicht messbar sind und sich den Komponenten und Bereichen nur teilweise explizit zuordnen lassen. Motivationale Anreize (Motivating Cues) berücksichtigen schon Hayes/Flower 1980 in ihrem Modell als Faktoren, die im Textproduzenten (hier verallgemeinernd auf alle Produktionsbereiche angewendet) wirksam sind. In den älteren Modellen werden sie dem Individuum zugerechnet, weil sie vom Einzelnen aus den Schreibprozess beeinflussen. Tatsächlich ist hier mit Motivation die Ausrichtung des Verhaltens des Einzelnen auf Ziele gemeint. Nun wägen aber Produzenten nicht nur ab, planen, handeln und bewerten ihr Tun (frei nach Rubikon), sondern sie haben auch Bedürfnisse (vgl. die Maslowsche Berdürfnispyramide oder das Grundmotivationen-Modell von Correll), die über die intrinsischen Motivationen (Primärmotivationen) hinausgehen. Bei diesen Bedürfnissen handelt es sich um extrinsisch motivierte Gefühle (Sekundärmotivation). Während sich ein Produzent (hier Schreiber) ohne weiteres intrinsisch motiviert für die Tätigkeit begeistern kann, weil sein Handeln mit seiner Auffassung übereinstimmt und interessenbestimmt ist – kann die Motivation abnehmen oder kippen, wenn extrinsische Motivatoren ausbleiben. Solche Motivatioren in Form von Prestige, Entlohnung o. ä., sind für die Arbeitsumstände von Online-Hilfe-Produzenten in ihrer situativen Umgebung typisch. Extrinsische Motivation, in meinem Modell als Anreize bezeichnet (vgl. auch Göpferich 2002:235f.), treten aus den situativen Bedingungen an die Produzenten heran. Im Produktionsverlauf können diese Reize durch die Arbeitsaufforderung mit Zieldefinition, durch Meilensteine und die in Aussicht gestellte Belohnung (Gehalt, Leistungsbezüge, soziale Anerkennung, Anerkennung im beruflichen Umfeld, positive Zusammenarbeit im Team (Teamgeist) usw.) ausgelöst werden. Anreize und Motivation schließen sich im Arbeitsfeld der Online-Hilfe-Produktion nicht grundsätzlich aus, da im Sinne der Produktivitätssteigerung jedoch die extrinsischen Anreize betont werden, dominieren diese häufig die Tätigkeit.

Dieser Faktor wurde bei den meisten Modellen der Schreibprozessforschung unterdifferenziert oder übersehen, da hier in der Regel freies Schreiben von Individuen untersucht wurde und nicht Produzieren im Arbeitskontext. Anreize betrachte ich hier als von den situativen Bedingungen her auf den Prozess wirkend, Motivation aus den wissensbedingten Individualaspekten kommend. Dazu ist jedoch anzumerken, dass sich Individuen nicht jederzeit während der Tätigkeit über die Art ihrer Motivation bewusst sind und, zumindest im Fall meiner Datenerhebung, im Produktionszusammenhang im Prozessverlauf auch nicht sichtbar zwischen Wissen über die Motivation und Wissen über die Anreize unterscheiden. Bei meiner Datenerhebung habe ich z. B. festgestellt, dass die meisten Probanden erst nach Abschluss des Versuchs im Nachgespräch Bemerkungen machen wie "Ich wollte den Text doch gerne fertig kriegen", "das sollte doch wirklich als Hypertext funktionieren", die auf ihre Motivation (den Anreiz der Situation und Aufgabenstellung gerecht zu werden, um alles "richtig" zu machen) hindeuten. Die Motivation als mit dem Arbeitsauftrag und der Auffassung über diesen, übereinstimmende und interessenbestimmende Steuergröße für die bewussten und unbewussten kognitiven Prozessphasen, habe ich, zusätzlich zur übergeordneten persönlichen Motivation der hier beschriebenen Vorphase, in die Individualprozesse Inhalt, Navigation und Gestaltung in mein Modell (Kreisdarstellung Phase 3) integriert. Bei der näheren Spezifizierung von Anreizen und Motivation liegt meines Erachtens quer zwischen Arbeits- und Organisationspsychologie und technischer Dokumentation ein deutliches Forschungsdesiderat des Fachbereichs technische Redaktion.

Planen, Ziel setzen, Entscheiden, Organisieren (Phase 1)

Mit der Phase 1 des Produktionsprozesses beginnt die Werkstücksplanung (vgl. Schubert 2007:81). Online-Hilfe-Produktionsprojekte beginnen in der Regel mit einem Kick-Off-Meeting (vgl. Hoffmann/Hölscher/Thiele 2002:145) in dem von den beteiligten Produzenten oder (bei Teamproduktion) deren Vertretern und dem Projektleiter (in Abstimmung mit dem Auftraggeber) ein Projektplan erstellt wird. Dieser sichert die ordentliche Durchführung des Projekts und beschreibt die Vorgänge und Abläufe des Prozesses im Detail. Der Projektplan dient als Steuergröße und Basis für die Verläufe und auch für die Kontrollen im Projekt. Um die Projektdurchführung im Auge zu behalten werden im Projektplan Meilensteine festgelegt, an denen sich die Projektbeteiligten orientieren müssen. Werden solche Meilensteine im Projekt erreicht, dann werden diese in Prüfberichten festgehalten. Deren Form, Frequenz und Platzierung im Prozess werden im Projekthandbuch festgehalten. Die Berichte dienen als Kontrollmittel über den Prozessverlauf und halten Tätigkeiten, Status, Aufwand und Prozessprobleme fest. Rückmeldungen dieser Art können Schleifen im Prozess und Änderungen im Prozessmanagement auslösen. In der Planungsphase werden Zeitpläne für die großen Meilensteine im Projekt festgelegt. Außerdem werden die Gesamtorganisation der Qualitätssicherung und das Budget mit Kosten und Zeitplänen festgelegt. Hier sind besonders die Verfahren nach der Kompilierung (Phase 4 im Online-Hilfe-Produktionsmodell), d.h., die Systemtests mit ihren notwendigen und im Vorfeld zu berücksichtigenden Revisionsphasen und das Usability-Testing zu berücksichtigen. Bestandteil der Planung sollte auch die Berücksichtigung späterer Übersetzung/Lokalisierung der Online-Hilfe sein. Dies gilt sowohl für die sprachlichen als auch für die gestalterischen Aspekte der Online-Hilfe und für den frühen Einbezug und die zu berücksichtigende Zusammenarbeit mit Übersetzern und Übersetzungsagenturen (und die Bereitstellung entsprechender Ressourcen für diese Vorgänge). Ferner werden in der Planungsphase Entscheidungen bezüglich des terminlichen Rahmens, der Ressourcen und deren Verteilung getroffen und die Ausstattung (Software, Hardware) betreffenden Fragen geklärt.

Die Planungsphase begleitet personell und durch das Handbuch organisiert den gesamten Arbeitsprozess und die Durchführung des Projekts. So kann auf sich aus den Projektzusammenhängen ergebenden "neuen" Situationen und

Bedingungen und Planungsänderungen reagiert werden. Die Planungsstrategien können überdacht und der Projektplan entsprechend angepasst werden. Um die Modellgrafik nicht mit rekursiven Steuerungspfeilen zu überfrachten, die sich – theoretisch – zwischen allen Phasen und Komponenten und der Planungskomponente (Phase 1) ergeben könnten, habe ich in der Modellgrafik nur die kritischste Schleife als Pfeil ← zwischen der Kompilierung und der Planung dargestellt. Erzielt die Kompilierung nicht die im Handbuch festgelegten Ergebnisse, muss überarbeitend auf den gesamten bisher durchlaufenen Prozess eingewirkt werden. Diese iterativ-kritische[131] Schnittstelle zwischen Arbeitsprozess und technischem Prozess muss von vornherein in der Projektplanung bedacht werden.

Im Projektplan werden in der Regel Arbeitspakete festgelegt, deren genauere Aufsplittung meist kleinteiliger ist als die Bausteine des Projektplans und später im Prozess und im Zusammenhang mit Arbeitsteilungskriterien in Einzelaufträge mit Einzelterminen, Ressourcen, weiteren Meilensteinen und Verantwortlichkeiten für Einzeltätigkeiten und einzelne Aufgaben erfolgt. Ich habe diese in meinem Modell in Phase 2 ausgelagert.

Einzelaufträge nach Arbeitsteilungskriterien (Phase 2)

Mit der Trennung von der allgemeinen Projektplanung (Phase 1) und der Planung und Festlegung von Einzelaufträgen (Phase 2) gelingt es in meinem Modell die Arbeitsteiligkeit (Kooperation im Team) und das methodische "Problem der Arbeitsteilung" (Göpferich 2002:239) als Produktionsbereich zu integrieren. Kooperation und Arbeitsteilung bestimmen selbstverständlich auch die Arbeitssituation selbst und das Wissen um die Arbeitssituation. Sie könnten deshalb theoretisch auch Komponenten der Bereiche 2 und 3 zugeordnet werden. Da ich in meinem Modell die Dominanz des Aspekts Medium und den Einfluss der technischen Hilfsmittel auf den Prozess ins Zentrum setze, verorte ich die Arbeitsteilung hier im Produktionsbereich. Es ist bei Online-Hilfe-Projekten davon auszugehen, dass die Teams und deren Kooperation durch technische Instrumente (hier: Werkzeuge des Arbeitsprozesses wie Content-Management-Software und Single-Source-Publishing-Systeme)

[131] Iterativ-kritische Schnittstelle: Im Entwicklungszyklus der Online-Hilfe-Produktion auftretender Punkt, wo zwei Aspekte aufeinander treffen, deren Aufeinanderfolgen zur schrittweisen Verfeinerung und Verbesserung und ggf. periodischer Wiederholung führt.

unterstützt und auch gesteuert werden, die nur bestimmte Zugriffsmöglichkeiten der Produzenten (z. B. auf eine gemeinsam genutzte Datenbank) und nur eine bestimmte Abfolge von Arbeitsprozessen (die als softwaregestützte Arbeitsroutine im "Batch" abgearbeitet werden) überhaupt erlauben. In umfangreichen Dokumentationsprojekten werden die Arbeitsaufgaben und Arbeitsgänge zwischen den beteiligten Produzenten aufgeteilt. Die Arbeitszerlegung erfolgt nach unterschiedlichen Kriterien (etwa Sach- und Fachwissen, Medienwissen, Dokumentationswissen), Qualifikationen und Spezialisierung der Beteiligten (etwa Kenntnisse und Beherrschung der Hilfsmittel des Arbeitsprozesses und Kenntnis anderer situativer Bedingungen) und Projekterfordernissen (Anforderungsprofil aus der Aufgabenstellung). Bei der Teilung und späterer Wiederzusammenführung wird, je nach Projekt, additive und synergetische Kooperation[132] genutzt. Hier besteht ein direkter Zusammenhang zur folgenden Phase 3, in der die Online-Hilfe produziert wird, in der Regel in getrennten Arbeitspaketen und Arbeitsschritten mit unterschiedlichen Arbeitsaufgaben. Für den Projektplaner besteht in dieser Phase die Schwierigkeit darin, die wissensbedingten Individualaspekte der Teammitglieder einzuschätzen und zielführend einzusetzen und die situativen Bedingungen, die Einzelaufträge und entsprechenden Arbeitspakete aneinander anzupassen und miteinander abzugleichen. Hier sind die Hilfsmittel des Arbeitsprozesses (Softwarehilfsmittel) ein die Einteilung der Arbeitsschritte nachhaltig beeinflussender Faktor[133], da sie häufig Arbeitsschritte vorgeben und damit die Chronologie des Produktionsprozesses (Phase 3) bestimmen können. In Phase 2 wird so in der Feinplanung die personelle Zuweisung der Aufgaben im Projekt durchgeführt. Dabei werden Arbeitsaufträge an die einzelnen Beteiligten (oder Teams) verteilt. Inhalt, Umfang, Form, Verant-

132 Additive und synergetische Kooperation: Bei der additiven Kooperation werden Prozessabläufe der Beteiligten zusammengefasst, um verbesserte Ergebnisse zu erzielen, bei der synergetischen Kooperation werden voneinander unabhängige Teiltätigkeiten zusammengefasst, die einzeln operierend nicht funktionieren würden.

133 Softwarehilfsmittel als Einflussfaktor: "Da moderne Softwarehilfsmittel der Fachkommunikation und der interdisziplinären Kooperation über die Grenzen der Fachkommunikation hinaus in zunehmendem Maße Arbeitsschrittfolgen vorgeben und diese überprüfen, ist es hierbei für die Berufspraxis interessant, Wege zu finden, wie die Erfordernisse der Fachkommunikation in die sprachtechnologische Systementwicklung einfließen können, sodass Fachkommunikatoren nicht nur Befolger, sondern zugleich auch Ausübende lenkender Einflüsse sein können. Die wissenschaftliche Beschäftigung mit der Fachkommunikation kann hierfür die konzeptuellen Voraussetzungen schaffen". (Schubert 2007:351).

wortlichkeiten usw. werden festgelegt. Die Auftrage können Einzelaktionen oder komplexe Projektbausteine sein. Einzeltätigkeit bedeutet hier nicht, dass einzelne Produzenten nur unabhängig voneinander Aufgaben ausführen. Deshalb ordne ich der Komponente Einzelaufträge der Phase 2 auch die Arbeitsteilungskriterien als beeinflussenden Produktionsfaktor zu. Arbeitsteilige Prozesse in Online-Hilfe-Produktionen sind in der Regel kooperative Prozesse der Zusammenarbeit von Beteiligten mit unterschiedlichen Qualifikationen. Dies können Kooperationen mit externen Partnern (z. B. Entwicklungsingenieuren als Informanten oder Übersetzern als Beteiligten der Gesamtprozesskette) sein. In realen Prozessen erfolgt die Kooperation einerseits durch die Gesamtorganisation gesteuert auf offiziellen Informationswegen im Unternehmen bzw. Projekt, sie verläuft jedoch andererseits in Arbeitsgruppen und Teams auch interpersonell und auf eher inoffiziellen Wegen abseits der vorgegebenen Informationswege. Dieser Aspekt ist für das Gesamtverständnis wichtig, jedoch aufgrund der Einzelfallabhängigkeit für die Modellierung nicht relevant. Arbeitsaufträge werden in dieser Phase erteilt und im weiteren Verlauf in die Gesamtplanung eingebunden und von dort aus im Verlauf der Prozesse verfolgt und begleitet.

Wo Arbeit geteilt wird, muss sie jedoch auch wieder zusammengesetzt werden. Die technisch-unterstützten und aufgeteilten Prozesse der Online-Hilfe-Produktion werden im Verlauf der Ablauforganisation in der Kompilierungsphase (Phase 4) zusammengeführt. Die Einzeltätigkeiten werden bei Online-Hilfe-Produktionen in der Regel voneinander getrennt durchgeführt. Man unterscheidet nach Schuler/Thüring (1994:8) das Pragmatic Hypertext Design, also die Produktionsphase nach der Planung und Vorbereitung, auch in Authoring-in-the-large und Authoring-in-the-small. Dem hypertextuellen Grundsatz “Struktur vor Inhalt” folgend, werden beim Authoring-in-the-large die Arten der zu verbindenden Entitäten (Knoten) der Vernetzungsstruktur und die Links definiert. Daraufhin folgt mit dem Authoring-in-the-small das Füllen spezifischer Inhalte in die so entstehende Struktur (vgl. Ipsen 2001:72). Diese Trennung bedeutet allerdings keine Hierarchisierung. Die drei Komponenten Inhalt, Gestaltung und Navigation funktionieren nur in Übereinstimmung miteinander. In dieser Arbeit wird die Komponente Inhalt (Text) als Schwerpunkt der Produktion betont und die diesbezüglichen Aussagen empirisch belegt.

Produktionskomponenten (Phase 3)
Dem Grundsatz der Trennung zwischen Authoring-in-the-large und Authoring-in-the-small folgt auch meine Modellierung der Produktionskomponenten in Phase 3, die die Gestaltungs- und Navigationskomponente von der Komponente Inhalt trennt.

Gestaltung und Navigation
Ein solches Vorgehen ist sowohl bei kleinen Einmannproduktionen als auch bei großen Projekten mit vielen Beteiligten typisch. Ein einzelner Produzent würde die Tätigkeit in Phasen aufteilen, jedoch sinnlogisch zunächst die Gesamtstruktur des Hypertextes mit Hilfe von technischen Hilfsmitteln oder von Hand vorbereiten, die Gestaltung der Knoten und die Tiefenstruktur der Knoten festlegen (z. B. bestimmen, wie viele Knotenebenen es geben soll und wie sich diese gestalterisch und in ihrer Vernetzung voneinander unterscheiden sollen) und erst wenn feststeht, welche Linkarten und Verweise es im Hypertextsystem geben wird, die Knoten mit textuellen und sonstigen Inhalten füllen. In kooperativen Teams übernehmen in der Regel Personen mit unterschiedlichem Spezialwissen die Tätigkeiten in den Modellkomponenten der Phase 3. Dabei ist die Kooperation zwischen den Beteiligten, die mit der Komponente Gestaltung arbeiten und denen, die die daraus entstandene Struktur mit Inhalten füllen, für den Projektverlauf zentral. Erstellen z. B. verschiedene "Gestalter" das hypertextuelle Grundgerüst, so müssen diese Personen miteinander in Kontakt stehen und sich auf bestimmte Grundfunktionen und Strukturaspekte einigen, die dann konsequent und konsistent bei der Erstellung zu verfolgen sind. Dies gilt um so mehr für beteiligte Textproduzenten der Komponente Inhalt, die nicht nur die textuellen Inhalte der Online-Hilfe konsistent (und über die Knotenebenen auch kohärent) halten müssen, sondern auch die gestaltete Struktur als formgebende Größe (und Begrenzung) und die Vorgaben (und Beschränkungen) in Bezug auf die Navigation (und damit direkt auf die Links und die Lesereihenfolge ausgerichtete Vorgaben), in Kooperation mit den Verantwortlichen für die anderen Komponenten im Auge haben müssen. Kooperation kann sich hier auf direkten persönlichen Kontakt in Form von Besprechungen, Telefonaten, E-Mails etc. oder auch auf den Zugriff auf eine gemeinsame Datenbank beziehen. Steht den Teams der Komponenten in Phase 3 eine Datenbank zur Verfügung, dann

enthält diese jeweils den letzten Änderungsstand der einzelnen Komponenten, hält Verantwortlichkeiten im Prozess fest und im Idealfall haben alle Beteiligten Zugriff auf die dort enthaltenen Daten. Dort können auch Änderungsanfragen und Bedarfe festgehalten werden und dort wird der Verlauf der Steuerungsprozesse in den Komponenten festgelegt. Auf die Tätigkeiten in der Komponente Inhalt gehe ich im folgenden näher ein.

Komponente Inhalt

Bei der Komponente Inhalt handelt es sich in meiner Darstellung um die hauptsächlich textuellen Elemente der Online-Hilfe-Produktion. Die Kreisdarstellung mit den ontogenetischen Prozessphasen der Komponente Inhalt besteht aus den Tätigkeitsbereichen

- Informationsgewinnung (aus Langzeitgedächtnis und externen Quellen),
- Reflexion (mit Subprozessen des Planens, Zielsetzens, Entscheidens, Inferierens, Organisierens, Strukturierens und dem von mir ergänzten Tätigkeitsbereich der Orientierung),
- Textproduktion (mit Wissensaktivierung, Wissensselektion, Wissenslinearisierung, Phrasengenerierung und dem von mir ergänzten Tätigkeitsbereich der Verknüpfungsrealisierung),
- Evaluation (mit Editieren, Überarbeiten und dem von mir ergänzten Tätigkeitsbereich des Usability-Testing) (basierend auf Göpferich, mit meinen Ergänzungen. Vgl. auch ausführlich Göpferich 2002:251f.).

Informationsgewinnung

Im Produktionsprozess beginnt für den einzelnen Produzenten der Komponente Inhalt nach der Entgegennahme des Arbeitsauftrags die Tätigkeit mit der Informationsgewinnung, bei der sich der Produzent zunächst der Informationen aus der Aufgabenstellung, den Auftragsdaten, der Auftraggeber- und Entwicklungsdokumentation, der Prozessdokumentation (in Form von Leitfäden, Normen, Richtlinien usw.) und ggf. Fachliteratur aus dem Fachbereich der Anwendungssoftware, aus der oben beschriebenen Datenbank, bereits produzierten Textteilen und Vorläuferversionen bedient. Dabei sind in Anlehnung an seinen spezifischen Produktionsauftrag im Bereich der Auftragsdaten für den einzelnen Produzenten vor allem die kommunikative Funktion und die Adressaten seiner Tätigkeit (z. B. Nutzer- und Zielgruppenanalysen[134]) wichtige Informationen. Weitere Informationsträger sind Kooperationspartner und Informanten (aus der Zielgruppe, aus dem Softwareprojekt und aus den Nachbarkomponenten Navigation und Gestaltung). Bei den oben genannten Informationsquellen handelt es sich um typische externe Informationsquellen aus der unmittelbaren Arbeits- und Produktionsumgebung des Produzenten. Ich habe diese in meinem Modell im Bereich 3, situative Bedingungen, unter externe Informationsquellen verortet (vgl. analog Göpferich 2002:250). Der Produzent greift jedoch nicht nur auf externe Informationen zurück, sondern auch auf sein im Langzeitgedächtnis mehr oder weniger bewusst vorhandenes Wissen (Sachwissen, Textwissen, Dokumentationswissen, und Medienwissen, in meinem Modell im Bereich 2, wissensbedingte Individualaspekte realisiert).

Reflexion

Vor dem Hintergrund dieses individuellen Wissens, gesteuert durch die intrinsische Motiviation und die sich aus der Aufgabenstellung ergebenden Anreize, und mit Hilfe der durch die Informationsgewinnung entstandenen Erkenntnisse, setzen sich nun im Produktionsprozess reflexive Prozesse in Gang, bei denen Grob- und Feinstrukturierung des Textproduktionsprozesses und der Textteile geplant, Einzelziele gesetzt, in Übereinstimmung mit dem Arbeitsauftrag und dem definierten Ziel, Entscheidungen bezüglich der Textproduktion getroffen werden und die Tätigkeit organisiert wird. Bei der Online-Hilfe-Produktion ist in meiner Modellierung vor allem der in der Reflexion vermehrt auftretende Produktionsapekt der Orientierung im Hypertext eine beachtenswerte Größe. Online-Hilfe-Produzenten suchen im Produktionsprozess immer wieder den Anschluss an den jeweiligen Gedanken und die jeweils durchgeführte Handlung, indem sie, durch überfliegendes Lesen, überprüfen welche Fenster geöffnet sind, oder sich durch Markierungen im Text, die sie gezielt suchen und ansteuern, orientieren.

[134] Nutzer- und Zielgruppenanalyse: Die Analysen können hier als Artefakte der Softwareentwicklung (bzw. des Marketings) eine externe Informationsquelle sein. Es ist jedoch auch vorstellbar, dass z. B. die Erstellung einer Zielgruppenanalyse für die Online-Hilfe ein Einzelauftrag im Gesamtprozess der Online-Hilfe-Produktion sein könnte, der je nach Ausrichtung der Komponente Inhalt (Zielgruppenanalyse im Hinblick auf die Verständlichkeit der Online-Hilfe-Texte) oder den Komponenten Gestaltung/Navigation (Zielgruppenanalyse im Hinblick auf die technische Usability der Hilfe) zuzuordnen wäre.

Textproduktion

Bei der eigentlichen Textproduktion wird

- Wissen aktiviert "in einer Art Zoomverfahren ein Ausschnitt aus den mentalen Repräsentationen, die das Ergebnis der Konzeptionsphase ("Informationsgewinnung" und "Reflexion") darstellen, näher ins Visier genommen" (Göpferich 2002:254),
- Wissen selektiert "für jeden zu produzierenden Satz nach und nach ein mentales Satzmodell aufgebaut" (Göpferich 2002:255),
- Wissen linearisiert "Konzepte und Konzeptrelationen des jeweiligen mentalen Satzmodells in die Reihenfolge gebracht, in der sie im Satz versprachlicht werden sollen" (Göpferich 2002:255) und es werden
- Phrasen generiert.

Zu diesen vier bei Göpferich durch empirische Befunde (vgl. Göpferich 2002:257 und 278ff.) gerechtfertigten Subprozessen tritt ein weiterer Sub-Prozess als Tätigkeit hinzu, der für die Online-Hilfe-Produktion typisch ist und bisher in Modellen nicht vorkommt, die Verknüpfungsrealisierung. Damit ist nicht, wie bei linearen Texten üblich, die Kohärenthaltung von Textelementen gemeint, sondern speziell die Berücksichtigung der Hypertextstruktur und der Navigation während der Textproduktion. Auf diesen Online-Hilfe-spezifischen Aspekt gehe ich unten anhand von Beispielen aus meinen empirischen Daten näher ein. In meinem Modell ergänze ich die Kreisdarstellung von Göpferich bei der Tätigkeit der Textproduktion (Kreisdarstellung Mitte unten), um das Tätigkeitselement der Verknüpfungsrealisierung.

Evaluation

Bei den im Textproduktionsprozess folgenden Evaluierungstätigkeiten handelt es sich um das kontrollierende und kontinuierliche Überprüfen und Korrigieren von Textteilen (Zwischenergebnissen der Textproduktion) und um finale Korrekturen der Endprodukte der Einzeltätigkeit im Hinblick auf die Zielvorgaben. Während Göpferich in ihrer Beschreibung die Prozesse der Reflexion und der Evaluation als ähnlich hervorhebt (da sie dieselben Bewertungskriterien verwenden, vlg. Göpferich 2002:257f.), betont mein Modell den Aspekt der technischen Funktionskontrolle der textuellen Inhalte der Online-Hilfe nach der Fertigstellung, das Usability-Testing auf der Inhaltsebene. Damit sind die über die textuelle Prüfung auf sprachliche Richtigkeit, Ergänzungen, Streichungen, stilistische Änderungen und Layoutkontrolle hinausgehende Funktionsprüfung der Links, Überprüfung der Linkbenennungen und Anker-Ziel-Checks[135] gemeint, die die Produzenten händisch durchführen, bevor diese Prüfung softwaregestützt bei der technischen Kompilierung stattfindet und in Phase 5 die gesamte Online-Hilfe im Produktionsprozessverlauf in der dortigen Evaluierungsphase extern getestet wird. Hier erweitert mein Modell die in Schreibprozessmodellen so typischen Revisionsphasen am Text um die sich aus den textsortenspezifischen Besonderheiten ergebenden weiteren Korrekturanforderungen bei Online-Hilfen. Die Kreisdarstellung von Göpferich ergänze ich entsprechend um das online-hilfe-spezifische Tätigkeitselement Usability-Testing im Bereich der Evaluation (Kreisdarstellung Mitte rechts).

Perrin/Jakobs stellen in ihrem "Wäschetrommel-Modell" (vgl. Kapitel 4.6) die rekursiven und iterativen Prozesse (dort mit Blick auf Schreiben und Lesen) sehr anschaulich dar, indem sie sich dem Bild des Wäschewaschens in einer Waschmaschine bedienen. Vor- und Schaltphase, Vor- und Zurücklaufen, Schnell- und Langsamlaufen und Wasserzu- und Abpumpen. Durch die verwendeten Doppelpfeile und Kreisdarstellung weniger anschaulich, aber in diesem Sinne zu verstehen, sind auch die Tätigkeitselemente in der Produktionskomponente Inhalt im Prozessverlauf der Online-Hilfe-Produktion in meiner Modellergänzung zu Göpferich miteinander verbunden. Die Wechselbeziehungen der hier beschriebenen Komponente Inhalt zu den anderen Prozesskomponenten (Doppelpfeile nach oben und unten im Modell, vgl. Modellgrafik, Abbildung 5-1, 5-2) erläutere ich unten.

Kompilierung (Phase 4)

Bei der Kompilierung handelt es sich um die technische Fertigstellung des Prototyps der Online-Hilfe. Dieser von mir als Produktionskomponente erstmalig in ein Modell mit aufgenommene technische Produktionsschritt bestimmt in mehrerlei Hinsicht die Produktionsprozesse. Sowohl bei den

[135] Anker-Ziel-Checks: In Hilfe-Produktionsprojekten verwendete Benennung für die Überprüfung, ob die Linkbenennungen mit der Linkzielbenennung übereinstimmen. Die Überprüfung wird während der Produktion von textuellen Inhalten, sofern diese nicht vollständig systemgesteuert erstellt werden und sich damit der Prüfung durch den Produzenen entziehen, wo möglich händisch zwischen den aufeinander verweisenden Knoten durchgeführt.

Produktionsprozeduren, als auch bei der Einzelauftragsabwicklung der Produzenten in den Komponenten Inhalt, Gestaltung und Navigation.

- Inhalt: prozedurale und deklarative Informationseinheiten in Form von Text, Grafik, Screenshots und Multimedia, Knotenebenen und inhaltliche Zuordnung;
- Gestaltung: Layout, Formatvorlagen Knoten, Knotenarten;
- Navigation: Links und Linkarten, Browse-Sequenzen, Inhaltsverzeichnis, Index, Suche.

Deren jeweilige Produktionsleistung fließt bei der Kompilierung zusammen und erzeugt durch die Zusammenführung der Teilprozesse die Online-Hilfe. Die Kompilierung und der Kompilierungstermin bestimmen darüber hinaus die Zielvorgaben der Produktionsplanung und der Einzelauftragsvergabe mit. Hinsichtlich der Kompilierung liegen die Anforderungsschwerpunkte an die Produzenten in der Produktionsphase auf der Konsistenthaltung der Komponenten über viele Einzelelemente hinweg.

An der Kompilierung wird die Technisierung der Online-Hilfe-Produktion besonders deutlich, weil es hier ein technischer Zusammensetzungsprozess ist, der, im Zentrum des Geschehens, arbeitsteilig erstellte Komponenten zusammenfügt. An der Komponente Kompilierung wird auch die Lenkungsfunktion des technischen Prozesses (und die Notwendigkeit der Beherrschung der Werkzeuge, mit denen das Hilfe-Authoring erfolgt) und ihre Relevanz für den Prozess deutlich. Die prominente Stellung in meinem Modell kommt ihr auch deshalb zu, weil sie in der Prozessmitte nicht nur das prozesskritischste Element darstellt, sondern auch, weil sie wie kein anderer Prozess Folgeprozesse in Form von Neuplanung, technischer Anpassung etc. nach sich zieht und weitere Lenkungs- und Qualitätssicherungsschleifen auslösen kann und daher ein markanter Meilenstein vor dem Systemtest und der sich daran anschließenden Endproduktion ist.

Evaluierung und Prototyping/Recycling (Phase 5)

An die erfolgreiche Kompilierung schließt sich in meinem Modell die Phase 5 an, in der zunächst nach im Projekthandbuch festgelegten Prüfspezifikationen die Online-Hilfe evaluiert wird.

Evaluierung

Die Untersuchungskriterien ergeben sich aus den Anforderungen der Qualitätssicherung und im Projekthandbuch festgelegten Prüfspezifikationen. Es wird auf zwei unterschiedlichen Ebenen geprüft.

1) Korrektur (Inhaltliche Anforderungen werden mit dem definierten Ziel des Online-Hilfe-Projekts in Abgleich gebracht. Dabei finden klassische Überarbeitungs- und Redigierprozesse Anwendung. In der Regel prüfen die Produzenten im Rotationsverfahren die Textelemente ihrer Kollegen und lesen gegenseitig Korrektur).
2) Usability-Testing (Formale Anforderungen an die Funktionalität der Systemelemente der Online-Hilfe werden in der Anwendungsumgebung mit Hilfe von Testdaten oder Testfällen von unabhängigen Personen geprüft, auftretende Problemfelder und die Ergebnisse werden festgehalten).

Im Anschluss an die Prüfprozeduren stoßen aufgetretene Fehler über ein Qualitätssicherungs- und Berichtsverfahren eine neue Planungssituation und einen Überarbeitungsvorgang an, der als neue Prozessschleife von der Planung über Einzelaufträge erneut in die Produktion (jetzt Reproduktion) und von dort wieder zur Kompilierung führt. Diesen Reproduktionsfall habe ich in meinem Modell nicht modelliert, um das Modell nicht mit der Darstellung von Prozessschleifen zu überfrachten. Der Reproduktionsprozess durchläuft in engeren Schleifen und in wenigeren Produktionsschritten prinzipiell die im Produktionsprozess dargestellten Phasen erneut bis zur Kompilierung, woraufhin dann neu evaluiert wird, bis das Werkstück als releasereifer Prototyp in die Endfertigung gehen kann.

Prototyping

Die fünfte Prozessphase ist die Anschlussphase an den Softwareentwicklungsprozess. Mit der fertigen Software wird auch die Online-Hilfe ausgeliefert. Werden nun bei der Verwendung am Markt am Softwareprodukt Änderungen notwenig, betreffen diese in Form von Recycling immer auch die Online-Hilfe mit. Vom jeweils letzten Release-Stand der Hilfe aus fallen ggf. Änderungen an der Softwareversion als Versionierungsauftrag (und damit Reproduktionsfall) als neuer Auftrag und Initiator für Reproduktionsprozesse an und der Kreislauf des Erstellungsprozesses setzt erneut ein. Im Falle der Versionierung mit der Möglichkeit, auf Vorgängerversionen aufbauend, Teile der Prozesskette zu überspringen und Evaluierungsschleifen eng und aufwandsfrei zu gestalten. Versionierungsprozesse sind in der Online-Hilfe-Produktion gängige Praxis und fallen mit ihren Grundkomponenten in den mit meinem Modell gegebenen Rahmen. Reproduktionsphasen in Schreibprojekten (und erst recht in Produktionsprojekten) sind im Prozessbewusstsein und in der theoretischen Reflexion ein Stiefkind der Branche der technischen Redaktion.

> (...) Berührungspunkte zwischen Textproduktion und Textrezeption ergeben sich bei allen Textproduktionsaufgaben, die nicht völlig frei, sondern vorlagengebunden sind, wobei unterschiedliche Grade der Vorlagengebundenheit die Schreibprozesse möglicherweise auf unterschiedliche Weise beeinflussen. (...) Insgesamt gesehen besteht hier (bei der technischen Redaktion: Anm. CH) aber noch ein starker Forschungsbedarf, wobei darauf zu achten wäre, daß in der Zukunft mehr solche Textproduktionsformen untersucht werden, die in der gesellschaftlichen Praxis außerhalb der Schule von Bedeutung sind. (Krings 1992: 97f.)

Ich schließe mich Krings an und stelle fest, dass auch bei der "Wartung" von Online-Textsorten noch ein dringender Untersuchungsbedarf besteht.

Lenkende Prozesse und Schleifen (Pfeile)
Die lenkenden Prozesse im Online-Hilfe-Produktionsprozess operieren entlang der in Bereich 1 geplanten Prozessdurchführung und der dort festgelegten Abläufe, Arbeitsanweisungen und den sich im Prozessverlauf ergebenden Ablaufänderungen und deren Änderungsverfahren. Zur Lenkung (und personell zu den Lenkungsaufgaben) gehören auch die Organisation des Informationsmanagements und des Qualitätsmanagements. Die Informationsflüsse lassen sich in einem abstrakten Modell nicht darstellen, verlaufen allerdings zwischen Lenkung und Beteiligten und zwischen den Beteiligten untereinander und sind idealerweise allen jeweils betroffenen Parteien offen zugänglich. Zu den hauptsächlich rekursiven Lenkungsprozessen gehört die Qualitätslenkung mit festgelegten Qualitätszielen (festgehalten in der Auftragsplanung und im Prozesshandbuch) und den qualitätssichernden Maßnahmen der Evaluierung (Phase 5 im Online-Hilfe-Produktionsmodell). Ein weiterer wichtiger, die Lenkung betreffender Aspekt, ist die sich aus dem

Prototyp ergebende Endfertigung und der oben kurz umrissene, bei Überarbeitungsbedarf der Online-Hilfe einsetzende Versionierungsprozess, der aus einem lenkenden Einfluss in neue Aufträge münden kann.

In der Modellgrafik trenne ich bewusst die lenkenden Prozesse im Produktionsbereich 1 von den wechselseitigen Einflüssen der Komponenten der Bereiche 2 und 3. Diese Unterteilung ist notwendigerweise künstlich, da in realen Prozessen selbstverständlich auch externe Informanten, Notwendigkeiten die sich aus der Arbeitsteilung ergeben und die Hilfsmittel selbst (dafür argumentiere ich ja auch, indem ich ihnen einen großen Stellenwert zuweise) lenkend in den Produktionsprozess eingreifen können. Die Unterscheidung zwischen Einflussfaktor und Lenkung spiegelt hier die theoretische Sichtweise, die ich an die Beschreibung der Komponenten anlege, und ihre Funktion für die Verständlichkeit des Modells wider. Dies gilt analog für die wissensbedingten Individualaspekte aus Bereich 3.

Novität des Modellbereichs Produktionsprozesse

Die von mir angelegte Betrachtungsweise an die Modellierung entspricht, soweit abstrakt darstellbar, den Praxisanforderungen der Online-Hilfe-Produktion. Den Neuheitswert machen die folgenden Merkmale aus:

- Der Bezug zum übergeordneten Prozess der Softwareerstellung ist durch die Offenheit nach außen (Pfeile links und rechts im Modell) gegeben. Diese Hinwendung zu praktischen Abläufen ist in Textproduktionsmodellen bisher nicht in der Deutlichkeit üblich (vgl. jedoch Schubert 2007 mit ähnlichem Ansatz).
- Prozessphasen mit den zwingend chronologischen Verläufen sind enthalten und werden durch die in Textproduktionsprozessmodellen unübliche Nummerierung (Ontogeneseblickwinkel) sogar betont.
- Eine Vorphase als wichtiger Einflussfaktor wird berücksichtigt. Vorphasen in die Modellierung einzubeziehen war bislang in der Textproduktionsmodellierung nicht aktuell, ist aber beim hier gegebenen Praxisbezug notwendig (vgl. auch Perrin/Jakobs 2006 und Schubert 2007).
- Motivation und Anreize werden als generalisierbare Einflussfaktoren in die Vorphase des Modells aufgenommen und spielen sich von dort in den kognitiven Einflussfaktoren der einzelnen Prozessbeteiligten (Kreisdarstellung). Damit wird der Tatsache Rechnung getragen, dass

es einen Unterschied zwischen der Motivation des Einzelnen und der Gesamtmotivation im Prozess gibt.

- Planungsapekte, die in Schreibprozessmodellen üblicherweise besonders betont werden, habe ich im Bereich Produktionsprozess auf drei Modellkomponenten verteilt. Zunächst werden sie der übergeordneten Gesamtplanung zugeschrieben, dann in die Planung der Einzelaktivitäten und als Tätigkeitselement beim Produktionsprozess des Individuums aufgenommen. Damit trage ich der Tatsache Rechnung, dass hier nicht, wie in älteren Schreibprozessmodellen, ausschließlich die Planung eines einzelnen Schreibers, sondern die Gesamtplanung und Koordination verschiedener Planungstätigkeiten unterschiedlicher Individuen und Prozessphasen berücksichtigt werden muss.
- Evaluierungsaspekte habe ich, analog zur Planung, sowohl im Gesamtprozess als Komponente, als auch als Tätigkeitselement beim Produktionsprozess des Individuums einbezogen.
- Reflexionsprozesse treten als Tätigkeitselement beim Produktionsprozess des Individuums und als lenkende Einflüsse des Gesamtprozesses auf.
- Bei den Produktionsprozessen wird zwischen Inhalt (Textproduktion), Navigation und Gestaltung (Phase 3 im Modell) unterschieden. Dieser Ansatz macht den Praxisbezug des Modells besonders deutlich. Er wird bisher bei der Modellbildung nur von Rothkegel 2005 und Schubert 2007 verfolgt.
- Produktionsprozesse werden als Individualprozesse der Prozessbeteiligten in den Prozesskomponenten (Phase 3) modelliert. Da diese Prozesse den technischen Prozess der Kompilierung als Ziel haben, wird die Kompilierung als zusätzliche technische Prozesskomponente modelliert. Diese Betrachtungsweise ist besonders textsortenspezifisch und aus Textproduktionsprozessforschungssicht neu.
- Ich ergänze die kognitiven Prozessphasen des Individuums um die Prozessphasen des Online-Hilfe-Prozesses und deute damit die Wichtigkeit der Prozessverläufe und für das Prozessbewusstsein der Produzenten an.

Durch die Konstruktion der Phase 5 (Diffusions- und Degnerations-, bzw. Recyclingteil des Modells) und ihr Zusammenspiel mit der Prozesslenkung wird der Anschluss an die in der Online-Hilfe-Produktion typischen Versionierungsverläufe gewährleistet. Diese Besonderheit von Online-Hilfe-Produktionen weist Ähnlichkeiten zu Überarbeitungsdurchläufen bei der Textproduktion von anderen Textsorten auf, ist aber aufgrund der sich anschließenden technischen Unterstützung der Vorgänge hier in neuem Lichte zu betrachten.

5.6 Bereich 2: Wissensbedingte Individualaspekte der Beteiligten

Die wissensbedingten Individualaspekte der Beteiligten ordne ich in meinem Modell in die Komponenten Sachwissen, Textwissen, Dokumentationswissen und Medienwissen. Die abstrakte Unterteilung in diese Themenbereiche nehme ich vor, da davon auszugehen ist, dass die Produzenten der Online-Hilfe-Produktion nicht alle über das gesamte Wissen verfügen, das bei der Produktion insgesamt benötigt wird, im Langzeitgedächtnis der einzelnen Produzenten jedoch das jeweiliges für das Projekt oder die Einzeltätigkeit gesamte Wissen des Einzelnen entweder bereits verfügbar ist oder sich im Verlauf des Prozesses durch Zusammenwirken der Prozesskomponenten bildet. Die abstrakte Darstellung impliziert, dass sich die Subkategorien dieser Wissensbestände und ihr operationaler Zusammenhang[136] mit den kognitiven Prozessen der Produktion (Phase 3 im Produktionsprozess) in diese vier Komponenten einordnen lassen. Die Beschreibung der wissensbedingten Individualaspekte und die Darstellung erfolgt hier.

Wissensbedinge Individualaspekte (Bereich 2): Komponenten

Die Wissenskomponenten im Bereich 2 meines Modells beschreiben im weitesten Sinne das semantische Wissen (z. B. Wahrnehmungen, Vorstellungen, Gedanken, Begriffe, sprachlicher Ausdruck) des produzierenden Individuums im Zusammenhang mit der Produktion der Online-Hilfe. Während einige

136 Operationaler Zusammenhang zwischen Wissenskomponenten und Produktion: Wissensaktivierung, Wissensorganisation, Wissensselektion und Wissenslinearisierung.

Wissenskomponenten in der Schreibprozessforschung feste Größen bilden, z. B. Schreibpläne, Adressatenwissen, Sprachwissen, Textsortenwissen, treten im Zusammenhang mit rechnergestützter (Fach)textproduktion neue Wissenselemente hinzu. Diese sind bei Göpferich das Wissen über kulturelle Unterschiede (da sie einen Schwerpunkt auf mehrsprachige Textproduktion legt), Wissen über juristische und redaktionelle Anforderungen und organisatorische Abläufe, das Wissen über Informationsdefizite, Wissen zum Hard- und Software-Einsatz, Wissen über Qualitätskriterien und Einstellungen und Neigungen (die ich in meinem Modell der Vorphase des Produktionsprozesses als Komponente Motivation und Anreize zugeordnet habe) (vgl. Göpferich-Modell 2002:250 und Beschreibung der Wissenselemente 2002:239ff.). Diese bei Göpferich ausführlich diskutierten Wissensbereiche bedürfen m. E. wiederum der Interpretation, teilweisen Neufassung und Präzisierung und Spezifizierung bezüglich der Textsorte Online-Hilfen, die ich unten bei der Beschreibung der Komponenten Sach-, Text-, Dokumentations- und Medienwissen leiste.

> Wissen ist eine fließende Mischung aus strukturierten Erfahrungen, Wertvorstellungen, Kontext-informationen und Fachkenntnissen, die in ihrer Gesamtheit einen Strukturrahmen zur Beurteilung und Eingliederung neuer Erfahrungen und Informationen bietet. (Davenport/Prusak 1998:32)

Das Wissen, das in Online-Hilfe-Produktionen entsteht, indem Informationen aus den im Langzeitgedächtnis mit gespeicherten persönlichen Erfahrungen verknüpft oder bereits vorhandenem Fach- oder Sach-, Alltags- und Allgemeinwissen verknüpft und bewertet werden, erfasse ich im Online-Hilfe-Produktionsmodell als zur Komponente Sachwissen zugehörig.

Sachwissen

Sachwissen ist das Wissen über Themen, über die inhaltlichen Aspekte, das Wissen über Sachverhalte, darüber wie etwas aussieht, aufgebaut und strukturiert ist, wie man damit umgeht und wie es in einen Gesamtzusammenhang eingebettet ist. Sachwissen schließt Know-how und Erfahrung mit ein. Know-how und Erfahrung wiederum sind mit Fachbereichen verknüpft. Im neuen Schreibprozessparadigma wird Fachbereichswissen als domänenspezifisches Wissen bezeichnet. Bei dieser Art von Sachwissen ist das Fachgebiet, in dem das Wissen angesiedelt ist, meist in sich geschlossen und klar abgegrenzt.

Dieses Wissen wird in der Regel durch Ausbildung erworben. Zum Fachwissen aus Domänen tritt das Alltagswissen bzw. Weltwissen der Produzenten hinzu. Sachwissen schließt das strategische Wissen über das Vorhandensein von Prozessen und Sub-Prozessen, Prozessphasen und -schleifen mit ein. Mit Blick auf die Produktionssituation von Online-Hilfe-Projekten ist auch die Sub-Komponente des Nutzungswissens (vgl. Rothkegel 2005:64f.) dem Sachwissen zuzuordnen. Im Nutzungswissen fließen Alltags- und Fachwissen zusammen. Nutzungswissen umfasst Wissen über technische, personenbezogene und soziale Komponenten und hängt mit der angestrebten Usability eines Werkstücks zusammen (vgl. Rothkegel 2005:65). Zum Nutzungswissen gehört die Kenntnis über Funktion und Funktionalität ebenso wie das Wissen über die Adressaten und deren Nutzungskontexte. Zum Sachwissen in Online-Hilfe-Produktionen gehört besonders das Wissen über das Anwendungsgebiet der mittels der Hilfe zu beschreibenden Anwendungssoftware. Dies bedeutet jedoch nicht, dass Online-Hilfe-Produzenten, die beispielsweise eine Buchhaltungssoftware beschreiben, über umfangreiche Buchhaltungskenntnisse verfügen müssen. Das hier relevante inhaltliche Wissen ist das, was die Produzenten befähigt, zielgruppengerecht Hilfetexte zu schreiben und zu gestalten, die den Nutzern des Programms bei der Nutzung weiterhelfen. Verfügen Produzenten nicht über das dazu nötige Wissen, dann gehört zum Sachwissen auch die Fähigkeit, sich Wissenslücken bewusst zu machen und dieses Wissen über das Beheben von Informationsdefiziten (Göpferich 2002:242) im Verlauf des Produktionsprozesses (z. B. durch Informationsgewinnung aus externen Quellen) auszugleichen. Wissen über die juristischen Anforderungen der Softwaredokumentation liegt quer zwischen Sachwissen und Dokumentationswissen. Sofern es juristische Anforderungen im Anwendungskontext der Software betrifft, handelt es sich eher um Sachwissen; sind die juristischen Anforderungen der Dokumentation (Dokumentationsnormen etc.) gemeint, dann gehört dieses Wissen in meiner Darstellung in den Bereich des Dokumentationswissens. Die Grenzen können hier fließend sein. Strukturiertes Sachwissen ist die Voraussetzung für die designtechnische und inhaltliche Gestaltung von Online-Hilfen.

Textwissen

Textwissen bereitet aus Produktionssicht Wissen so auf, dass aus Wissen (des Einzelnen) Informationen für andere werden. Textwissen ist "Wissen über

Texte als konventionalisierte Organisationsformen für die Darstellung und kommunikative Vermittlung von Information" (Rothkegel 2005:62). Mit konventionalisierten Organisationsformen sind hier Textmuster gemeint. Textwissen schafft die Basis für die Arbeit am Text und bildet damit das linguistische Wissensinventar. Zum Textwissen gehören demnach alle die sprachliche Darstellung des Textthemas betreffenden Elemente, wie Wissen über (Fach)terminologie, Syntax, Semantik, Kohärenz und Kohäsion von Texten. Dazu gehört auch Wissen über die Erwartungen der Adressaten (Adressatenwissen) an Aufbau, Grundstrukturierung, Modularisierung und Makro- und Mirkostruktur und der Bezug zu visuellen Elementen in Texten. Textwissen ist außerdem Wissen über den Ablauf von Schreibaufgaben in professionellen Schreibumgebungen.

Auf der inhaltlichen Ebene können sich Sachwissen und Textwissen überschneiden. Überschneidungen gibt es auch zwischen Text- und Dokumentationswissen an der Schnittstelle von technischer Realisierung und sprachlichen Inhalten. Aus diesem Grund ist die hier gewählte Trennung der Wissenskomponenten bewusst künstlich. Sie dient jedoch zum besseren Verständnis der Gesamtsituation bei Online-Hilfe-Produktionen. Zum Textwissen zähle ich auch die Standardschreibpläne von Hayes und diejenigen Recherchestrategien, die die sprachlichen Aspekte der Textproduktion betreffen, beispielsweise die Terminolgierecherche. Textstrukturwissen ist die Voraussetzung für die zielführende Handhabung der Produktionsbedingungen.

Dokumentationswissen

Dokumentationswissen ist das strategische Wissen über die Produktionsbedingungen für die durch Hilfsmittel des Arbeitsprozesses gestützte und gesteuerte Arbeit an Text und Gestaltung auf der Ebene, wo aus einem Text und Gestaltungselementen Dokumente werden. Rothkegel bezeichnet dieses Wissen als Wissen über die Peripherie des Produktionskontexts. Wissenselemente sind hier die redaktionellen Anforderungen und das Wissen über die organisatorischen Abläufe (das Zusammenspiel der Komponenten), die gemeinsame Datenhaltung und die technisch realisierten Phasen im Produktionsprozess. Zum Dokumentationswissen gehört Wissen über die elektronisierten Prozessaspekte, wie Recherche und elektronische Kommunikation. Außerdem das Wissen über die (Teil)automatisierung der Prozesse, den Einsatz der

Hilfsmittel des Arbeitsprozesses, die im Hinblick auf die Werkzeugverwendung relevanten Normen und Standards (auch der der Informationsstrukturierung, Modularisierung etc.), die Speicherorte und Speicherverfahren der Dokumentation und die im Hinblick auf die Dokumentationselemente notwendige Arbeitsteiligkeit von Prozessen und deren Koordination. Dokumentationswissen ist die Voraussetzung für Beherrschung und die Funktionen der Hilfsmittel des Arbeitsprozesses.

Medienwissen

Unter Medienwissen fasse ich im Online-Hilfe-Produktionsmodell das Wissen über die Funktion der Hilfsmittel des Arbeitsprozesses (den Betrieb der im Prozess verwendeten Softwarehilfsmittel, der Online-Hilfe-Plattform, des CMS-Systems, des Browsers etc.) und deren technische Gestalt in Form von Dokumentformaten zusammen. Darüber hinaus fallen in diese Wissenskomponente die gestalterischen Aspekte des Layouts und Designs und das Wissen, das mit deren Erstellung in Verbindung zu bringen ist (Rezeptionsverhalten der Nutzer beim Lesen am Bildschirm, Gestaltungsanforderungen für mediale Darstellungen). Ebenfall zum Medienwissen gehört, in Bezug auf die Zielgruppe, das allgemeine Wissen über die produzierende Arbeit mit Medien, wie z. B. Medienwirkung und Erwartungen der Nutzer an Medien, sowie Wissen über Anforderungen und Hemmnisse bei der Bildschirmarbeit. Auch zwischen Medienwissen und Dokumentationswissen erfolgt die Trennung aus darstellerischen Gründen und ist im Modell künstlich; in der Produktionswirklichkeit von Online-Hilfe-Produktionsprozessen überlappen sich diese Bereiche. Medienwissen ist die Voraussetzung für das Funktionieren der organisatorischen Abwicklung der werkzeuglastigen Online-Hilfe-Produktion.

Zusammenhang zwischen den Wissenskomponenten

Die oben beschriebenen Sach- und Dokumentationswissen sind strategische Wissenskomponenten, die im Prozessverlauf auf übergeordneten Wissensebenen operieren (Nachweis in meinen Daten!). Sie organisieren, flankieren und begleiten die kognitiven Prozesse aus der Komponente Text- und Medienwissen. Text und Medienwissen sind die produktiven Wissenskomponenten, deren Inhalte die Produktion und die eigentliche Tätigkeit des Schreibens (mit allen linguistischen Elementen des Textwissens) mit Hilfe von Tools bestimmen.

Novität des Modellbereichs wissensbedingte Individualaspekte

Den Neuheitswert macht im Modellbereich wissensbedingte Individualaspekte die Tatsache aus, dass die Wissenselemente abstrakter gefasst sind als in Modellen der Schreibproduktionsforschung bisher üblich. Die klare Trennung zwischen Text- und Dokumentationswissen einerseits, Text- und Sachwissen andererseits und auch die Unterscheidung zwischen Dokumentations- und Medienwissen ist neu, durch die hypertextuellen Aspekte bedingt und macht das Modell offen für Anschlusshypothesen. Speziell für solche, die auf die Untersuchung von Hypertexten aller Art abzielen. Die Unterscheidung wird besonders für Anschlussuntersuchungen interessant, mit denen Kompetenzen und Strategien der beteiligten Produzenten im Zusammenhang mit ihrem Wissen und der Veränderung des Wissens über die Zeit und die Erfahrung (Expertiseforschung) untersucht werden. Dies gilt hauptsächlich für Arbeitsbereiche, wo Arbeits- und Verfahrensstudien, Experten- und Laienvergleichsstudien, Produkt- und Prozessstudien und Interviews dem Fachbereich technische Redaktion Aufschluss über die kognitiven Aspekte der Wissenskomponenten geben könnten.

5.7 Bereich 3: Situative Bedingungen

Die situativen Bedingungen bestehen in meinem Modell aus den Komponenten externe Informationsquellen, kooperative Prozesse und Hilfsmittel des Arbeitsprozesses. Sie werden in ihren Verknüpfungsrelationen zueinander und zu den Komponenten der anderen Modellbereiche beschrieben.

Situative Bedingungen (Bereich 3): Komponenten

Bei den situativen Bedingungen handelt es sich in meinem Modell um die spezifischen Situationen der physischen und die sozialen Produktionsumgebung der Online-Hilfe-Produktion. Da bei den technologiebasierten Online-Hilfe-Produktionsprozessen die Arbeitsumgebung sozusagen hauptsächlich in den PC ausgelagert ist, verschiebt sich hier die Betrachtungsweise von einer in Schreibprozessmodellen angenommen Schreibtisch-Stift-Blatt-Schreibsituation zu einer multimedialen PC-Arbeitsumgebung, bei der auch soziale Kontakte (wenn auch selbstverständlich nicht immer ausschließlich), vor allem bei räumlich verteilten Teams über datenbankgesteuerte Kommunikation oder E-Mails und Telefonate abgewickelt werden. Aus diesem Grund konstruiert mein Modell keinen "Arbeitsraum". Kontakte mit Kollegen werden der Arbeitsteilung in der Vorphase des Produktionsprozesses und den kooperativen Prozessen zugerechnet. Zu den situativen Bedingungen gehören neben den kooperativen Prozessen und dem PC-Arbeitsplatz mit den Hilfsmitteln des Arbeitsprozesses auch externe Informationsquellen.

> Moderne Schreibmedien, insbesondere der Computer mit seinen vielfältigen Möglichkeiten für eine vereinfachte Produktion von Texten (...) müssen verstärkt in die Forschung einbezogen und auf ihren Einfluß auf die Schreibprozesse hin überprüft werden. (Krings 1992:100)

In meiner Studie wird der PC als Arbeitsgerät und die Kenntnis über seine Funktionsweise vorausgesetzt. Seinen Einfluss auf die Produktionsprozesse habe ich zugungsten der Konzentration auf den Prozess nicht untersucht. Die PC-Nutzung als Einflussfaktor bei der Online-Hilfe-Produktion ist ein Forschungsdesiderat.

Externe Informationsquellen

Zu den situativen Bedingungen zählen besonders alle diejenigen Informationsquellen, die nicht dem Langzeitgedächtnis des einzelnen Prozessbeteiligten zuzuordnen sind, sondern die von außen den Produktionsprozess lenkend beeinflussen. Externe Quellen verstehe ich hier als nicht im Individuum selbst als Wissen vorhandene Größen. Ursprung dieser Art von Informationen können unterschiedliche Informanten, also Personen aus dem Arbeitsumfeld, der Softwareentwicklung, des Fachbereichs der Softwareanwendung, Personen der Zielgruppe, Übersetzer oder ähnliche sein. Zu den situativen Bedingungen zählen auch die Auftragsdaten, die vor allem mit der Komponente Auftrag der Vorphase des Produktionsprozesses in Verbindung stehen. Aus linguistischer Sicht zählen dazu die kommunikative Funktion, verbunden mit Zweck, Adressateninformationen und Sender (vgl. Göpferich 2002:250). Ferner gehören alle Arten von prozessbegleitenden Dokumenten und Daten (dazu zählen auch die Inhalte der Prozessdatenbank als Interimsversionen), Lastenheft, Pflichtenheft und Softwarespezifikation, alle Vorläuferversionen, Redaktionsleitfaden, Style Guide, Normen, Standards, Fachinformationen etc. Die vorgenannten Informationsquellen entsprechen weitgehend denen des didaktik-orientieren Schreibprozessmodells von Göpferich.

Eine in diese Gruppe der externen Informationsgruppen fallende und für den Online-Hilfe-Produktionsprozess und die Erstellung des Werkstücks ausgesprochen wichtige (bei Göpferich und anderen noch nicht berücksichtigte, bei Schubert (2007:42, 49, 51, 60, 82, 258ff.) jedoch eingeführte) Informationsquelle ist die Softwareanwendung selbst, die zu Überblicks- und Testzwecken während des Online-Hilfe-Produktionsprozesses vollständig oder zumindest in Teilen bereitstehen sollte. Ich ergänze die externen Informationsquellen daher um das Element der Anwendungssoftware. Sofern möglich sollten Online-Hilfe-Produzenten mit Testdaten die Funktionalität der Software selbst testen können. Die Tests, als Prozessschritte der Informationsgewinnung aus externen Quellen sind besonders für die Teile der Softwarebeschreibung wichtig, die über die Oberflächenbeschreibung hinausgehen. Aus diesem Grund gehören auch Testdaten aus dem Bereich der zu beschreibenden Software zu den externen Informationsdaten und werden entsprechend ins Online-Hilfe-Produktionsmodell aufgenommen. Sie sind erforderlich, um den Produzenten bis zur Tiefenstruktur des Softwareprodukts zu führen, um die Beschreibungserfordernisse auszuloten.

Unter externe Informationen fasse ich auch die bei Risku als Artefakte bezeichneten Zwischenschritte und Zwischenergebnisse als mehr oder weniger materieller Gegenstände, wie Telefonate, Notizen, Abbildungen, Textvorläufer, E-Mails usw. Deren Informationsfluss durch den Prozess kann ein heuristisches Modell nicht modellieren, ihr Vorhandensein halte ich hier im Erklärungsmodell jedoch fest.

Kooperative Prozesse/Arbeitsteilung

Die Komponente kooperative Prozesse/Arbeitsteilung umfasst die zeitlich und räumlich in Online-Hilfe-Prozessen verteilt agierenden spezialisierten Teams und Einzelproduzentengruppen und deren Produktionsprozesse. Zur Komponente gehören die Kommunikation im Projekt (Informationsflüsse und -wege im Prozess) ebenso wie ihre Koordination. Die Koordination der Arbeit und die Kooperation mit anderen ist ebenso Bestandteil dieser Komponente. Verteilte Arbeit bedeutet im komplexen Produktionszusammenhang, dass das Arbeitshandeln bruchstückhaft über den gesamten Prozess verteilt stattfindet.

Diese Bruchstücke zu einer Kette von Prozessen zusammenzufügen, die auf ein gemeinsames Ziel ausgerichtet ist, ist die große Herausforderung verteilter und kooperativer Arbeitsprozesse. Dabei gilt es dem Umfang der Anforderungen an die Einzelleistungen planerisch gerecht zu werden. In der Komponente kooperative Prozesse spiegelt sich die Komplexität des Prozesses, die Notwendigkeit konkreter Arbeitspakete und auch der Aspekt der Anweisungsbefugnisse. Diese haben wiederum – aus den situativen Bedingungen heraus, Einfluss auf den Projektverlauf und auf den dem Auftrag entsprechenden Abschluss des Projekts.

Hilfsmittel des Arbeitsprozesses

Bei den Hilfsmitteln des Arbeitsprozesses handelt es sich einerseits um die in Kapitel 3.2 beschriebenen Autorenwerkzeuge, ihren jeweiligen Einsatz bei der Abwicklung von Einzel- und Teamaufgaben und ihren lenkenden Einfluss auf die Prozesse. Es handelt sich andererseits um die gemeinsam genutzten Arbeitsgegenstände des Online-Hilfe-Produktionsprozesses, wie z. B. die oben bereits erwähnte Datenbank, auf die bei der arbeitsteiligen Produktion von verschiedenen Produzenten zugegriffen wird. Zu den Hilfsmitteln des Arbeitsprozesses gehören entsprechend alle Produktionshilfsmittel auf der Hard- und Softwareebene. Meine Modellierung geht hier, um den Rahmen nicht zu sprengen nicht gezielt auf weitere physische Hilfsmittel der Arbeitsumgebung, wie etwa Kopierer, Fax etc. ein.

Novität des Modellbereichs situative Bedingungen

Den Neuheitswert machen im Modellbereich situative Bedingungen aus, dass der Bereich im Online-Hilfe-Produktionsmodell abstrakter gefasst wurde als in der Schreibprozessforschung üblich. Die Motivation (in Form von Anreizen) wurde aus den situativen Bedingungen ausgegliedert und als eigene Komponente ins Modell integriert. Das Modell setzt im Bereich der Hilfsmittel des Arbeitsprozesses Textproduktionshilfsmittel (etwa der Textverarbeitung, Schreibkontrolle etc.) als selbstverständlich voraus und geht nicht weiter auf die physischen Hilfsmittel und die physische Umgebung der Produzenten ein. Die externen Informationsquellen werden nur skizziert und nicht vollständig aufgelistet. Diese Maßnahmen erhöhen den Abstraktionsgrad und vereinfachen die Darstellung. Bei den externen Informationsquellen sind die Testdaten und Anwendungssoftware als begleitende Artefakte zu gängigen Modellkomponenten hinzugekommen. Ihnen kommt aufgrund der Besonderheiten der Textsorte Online-Hilfen eine Bedeutung für die Modellierung zu. Einen Neuheitswert macht auch die Berücksichtigung der Komponente kooperative Prozesse/Arbeitsteilung aus. Diese wird in älteren Modellen noch nicht berücksichtigt, in neueren Modellen in der Regel nicht an die Hilfsmittel des Arbeitsprozesses gekoppelt. Die Komponenten kooperative Prozesse/ Arbeitsteilung und die Komponente Hilfsmittel des Arbeitsprozesses in ihrem Zusammenspiel und ihren Wechselwirkungen näher zu untersuchen, wird für Anschlussuntersuchungen eine Herausforderung sein.

5.8 Zusammenspiel der Komponenten und Wechselbeziehungen zwischen den Modellbereichen

Das Zusammenspiel zwischen den Komponenten im grafischen Modell lässt sich in einem abstrakten Modell nicht explizit zeigen. Ebenso wenig lässt sich präzise darstellen, in welcher Weise die durch die Planung festgelegte Prozesslenkung exakt welche Komponenten beeinflusst. Die Wechselbeziehungen zwischen den wissensbedingten Individualaspekten (Bereich 2) und dem Produktionsprozess (Bereich 1) und die Wechselbeziehungen zwischen den situativen Bedingungen (Bereich 3) und dem Produktionsprozess (Bereich 1) habe ich als Doppelpfeile ⇔ dargestellt. Diese stellen die Wechselseitigkeit zwischen den Komponenten der Bereiche dar.

Im Überschneidungsbereich zwischen 1 und 2 ist dies Geistesgut des Einzelnen, das in Form von Gedanken und Überlegungen die Produktionsprozesse steuert, wobei Wissensaspekte des Einzelnen die Prozesse beeinflussen. Umgekehrt verläuft die Beeinflussung, indem der organisationelle Verlauf der Produktionsprozesse die kognitiven Prozesse der Wissensaktivierung, Wissensselektion und Wissenslinearisierung durch rekursive Denkschleifen anregt. Reziprozität in diesem Sinne kann beim Einzelnen nicht nachgewiesen werden und ist nicht generell messbar, an bestimmten Merkmalen (z. B. angeeignetem Wissen, das sich positiv auf Folgeprojekte auswirkt) jedoch ersichtlich.

Im Überschneidungsbereich zwischen Bereich 1 und 3 sind es Fakten und Anforderungen, die sich aus der Einbettung des Gesamtprozesses in eine gegebene Ausgangs- und Arbeitssituation ergeben. Der Prozess bezieht sein mögliches Voranschreiten aus der Situation und erzeugt in seinem Verlauf, dass Situationen an ihn angepasst werden müssen.

Der gegenseitige Bezug zwischen den wissensbedingen Individualaspekten (Bereich 2) und den situativen Bedingungen (Bereich 3) verläuft selbstverständlich (in der Modellgrafik nur implizit dargestellt), über die bewussten und unbewussten kognitiven Prozesse des einzelnen Produzenten. Hier liegt, im Vergleich zu Hayes 1996 und Göpferich 2002, die Novität meines Ansatzes in der ontogenetischen Betrachtungsweise. Bei dieser lege ich den Produktionsprozess den Arbeitsprozess und sein Produkt (in der grafischen Darstellung) zwischen die Bereiche 2 und 3 und stelle die kognitiven Prozesse als Prozesskomponenten damit auf die gleiche Stufe wie die anderen Komponenten, etwa die Hilfsmittel des Arbeitsprozesses.

Obwohl das Zusammenspiel zwischen den einzelnen Komponenten im Modell nicht darstellbar ist, lassen sich typische und offensichtliche Zusammenhänge interpretativ als Erklärungskonzepte herleiten. So besteht beispielsweise ein direkter Zusammenhang zwischen allen vier Wissenskomponenten und der Komponente externen Informationsquellen, da alle Wissensbereiche mehr oder weniger stark von den Auftragsdaten, Begleitdokumenten und Informationsträgern abhängig sind. Weiterhin besteht z. B. ein Zusammenhang zwischen den Hilfsmitteln des Arbeitsprozesses und dem Medien- und Dokumentationswissen, die wiederum in wechselseitigem Verhältnis zum Textwissen stehen. Wie die Beispiele zeigen, lassen sich in dieser Weise Relationen zwischen den Komponenten und Bereichen aufstellen, diese sind entlang realer oder erdachter Prozessabläufe der Praxis beschreibbar. Eine vollständige Beschreibung der Komponentenzusammehänge leiste ich mit dieser theoretischen Arbeit nicht, gehe aber im Kapitel 6 mit Bezug auf die Einzelkomponente Textproduktion auf diejenigen Zusammenhänge des Modells, die anhand meiner Datenerhebung nachweisbar sind, genauer ein.

5.9 Zusammenfassung Online-Hilfe-Produktionsmodell

Das vorgestellte Online-Hilfe-Produktionsmodell ist ein heuristisches Modell, das den Produktionsprozess von Online-Hilfen aus produktionssystematischer Sicht betrachtet. Es besteht aus fünf Prozessphasen, zwei Vorphasen, 17 Modellkomponenten und einer Anzahl prozesslenkender Einflüsse, die in drei Bereiche aufgeteilt sind.

Der zentrale Bereich des Modells bildet die ontogenetischen Produktionsprozesse bei der Produktion von Online-Hilfen ab. Diesem Bereich sind auch die kognitiven Prozesse (Kreisdarstellung) der produzierenden Individuen/des produzierenden Individuums zugeordnet. Zwischen dem Produktionsprozess und den kognitiven Prozessen und dem zweiten Bereich, den wissensbedingten Individualaspekten der Prozessbeteiligten, besteht eine wechselseitige Einflussnahme. Der Wissensbereich umfasst die Elemente, die im Langzeitgedächtnis der Prozessbeteiligten zu verorten sind. Der Wissensbereich steht daher in besonders enger Verbindung mit den kognitiven Prozessen. Die beiden vorgenannten Bereiche werden durch den dritten Bereich, die situativen Bedingungen, beeinflusst. Die Einflussnahme betrifft alle Modellkomponenten des Produktionsprozesses und die Wissenskomponenten.

Das Modell ist abstrakt gehalten, weil es in den Prozessen, die es modelliert, viele Prozessmerkmale und viele einzelprojektindividuelle Unterschiede gibt. Indem es vereinfacht und idealisiert, zwingt es den Anwender dazu, spezifische Produktionssituationen als gegeben vorauszusetzen. Es stellt weder Entscheidungsketten noch Flussdiagramme auf, die den systemischen Charakter von Produktions- und besonders Schreibhandlungen noch deutlicher machen würden, jedoch wiederum auf Einzelfälle ausgerichtet sein müssten. Das Modell ist in seinen Einzelteilen methodisch kontrollierbar. Es bedarf bei fortschreitender Erkenntnis (auch und gerade in der Verbesserung der Messinstrumente, der Analyse- und Auswertungsmethoden) jedoch der Erweiterung und Verbesserung im Abgleich mit der Produktionspraxis. Ein Bereich, der aus produktionspraktischer Sicht erweiterungsbedürftig ist, ist der Komplex der kooperativen Arbeitsprozesse und der daran beteiligten Hilfsmittel.

Das Modell ist so gedacht, dass alle Komponenten als Ausgangs- und Betrachtungsfaktor an das Modell angelegt und damit das Modell aus unterschiedlichen Blickwinkeln betrachtet werden kann. Führt man z. B. eine Komponente gedanklich am Modell entlang, dann können in allen Modellphasen und bei jedem Prozessschritt Aussagen über die Relevanz dieser Komponente für die Phasen, die in den Phasen zu treffenden kognitiven Entscheidungen und den Zusammenhang zwischen der Komponente und den anderen Modellkomponenten, Phasen und lenkenden Einflüssen gemacht werden. Von einer ausgewählten Komponente aus den Prozess zu betrachten, bzw. diese Komponente am Prozessmodell entlang zu führen, ist sowohl von theoretischem wie von praktischem Interesse.

Im folgenden Kapitel stelle ich die Studie vor, mit der ich einen Teil des Produktionsprozesses meines heuristisch aufgebauten Online-Hilfe-Produktionsprozesses empirisch untersucht habe. Anhand der Einzelkomponente Textproduktion erbringe ich – für die Komponenten meines Modells, die direkt mit der Textproduktion und Navigation zusammenhängen und die sich anhand einer konstruierten Aufgabe darstellen lassen – im folgenden Kapitel den empirischen Nachweis.

6 Empirische Untersuchung des Produktionsprozesses von Hypertext

Das im vorigen Kapitel vorgestellte Online-Hilfe-Produktionsmodell habe ich zunächst heuristisch konzipiert. Einen Teilbereich des Modells wurde in Form einer Prozessstudie einer empirischen Prüfung unterzogen. Es handelt sich bei diesem Teilbereich um die Produktion von Hypertext auf der Basis einer bestehenden Textvorlage (Ausgangstext). Die Ergebnisse der in diesem Kapitel vorgestellten Studie wurden ebenso in die Modellierung des Online-Hilfe-Produktionsmodells einbezogen, wie die aus den Schreibprozessmodellen und Praxisablaufbeschreibungen aus Kapitel 4 hergeleiteten Komponenten und Modellphasen. Meine empirische Herangehensweise, die Durchführung der Studie, die Erhebungsmethoden und die Triangulation der gewonnen Daten beschreibe ich in diesem Kapitel.

6.1 Theoretischer Zugang

Die Phasen der Online-Hilfe-Produktion und die Komponenten des Wissens lassen sich grob und die Umgebungs- und Auftragsbedingungen von Online-Hilfe-Produktionen vergleichsweise präzise und unkompliziert herleiten und in mein Modell abtragen. Die Herleitung für mein Online-Hilfe-Produktionsmodell wird in dieser Arbeit durch meine Kenntnis der Online-Hilfe-Produktionspraxis und ihrer Komponenten und durch empirische Schreibprozess- und Textproduktionsmodelle gestützt. Der Produktionsprozess des Schreibens und Gestaltens von Hypertexten liegt aus textlinguistischer- und Prozessforschungssicht hingegen immer noch im Dunkeln. Dies liegt vor allem daran, dass Hypertextproduktionen, speziell solche, die sich über mehrere Prozesstage und Wochen erstrecken und von verteilten Teams ausgeführt werden, hoch komplex und schwer zu erfassen sind.

Die in der Online-Hilfe-Produktion getrennt auftretenden Prozesskomponenten Textproduktion, Gestaltung und Navigation, die in umfangreiche Produktionsprozesse und Produktionsumgebungen eingebunden sind und unter Verwendung einer Vielzahl von Hilfsmitteln des Arbeitsprozesses stattfinden, empirisch zu untersuchen, ist denkbar schwierig. Die Schwierigkeit liegt zunächst in der Zugänglichkeit der Produktionsprozesse überhaupt und der Bereitschaft der Produzenten, ihre Arbeitsabläufe transparent zu machen. Sie liegt ferner darin, dass Textproduktionsprozessbeobachtung heutzutage softwaregestützt durchgeführt wird. Typische Verfahren sind Bildschirmbeobachtung (Screen-Capture), ggf. Blickbewegungsmessung, Aufzeichnung der Tastaturanschläge und Mausaktionen durch das so genannte "Logging" (Mitschneiden), teilnehmende Beobachtung und Videoüberwachung. Die softwaregestützten Vorgänge im PC laufen während der Arbeitstätigkeit der Produzenten mehr oder weniger dezent im Hintergrund.

> The basic concept of most logging tools that have been developed is more or less comparable (…). All keystrokes and mouse movements during a writing process are logged and stored for later processing. This continuous data storage does not interfere with the normal usage of the computer, creating an ecologigically valid research context. At a later stage, the logged data can be made available for further analysis, either within the programm environment itself or as exported data (…). (Van Waes/Leijten 2006:158)

Ich musste während und nach meiner Datenerhebung jedoch feststellen, dass sich die großen Systeme, wenn man sie in Kombination verwendet, sich gegenseitig störend beeinträchtigen und die Aufnahmen "verderben" können.

Die personengebundenen Erhebungsverfahren durch teilnehmende Beobachtung und Videoaufzeichnungen sind teilweise im Hinblick auf das Vorhandensein von Personen und Kameras und anderen Störfaktoren im Prozessverlauf beeinträchtigend. Darüber hinaus ergeben Produktionsstudien in der Produktionswirklichkeit große Mengen von Daten, deren Auswertung langwierig und kompliziert ist. Neben der Datenmenge ist auch die Datenqualität solcher Untersuchungen teilweise bedenklich. Wenn Aufzeichnungen von komplexen Abläufen tatsächlich die Realität spiegeln sollen, dann werden auch solche Aktivitäten der Produzenten erfasst, die mit dem eigentlichen Prozessabläufen und dem Untersuchungsgegenstand wenig zu tun haben (z. B. private Telefonate oder E-Mails, vom Programm mitgeloggte Pausen). Dem Untersuchungsgegenstand nicht direkt zugehörige Situationen müssen aus den Daten sauber herausgefiltert, ihre Einflussnahme muss (richtig) eingeschätzt und beschrieben werden.

Will man komplexe Textproduktionsprozesse so genau wie möglich erfassen, greift man in der Regel auf einen Methodenpluralismus zurück. Methodenpluralismus ist besonders bei der Schreibprozessforschung das Mittel der Wahl für die empirische Herangehensweise.

> Schreibprozesse sind extrem vielschichtig und können mit einer einzigen Methode nicht umfassend erforscht werden. Es ist daher erforderlich, eine Vielzahl von Methoden anzuwenden und Schreibprozesse aus den verschiedensten Blickwinkeln zu betrachten, um die Ergebnisse dann wie Steinchen zu einem Mosaik, das den Schreibprozeß beschreibt, zusammensetzen zu können (vgl. Günther 1993:50, 79). (Göpferich 1998:254)

Ein solcher Mix aus verschiedenen Methoden erhöht allerdings weiter die Menge der zu interpretierenden Daten. Außerdem erzeugen mit verschiedenen Messinstrumenten (z. B. Logprogrammen[137] und Video) aufgezeichnete Vorgänge unterschiedliche Ergebnisdatenformate, die wiederum zum Verständnis und zur Interpretation der Daten synchronisiert werden müssen. Eine Kombination aus verschiedenen Methoden kann darüber hinaus qualitative und quantitative Daten ergeben. Deren Korrelation kann die Auswertung zusätzlich verkomplizieren. Umgekehrt kann eine gut aufeinander abgestimmte Methodenkombination zu höherer Validität der Daten beitragen, indem sich die Methoden ergänzen und gegenseitig stützen. Eine Schwierigkeit, die speziell das Mitloggen von Tastaturaktivitäten betrifft, liegt in den Logprogrammen selbst begründet, die noch nicht (alle) an reale Produktionssituationen angepasst sind. Dadurch bleibt der Versuchsaufbau notwendigerweise experimentell.

> (...) most logging-tools[138] cannot be used for writing studies in which professional writing in an ethnological business environment is studied. Professional writiers almost al-

---

137 Logprogramme: Schneiden Tastatur- und Mausaktivitäten als bildschirmvideoähnliche Dokumente mit. Es gibt derzeit verschiedene dieser Programme auf dem Markt (teilweise auch zu Forschungszwecken frei verfügbar). Gängige in der Schreibprozessforschung eingesetzte Programme sind z. B. ScriptLog und InputLog. In der Schreibprozessforschung und der Translationsprozessforschung eingesetzt und in meiner Studie verwendet wird das Programm *Translog 2006*.

138 Funktionalität der Logprogramme ausschließlich experimentell: Das Programm Inputlog verbindet die Funktionalität von JEdid und Trace-it und ScriptLog. (Jedid und Trace-it sind Macintosh-Programme, ScriptLog verbindet Logdateien mit Eye-Tracking Daten. InputLog war zum Zeitpunkt meiner Erhebung noch im Versuchsstadium und nicht öffentlich verfügbar.

> ways employ commercial word processors like MSWord (or others, Anm. CH), mostly in Windows environments. Existing logging tools up till now are mainly devoloped to operate in experimental settings. (Van Waes/Leijten (2006:159)

Um die Schwierigkeiten bei der Datengewinnung zu umgehen und aufgrund der Tatsache, dass im Fall meiner Untersuchung auch Labordaten mein heuristisches Online-Hilfe-Produktionsmodell stützen und validieren können, verwende ich in meiner Studie, anstelle von Produktionsdaten aus der Produktionswirklichkeit, Labordaten zu einer konstruierten Produktionsaufgabe. Diese Aufgabe und die von mir gewählte Methodenkombination aus Aufzeichnung der Tastaturanschläge und Mausaktionen, in Kombination mit Lautem Denken, Bildschirmaufzeichnung und Blickbewegungsmessung werden im Folgenden beschrieben.

6.2 Hypertextproduktion als Prozessbestandteil

Da es im Rahmen dieser Arbeit nicht leistbar ist, ein vollständiges Bild über die Vorgänge realer Softwaredokumentationsprojekte zu liefern und aufgrund der oben genannten Zugangs- und Datenproblematik habe ich für die Datenerhebung meiner Studie eine unter Laborbedingungen durchführbare Produktionsaufgabenstellung konstruiert, die den Teil des Produktionsprozesses eines Hypertextes untersucht, der für meine Online-Hilfe-Modellierung interessant ist und den andere Schreibprozessforschungsansätze bisher nicht untersuchen. Es handelt sich hierbei um die Produktions- und Navigationsaspekte bei der Konstruktion eines Hypertextes aus einer bereits bestehenden Textvorlage. Die Laborstudie erfasst die Produktionsdaten von vier Versuchspersonen mit ähnlicher Vorbildung. Auf die beteiligten Versuchspersonen gehe ich unten näher ein.

6.3 Hypertextproduktion: Aufgabenstellung

Für die Laborsituation habe ich eine Aufgabe konzipiert, die den Teilkomponenten Inhalt und Navigation meines Online-Hilfe-Produktionsmodells so nahe kommt wie nur irgendwie möglich. Gleichzeitig schränkt die Aufgabe die Produktionsaktivitäten bei der Bearbeitung durch die Versuchspersonen soweit ein, dass kein prozessuraler Produktionsrahmen (z. B. in Form eines theoretisch konstruierten Online-Hilfe-Produktionsfalls) für die Bearbeitung notwendig ist. Damit bleibt die Untersuchung so natürlich wie möglich.

Die Aufgabe ist so gewählt, dass sie innerhalb eines realen Online-Hilfe-Produktionsprojekts ein Teilauftrag oder eine Teilhandlung sein könnte. Bei der Aufgabenstellung (siehe Anhang) handelt es sich um eine Textadaptionsaufgabe, bei der schon vorhandener Text von den Versuchsteilnehmern an eine neue Situation anzupassen ist. Vorhandene Textpassagen an neue Gegebenheiten anpassen, ist eine gängige Teilaufgabenstellung bei Online-Hilfe-Produktionsprozessen.

Beim Ausgangstext der Textadaptionsaufgabe handelt es sich um einen linearen Fließtext zum Thema Bedienungs-, Lüftungs-, Pflege- und Wartungsanleitung für Fenster und Außentüren. Zur Aufgabendokumentation für die Versuchsteilnehmer gehörte neben dem Ausgangstext die Aufgabenstellung mit Notationskonventionen und ein Mustertext, der beispielhaft die Verwendung der Notationskonventionen[139], Lesepfade und Tags[140] darstellt. Die Abbildung 6-1 zeigt die zur Aufgabenstellung gehörenden Unterlagen (siehe in Originalgröße im Anhang). Der Ausgangstext stand den Teilnehmern in der Produktionsumgebung auch am Bildschirm zur Weiterbearbeitung zur Verfügung.

139 Notationskonventionen: Kürzel zur Angabe eines Deskriptors in einem aus symbolischen Zeichen und Worten bestehenden Begriffssystem. Im hier vorliegenden Fall handelt es sich um Zeichen, die eine hypertextuelle Einheit einleiten und abschließen und einen Linkverweis im Text einbetten. Beispiel: Einbettung eines Links in einen Text: <Link Start>verlinktes Wort <Link Ende>.

140 Tag: Metadatum oder Steuerzeichen, das eine Einheit beschreibt, meist in Klammern dargestellt. Siehe Beispiel in Fußnote 3.

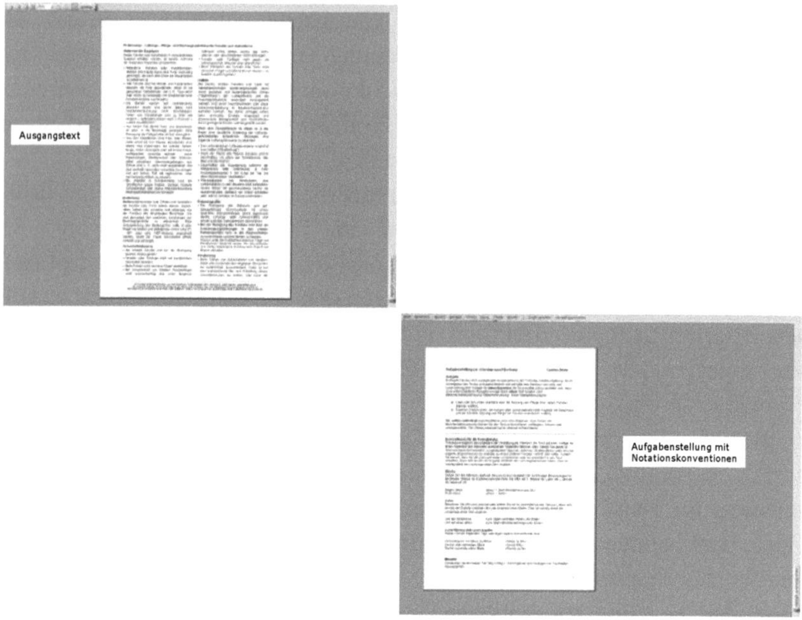

Abb. 6-1: Aufgabendokumentation

Die Versuchsteilnehmer wurden gebeten aus dem vorliegenden Ausgangstext eine Vorlage für einen Hypertext mit einer Hypertextstruktur und Verlinkungen zu erzeugen. Die Produktion sollte in der festgelegten Produktionsumgebung (Translog-Anwendungsumgebung[141]) durch Arrangieren des Textes in Hypertextblöcke[142] und mit Hilfe des Setzens von Links erfolgen. Ziel der Aufgabe war, dass das Textresultat zwei unterschiedliche Rezeptionswege durch einen Text ergeben sollte. Einen Rezeptionsweg für Laiennutzer und einen für Expertennutzer von Fenstern und Außentüren. Dieser Teilaspekt der

141 Translog-Anwendungsumgebung: Das Translog-Programm wird unten detailliert beschrieben. Es handelt sich um ein Programm, das Eingabeaktivitäten am Bildschirm aufzeichnet.

142 Hypertextblöcke: In der Fachsprache der Hypertextproduktionen werden diese als Knoten oder Fenster (Windows, geprägt durch die Produktbezeichnungen der Firma Microsoft) bezeichnet. Da der zu bearbeitende Ausgangstext jedoch von Fenstern (gemeint sind Glasfenster in Häuserfronten) und Türen handelt, habe ich bei der Aufgabenstellung, beim Vorversuch und bei den Gesprächen mit den Versuchspersonen konsequent die Benennung "Block/Blöcke" verwendet, um die Versuchsteilnehmer nicht durch gleich lautende Benennungen zu verwirren.

Umorganisation des Ausgangstextes für unterschiedliche Nutzergruppen ist, genau wie die oben beschriebene Vorlagengebundenheit, für Online-Hilfe-Produktionsprozesse typisch.

In der Aufgabenstellung wurden die Versuchsteilnehmer ausdrücklich aufgefordert, Hypertextblöcke und Links zur Leserführung in ihren Text einzubauen und ihnen wurde gestattet den Text umzuformulieren, zu verlängern, zu kürzen oder umzuorganisieren. Für die Formatierung der Hypertextblöcke stand den Versuchspersonen eine Liste von Notationszeichen[143] zur Verfügung. Auch die Arbeit mit Notationskonventionen[144] ist als klassischer Faktor mit der realen Produktion von Online-Hilfen vergleichbar.

Aufgabenstellung und Expertise

Meine Studie vergleicht Versuchspersonen mit ähnlichem linguistischen Hintergrund und ähnlichem Textwissen. Die Versuchspersonen (siehe detaillierte Beschreibung unten) unterscheiden sich jedoch hinsichtlich der Berufserfahrung und des Lebensalters. Ich nenne die Versuchspersonen mit mehr Berufserfahrung hier Experten, die andere Gruppe bezeichne ich als weniger erfahrene Textproduzenten, bzw. Semi-Professionelle[145]. Ich beziehe mich bei dieser Unterscheidung auf die Ten Year Rule, die annimmt, dass echte Expertise erst nach jahrelanger beruflicher Tätigkeit in der jeweiligen Domäne einsetzt.

> (…) the most compelling evidence for the role of vast experience in expertise comes from investigators who have shown that, even for the most talented individuals, ten years of experience in a domain (ten-year rule) is necessary to become an expert. (Ericsson 2006:689)

143 Notationszeichen: Ich habe für die Abwicklung der Aufgabe Notationskonventionen festgelegt (siehe Aufgabenstellung mit Konventionen im Anhang).

144 Arbeit mit Notationskonventionen: Vor der eigentlichen Datenerhebung wurden die Versuchsteilnehmer in einem Vorversuch mit den Notationskonventionen und dem Textmuster mit Lesepfaden vertraut gemacht. Im Vorversuch konnten die Versuchsteilnehmer die Notationskonventionen ausprobieren und sich an sie gewöhnen. Laut Ericsson/Simon (1993: xiv, xxxii, 82) wird ein Vorversuch als "Aufwärmphase" benötigt, damit sich die Versuchspersonen mit den verwendeten Programmen vertraut machen können.

145 Semi-Professionelle: Bei diesen weniger erfahrenen Textproduzenten handelt es sich um Schreiber, die über mehr Erfahrung im Textproduzieren als Novizen verfügen, jedoch weniger als Experten. In der Expertiseforschung werden diese Personen auch als Intermediates bezeichnet.

> (…) there is no disagreement across researchers as to the necessity of years of task-specific practice to acquire skilled performance. (Hodges/Starkes/MacMahon 2007:480)

> Whereas initial proficiency in everyday and professional skills may be attained within weeks and month, development to very high levels of achievement appear to require many years or even decades of experience. (…) performance is assumed to improve as a consequence of continued experience. (Ericsson 2006:395)

Expertise wird typischerweise als Progression vom Status des Novizen oder Anfängers, über eine Mittelstufe, die Semi-Professionellen, bis zum Experten gesehen. Die bestimmenden Faktoren sind Instruktion, Training und Erfahrung. Außerdem gelten soziale Reputation, abgeschlossene Ausbildung, nachgewiesene Kenntnis und die Erfahrung im Feld über längere Zeit (mehr als 10 Jahre), als Richtmass für die Bestimmung von Expertise. Misst man allerdings die objektive Leistung von Versuchsteilnehmern, dann kommt es vor, dass berufserfahrene und gut ausgebildete "Experten" weniger gute Leistungen erbringen als Anfänger oder weniger erfahrene Teilnehmer (vgl. Ericsson 2007:686). Ericsson und Smith (1991) und Ericsson (1996, 2002) argumentieren, dass nur in solchen Domänen, wo Experten in reproduzierbarer Weise objektiv bessere Leistungen erbringen, Expertise überhaupt als solche definiert werden kann.

> Professional writing reflects not just general writing ability but also expertise in a particular genre and domain. Thus, there are really many specific kinds of professional writers, but some features apply to them all. Extensive reading, high verbal ability, the skilled use of concrete language, and the ability to envision and respond to the readership are hallmarks of the writer's craft. The other common features of professional writers also overlap with different kinds of expertise and figure promininently in a general theory of expertise. Strategies for managing the cognitive load on working memory are important for the writer as well as for professonals in computer programming, for example. Knowledge about the domain permis the rapid retrieval of information from long-term memory and minimizes the demands on short-term working memory (…). (Ericsson/Smith, 1991, zittiert nach Kellog 2006:299)

> The ten-year rule of expert skill acquisition applies to writers and, if anything, underestimates the number of years of deliberate practice required to reach professional levels of achievement. (Kellog 2007:299)

Im Hinblick auf den unterschiedlichen Grad der Expertise meiner Versuchsteilnehmer habe ich den Textinhalt des Ausgangstextes so neutral und domänenunabhängig wie möglich gewählt, damit beim späteren Performanzvergleich kein (zusätzlicher) Vorteil aus domänenspezifischem Wissen für die Experten-Versuchspersonen entsteht. Domänenunabhängige Aufgaben sind:

> (...) tasks that are not necessarily expressive of the skills of the experts because they do not precisely mimic the tasks the experts usually perform. But these tasks, (...), are suggestive of the ways in that the mental representations of experts and novices can differ. (Chi 2006:181)

Der von den Versuchspersonen zu bearbeitende Text handelt vom Einbau, von der Wartung und Pflege von Fenstern und dem Umgang mit Fenstern und scheint als thematischer Inhalt geeignet. Der Fachlichkeitsgrad des Textes ist niedrig, der Fachsprachlichkeitsgrad des Ausgangstextes hoch. Den Fachlichkeitsgrad habe ich jedoch bei meinen linguistisch vorbelasteten Versuchsteilnehmern als unbedenkliche Größe eingestuft.
In der Regel ergeben Auswertungen und Vergleiche zwischen erfahrenen (Experten) und weniger erfahrenen Textproduzenten bei Datenerhebungen häufig, dass Experten vollständiger arbeiten, effektiver und korrekter die Aufgaben lösen als semi-professionelle Textproduzenten, denen das domänenspezifische Wissen fehlt. Experten liegen dann bei der Auswertung in Effizienz und Geschwindigkeit klar vor den weniger Erfahrenen. Dies ist ein erwartbares Ergebnis, das auch in meiner Studie wenig über die Prozessgegebenheiten von Online-Hilfe-Produktionsprozessen aussagt und nur eine allgemeine These der Expertenperformanz unterstützt. Deshalb habe ich eine Aufgabenstellung formuliert, die vom weniger erfahrenen Textproduzenten ebenso gut gelöst werden kann wie vom Experten. So können die Leistungen eher etwas über die Wissensstrukturen und Prozesse beider Versuchspersonengruppen aussagen und dennoch besondere expertisebezogene Herangehensweisen der Experten im Produktionsprozess aufzeigen, die sonst durch die allgemein bessere Performanz und fachliche Überlegenheit der Experten verdeckt bleiben könnten.

Aufgabenstellung und Notationskonventionen

Aus diesem Grund habe ich mich auch dafür entschieden, eigene Notationskonventionen für die Aufgabenstellung zu entwerfen, die eine gewisse Allgemeinbekanntheit beinhalten, allerdings keiner der Versuchspersonen bisher verinnerlicht sind. Es handelt sich hierbei um einleitende und abschließende Tags und Tags als Start- und Ende-Signale von Links, ähnlich denen von HTML oder anderen Auszeichnungs- und Programmiersprachen.

Aufgabenstellung und Hypertextumgebung

Die Tatsache, dass die Produktionsprozesse der Versuchsteilnehmer mit einem Programm aufgezeichnet wurden, das die Tastaturanschläge und Mausaktivitäten der Versuchspersonen mitloggt, stellte zunächst eine methodische Schwierigkeit dar, denn die bisher gängige Logging-Software funktioniert noch nicht in Hypertextproduktionsumgebungen (siehe Zitat Van Waes/Leijten oben). Aus diesem Grund musste die Aufgabenstellung entsprechend angepasst werden.

> A key limitation of contrived tasks, however, is that if the contrived task departs too much from the familiar task (e.g., lacks ecologiacal validity and/or representativeness), then the model of performance that comes out may be a model of how the person adapts to the task, not a model of their expertise. (Chi 2006:170)

In meiner Studie "simuliert" die Aufgabenstellung die Hypertextproduktionsumgebung, indem sie als Produktionsergebnis eine "Vorlage für einen Hypertext" fordert und Notationskonventionen anbietet, mit deren Hilfe theoretisch ein Hypertextnetzwerk konstruiert werden kann. Damit entfernt sich die Aufgabenstellung nicht zu weit von der Produktionsrealität von Online-Hilfe-Produktionen. Sie bleibt außerdem durchführbar und messbar und sie garantiert, dass die Experten bei der Verwendung des Hilfsmittels des Arbeitsprozesses hier keinen möglicherweise vorhandenen Produktionsvorteil durch bessere Werkzeugkenntnis haben.

Aufgabenstellung und Komponenten des Online-Hilfe-Produktionsmodells

Die Aufgabenstellung deckt, soweit möglich, jedoch nicht vollständig, die Komponenten des Online-Hilfe-Produktionsmodells ab. Die folgende Tabelle 6-1 listet die Komponenten des Modells und ihren Bezug zur Aufgabenstellung meiner Datenerhebung auf.

Modellkomponente	Bezug zur Aufgabenstellung
Produktionsprozess	
Auftrag	Arbeitsauftrag laut Aufgabenstellung der Versuchsleiterin.
Motivation und Anreize	Arbeitsauftrag so gut wie möglich erledigen.
Planen, Ziel setzen, Entscheiden, Organisieren	Lesen und mit dem Text vertraut machen, Überblick behalten und Einzelziele festhalten, Entscheidungen treffen.
Einzelaufträge nach Arbeitsteilungskriterien	Da keine weiteren Produktionsbeteiligten vorhanden sind, fällt der Aspekt der Einzelaufträge als Managementkomponente weg. Die Versuchsteilnehmer erteilen sich selbst Aufträge in Form von Hinweisen.
Inhalt	Inhaltsentscheidungen auf der Textebene.
Navigation	Navigationsentscheidungen auf der Leserführungsebene und Entscheidungen, die die Textstruktur betreffen.
Gestaltung	Die Komponente Gestaltung entfällt bei der gestellten Produktionsaufgabe, da nur die Grundstrukturierung und ggf. die Umformulierung des Textes zur Aufgabe gemacht wurde.
Kompilierung	Die Komponente Kompilierung entfällt bei der gestellten Produktionsaufgabe, da nicht in einer Online-Hilfe-Produktionsebene gearbeitet wird und Kenntnis über die Kompilierung von den Versuchspersonen nicht vorausgesetzt werden kann.
Evaluierung	Korrekturen an Struktur und Textinhalt am Ende des Gesamtprozesses. (Abschlussevaluierung)
Prototyping/ Recycling	Aufgabe ist bereits Adaptionsaufgabe und daher Reproduktion bzw. Versionierung, indem eine andere Version eines bereits erstellten Textes erarbeitet wird.
Wissensbedingte Aspekte	
Sachwissen	Wissen aus der Textquelle selbst und aus dem Wissen der Versuchsteilnehmer über die Verwendung von Fenstern im Alltag.
Textwissen	Linguistisches Wissen der Versuchsteilnehmer.
Dokumentationswissen	Wissen über Arbeitsverfahren der Dokumentation.
Medienwissen	Die Teilnehmer kennen Hypertexte und wissen, dass es Hypertext-Konventionen für die Textsorten gibt. Sie kennen das Nutzungsverhalten (Springen und Linkverfolgen).
Situative Bedingungen	
Externe Informationsquellen	Arbeitsauftrag, Notationsmuster (beides als Dokumente), Interimsversion (Ausgangstext als Vorlage), Versuchsleiterin als Informantin.
Kooperative Prozesse/ Arbeitsteilung	Kooperation findet im Prozess nicht statt, da die Versuchspersonen allein arbeiten.
Hilfsmittel des Arbeitsprozesses	Translog als Produktionssoftware mit geteiltem Fenster. Keine weiteren Hilfsmittel zugelassen.

Tab. 6-1: Modellkomponenten und Bezug zur Aufgabenstellung der empirischen Untersuchung

Die Aufgabenstellung der Untersuchung deckt die Komponenten Auftrag und Motivation und Anreize meines Modells in etwas anderer Form ab, als das

Online-Hilfe-Produktionsmodell beschreibt. Der den Versuchsteilnehmern gestellte Auftrag entspricht am ehesten der im Online-Hilfe-Produktionsmodell dargestellten Komponente Einzelaufträge nach Arbeitsteilungskriterien. Die Motivation der Versuchsteilnehmer besteht in meiner Studie in persönlichem Interesse an der Teilnahme, weniger an extrinsisch aus der Arbeitsmotivation entstehenden Anreizen. Die Modellkomponente Gestaltung fällt bei der Studie weg, da bei der Teilaufgabe keine Gestaltungselemente berücksichtigt werden. Die Kompilierung entfällt, weil die Aufgabe nicht in einer Online-Hilfe-Umgebung umgesetzt wird. Dies gilt auch für die Umsetzung in einen Prototyp. Die Komponente Arbeitsprozesse im Modell bezieht sich auf arbeitsteilige Aufgabenstellungen, die bei den Einzelbearbeitungen durch die Versuchsteilnehmer ebenfalls keine Rolle spielen.

Alle hier genannten, mit meiner Untersuchung nicht testbaren Komponenten, zeichnen sich dadurch aus, dass sie in echten Online-Hilfe-Produktionen an real existierende Personen oder technische Werkzeuge gebunden sind, die ein- und umzusetzen mein Versuchsaufbau nicht in der Lage ist.

Dagegen lassen meine erhobenen Produktionsprozessdaten begründete Rückschlüsse auf die Richtigkeit meines heuristischen Modells in Bezug auf die kognitiven Prozesse bei Textproduktion und Navigation, bei den wissensbedingten Individualaspekten und den situativen Bedingungen zu und werfen ein erhellendes Licht auf die Besonderheiten der Produktion von Hypertexten. Beispiele hierzu diskutiere ich in Kapitel 6.11.

6.4 Methodenkombination

Die oben vorgestellte Aufgabe stößt bei den Versuchsteilnehmern meiner beiden Teilstudien (hier als Teilstudie Graz und Teilstudie Flensburg bezeichnet, siehe unten) einen sehr komplexen Arbeitsprozess aus, der sich aus Teilprozessen und Handlungen zusammensetzt. Teilprozesse sind hier kognitive Prozesse der Handlungsplanung, der Informationsgewinnung aus der Aufgabenstellung und dem Ausgangstext (durch Lesen), der Reflexion und der Evaluation. Handlungen gehören ebenfalls zum Arbeitsprozess. Handlungen sind vor allem Textproduktion (Eingaben in die Tastatur) und andere Begleithandlungen und motorische Handlungen wie Scrollen mit dem Scrollbar, Mausbewegungen und Manövrieren und Orientieren im Text.

Um die komplexen Vorkommnisse einer Textproduktionssituation zu beobachten und zu messen, bedient man sich unterschiedlicher Methoden und Verfahren, die idealerweise den Gesamtprozess oder mindestens Teile davon untersuchen. Da jedoch bisher kein Verfahren allein in der Lage ist, die Komplexität von Schreibaufgaben ohne Verzerrungseffekte zu erfassen, kombiniert man die Methoden bei der Erhebung. Dabei verwendet man bei Erhebungsstudien – bei konstant gehaltenen Aufgabenparametern – unterschiedliche Methoden und korreliert die gewonnenen Daten anschließend durch Triangulation.

> Um "die potentiellen Verzerrungseffekte der einzelnen Verfahren" zu reduzieren bzw. zu minimieren, ist es dabei erstrebenswert, auch die gleiche Fragestellung mit unterschiedlichen Methoden zu bearbeiten. Diese Vorgehensweise bezeichnet man als Triangulation. (Krings 1992:50)

Ich bediene mich des Methodenpluralismuses in meinen Studien, indem ich innerhalb einzelner Untersuchungen verschiedene Erhebungsmethoden verwende. Außerdem arbeite ich bei gleicher Aufgabenstellung mit ähnlich qualifizierten Versuchspersonen und mit geringfügig unterschiedlichen Verfahren. Damit schließe ich aus, dass ich aus einem einzelnen Verfahren falsche Schlüsse über den Prozess ziehe. Bei der Verwendung verschiedener Methoden weist meine Datenerhebung Korrelate auf, die gesicherte Schlüsse zulassen und sich gegenseitig stützen. Ich habe eine Kombination der folgenden digitalen Leitverfahren[146] für meine beiden Teilstudien gewählt:

- Verbalprotokoll (Lautes Denken)
- Prozessdatenerhebung (Logdaten)

Darüber hinaus habe ich die Teilstudie Graz durch Blickbewegungsmessung mit Bildschirmaufzeichnungen ergänzt und persönliche Informationen zum Hintergrund der Versuchspersonen mit Hilfe eines Fragebogens erhoben. Die

[146] Digitale Erhebungsverfahren in der Schreib- und Textproduktionsprozessforschung: Den aktuellsten Überblick über die digitalen Erhebungsverfahren liefern Van Waes/Leijten/Neuwirth 2006, dort besonders die Einführung von Sullivan/Lindgren 2006.

gewählten Methoden sind, von der Blickbewegungsmessung abgesehen, in der Schreibprozessforschung gängige Praxis. Die Besonderheit meiner Studie liegt in der Konzentration auf die Textsorte Hypertext, die ich, als unabhängige Variable in ihrem Einfluss auf bestimmte Merkmale der Textproduktion, unter Konstanthaltung anderer potentieller Einflussgrößen, genauer zu bestimmen versuche. Für Hypertexte ist dies, in Methodenkombination, in der hier angewandten Form meines Wissens bisher nicht getan worden. Bei den drei Erhebungsverfahren habe ich auf größtmögliche ökologische Validität[147] Wert gelegt. Das bedeutet, dass ich versucht habe den Rahmen der Erhebungssituation (äußere Situation der Datenerhebung in einer Büroatmosphäre), die Aufgabenstellung (Hypertextproduktionsaufgabe als Adaption eines bestehenden Textes) und die PC-Arbeitsumgebung (Bildschirm, Maus, Tastatur und Softwareprogramme) so wirklichkeitsnah und natürlich wie möglich zu gestalten. Die verwendeten zwei Leitverfahren (primäre Datenquellen der Studie) und zwei Ergänzungsverfahren (sekundäre Datenquellen der Studie) und ihre Vorzüge und Nachteile, Möglichkeiten und Grenzen beschreibe ich, auf meine für die Datenerhebung und das Testen meines Online-Hilfe-Produktionsmodells bezogen, im Folgenden.

6.5 Leitverfahren: Verbalprotokoll (Lautes Denken)

Als Leitverfahren habe ich ein Verfahren der introspektiven Datenerhebung ausgewählt, die Methode des Lauten Denkens. Allen introspektiven Daten ist gemein, dass sie, unabhängig vom Erhebungszeitpunkt, Selbstäußerungen enthalten, die Aufschluss über die mentale Organisation und Verarbeitung von Informationen im Individuum (also der textproduzierenden Person) geben. Introspektive Datenerhebung unterscheidet man in Verbalprotokolle, die Verläufe während der Tätigkeit wiedergeben und Befragungen in Form von Interviews und Fragebögen.

147 Ökologische Validität: Gültigkeit in der außerexperimentellen Wirklichkeit (Krings 1996:43).

Die von mir gewählte Methode des Lauten Denkens[148], deren Ergebnis die so genannten Lautdenkprotokolle sind, ist ein Verfahren, bei dem Versuchsteilnehmer monologisch, ohne irgendeine Art von Selektion, in selbstbeobachtender Weise, laut (verbal) äußern, was sie gerade tun, bzw. was ihnen gerade durch den Kopf geht. Die Besonderheit der Methode liegt darin, dass die Versuchspersonen simultan zu einer anderen Tätigkeit (hier dem Textproduzieren und Textadaptieren) sprechen.

Die so erhobenen verbalen Äußerungen stammen in der Regel primär aus dem Arbeitsgedächtnis der Versuchsteilnehmer. Sie enthalten in der Regel keine oder kaum metakognitive Gedanken. Anders stellen sich vergleichbare metakognitive Verbalprotokolle dar, die Selbsterklärungen enthalten, die vermehrt aus dem Langzeitgedächtnis der Versuchspersonen stammen. In der Realität verwischen die Methoden und es ist durchaus möglich, dass metakognitive Äußerungen auch in gezielt nicht-metakognitiv formulierten Aufgabenstellungen (wie der meiner Studien) auftreten. Da ich in meinen Studien (besonders bei der Teilstudie Graz) mit Versuchsteilnehmern arbeite, die sich der Tragweite der Versuchssituation bewusst sind, sind simultan-metakognitive Selbsterklärungen erwartbar, jedoch für die Gesamtproduktionssituation und Interpretation unproblematisch. Die folgende Tabelle "Introspektive Daten"[149] gibt einen Überblick über den Zusammenhang zwischen Daten und Gedächtnis und ordnet die Methoden grob den Denkstrukturen zu. Überlappungen (besonders zwischen Lautdenkprotokollen und metakognitiven Verbalprotokollen) bei Versuchen sind jederzeit möglich.

148 Methode des lauten Denkens: als pädagogisches Werkzeug Wakabayaski 2003; beim Schreiben: Janssen/Van Waes/ Van den Berg 1996; in der Translationsprozessforschung: Tirkkonen-Condit 1996, 2005, Kovačič 2000, Bernardini 2002, Jääskelainen 2000; 2002, Li 2004, Schmidt 2005; im Überblick: Heine 2005; speziell Protokollanalyse: Ericsson/Simon 1993, Ericsson 2006.

149 Tabelle Introspektive Daten: Die Tabelle Introspektive Daten ist durch die Arbeit von Lena Heine (Heine 2005:163-185) inspiriert, die, ausführlicher, Protokolle des lauten Denkens im Verhältnis zu anderen Formen von Verbalprotokollen diskutiert und mit ihrem Artikel eine beachtenswerte Übersicht über lautes Denken als Forschungsinstrument der Fremdsprachenforschung vorstellt.

<table>
<tr><td colspan="3">Introspektive Daten
Unabhängig vom Erhebungszeitpunkt, Selbstäußerungen, Aufschluss über mentale Organisation und Verarbeitung von Informationen.</td></tr>
<tr><td colspan="2">Verbalprotokolle
Spiegeln mentale Verläufe während der Tätigkeit.</td><td rowspan="2">Befragungen
Interviews
Fragebögen</td></tr>
<tr><td>Verbalprotokolle
Spiegeln mentale Verläufe während der Tätigkeit</td><td>Metakognitive Verbalprotokolle
Selbsterklärungen
Beeinflusste Prozesse</td></tr>
<tr><td>Simultan
Retrospektiv
Stimulated Recall</td><td>Simultan metakognitiv
Retrospektiv metakognitiv</td><td>Retrospektiv metakognitiv</td></tr>
<tr><td>Arbeitsgedächtnis</td><td>Langzeitgedächtnis</td><td>Langzeitgedächtnis</td></tr>
</table>

Tab. 6-2: Introspektive Daten

Introspektive Datenerhebung und introspektive Verfahren haben in der Psychologie eine lange Tradition, in der Schreibprozessforschung finden sie seit Ericsson/Simon 1980 und Huber/Mandl 1982 Verwendung. Sie sind wissenschaftstheoretisch und -methodisch kontrovers[150].

> In der wissenschaftsmethodischen Diskussion scheint sich im Moment immer mehr die Auffassung durchzusetzen, daß verbale Daten ein legitimes Datenerhebungsverfahren der Psychologie und insbesondere der Psycholinguistik (und somit auch der Schreibprozeßforschung) ist, das, wie jedes Datenerhebungsverfahren, seine spezifischen Möglichkeiten und Grenzen hat, denen bei seinem konkreten Einsatz jeweils Rechnung zu tragen ist. (Krings 1992:55)

Das Verfahren des Lauten Denkens liefert reichhaltige Daten über mentale Prozesse, zumindest über die, die der Selbstbeobachtung der Versuchsteilnehmer zugänglich sind, und macht Aspekte des Textproduktionsprozesses sichtbar, die bei rein verhaltensprozessbeobachtenden Verfahren nicht deutlich werden würden[151]. Die entstehende Datenmenge ist allerdings hoch, Krings 1992 veranschlagt Minimum die zehnfache Dauer der Aufnahmezeit für die Datenaufbereitung.

150 Wissenschaftsdiskussion der Methoden: Ericsson/Simon 1984, Huber/Mandl (1982).

151 Überblick über die Methode des lauten Denkens: Ericsson/Simon 1984, Huber/Mandl 1982, in der Schreibprozessforschung: besonders Krings 1992, in der Fremdsprachenforschung: Heine 2005.

> Das Laute Denken liefert als Ergebnis einen konstanten und *per definitionem* unstrukturierten Fluss von sprachlichen Äußerungen der Versuchspersonen, der zudem noch ausgesprochen umfangreich ist. Die Relation zwischen dem Umfang der bearbeiteten Ausgangstexte und dem Umfang der Verbalisierungen erreicht in der Regel eine Größenordnung von 1:10 bis 1:20, d. h., eine Seite Ausgangstext elizitiert ein LD-Protokoll im Umfang von 10-20 Seiten. Diese Werte gelten pro Versuchsperson. (...) Die Analyse von LD-Protokollen ist also schon allein quantitativ sehr aufwendig. (Dies ist auch wahrscheinlich der Grund dafür, warum die Zahl der Versuchspersonen in fast allen Untersuchungen relativ gering ist.). (Krings 2005:353)

Neben dem Umfang der Auswertung ist auch die Unstrukturiertheit der gewonnenen Daten ein Problem.

> Der konstante Verbalisierungsfluss der Versuchspersonen ist naturgemäß in keiner Weise auf die Fragestellung des Experimentators bezogen. Die ihn interessierenden Aspekte des Übersetzungsprozesses (auch des Textproduktionsprozesses: Anm. CH) müssen vielmehr in vielen, methodisch sorgfältig geplanten Schritten aus den Daten herausgefiltert werden. (Krings 2005:353)

Einer der stärksten Kritikpunkte am Verfahren des Lauten Denkens ist sein interventionistischer Charakter, der besagt, dass eine zweite Aufgabe (die des Lauten Denkens) zum Textproduktionsprozess hinzutritt und diesen möglicherweise beeinflusst (den Prozessablauf inferiert). Diese Intervention bedeutet auf der kognitiven Ebene eine Mehrbelastung, bei der Erhebungssituation im geringsten Fall eine als Störquelle empfundene Zusatzbelastung (in Form des Mikrofons, das den Versuchteilnehmer kontinuierlich auf die Besonderheit der Situation aufmerksam hält). Hier ergibt sich automatisch ein Zusammenhang mit der Grundfrage nach der Art menschlicher Informationsverarbeitung und der individuellen mentalen Leistungsfähigkeit der Versuchspersonen. Diese klammere ich hier aus. Ich lege statt dessen die Erkenntnisse von Ericsson/Simon zu Grunde, die ergeben, dass das Laute Denken die Abläufe bei normaler Bearbeitung einer Aufgabe nicht grundsätzlich verfälscht (Ericsson/Simon 1993), jedoch möglicherweise beeinflusst, was bei der Auswertung der Daten beachtet werden sollte. Besonders bezüglich der Reihenfolge der kognitiven Leistung und der störenden Einwirkungen des Lauten Denkens, als zusätzliche kognitive Arbeitsbelastung des Produzenten, wird die Methode in der Psychologie kritisiert und diskutiert. Das folgende Zitat setzt den derzeitigen Stand der Forschung in diesem Bereich fest:

> If the act of verbalizing participants' thought processes does not change the sequence of thoughts, then participants' task performance should not change as a result of thinking aloud. In a comprehensive review of dozens of studies, Ericsson and Simon (1993) found no evidence that the sequence of thoughts (accuracy of performance) changed when individuals thought aloud as they completed the tasks, compared to other individuals who completed the same tasks silently. However, some studies have shown that participants who think aloud take somewhat longer to complete the tasks – presumably due to the additional time required to produce the overt verbalization of the thoughts. (Ericsson 2006:228)

Ich gehe somit davon aus, dass es den Versuchspersonen nicht möglich ist, alle beim Versuch ablaufenden Gedanken und Prozesse zu verbalisieren, arbeite jedoch mit den verbalisierten Daten als seien dies die realen Gedanken.

Um den realen Gedanken näher zu kommen integriere ich zusätzlich die Prozesserhebung mittels Logging als weiteres Leitverfahren.

> It should be understood that thinking aloud protocols are not presumed to give a direct record of the mental processes of composing. Many significant mental events are not available to the writer for mention (…), and thinking aloud itself has been found to introduce certain distortions. (…) Thinking aloud protocols are better thought of as simply data (…), to be used in conjunction with other data to make inferences about the composing process. (Scardamalia/Bereiter 1986:781)

Mögliche Inferenzen auf die Prozesse und Abläufe aus dem Lauten Denken nehme ich in meiner Studie zugunsten der Tatsache, dass Lautes Denken als Methode den kognitiven Prozessen des Individuums näher kommt als alle anderen vergleichbaren Methoden, in Kauf. Die Methode des Lauten Denkens führt, in der Schreibprozessforschung angewendet, fast automatisch dazu, auf die Generierungsprozesse besonderen Wert zu legen. Man kann damit Wissen des Produzenten aus dem Langzeitgedächtnis und, in Kombination mit den Anregungen aus der Aufgabenstellung, auch Wissen aus dem Arbeitsgedächtnis abrufen.

> Gerade zu Schwierigkeiten und Strategien der Wissensaktivierung, der Wissensselektion und der Wissenslinearisierung werden in den Protokollen des Lauten Denkens die weitaus meisten Angaben gemacht. (Günther 1993:71)

Ein Vorteil der Methode der simultanen Verbalprotokolle ist, dass eine bewusste Falschdarstellung der Situation durch den Versuchsteilnehmer, wie sie bei retrospektiven Protokollen möglich ist und gelegentlich auch auftritt, nahezu unmöglich ist. Das fortlaufende Äußern von Gedanken ist für erwachsene Schreiber als kognitive Aufgabe kein großes Problem.

> In summary, adults must already posess the necessary skills for verbalizing their thoughts conrurrently, because they are able to think aloud without any systematic changes to their thought process after a brief introduction and familiarization in giving verbal reports. (Ericsson 2006:228)

Der Aufschlusswert der Datentypen der in meiner Untersuchung verwendeten prozessbezogenen Erhebungsmethoden ist unterschiedlich, die Methode des Lauten Denkens ergibt m. E., bei allen erwartbaren Interferenzen, die wertvollsten und deutlichsten Prozessdaten (verbale Prozessdaten). Diese werden jedoch erst in Kombination mit den Daten des zweiten Leitverfahrens interessant. Dabei handelt es sich um das unten beschriebene Leitverfahren der Prozessdatenerhebung mittels Logdateien (analoge Prozessdaten).

6.6 Leitverfahren: Prozessdatenenerhebung (Logdaten)

Das zweite Leitverfahren meiner Datenerhebung ist ein softwaregestütztes Rekonstruktionsverfahren des Produktionsprozesses. Die Prozessbeobachtung mit dem Programm Translog 2006[152], erzeugt Online-Daten periaktional zum Schreibprozess der Versuchspersonen.

[152] Translog 2006: Translog 2006 und seine Vorgänger- und Nachfolgerversionen wurden entwickelt, um Aufnahmen der Tastatur- und Mausaktivitäten (Logging) bei der Textproduktion und Übersetzung zu erstellen. Die Entwickler sind Arnt Lykke Jakobsen und Lasse Schou von der Universität Kopenhagen. Translog ermöglicht das Wiederabspielen eines zuvor mitgeschnittenen Textproduktionsvorgangs (Replay) und die Kodierung des Textproduktionsablaufs in sprachliche und nichtsprachliche Zeichen (Logfile).

> The original purpose for which *Translog* was created was to be an automatic, subject-indipendent tool for collecting hard, supplementary process data to the softer data collected by means of introspection, retrospection and think-aloud. The fundamental idea was that if the process by which a translation was typed on a computer keyboard could be saved, the researcher would have access both to all the various stages a target text passed through before reaching its final state, and to information about the timing of this process, reflecting underlying cognitive processes. The rhythm and speed with which a target text was produced could then be studied as a kind of prosody of writing reflecting the cognitive rhythm of meaning construction. (Jakobsen 2005:96)

Dass das Programm ursprünglich für die Übersetzungsprozessforschung[153] entwickelt wurde, ist für meine Untersuchung unproblematisch. Da das geteilte Translog-Fenster des Editors, in dem bei einer Translog-Textproduktionssitzung gearbeitet wird (in dem bei Übersetzungsvorgängen der Ausgangstext im oberen Fenster steht) ist auch in idealer Weise für Adaptionsaufgaben geeignet. So auch in meinen Untersuchungen, bei denen ebenfalls ein Ausgangstext bearbeitet wird. Den Zweck des Einsatzes von Logging-Software beschreibt Jakobsen 2005 so:

> One key assumption is that by analysing recordings of this process, in particular of its temporal patterning by pauses, it is possible to arrive at a clearer understanding of the dynamic, real-time interaction of cognitive processes, not only in translation, but also more generally in language comprehension and production in monolingual as well as in multilingual contexts. (Jakobsen 2005:96)

Translog erfasst die Schreibtätigkeit der Versuchspersonen, nämlich alle Tastaturanschläge, Pausen, Korrekturen, Bewegungen des Cursors und alle Mausaktionen zeitlich detailliert und für die Versuchspersonen unbemerkt im Hintergrund[154]. Die Versuchspersonen arbeiten in einem speziellen Textverarbeitungseditor. Die Arbeitsumgebung ist etwas kontrollierter als dem Anwender bekannte andere Textproduktionsumgebungen (etwa von Microsoft Windows-Programmen), ist allerdings von der Grundstruktur ähnlich aufgebaut. Ich habe die nicht an ein marktgängiges Programm gekoppelte Oberflä-

---

153 Translog und Übersetzungsprozessforschung: Hansen 1999, 2002, 2003, 2005, 2006; Jakobsen 1999a, 1999b, 2003, 2007; Göpferich 2006a, 2006b, 2006c, 2006d; neuster Überblick über die Translationsprozessforschung Göpferich 2008.

154 Überblick über den Einsatz von Logging-Programmen: Jakobsen 1999a, 1999b.

che eher als Vorteil gesehen, da bei einer marktgängigen Oberfläche möglicherweise einige der Versuchspersonen Kenntnisvorteile hätten, die bei der allen unbekannten Translog-Plattform ausgeschlossen werden konnten.

Die beim Schreiben und Formatieren erhobenen Daten können nach Abschluss der Schreibaufgabe in Echtzeit, verlangsamt oder beschleunigt durch einen so genannten Replay wieder abgespielt werden. Den Unterschied zwischen Translog und Software, die Bildschirmoberflächenverläufe aufzeichnet, beschreibt Jakobsen 2005 wie folgt:

> By beeing dedicated to logging keystrokes and time-of-day information and to re-using logged data for re-representation and analysis, *Translog* is a very different program from screen capture programs (such as ScreenCam or Camtasia[155]) that create a video of all activity across a computer screen. By focussing attention on the two key features of the typing process (what key? at what time?), and by automatically discriminating among five types of keystrokes, *Translog* generates a highly relevant data set (…) and (…) a calculated replay which functions in nearly every respect as an adequate visualization of the process (…). The flexibility and speed with which the *Translog* linear representation can be re-calculated and re-represented for maximum relevance to a given research prupose is another great advantage not offered by a screen capture program. (Jakobsen 2005:99f.)

Neben dem Replay wird während einer Translog-Aufnahme im Hintergrund auch eine Logfile erstellt, die Momentaufnahmen des Schreibprozesses in Zeichen und Symbole (Legende mit Beispiel siehe Anhang) umwandelt, so dass man den Schreibprozess in kodierter Form (z. B. mit Zeichen für Pausen, Texteingabe, Cursorbewegungen) betrachten und ausdrucken kann. Mit Hilfe dieser Logfile können alle Zeitintervalle des Schreibvorgangs quantitativ ausgewertet werden. Die Auswertung der Schreibprotokolle gibt Aufschluss über die Schreibprozessphasen, die sich aus der Pausenverteilung, Korrekturstellen, Zeitintervallen und Navigationsnotationen der Logfiles ableiten lassen. Die

155 Screen-Capture: Bildschirmaufzeichnung. Dabei werden AVI-Dateien aller Aktivitäten auf einem Bildschirm erstellt. Über die ausschließliche Arbeit mit diesen digitalen Aufzeichnungsprogrammen in der Schreibprozessforschung gibt es bisher kaum Publikationen. Degenhardt 2006 ist die einzige mir bekannte Studie, die Camtasia Studio (TechSmith) und Catmovie (SPSS Inc.) bei der Beobachtung, Dokumentation und Analyse von Schreibprozessen (bei Universitätsstudenten) als alleinige Instrumente einsetzt. Göpferich arbeitet in Graz mit Studierenden und Dissertanten mit den AVI-Dateien als Ausgangsbasis für Transkriptionen und als Stimulus für retrospektive Befragungen.

Logfile wird programmintern als "Linear Representation" bezeichnet. Die Abbildung 6-2 zeigt eine typische Translog-Oberfläche mit Replay und Logfile.

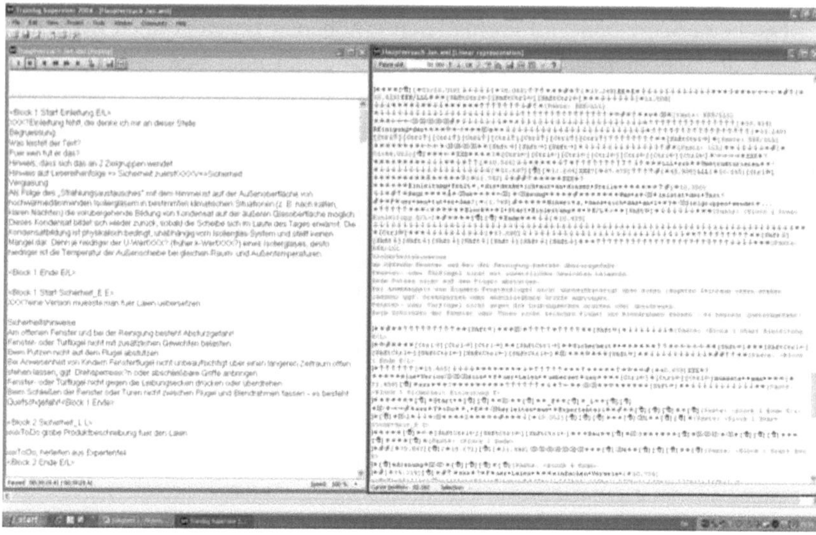

Abb. 6-2: Translog-Oberfläche mit Replay und linearer Repräsentation

Die quantitative Auswertung der Logfiles wird teilweise durch Programmfunktionen unterstützt, die qualitative Auswertung ist sehr zeitintensiv und in der Regel händisch zu lösen. Die sich aus den Replays ergebenden Produktionsergebnisse der Versuchsteilnehmer ziehe ich in meiner Untersuchung zu Zwecken der Veranschaulichung heran, bewerte dies jedoch nicht durch Textanalysen oder ähnliche Verfahren.

Ich verwende Translog in meiner Untersuchung in Kombination mit Protokollen des Lauten Denkens und beide in Kombination mit Eye-Tracking, weil meines Erachtens durch die beiden letztgenannten Methoden vor allem die in den Logfiles entstehenden Pausen im Produktionsprozess besser erklärt werden können, als eine reine Zeit- und Tastaturanschlagsmessung dies leisten kann[156]. Das folgende Beispiel soll dies illustrieren:

[156] Studie zur Verknüpfung von Logging und Eye-Tracking: Eine erste Studie zur Verknüpfung zwischen den Systemen (in ihrer Studie die Logging-Software ScriptLog und die Eye-Tracking Technologie iView XHED+HAT) legen Andersson et al. 2006 vor. Sie kommen zu dem Schluss,

Beispiel Pausen in Logfile und Verbaldaten
Entsteht in der Logfile eine längere Pause, kann beim Abgleich mit dem Verbalprotokoll festgestellt werden, ob die Person an dieser Stelle ihre kognitiven Leistungen "ausspricht". An der folgenden Log-Passage kann dann abgelesen werden, ob die Überlegung aus der Pause als Ergebnis in den Text übergegangen ist. Umgekehrt zeigen die Logfiles deutlich, welche Prozessüberlegungen, die die Verbalprotokolle vermitteln (d. h. welche "ich mache jetzt xy", "jetzt schreibe ich z") Äußerungen auch wirklich als Textprodukt (Wort oder Phrase), in den Text übergehen und welche zwar geäußert werden, sich jedoch nicht als Produktionsergebnis niederschlagen. Schweigt eine Versuchsperson während einer Erhebung mit Lautem Denken und tritt gleichzeitig eine Pause im Produktionsprozess des Schreibens ein, dann lässt dieser Umstand viele Interpretationsmöglichkeiten über das, was in dieser "Doppelpause" möglicherweise passiert ist, zu. Angenommen, bei der nicht verbalisierten Pause handelt es sich um leises Korrekturlesen, so können weder Translog noch Lautes Denken diesen Prozess erfassen. Eye-Tracking hingegen kann die Augenbewegungen auf dem Bildschirm verfolgen und zumindest zeigen, welche Teile des Bildschirms die Versuchsperson gerade betrachtet. Eye-Tracking kann auch exakt über den Bildschirmtext verlaufende Fixationen (Fokus und Fixierung des fokussierten Objekts) und Saccaden (Blicksprünge) zeigen, die auf Leseprozesse der Versuchsperson hindeuten. Prozesspausen, in denen nicht geschrieben, nicht gesprochen, nicht gelesen und "nur" auf einen bestimmten Bereich des Bildschirms geschaut wird, lassen jedoch keine Rückschlüsse darüber zu, was die Versuchsperson gerade wahrnimmt oder denkt.

Beim im obigen Beispiel konstruierten Fall landet die Schreibprozessforschung an ihrer bisher unüberwundenen Grenze; bei den nicht erreichbaren und nicht greif- und monitorierbaren Aspekten der komplexen kognitiven Prozesse. Es handelt sich hierbei um die Kombination des menschlichen Handelns mit dem

dass mit dieser Methodenkombination ein wertvolles Analyseinstrumentarium vorliegt, dessen Anwendung jedoch weiter ausgebaut werden müsste. Sie schlagen außerdem eine weitere Methodenkombination vor, nämlich die Verwendung von retrospektiven Interviews nach der Eye-Tracking Sitzung, um die gewonnenen Daten anzureichern und ihre Interpretation zu erleichtern. Eine Überlegung, die ich ebenfalls angestellt hatte, aber aufgrund der dadurch entstehenden methodischen Überfrachtung des Versuchsaufbaus wieder verworfen habe.

Denken, kurz gesagt, der viel zitierten Black-Box (vgl. Krings 1987, Tirkkonen-Condit 1996, Heiden 2005).

6.7 Ergänzendes Verfahren: Eye-Tracking (Blickbewegungsmessung)

Da mir für die Grazer Studie mit Eye-Tracking die Technologie[157] der Blickbewegungsforschung zur Verfügung stand, habe ich bei den beiden Grazer Versuchsteilnehmern zusätzlich zu den mitgeloggten Tastatur- und Mausaktivitäten und dem Verbalprotokoll auch die Augenbewegungen auf dem Bildschirm während der Textproduktion erhoben. Dazu verwendete ich den Tobii-Eye-Tracker und die Software ClearView[158], die während der Aufnahme ein Bildschirmvideo der Augenbewegungen erstellt.

Mit der Blickbewegungsforschung[159] wird versucht, Zusammenhänge zwischen Augenbewegungen und neurologischen Verarbeitungsprozessen im Gehirn aus kognitionspsychologischer Sicht zu betrachten und nachzuvollziehen. Man versucht dabei durch Analyseschemata den Blickbewegungen auf dem Bildschirm subjektive Vorgänge im Individuum (hier des Textproduzenten) zuzuordnen. Mich haben in meiner Untersuchung weniger die Funktionen des Auges und seiner Bewegungen selbst interessiert, als mehr die Wechselwirkungen zwischen Objekt (in meiner Studie der bei der Produktion entstehende Text) und Versuchsperson. Genauer interessierte mich die Frage, wie und ob sich das Gesehene auf dem Bildschirm und das kognitiv Verarbeitete und verbal und als Text im Prozessverlauf Geäußerte gegenseitig beeinflussen. Dabei wird in meiner Studie die kognitive Seite dieser Wechselbeziehung durch die Methode des Lauten Denkens untersucht und die Daten der Verbalprotokolle mit den Eye-Tracking-Daten korreliert.

157 Eye-Tracking-Technologie und Methode: Überblick bei Duchowski 2007.

158 Clear View: Die Analysesoftware, die die Blickbewegungen aufzeichnet.

159 Blickbewegungsforschung: Joos/Rötting/Velichkovsky 2000.

Technik

Beim Tobii-Eye-Tracker[160] ist die Eye-Tracking-Hardware in Form von Infrarottechnik direkt am Beobachtungsmonitor installiert und funktioniert, im Gegensatz zu früheren, am Kopf montierten Apparaten, berührungslos. Die Versuchspersonen arbeiten am Bildschirm völlig ohne Intervention, ungestört und natürlich. Sie sitzen vor dem Bildschirm und ein Infrarotstrahl wird auf die Augen gerichtet. Ein Kalibrierungsprogramm, das man vor den Aufnahmen mit den Versuchsteilnehmern durchläuft, misst den Mittelpunkt zwischen den beiden Augen als Reflexpunkt (Cornealer Reflex) des infraroten Lichts auf der Hornhaut. Die Augenbewegungen werden aus dem relativen Abstand von Pupillen und Hornhautreflex gemessen und in den späteren Aufzeichnungen als Blickpunkt bzw. Spur auf dem Bildschirm dargestellt (siehe Abbildung 6-3).

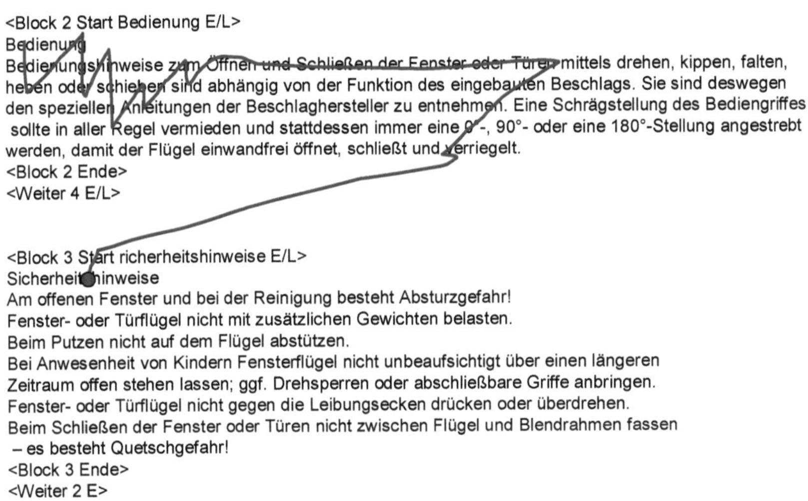
<Block 2 Start Bedienung E/L>
Bedienung
Bedienungshinweise zum Öffnen und Schließen der Fenster oder Türen mittels drehen, kippen, falten, heben oder schieben sind abhängig von der Funktion des eingebauten Beschlags. Sie sind deswegen den speziellen Anleitungen der Beschlaghersteller zu entnehmen. Eine Schrägstellung des Bediengriffes sollte in aller Regel vermieden und stattdessen immer eine 0°-, 90°- oder eine 180°-Stellung angestrebt werden, damit der Flügel einwandfrei öffnet, schließt und verriegelt.
<Block 2 Ende>
<Weiter 4 E/L>

<Block 3 Start richerheitshinweise E/L>
Sicherheitshinweise
Am offenen Fenster und bei der Reinigung besteht Absturzgefahr!
Fenster- oder Türflügel nicht mit zusätzlichen Gewichten belasten.
Beim Putzen nicht auf dem Flügel abstützen.
Bei Anwesenheit von Kindern Fensterflügel nicht unbeaufsichtigt über einen längeren Zeitraum offen stehen lassen; ggf. Drehsperren oder abschließbare Griffe anbringen.
Fenster- oder Türflügel nicht gegen die Leibungsecken drücken oder überdrehen.
Beim Schließen der Fenster oder Türen nicht zwischen Flügel und Blendrahmen fassen – es besteht Quetschgefahr!
<Block 3 Ende>
<Weiter 2 E>

Abb. 6-3: Blickbewegungsspur während der Datenerhebung (Orientierungslesen, ANWA)[161]

Mit dem Eye-Tracker kann man verschiedene Augenbewegungen nachvollziehen. Es handelt sich dabei um Fixationen und Saccaden. Fixationen entstehen,

[160] Tobii Eye-Tracker: [http://www.tobii.com].

[161] Blickbewegungsspur: Für Abbildung 6-3 wurde die Blickbewegungsspur des Orientierungslesens von ANWA nachgestellt. Abbildungen der Augenspur (als Screenshots) lassen sich aus den AVI-Dateien nicht erstellen.

wenn ein bestimmter Punkt auf dem Bildschirm fokussiert wird, um die betrachtete Stelle visuell zu fixieren. Dabei sind die Augen nie statisch, der Augapfel bewegt sich ständig in leichten Zitterbewegungen. Saccaden sind Sprünge von einem Blickpunkt zum nächsten. Sie sind schnelle und ruckartige Augenbewegungen. Während diesen Bewegungen nimmt die Versuchsperson nichts wahr, ist quasi in diesen Sekunden "blind". Ein schneller Blickwechsel zwischen Bildschirm und Tastatur (etwa, um sich zu versichern, dass die Finger auf den richtigen Tasten liegen) ist ein typisches Beispiel für eine in den Blickbewegungsdaten sichtbare Saccade. Der Großteil der bewussten Augenbewegungen besteht aus Fixationen und Saccaden. Abwechselnd auftretend, ergeben sie Verfolgungsbewegungen. Diese sind bei der Auswertung als rekonstruierter "Zitterverlauf" sichtbar. Sie zeigen zum Beispiel deutlich Leseverläufe bei der Textrezeption der Versuchspersonen. Während der Fixationsphasen werden neurologisch verwertbare Informationen an das Gehirn geleitet, die auch während der Saccadenphase weiter ausgewertet werden können.

Messdaten, Vor- und Nachteile

Mit der Blickbewegungsmessung kann man Aufmerksamkeitsverhältnisse bei der Bildschirmarbeit messen. Man kann feststellen, dass Bereiche auf dem Bildschirm überhaupt betrachtet werden. Außerdem kann man rekonstruieren, was auf einer Bildschirmseite wahrgenommen wird und wie oft und wie lange bestimmte Bildschirmbereiche blicklich erfasst werden. Bei der Auswertung kann man feststellen, welche Textbereiche auf dem Bildschirm intensiv gelesen werden und welche nur überflogen werden. Dies lässt Rückschlüsse auf die Konzentration von Versuchsteilnehmern zu. Vergleicht man unterschiedliche Versuchspersonen, lassen sich durch die gewonnenen Daten Betrachtungsstrategien des einzelnen ableiten. Dabei ist jedoch zu berücksichtigen, dass die Messdaten von der Tagesform, Müdigkeit, ggf. Drogenkonsum der Versuchsperson etc. beeinflusst werden können.

Eye-Tracking-Daten können nicht belegen, ob fixierte Bildschirmbereiche tatsächlich von der Wahrnehmung erfasst werden oder (z. B. zu Zwecken der Augenentlastung oder bei anderer kognitiver Beschäftigung) einfach nur "angeschaut" werden. In der Umgebung des Sehfeldes werden auch über die Fixation hinausgehende Punkte vom Auge wahrgenommen, die der Eye-Tracker nicht auswerten kann (so z. B. die Menüleiste eines Programms, der

Mauszeiger auf der Bildschirmseite, der Scrollbar, Bildschirmrahmen etc.). Eye-Tracking-Daten sind rein quantitative Daten, sie lassen sich nur in Verbindung mit anderen Datenerhebungen qualitativ interpretieren. So verwende ich die Daten auch ausschließlich in Verbindung mit anderen Daten und qualitativ.

Methodische und sonstige Schwierigkeiten

Über die oben skizzierten methodischen Verfahrensgrenzen hinaus bergen Datenerhebungsstudien mit marktgängigen Eye-Tracking-Software-Systemen und der dazugehörenden Hardware heute noch einige Tücken. Auf diese weise ich hier ausdrücklich hin, da die Verwendung von Blickbewegungsmessung in der Schreibprozessforschung ein noch derartig seltenes Spezialverfahren ist, dass bisher noch keine umfassenden Berichte über die experimentelle Herangehensweise verfügbar sind. Eye-Tracking-Systeme sind eine teure und aufwändige Methode. Die technische Ausstattung ist nicht überall vorhanden und die Systeme arbeiten bisher noch nicht fehlerfrei mit anderen Softwaresystemen zusammen. Die von mir verwendete Hardware (Bildschirm) war sehr sensibel, wackel- und berührungsempfindlich. Brillen- und Kontaktlinsenträger können (bei leichter Sehschwäche) durchaus auf das System kalibriert werden. Verrücken Brillenträger allerdings im Verlauf der Aufnahmen ihre Brille, dann stimmt häufig die kalibrierte Messeinheit nicht mehr mit der Augenposition auf dem Bildschirm überein und die Augenaufzeichnung bricht ab. Ich habe außerdem die Erfahrung gemacht, dass sich Personen mit stark unterschiedlicher Sehschärfe der beiden Augen überhaupt nicht kalibrieren lassen.

Ein weiteres, von mir bei meiner Untersuchung unterschätztes Phänomen, ist die Sitzhaltung der Versuchspersonen vor dem Eye-Tracking-Bildschirm. Bewusst habe ich einen feststehenden Stuhl mit Holzsitz und gerader Rückenlehne gewählt, um Schaukeln zu vermeiden. Ich habe außerdem darauf geachtet, dass die Versuchspersonen bei der Kalibrierung schon in Schreibposition (mit den Händen auf der Tastatur) sitzen. Dennoch bleibt diese Haltung nicht über den gesamten Produktionsverlauf (im Falle meiner Untersuchung 45 Minuten) statisch. Versuchspersonen neigen dazu, sobald sie sich an die Situation gewöhnt haben und sich nicht mehr beobachtet fühlen, bei auftretenden Produktionsproblemen näher an den Bildschirm heranzurücken, sich in Nachdenkphasen zurückzulehnen und bestimmte Gesten (wie etwa Haarpony zur Seite streichen, Haare schütteln, Haare auflockern, sich irgendwo

Kratzen etc.) auszuführen. Dauern diese Gesten an oder entfernen sich die Augen zu lange zu weit vom Bildschirm, dann verliert die Messeinheit den Kontakt zu der Augenposition und bricht die Aufnahme ab. Die Sitzhaltung weiter zu fixieren wäre hierfür eine Lösung, würde jedoch die ökologische Validität des Versuchsaufbaus nachhaltig stören.

Synchronisationsschnittstellen zwischen Eye-Tracking und Logsoftware sind in Planung (z. B. für Translog), jedoch noch nicht über das Prototypstadium hinaus.

Bei meinen Aufnahmen haben sich die verwendeten Systeme (Translog und die Eye-Tracking-Software) ohne Schnittstellen teilweise untereinander gestört und einige Aufnahmen wurden vom Programm abgebrochen, ohne dass dies durch Programmmeldungen angekündigt worden wäre. So habe ich Versuche durchgeführt und erst beim späteren Abspielen bemerkt, dass Aufzeichnungen in der Hälfte abbrechen, die Augenspur teilweise fehlt oder bestimmte Teile des Replays (von Translog) nicht funktionieren. Diese Fehler traten jeweils erst im letzten Drittel der Aufnahmen auf, bei den im Vorfeld durchgeführten (kürzeren) Probeaufnahmen jedoch nicht. 45 Minuten Aufnahmezeit sind allerdings für Schreibprozessaufnahmen die minimale Zeit, die benötigt wird, um zu validen und vergleichbaren Ergebnissen von Versuchspersonen zu kommen und um überhaupt mehrere Phasen im Prozess ermitteln zu können.

Darüber hinaus sind beim Clear-Up, der Zusammenstellung der Daten zu einem Bildschirmvideo, durch Programmfehler Datenverluste entstanden und die nummerische Auswertung der Daten stimmte, vermutlich durch technische Probleme beim Clear-Up verfälscht, nicht in allen Datensätzen mit dem optischen Eindruck des Bildschirmvideos überein.

Relevanz der Eye-Tracking-Daten für meine Arbeit

Aufgrund der hier genannten technischen Schwierigkeiten (auch und besonders der der automatischen Auswertung) sind die mit Eye-Tracking gewonnenen Daten mit einer gewissen Vorsicht und Skepsis zu betrachten und zu bewerten. Ich verwende sie hier als ergänzende Daten, die mit anderen Datensätzen korrelieren und die Aussagen über Prozesssituationen, die aus anderen Daten hergeleitet werden, unterstützen können. Beispiele hierfür sind:

- Verschwinden der Augenbewegungen nach links (Informationsgewinnung aus der Aufgabenstellung und der Vorlage).

- Langsame Augenbewegungen nach rechts mit Schwüngen nach unten und oben (Suche nach der Standmarke der Bildlaufleiste oder dem Mauszeiger, in der Regel gefolgt von Mausaktionen (Ergänzung zu Daten aus der Logfile)).
- Schnelle Bewegung in langen Saccaden von oben nach unten und zurück (Orientierung auf der Tastatur und Setzen der Finger, anschließend Orientierung auf dem Bildschirm und Rückführung der Augen zum aktuell bearbeiteten Textelement, in der Regel gefolgt durch Tastaturanschläge (Ergänzung zu Daten aus der Logfile)).
- Schnelle Fixationen kurz oberhalb des Textes (Lesen des Textes (Ergänzung zu Daten aus dem Verbalprotokoll)).
- Vergrößerung des Blickpunktes bei einem einzelnen Wort (meist verbunden mit Reflexion darüber, zu welchem Bearbeitungselement des Textes das aktuell betrachtete Wort gehört (Ergänzung zu Daten aus dem Verbalprotokoll)).
- Fixationen mit Rückschwüngen oberhalb des Textes und Vergrößerung des Blickpunktes (beim Lesen) (häufig bei schwierigen Fachtermini oder nicht bekannten Worten, auf die die Versuchsperson mehrmals zurück kommt, unterstützt durch entsprechende Äußerungen im Verbalprotokoll)).
- Saccaden (hin und her) zwischen Textabschnitten (deuten in Verbindung mit Strukturierung, Textproduktion und Evaluierungsprozessen, die von anderen Erhebungsmethoden erfasst wurden, auf die Besonderheit der Orientierung bei hypertextueller Textproduktion hin).
- Fließende Saccaden über den gesamten Bildschirm (Orientierung im Text, unterstützt durch Äußerungen im Verbalprotokoll wie "Wo bin ich" oder "Schaun wir mal").

Aus Sicht der Schreibprozessforschung steckt die Eye-Tracking-Technologie noch in den Kinderschuhen. Sie ist an die situativen Bedingungen von Textproduktion am Bildschirm – in der Produktionsrealität ähnlichen Situationen – noch nicht angemessen angepasst.

Sobald die technische Entwicklung bezüglich der Synchronisierung von Logprogrammen mit Bildschirmaufzeichnungs-Software und Eye-Tracking-Software und die Auswertungsverfahren den anstehenden Qualitätssprung gemacht haben, wird Eye-Tracking zu einem zukunftsweisenden Instrumentarium der Schreibprozessforschung, dass besonders für die Untersuchung von Textproduktionen in und für neue Medien und in hypertextuellen Produktionsumgebungen geeignet ist. Dies gilt vor allem deshalb, weil Eye-Tracking als einziges Instrument die bei der Hypertextproduktion ständig durchgeführten Reflexions-, Produktions- und Evaluationssprünge zwischen Elementen (z. B. Textblöcken oder Formatierungseinheiten) reproduzierend sichtbar machen kann.

6.8 Ergänzendes Verfahren: Befragung (Fragebogenerhebung)

Die Versuchspersonen haben zu ihren persönlichen Daten jeweils einen Fragebogen ausgefüllt. Die Ergebnisse aus den Fragebögen zeigt die folgende Tabelle. Den Versuchspersonen wurde zugesichert, das ihre Daten vertraulich behandelt werden.

	ANWA 28 Jahre, Rus.	ALMA 27 Jahre, Östr.	JALA 41 Jahre, Dt.	TEKR 40 Jahre, Dt.
weiblich	X	X		X
männlich			X	
Sprachen				
Englisch	X	X	X	X
Deutsch	FS	MS	MS	MS
Arabisch	X			
Französisch	X		X	X
Latein				X
Berufl. Qualif.				
Dip. Technikübersetzer (FH)			X	X
Mag. Germanistik		X		
Übersetzer/ Dolmetscher	X			
Lehrtätigkeit an einer Hochschule	3	3	13	
Fachübersetzerische Tätigkeit (Jahre)	7	6-7	13	13
Übersetzen/ Dolmetschen	5,5	6-7		
Fertigkeiten				
Internet und E-Mail Nutzung in Jahren	6-8	mehr als 10	mehr als 10	mehr als 10
Internet und E-Mail privat und beruflich in Stunden (Tag)	3-4	0-0,5	4-7	mehr als 7
Vertrautheit mit Hypertexten (Internettexten) 10=sehr vertraut	10	6	10	4
Vertrautheit mit Online-Hilfen 10=sehr vertraut	6	1	9	3
Selbst Hypertexte erstellt	nein	ja	ja	nein
Hypertextvorlagen erstellt	ja	nein	ja	nein
Täglich prod. Text in Standardseiten	1,5	2-3	5-10	2-3
Maschinenschreibfähigkeit	mäßig	mittel	mittel	schwach
Maschinenschreibgeschwindigkeit	schnell	mittel	mittel	eher langsam
Formatiergeschwindigkeit	schnell	schnell	schnell	schnell
Arbeitsgeschwindigkeit	schnell	eher langsam	mittel	schnell
Konzentrationsfähigkeit bei der Bildschirmarbeit	hoch	eher niedrig	eher niedrig	sehr hoch

Tab. 6-3: Datenerhebung, Studien Graz und Flensburg

Bei den Versuchspersonen handelt es sich um zwei Deutsche und eine österreichische Staatsbürgerin mit Muttersprache Deutsch und eine in Österreich aufgewachsene Russin mit Deutsch als Zweitsprache. Alle Versuchspersonen haben einen linguistischen Ausbildungshintergrund mit Übersetzungsschwerpunkt, eine Versuchsperson hat darüber hinaus mehrere Jahre im Bereich technische Redaktion gearbeitet und gelehrt. Alle Versuchspersonen haben Berufserfahrung im Bereich Übersetzen. Bis auf eine Versuchsperson arbeiten alle nebenberuflich in der Hochschullehre im Bereich Übersetzen/Technische Redaktion. Die beiden Flensburger Versuchspersonen verfügen über doppelt so lange Berufserfahrung (in Jahren) als die Grazer Versuchspersonen.

Personen mit unterschiedlicher Expertise miteinander zu vergleichen, war eine bewusste Entscheidung von mir, um Produktionsunterschiede deutlich zu machen, Wissenskomponenten und ihren Einfluss auf das Produktionsergebnis abgrenzbarer zu machen und um – im Hinblick auf mein Online-Hilfe-Produktionsmodell – zu zeigen, dass abstrakte Prozessmodellierung für Semi-Professionelle und Experten gleichermaßen möglich ist. Aus den Produktionsverläufen der beiden unterschiedlich qualifizierten Gruppen lassen sich Anschlusshypothesen für weiterführende Prozessmodellierung und für didaktisch-orientierte Anschlussforschung herleiten.

Neben den personenbezogenen Daten habe ich auch fertigkeitsbezogene Angaben der Versuchspersonen zur Internet- und E-Mailnutzung, zur Vertrautheit mit Internettexten, zur Vertrautheit mit Online-Hilfen und zur Kenntnis über Hypertextproduktion erhoben. Mit diesen Daten wollte ich Fehleinschätzungen und Fehlinterpretationen bei der Bewertung der Prozessaspekte vermeiden und sicherstellen, dass ich wirklich ähnlich qualifizierte Versuchspersonen vergleiche. Die Fähigkeiten sind laut Selbsteinschätzung der Teilnehmer moderat verteilt. Ich habe die Versuchsteilnehmer außerdem gebeten, selbst ihre Maschinenschreibfähigkeit, Maschinenschreibgeschwindigkeit, Formatiergeschwindigkeit, Arbeitsgeschwindigkeit und Konzentrationsfähigkeit bei der Bildschirmarbeit einzuschätzen.

Von besonderem Interesse war für meine Untersuchung die Einschätzung der Formatiergeschwindigkeit der Versuchspersonen. Diese wurde von allen als "schnell" eingestuft, eine Einschätzung, die sich in den Daten exakt genauso niederschlägt. Bei der Einschätzung der Konzentrationsfähigkeit bei der Bildschirmarbeit zeigt sich dagegen ein anderes Bild. (Vgl. Ergebnisse in diesem Kapitel).

Ich habe die Versuchspersonen außerdem nach der Versuchsdurchführung gebeten, ihre Befindlichkeiten bei der Versuchsdurchführung anzugeben. Dabei ging es mir vor allem darum festzustellen, ob sich signifikante Unterschiede zwischen Experten und Semi-Professionellen ergeben, was tatsächlich der Fall ist.

Diejenigen Aspekte der Datenerhebung, die für meine Modellierung und für die Ergebnisse der Studien von besonderem Interesse sind, diskutiere und interpretiere ich im Kapitel 6.12.

6.9 Datenerhebungsstudie

Die Studie zur Textadaption und Hypertextproduktion teilt sich in zwei Teilstudien mit geringfügig unterschiedlichem Methodeninstrumentarium und eine Pilotstudie. Den beiden Teilstudien Studien zur Hypertextproduktion in Graz und Flensburg ist die Pilotstudie "Prozess- und Produktoptimierung bei der Textproduktion, Translog als didaktisches Instrument?"[162] an der Wirtschaftsuniversität Aarhus vorausgegangen, die ich gemeinsam mit Prof. Dr. Wolfgang Koch im Wintersemester 2006 durchgeführt habe. Im Rahmen dieser Studie habe ich die Aufgabenstellung zur Hypertextproduktion für meine Teilstudie Graz und Teilstudie Flensburg getestet und optimiert und die Funktionalität des Programms Translog 2006[163], das ich zur Datenerhebung eingesetzt habe, getestet.

---

162 Translog als didaktisches Instrument: Heine/Koch (demn. o.S.).

163 Translog 2006: Translog 2006 und seine Vorgänger- und Nachfolgerversionen wurden entwickelt, um Aufnahmen der Tastatur- und Mausaktivitäten (Logging) bei der Textproduktion und Übersetzung zu erstellen. Die Entwickler sind Arnt Lykke Jakobsen und Lasse Schou von der Universität Kopenhagen. Translog ermöglicht das Wiederabspielen eines zuvor mitgeschnittenen Textproduktionsvorgangs (Replay) und die Kodierung des Textproduktionsablaufs in sprachliche und nichtsprachliche Zeichen (Logfile).

Teilstudie Graz, Überblick

Den ersten Teil meiner Studie habe ich im März 2007 während eines Gastaufenthalts an der Karl-Franzens-Universität, Graz[164] durchgeführt. Dort habe ich die Textproduktionsprozesse von acht Versuchsteilnehmerinnen aufgezeichnet. Dazu hat mir die Technische Universität Graz, im Rahmen ihrer Kooperation mit dem Institut ITAT, ein Labor und die technische Ausrüstung zur Verfügung gestellt. Bei der technischen Ausrüstung handelte es sich um einen Eye-Tracker (Blickbewegungsmesser), einschließlich der entsprechenden Hard- und Software. Die Eye-Tracking Software habe ich in Verbindung mit Verbaldatenaufzeichnung, einem Bildschirmvideoprogramm und der Translog-Software eingesetzt. Da die verschiedenen Messinstrumente sich bisher noch im Entwicklungsstadium befinden und technisch noch nicht vollständig aufeinander abgestimmt und ausgereift sind, gab es bei der Erhebung die oben beschriebenen methodischen und technischen Schwierigkeiten. Ich konnte jedoch zwei vollständige Datensätze erheben, die in meine Untersuchung geflossen sind. Bei den beiden Grazer Versuchspersonen handelt es sich um wissenschaftliche Mitarbeiterinnen der Karl-Franzens-Universität, die sich freiwillig für meine Studie zur Verfügung gestellt haben. Beide haben eine abgeschlossene Ausbildung zur Übersetzerin/Dolmetscherin, bzw. ein abgeschlossenes Germanistikstudium als Grundausbildung und sind am ITAT als Dozentinnen in der Übersetzer- und Dolmetscherausbildung tätig.

Ablauf der Studie, Graz

Zu Beginn der Studie wurden die Versuchspersonen von der Versuchsleiterin zunächst mit den Aufgabenstellungen und den für die Textproduktion vorgesehenen Hypertextkonventionen vertraut gemacht. Dabei erfuhren sie, dass sie vor der eigentlichen Aufnahme bei einem Vorversuch das Forschungssetting kennen lernen und alle Fragen klären konnten. Beim Vorversuch wurden zunächst die Kalibrierungseinstellungen der Augen für die Messung am Tobii-Eye-Tracker mit der Versuchsperson vorgenommen, die Funktionalität der Lautsprecher und des Mikrophons für die Verbaldaten getestet und die Grundeinstellungen für den Versuch in der Arbeitsumgebung Translog vorge-

[164] Gastaufenthalt Karl-Franzens-Universität, Graz: Die Datenerhebung erfolgte während meines Gastaufenthalts in Graz im März 2007. Ich war dort Gast von Prof. Dr. Susanne Göpferich am ITAT, Institut für Theoretische und Angewandte Translationswissenschaft.

nommen. Beim Vorversuch wurde der Versuchsperson das Programm Translog erklärt und eine Probeaufgabe wurde anhand der vorgegebenen Textproduktionskonventionen durchgeführt. Während der Aufnahmen trugen die Versuchspersonen Kopfhörer mit Mikrophon und dachten laut. Beim Vorversuch konnten sie Fragen stellen, die Versuchsleiterin hielt sich in der Nähe auf, um ggf. bei Schwierigkeiten einzugreifen. Der Tobii-Eye-Tracker, Translog und ClearView zeichneten synchron im Hintergrund die Augenbewegungen auf dem Bildschirm und die Tastaturanschläge und Mausaktivitäten als videoumwandelbare Datei[165] und XML-Datei auf. Sobald sich die Versuchsperson sicher und selbstständig in der Arbeitsumgebung bewegte, wurde der Vorversuch abgebrochen. Nach Klärung weiterer Fragen zur Aufgabenstellung des Hauptversuchs wurde die Ton- und Aufnahmequalität des Vorversuchs geprüft. Nach neuerlicher Kalibrierung der Versuchsperson wurde der Hauptversuch durchgeführt. Beim Hauptversuch bearbeiteten die Versuchsperson die Aufgabenstellung allein am PC, wie oben beschrieben. Während des Versuchs blieb die Versuchspersonen ungestört, die Versuchsleiterin intervenierte nur, um ggf. zum Lauten Denken aufzufordern und das Versuchsende anzukündigen. Am Ende der Aufnahmezeit erhielten die Versuchspersonen einige Minuten Zeit, um zu berichten, wie sie bei weiterer Aufgabenbearbeitung des Textes über das Versuchsende hinaus vorgegangen wären. Diese verbalen Daten wurden ebenfalls mit aufgezeichnet.

Teilstudie Flensburg, Überblick

Den zweiten Teil meiner Studie habe ich im Januar 2008 an der Fachhochschule Flensburg durchgeführt. Dort habe ich die Textproduktionsprozesse von zwei Versuchsteilnehmerinnen und einem Versuchsteilnehmer aufgezeichnet. Dazu hat mir der Studiengang Internationale Fachkommunikation einen Raum zur Verfügung gestellt. Bei dieser Studie habe ich Translog in Verbindung mit Verbaldatenaufzeichnung eingesetzt. Ein Eye-Tracker steht in Flensburg nicht zur Verfügung. Bei einer der Aufnahmen wurde die Versuchsperson durch nicht vorhersehbare Störungen von außen so beeinflusst und in ihrem Prozess beeinträchtigt, dass sich die Daten als nicht verwendbar erwie-

165 Dateiformat von ClearView: Aus den internen Formaten von ClearView (BCM, XVID) werden durch Datenumwandlung AVI-Dateien erzeugt.

sen haben. Ich konnte jedoch zwei vollständige Datensätze erheben, die in meine Untersuchung geflossen sind. Bei den beiden Flensburger Versuchspersonen handelt es sich um zwei freiberuflich tätige Fachübersetzer mit mehrjähriger Berufserfahrung. Beide sind Absolventen des Studiengangs Technikübersetzen der Fachhochschule Flensburg. Eine Versuchsperson ist darüber hinaus Dozent für Technische Redaktion im Studiengang Internationale Fachkommunikation der Fachhochschule Flensburg. Beide haben sich freiwillig für meine Studie zur Verfügung gestellt.

Ablauf der Studie, Flensburg

Zu Beginn der Studie wurden die Versuchspersonen von der Versuchsleiterin zunächst mit den Aufgabenstellungen und den für die Textproduktion vorgesehenen Hypertextkonventionen vertraut gemacht. Dabei erfuhren sie, dass sie vor der eigentlichen Aufnahme bei einem Vorversuch das Forschungssetting kennen lernen und alle Fragen klären konnten. Beim Vorversuch wurden die Funktionalität der Lautsprecher und des Mikrophons für die Verbaldaten getestet und die Grundeinstellungen für den Versuch in der Arbeitsumgebung Translog vorgenommen. Beim Vorversuch wurde der Versuchsperson das Programm Translog erklärt und eine Probeaufgabe wurde anhand der vorgegebenen Textproduktionskonventionen durchgeführt. Während der Aufnahmen trugen die Versuchspersonen Kopfhörer mit Mikrophon und dachten laut. Beim Vorversuch konnten sie Fragen stellen, die Versuchsleiterin hielt sich in der Nähe auf, um ggf. bei Schwierigkeiten einzugreifen. Translog und die Freeware Audacity[166] zeichneten synchron im Hintergrund die Verbaldaten als Sound-Datei und die Tastaturanschläge und Mausaktivitäten als wiederabspielbare Dateien (Replay und Logfile) auf. Sobald sich die Versuchsperson sicher und selbstständig in der Arbeitsumgebung bewegte, wurde der Vorversuch abgebrochen. Nach Klärung weiterer Fragen zur Aufgabenstellung des Hauptversuchs wurde die Tonqualität des Vorversuchs geprüft. Beim Hauptversuch bearbeiteten die Versuchspersonen die Aufgabenstellung allein am PC, wie oben beschrieben. Während des Versuchs blieb die Versuchspersonen ungestört, die Versuchsleiterin intervenierte nur, um ggf. zum Lauten Denken aufzufordern und das Versuchsende anzukündigen. Am Ende der Aufnahme-

166 Audacity: Freeware zur Sprachaufzeichnung. [http://audacity.sourceforge.net].

zeit erhielten die Versuchspersonen einige Minuten Zeit, um zu berichten, wie sie bei weiterer Aufgabenbearbeitung des Textes über das Versuchsende hinaus vorgegangen wären. Diese verbalen Daten wurden ebenfalls mit aufgezeichnet.

Auswertungsverfahren (Übersicht)

Bei der Auswertung der Erhebungsverfahren bin ich wie folgt vorgegangen. Die Protokolle des Lauten Denkens wurden nach dem Transkriptionsverfahren GAT[167] (GAT Basistranskript) transkribiert. Die Logdateien habe ich in Augenschein genommen und mit dem Translog Replay verglichen. Markante Produktionsaspekte stelle ich zusammen mit den transkribierten Verbaldaten und den Eye-Tracking Daten in Partiturschreibweise in 6.11. dar. Die Translog Logfiles habe ich quantitativ ausgewertet, die Produktionsergebnisse befinden sich als Ergänzung im Anhang. Die Eye-Tracking Daten habe ich in Augenschein genommen (Gaze Replay) und Auffälligkeiten aus der Blickbewegungsmessung als Einschätzungsmerkmale in den Transkripten abgetragen. Die Fragebogenerhebung und die Produktionsergebnisse der Versuchsteilnehmer ziehe ich als Ergänzung bei der Beschreibung der Verbaldaten hinzu. Die folgende Tabelle stellt eine Übersicht über die Datenerhebungsverfahren, die dabei erzeugten Dokumente, die Dokumentart und das Auswertungsverfahren dar.

[167] GAT: Gesprächsanalytisches Transkriptionssystem. Einheitliches gesprächsanalytisches Transkriptionssystem nach Selting et al. (1998) ohne stark theoriegebundene Vorannahmen. Meine Transkription verwendet mit dem Basistranskript von GAT den Mindeststandard. In meinen Studien handelt es sich nicht um Gespräche, sondern um Äußerungen einer Person. Ich habe GAT aufgrund der hohen Lesbarkeit des Transkripts, wegen seiner Ökonomie (einfache allgemeinverständliche Transkriptionszeichen) und Robustheit (keine Sonderzeichen) anderen Verfahren vorgezogen. Schnelle Anschlüsse, Pausen, Dehnungen, Abbrüche und para-verbale Äußerungen stehen in Klammern. Prosodische Elemente werden durch Betonung (Doppelpunkt oder Unterstreichung hervorgehoben). Vgl. Basistranskriptregeln im Anhang.

Leitverfahren	Dokument/Ergebnis	Datenart	Auswertungsverfahren
Lautes Denken	Verbaldatenprotokoll als Transkript	AVI-Datei AUP-Datei	Datenauswertung und Darstellung als Tabelle, Modellaspekte und Phänomene teilweise quantitativ
Translog Erhebung (Replay)	Bildschirmvideo	TLP-Datei XLS-Datei	Inaugenscheinnahme im Abgleich mit den Verbaldaten und Interpretation, Abgleich mit dem Translog Replay
Translog Erhebung (Logfile)	Lineare Repräsentation	Log-Datei	Quantitative und qualitative Auswertung der linearen Repräsentation, Abgleich mit dem Translog Replay, Abgleich mit den Verbaldaten
Lautes Denken	Verbaldatenprotokoll als Transkript	AVI-Datei AUP-Datei	Datenauswertung und Darstellung als Tabelle, Modellaspekte und Phänomene teilweise quantitativ
Ergänzende Verfahren	**Dokument/Ergebnis**	**Datenart**	**Auswertungsverfahren**
Eye-Tracking Daten	Bildschirmvideo mit Augenspur	AVI-Datei	Inaugenscheinnahme (Gaze Replay), Abgleich mit den Verbaldaten und Interpretation, Abgleich mit der Translog Logfile
Befragung	Fragebogen	Dokument-ausdruck	Auswertung des Fragebogens, Einschätzung der Expertise der Versuchspersonen in bestimmten Produktionsbereichen, Einschätzung der ökologischen Validität der Studie
Eye-Tracking Daten	Bildschirmvideo mit Augenspur	AVI-Datei	Inaugenscheinnahme (Gaze Replay), Abgleich mit den Verbaldaten und Interpretation, Abgleich mit der Translog Logfile
Ergänzende Daten	**Dokument/Ergebnis**	**Datenart**	**Auswertungsverfahren**
Produktions-ergebnis	Produktionsdaten	Replay-Datei	Inaugenscheinnahme und Abgleich mit den Produktionsdaten

Tab. 6-4: Übersicht Auswertungsverfahren

Die mit den oben genannten Auswertungsverfahren ermittelten Resultate habe ich trianguliert. Die Ergebnisse aus den triangulierten Daten stelle ich dar und interpretiere sie im Hinblick auf mein Online-Hilfe-Produktionsmodell.

6.10 Triangulation

Bei der Konstruktion meiner Untersuchung habe ich unterschiedliche Erhebungsverfahren zum Einsatz gebracht und unterschiedliche Resultate gewonnen. Die oben beschriebenen Methoden des Logging, Eye-Tracking und Verbalisierungen sollten verschiedene Aspekte desselben Gegenstands (der Textproduktion und der Navigation) untersuchen und validere Daten der Einzelfallanalysen liefern, als ein Verfahren allein es könnte. Bei meiner Datentriangulation habe ich zu unterschiedlichen Zeiten an unterschiedlichen Orten und mit ähnlich qualifizierten Personen Daten erhoben. Bei der Methodentriangulation habe ich die oben beschriebenen Verfahren eingesetzt. Vor allem im Bezug auf den Vergleich zwischen den quantitativen Log-Daten und der qualitativen Auswertung der Verbalprotokolle lässt sich feststellen, dass die Ergebnisse sich gegenseitig stützen, da sie die jeweiligen Stärken von Translog und Verbalprotokoll ausnutzen. Bei der Synthese der Verbaldaten und der Logdaten mit den Ergebnissen der Eye-Tracking Studie kann hingegen nur ein qualitativ interpretierter und damit subjektiver Forschereindruck vermittelt werden. Dies liegt weniger am Forschungsaufbau, als vielmehr an den pragmatischen Erfordernissen von Eye-Tracking Aufnahmen und deren Interpretation, die beide empirisch zum jetzigen Zeitpunkt noch nicht zur Gänze ausgereift sind.

Die im folgenden Kapitel vorgestellten Ergebnisse zeigen, in Abhängigkeit zu meiner Modellbildung und der Aufgabenstellung zur Textproduktion, die Ergebnisse der Kombination und Triangulation meiner Daten.

6.11 Datenanalyse

Ich stelle hier anhand des Kringsschen Ansatzes zur Datenanalyse mein eigenes Vorgehen bei der Datenanalyse vor. Dabei verwende ich im Folgenden ausgewählte Beispiele aus Transkripten, Datenauswertungstabellen, linearen Repräsentationen der Tastaturanschlagsmessung und aus den Textprodukten der Versuchspersonen. Die Daten und Erläuterungen zu den Daten befinden sich im Anhang. In der folgenden Präsentation stelle ich bei den Einzelbeispielen und im Erklärungsverlauf jeweils die Verbaldaten und die entsprechenden

Protokolle voran. Die Ergebnisse der Inaugenscheinnahme der Eye-Tracking Erhebung binde ich direkt an die Transkripte der Verbaldaten. Ähnlich eng betrachte ich den Zusammenhang zwischen Verbaldaten und der linearen Darstellung der Logdaten. Die Produktionsergebnisse verstehe ich als Darstellung des Ergebnisse und als Ergänzung. Ich werte bewusst die Produktionsresultate (Textprodukte der Textproduktionsaufgabe) nicht als Leistung aus, da es sich bei meiner Analyse um eine Prozess- und nicht um eine Produktstudie handelt.

Beschreibung des Vorgehens, Analyseschritte bei der Datenanalyse

Aufgrund der bereits angesprochenen Probleme bei der Erhebung von Daten des Lauten Denkens (Datenmenge, Datenunstrukturiertheit) hatte ich mich zunächst für eine eher selektiv-phänomenologische Analyse (vgl. Krings 2005:353) der in meinen Studie gewonnenen Daten entschieden. Dies ist im Rahmen einer ersten Annäherung an die explorative Untersuchung von Hypertexten, wie sie diese Arbeit leistet, notwendig und aufgrund der geringen Zahl an Versuchspersonen auch sinnvoll. Generalisierbare Aussagen über Typizitäten wären bei einer derartig kleinen Gruppe von Versuchsteilnehmern ohnehin nicht zu treffen.

Krings schlägt, mit dem Ziel der Theoriebildung, für die Datenanalyse von explorativen Untersuchungen von Prozessen „aufsteigende Abstraktion“ (Krings 2005:353) in den in der Grafik unten dargestellten Schritten vor. Die Schritte verlaufen von der Datengewinnung über Phänomenologie, Klassifikation, Quantifizierung, Korrelation, Kausalität bis hin zur Theoriebildung. Ich wählte zur Bestätigung von Teilen meines heuristisch aufgebauten Online-Hilfe-Produktionsmodells einen in Teilen ähnlichen Analyseweg. Die grafische Darstellung der Schritte meiner Datenanalyse stelle ich hier der Übersichtlichkeit halber neben die von Krings (Abbildung 6-4). Sie soll nicht als Gegenvorschlag zum Ansatz von Krings, sondern zur Illustration meiner Analyseschritte dienen.

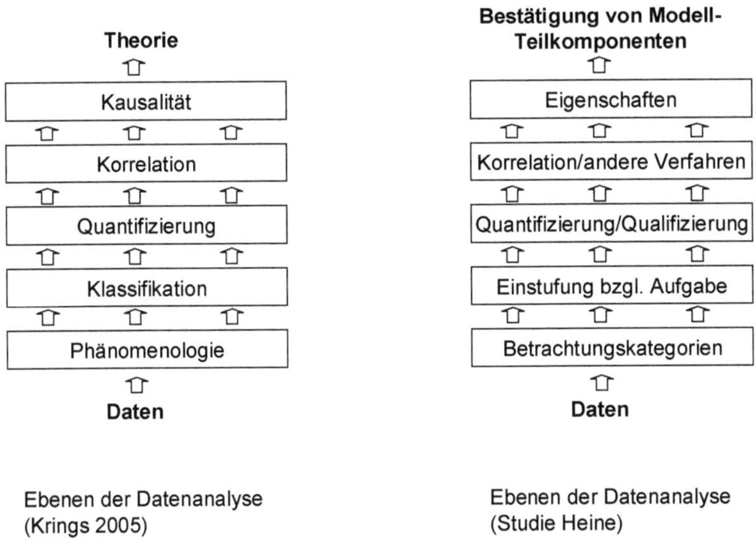

Abb. 6-4: Ebenen der Datenanalyse bei Krings (2005:254) und Heine

Krings stellt fest, dass die bisher vorliegenden empirischen Untersuchungen in fast allen Studien (von Übersetzungsprozessen) auf den Stufen der Phänomenologie, der Klassifikation und der Quantifizierung angesiedelt sind und dort "steckenbleiben" (vgl. Krings 2005:354f.). Im Wissen um diese Stagnation habe ich trotz des geringen Umfangs meiner qualitativen Studie versucht, meine Datenanalyse weiter voranzutreiben. Betrachtet man meine Untersuchung nun entlang der Kringsschen Ebenen der Datenanalyse, dann gelingt es mir, aus den Produktionsabläufen meiner Versuchspersonen nahezu alle in meinem heuristisch aufgebauten Online-Hilfe-Produktionsmodell aufgebauten Komponenten als Betrachtungskategorien festzustellen (Betrachtungskategorien, abgetragen in Spalte 1 meiner Datenauswertungstabellen der Verbalprotokolle). Diese habe ich in Bezug auf die Aufgabenstellung der Textadaptionsaufgabe eingestuft (Einstufung bzgl. Aufgabe, Spalte 2 meiner Datenauswertungstabellen der Verbalprotokolle) und die Menge und Qualität ihres Auftretens in den Protokollen festgehalten (Quantifizierung/Qualifizierung, Spalte 4 Datenauswertungstabellen der Verbalprotokolle). Hier bleibe ich dem explorativen Charakter meiner qualitativen Studie treu, da mich weniger die Frage, wie häufig ein Aspekt oder eine Komponente auftritt interessiert, sondern vielmehr, in welcher Weise und an welche anderen Komponenten angebunden diese auftreten. Anders als bei Krings vorgeschlagen, korreliere ich die qualitativen Einzeldaten meiner Verbalprotokolle mit den quantitativen Einzelergebnissen aus der Translog Logfile und mit einzelnen Ergänzungsdaten aus dem Gaze Replay der Eye-Tracking-Studie. Kausalität als nächster Schritt, ist in meiner Studie nicht möglich. Kausalität, wie sie Krings fordert ist

> (…) nur dann gegeben, wenn ein statistisch signifikanter Einfluss einer unabhängigen Variablen auf eine abhängige Variable nachgewiesen wird und gleichzeitig alle anderen potentiell relevanten Variablen konstant gehalten wurden. Ein solcher Nachweis ist nur im Rahmen sehr sorgfältig geplanter experimenteller Anordnungen mit Versuchs- und Kontrollgruppen zu führen. (Krings 2005:354)

Es geht bei meiner hier vorgelegten ersten Annäherung an Hypertextproduktion allerdings ausschließlich darum, die Eigenschaften (als Modellaspekt und Subkomponente, Spalte 5 Datenauswertungstabellen der Verbalprotokolle) für die spezifische Beschreibung des Online-Hilfe-Produktionsprozesses aus den Daten zu elizitieren, die sich in mein Modell abtragen lassen. Außerdem geht es mir darum, die für die Modellbildung angenommen Komponenten soweit wie möglich zu bestätigen, oder sie wenn notwendig zu überdenken. Dadurch ergibt sich aus meiner Datenanalyse auch keine Theorie, sondern eine Bestätigung von Teilkomponenten meines Modells. Die hier beschriebenen Datenanalysestufen ergeben folgende Tabellenstruktur der Datenauswertung der Verbaldaten (vgl. Datenauswertungstabellen im Anhang und Diskussion der Ergebnisse unten).

Betrachtungs-kategorien	**Einstufung bzgl. Aufgabenstellung**	**Transkriptzeile**	**Quantifizierung und Qualifizierung der Äußerungen**	**Eigenschaften**
Modellkomponenten des Online-Hilfe-Produktionsmodells	Erläuterung bzgl. der Produktionsaufgabe	Laufende Nummerierung der Transkripte der Aufnahmen	Äußerungen und Anzahl gruppierter Äußerungen der Versuchsteilnehmer	Zuordnung und Einschätzung der Äußerung zum Online-Hilfe-Produktionsmodell

Tab. 6-5: Struktur der Datenauswertungstabellen

An die Transkripte und an die Logdateien lege ich die gleichen Kategorien an. Die in den Datenauswertungstabellen der Verbaldaten nicht berücksichtigte Stufe der Korrelation der Verfahren beschreibe ich in der Datenauswertung am jeweiligen Beispiel (Partituren, siehe unten).

Dateninterpretation

Die im Folgenden dargestellten Daten gehören zu einem Teilausschnitt des Online-Hilfe-Produktionsmodells. Sie beziehen sich nur auf die Produktionsaspekte von Hypertexten. Daher fallen bei der Auswertung einige der in Tabelle 6-5 dargestellten Online-Hilfe-spezifischen Modellkomponenten[168] weg. Bei der Auswertung sind jedoch auch Rückschlüsse auf den in dieser Arbeit betrachteten Prozess der Online-Hilfe-Produktion möglich. Diese Rückschlüsse markiere ich im Folgenden entsprechend, konzentriere mich jedoch auf den mit meiner Datenerhebung untersuchten Teilprozess der Hypertextproduktion.

Modellkomponenten als Ausgangspunkt der Datendarstellung

Um einen besseren Zugang zu meinen Ergebnissen zu ermöglichen führe ich meine in den verschiedenen Studien erhobenen Daten an den Modellkomponenten meines Online-Hilfe-Produktionsmodells entlang, sofern dies (aufgrund der Beschränkung auf den Teilaspekt) möglich ist.

Partiturschreibweise

Die Darstellung meiner Ergebnisse erfolgt mit Hilfe der Partiturschreibweise. Dabei stelle ich hier ausgewählte Beispiele der Produktionsergebnisse der Einzelverfahren meiner Untersuchung so zusammen, dass der jeweils gewählte Produktionsprozessausschnitt auf einen Blick wahrgenommen werden kann. Der Partitur-Satz besteht bei den Teilstudien Graz aus fünf "Stimmen". Die Partiturzeilen entsprechen den unten genannten drei Verfahrensergebnissen (1-3), dem Resultat der Textproduktion der Versuchspersonen (4) und einer zusätzlichen Zeile (5).

[168] Modellkomponenten: Von den 17 Komponenten des Online-Hilfe-Produktionsmodells können zehn mit der hier beschriebenen Studie untersucht und anhand von Beispielen aus den Datensätzen der Versuchspersonen der Studie nachgewiesen werden.

1) Transkriptzeile (Verbaldaten)
Die Transkriptzeile ist aus dem GAT-Basistranskript der Verbaldaten der Versuchspersonen übernommen und enthält die GAT-Transkriptionskonventionen (siehe Anhang).

2) Transkriptzeile /Augenspurkommentar
Die Transkriptzeile mit Augenspur ist entweder aus dem GAT-Basistranskript übernommen und um Blickmerkmale ergänzt oder besteht aus einem Kommentar zur Augenspur mit Verweis auf die AVI-Datei.

3) Lineare Repräsentation (Logfile)
Die Lineare Repräsentation enthält Logfile-Zeilen des jeweiligen Produktionsereignisses. Die Legende zu den Symbolen befindet sich im Anhang.

4) Produktionsergebnis
Das Produktionsergebnis enthält das repräsentative Textstück aus dem Endprodukt der Versuchspersonen, sofern es sich bei dem Produktionsereignis um ein Textproduktionsereignis handelt.

5) Sonstiges, Besonderheiten, Anmerkungen
Unter Sonstiges, Besonderheiten, Anmerkungen trage ich spezifische Merkmale des Produktionsabschnitts ab, wie z. B. Übereinstimmungen oder Abweichungen mit den statistischen Ergebnissen der Translog-Studie und den Ergebnissen der Befragung (Fragebogen). Diese Fünfteilung kommt jedoch nur bei vereinzelten Beispielen aus der Teilstudie Graz vor. Die Teilstudie Flensburg besteht aus vier Zeilen (1-4), da bei der Flensburger Studie keine Eye-Tracking-Daten erhoben wurden.

1) Transkriptzeile (Verbaldaten)
2) Transkriptzeile/Augenspurkommentar
3) Lineare Repräsentation (Logfile)
4) Produktionsergebnis
5) Sonstiges, Besonderheiten, Anmerkungen

Die folgende tabellarische Übersicht zeigt die Zugehörigkeit von Datenbeispiel und Versuchspersonen zu den für die Aufgabenstellung relevanten Betrachtungskategorien (Komponenten des Online-Hilfe-Produktionsmodells).

Betrachtungskategorie	Beispiel: Semi-Professionelle	Beispiel: Experten
Planen, Ziel setzen, Entscheiden, Organisieren	1a: ALMA	1b: JALA
Inhalt	2a: ALMA 2b: ANWA 2c: ANWA	2d: JALA 2e: JALA 2f: JALA 2g: TEKR 2h: TEKR
Navigation	3a: ANWA 3b: ANWA 3c: ALMA	3d: JALA 3e: TEKR
Evaluierung	4a: ANWA 4b: ALMA	4c: JALA 4d: JALA 4e: TEKR
Sachwissen	5a: ANWA 5b: ANWA 5c: ALMA	5d: JALA 5e: TEKR
Textwissen	6a: ANWA 6b: ANWA	6c: JALA 6d: TEKR
Dokumentationswissen	7a: ANWA 7b: ALMA	7c: JALA 7e: JALA 7f: TEKR
Medienwissen	8a: ANWA 8b: ANWA	
Externe Informationsquellen	9a: ANWA 9b: ANWA	9c: JALA 9d: JALA
Hilfsmittel des Arbeitsprozesses	10a: ANWA 10b: ALMA	10 : JALA 10d: TEKR
Metakommentare	11a: ANWA 11b: ALMA	11c: JALA 11d: TEKR

Tab. 6-6: Übersicht Datenbeispiele

Erläuterungen der Partiturbeispiele

Die jeweiligen Partiturbeispiele ergänze ich um Erläuterungen zum Produktionsprozess der Versuchsperson, vergleiche Partiturausschnitte der Experten und der Semi-Professionellen, gebe Querverweise zu ähnlichen Produktionsstellen in den Datenauswertungen der Versuchspersonen und ziehe, wo möglich, Rückschlüsse aus den Ergebnissen auf mein Online-Hilfe-Produktionsmodell.

Beispiel 1a: Betrachtungskategorie: Planen, Ziel setzen, Entscheiden, Organisieren [ALMA]

na fein (2.0) zt müssen wir mal überle:gen was wir so machen (2.5)	1-2
Verschwinden der Augenbewegungen nach links (Informationsgewinnung aus der Aufgabenstellung und der Vorlage).	AVI
[Start][✶24.111][🖱][🖱]✶✶✶ [✶01:01.081][🖱]✶✶✶✶✶✶⏎✶✶✶✶✶✶✶✶↑✶✶✶✶✶✶✶✶[🖱]⏎✶✶	-
---	-
---	-

Beispiel 1b: Betrachtungskategorie: Planen, Ziel setzen, Entscheiden, Organisieren [JALA]

äh, beginne meine aufgabe (.) die da lautet laien sollen wenn sie sich das durchlesen in die lage versetzt werden ihre fenster zu nutzen und zu pflegen handwerker sollen über die sicherheit im bau informiert werden und _ das ist so dabei so ein bisschen metamäßig _ äh die sollen erfahren was ihre kunden erfahren sollen gut erster schritt einmal diagonallesen	3-9
die bedienung das heisst ich überlege mir jetzt erstmal verschaffe mir einen groben überblick und überlege mir dann ob das für ob das für experten laien oder für beide relevant ist immer natürlich bezogen auf die aufgabenstellung	23-27
[Start][🖱]]✶✶✶✶[🖱][✶01:26.016]↓↓↓↓↓[✶18.065]↑↑↑✶✶✶⏎✶↑ [✶13.269]	-
---	-
---	-

Erläuterung:

Bei der Planungsphase handelt es sich bei ALMA und JALA um Vorphasen vor der eigentlichen Textproduktion. ALMA hält sich mit der Gesamtplanung nicht lange auf und beginnt nach einer Zwischenpause direkt mit der Textproduktion. JALA lässt sich Zeit und beginnt mit Lesen und Kommentieren (Wertung) des Gelesenen.

Am Beispiel der Einzelprozesse wird hier deutlich, welche Relevanz die Vorplanung für den weiteren Verlauf der Produktion hat. Dieser Faktor ist für mein Online-Hilfe-Produktionsmodell relevant. Bei ALMA gibt es im späteren Produktionsverlauf mehrere Stellen, wo ihr auffällt, dass sie zu Beginn falsch (bzw. gar nicht) geplant hat. Dies erzeugt im Prozess Stockungen und lässt ALMA im weiteren Verlauf immer wieder frühere Planungsentscheidungen in

Frage stellen. Beispiele hierzu siehe Datenauswertung ALMA (siehe Datenauswertungen, Anhang, Zeilen 43-49 und 52-56). ALMA beginnt die Textproduktionsplanung zunächst ohne Lesen. Im weiteren Verlauf steigt die Versuchsperson ALMA direkt in die Strukturierung ein. Experte JALA dagegen arbeitet entlang seiner zu Beginn mit Bedacht getroffenen Überlegungen und justiert daran später wenig.

Die Überblicksplanung von JALA besteht aus zwei Schritten (Zeilen 3-9 und 23-27), dem angekündigten Diagonallesen mit Informationsgewinnung durch Beschäftigung mit den textuellen Inhalten. Dabei wird die Grobplanung des Überblicks angekündigt und die zu treffenden Entscheidungen werden reflektiert. Der zweite Schritt besteht darin, die erarbeiteten Informationen (aus der Informationsgewinnung (Aufgabenstellung)) mit den Gegebenheiten des Ausgangstextes abzugleichen.

Beispiel 2a: Betrachtungskategorie: Inhalt [ALMA]

ah ich muss sagen (2.0) d da müss ich ja vielleicht was umstellen das war nicht sehr intelligent was ich gemacht habe weil dann kann ich die block(.)bezeichnungen wieder ändern (1.5) ich denke mal dies es wäre besser wenn man diesen block als aganzer an eine andere stelle verschieben würde denn (1.0) natürlich ist es jetzt von der logik her (1.0) schon (1.0) der baubeginn natürlich der anfang aber (1.0) die informationen wie ich feststelle sind eher für handwerker (1.5) würde ich mal sagen (1.0)	210-219
Vergrößerung des Blickpunktes bei einem einzelnen Wort [Baubeginn]	AVI

Beispiel 2b: Betrachtungskategorie: Inhalt [ANWA]

jetzt muss ich schaun noch nmal wie die heißen block also war bauphase bedienung sicherheit lüften das ist auch lüften verglasung und wartungsarbeiten ja natürlich das ghört dann einfach da dazu	139-143
Fließende Sacaden über den gesamten Bildschirm (Orientierung im Text, unterstützt durch Außerung im Verbalprotokoll (ich schn noch nmal wie die heißen)	AVI

Beispiel 2c: Betrachtungskategorie: Inhalt [ANWA]

das ist natürlich für den Experten gedacht, weil das bauphase die betrifft den konsumenten gar nicht	99-100

Beispiel 2d: Betrachtungskategorie: Inhalt [JALA]

die bauphase das sowas würde ich mir zum beispiel äh das wenn ich das wenn ich das als ausdruck benutzten könnte würde ich mir mal ein zum beispiel ein e oder ein l an den entsprechenden abschnitt malen ich male einfachmal drei Es drüber um mir zu merken das (tippt) äääh dieser abschnitt für experten ist (tippt)	18-23
[✱13.269]EE✱E✱↓↓↓↓↓↓↓↓↓↓↓↓✱✱✱↓✱✱✱←←←←✱↵↑[✱30.416]EEE/LLL✱✱✱[ShftCtrl←][ShftCtrl←][ShftCtrl←]✱✱✱↓↓↓↓↓↓[✱11.008]↓↓↓✱✱✱✱↓✱✱↓↓✱✱✱✱✱✱↑↑↑↑↑↑↑↓↵↑✱	-
EEE Während der Bauphase Damit Fenster und Außentüren in einwandfreiem Zustand erhalten werden, ist bereits während der Bauphase folgendes zu beachten:	-
Steuerungsnotizen auch: Hilfsmittel des Arbeitsprozesses	-

Beispiel 2e: Betrachtungskategorie: Inhalt [JALA]

das ist ah ja okay das sind alles sachen die der experte weiss aber (tippt) ich mache mir mal einen hinweis das muss ich um_struk_turier_en (mundgeräusch) ausrufezeichen	77-80
[✱10.566]↓↓✱✱✱✱✱↓↑✱↑↑↑↑↑↑↑↑↑↑↓↑✱✱✱LLL◆xxx✱✱Umstrukturieren✱✱!✱↓↓↓↓↓↓↓↓↓↓↓↓↓↓↓↓↓↓↓[✱51.647]	-
-	-
Steuerungsnotizen auch: Hilfsmittel des Arbeitsprozesses	-

Beispiel 2f: Betrachtungskategorie: Inhalt [JALA]

was mir natürlich vollständig fehlt in dem ganzen hier ist eine ein:leitung die markiere ich mir mal wieder mit meinen drei xen und meinem fragezeichen und schreibe hin das mir eine einleitung fehlt (tippt) die denke ich mir einfach mal an dieser stelle ganz am anfang	112-117
✱✱✱✱✱XXX✱?✱✱✱✱✱✱Einleitung◆fehlt✱,◆die◆denke◆ich◆mir◆an◆dieser◆Stelle✱✱✱✱✱✱✱	-
XXX?Einleitung fehlt, die denke ich mir an dieser Stelle	-
Steuerungsnotizen auch: Hilfsmittel des Arbeitsprozesses	-

Beispiel 2g: Betrachtungskategorie: Inhalt [TEKR]

ich mach was ganz anders ich werde eine unternummerierung entwerfen und hoffe das das hinterher klappt sonst müssen wir das alles umnummerieren ich weiss nich ob das jetzt unellegant ist von der überschrift so zu verlinken aber da füge ich jetzt einfach mal text ein den nenne ich ehmmmm (stöhnt) fenster 1 a ehmmm (scrollt) einleitung (tippt stöhnt) so das machen wir dann auch gleich wieder zu hinten (tippt) mit ende (tippt) huummmmm (tippt) so ganz stimmts noch nicht (stöhnt)	90-98
↑↑✱✱✱✱✱✱✱>⌫✱✱<✱F✱enster✱✱•1a✱•✱✱✱✱✱Einleitun✱ ✱g>✱↓✱Einleitung✱✱↵↵✱✱✱>✱Fenster•1a✱•Ende>	-
<Fenster 1a Einleitung L>	-
Das Endprodukt stimmt hier nicht mit der Logfile und den Verbaldaten überein, da TEKR später im Prozess noch die L/E für den Nutzerleseweg ergänzt.	-

Beispiel 2h: Betrachtungskategorie: Inhalt [TEKR]

ehmmmm und jetzt ist die frage inwieweit ich auf zwei verweisen kann die frage der syntax (scrollt) ne das machen wir anders eh pflege (zischt) des glases das ist der (tippt) ehmmmm formatierung plege des ach (.) komma führe ich die rahmenpflege extra als als text ein auf den man dann verweisen kann	162-167
↵✱✱✱✱✱Pflege←←←←←←[ShftCtrl→]✱↑→→→→→→→→→→→ →✱✱[Paste: Pflege]✱✱[ShftCtrl⌦]✱⌦⌦⌦⌦⌦⌦⌦⌦⌦⌦ ←←←←←←←←←←←←←a↑↑↑↑↑↑↑↑↑↑↑↑↑↑↑↑↑↑↑↑↑↑↑↑ ↑↑↑↑↑↑↑↑↑↑↑↑↑↑↑↑↑↑↑↑↑↑↑↑↑↑↑↑↑↑↑↑↑↑↑↑↑↑ ↑↑↑↑↑↑↑↑↑↑↑↑↑↑↑↓↓↓↓↓↓↓↓→→→→→→→→→→→→→→ →→→→→→→→→→→→→→→→→→→→→→→→→→→→→→→→→→→ →→→→→→→→→→→→→→→→→→→→→→→→→→→→→→→→→→→ →→→•7a[✱21.209]↓↓↓↓↓↓↓↓↓↓↓↓↓↓↓↓↓↓↓↓↑↑←•1✱⌫ L↓↓↓↓↓↓↓↓↓↓↓↓↓↓↓↓↓↓↑←•L↓↓↓↓↓↓↓↓↓↓↓↓↓↓↓↓ ↓↓↓↓↓↓↓✱✱✱✱✱✱↓↓↓↓↓↓↓↓↓✱↓✱•L✱↓↓↓↓↓↓↓↓↓↓↓ ↓↓↓↓↓↑↑↑↑↑↑↑✱⇨✱←•L✱✱↑↑↑↑↑↑↑↑↑↑↑↑↑↑↑↑↑↑↑ ↑↑↑↑↑↑↑↑[✱13.514]↑↑↑↑↑↑↑↑↑↑↑↑✱↑↑↑↑↑↑↑↑↑↑↑ ↑↑↑↑↑↑↑↑↑↑↑↑↑↑↑↑↑↑✱↑↑↑↑↑↑↑↑↑↑↑↑↑↑↑↑↑↑✱ ↓↓↓↓↓↓↓↓→→→→→→→→→→→→→→→→→→→→→→→→→→→→ →→→→→→→→→→→→→→→→→→→→→→→→→→→✱✱✱←✱✱✱✱✱ ✱✱✱•✱✱✱des•✱Glases→→→→→→→→→→→→→→→✱✱✱✱✱✱✱✱ ✱←,•Pflege✱✱✱•des•Rahmens✱•✱✱✱	-
Pflege des Glases<Link Ende 7a>, <Link Start>Pflege des Rahmens<Link Ende 6>	-
Das Endprodukt stimmt hier nicht mit der Logfile und den Verbaldaten überein, da TEKR später im Prozess noch die Gesamtstruktur des Textprodukts ändert und die Links an den Anfang des Textes stellt.	-

Erläuterung:
In der Betrachtungskategorie Inhalt verwenden die Versuchspersonen unterschiedliche Herangehensweisen an die Strukturierung und die Formulierung von Inhalten. ALMA äußert im Verbalprotokoll, dass sie sich der inhaltlichen Erschließung über die Logik nähert, tatsächlich geht sie zunächst rein strukturell vor und teilt den Text in Blöcke ein, die sie bei genauerer Sichtung des Inhalts bezüglich der Sachlogik (Einbau vor Wartung) erneut ändern muss. ALMA orientiert sich im Text und löst gedanklich die inhaltliche Zuordnung von zueinander gehörenden Elementen im Text (vgl. auch Datenauswertung ALMA Anhang, 52-56, 126-127).

ANWA führt bei den inhaltlichen Entscheidungen die Unterscheidung des Inhalts in Experteninhalte und Laieninhalte gedanklich mit. Dabei geht sie sehr strukturiert vor, bleibt allerdings in der Planung stecken, ohne dass der verbal geäußerten Planung textuelle Handlungen folgen. In ähnlicher Weise selbststeuernd und strukturierend löst auch JALA den Übergang zwischen Inhalt und Sachwissen und im Hinblick der Verwendung von drei x-en als Steuerungsnotiz (vgl. auch Datenauswertung JALA Anhang, 117-133). JALA schreibt sich selbst Steuerungsnotizen (vgl. Beispiele 2e und 2f.) direkt in den Text. JALA schreibt sich auch ein eigenes "To do", in Form einer Tätigkeitsaufforderung (Datenauswertung JALA 156-172 und 206-213). Hierbei handelt es sich um ein typisches Verhalten von Expertenschreibern.

Mit Blick auf das Online-Hilfe-Produktionsmodell ist hier anzumerken, dass in Projekten mit kooperativer Zusammenarbeit solche Steuerungsnotizen, Verweise auf spätere Änderungen oder Strukturanpassungen, den anderen Prozessbeteiligten kommuniziert werden müssten.

Die Steuerungsnotizen von Experten schlagen sich in dieser Studie auch als Textproduktionsereignisse (die bei Semi-Professionellen nicht vorkommen) in der Gesamtzahl der Ereignisse nieder und erhöhen dadurch die Ergebniswerte der Experten.

Experte JALA geht zielorientierter vor als ANWA und ALMA und erledigt während er spricht die Aufgabe. TEKR macht sich von der Beispielvorlage der Aufgabenstellung und des Vorversuchs frei und entwirft eine eigene Konvention (ähnlich der von JALA oben). Auch diese Selbstständigkeit im Umgang mit der Adaptionsaufgabe zeigt deutlich die Expertise. Bei TEKR fällt auf, dass sie beim Einzelschritt (hier die Schnittstelle zwischen Inhaltsproduktion und

Navigation, Beispiel 2g) sowohl Text produziert, als auch eine Entscheidung trifft, ein bestehendes Problem löst und sich selbst organisiert. In Beispiel 2h liegen die Aktionen von TEKR zwischen Navigation und Textproduktion. Diese beiden Produktionskomponenten hängen eng voneinander ab und bedingen sich im Prozess nahezu immer gegenseitig. Diese Tatsache ist auch für das Online-Hilfe-Produktionsmodell relevant.

Beispiel 3a: Betrachtungskategorie: Navigation [ANWA]

also dann liest der experte zuerst machen wir den experten er liest also dann während der bauphase und für ihn ist es auch sehr wichtig ja (2.0) bauphase dann bedienung bedienung (--) ja)	164-167
Vergrößerung des Blickpunktes bei einem einzelnen Wort [Bedienung]	AVI
---	-
Während der Bauphase [Bedienung]	-

Beispiel 3b: Betrachtungskategorie: Navigation [ANWA]

da würd ch ein hy hyperlink würde ich einfügen bei bauordnungen der länder <<kichernd> gleich auf die seite der länder mit den bauordnungen>)	353-356
Vergrößerung des Blickpunktes bei einem Textelement [Bauordnungen der Länder]	-
---	-
Keine Aktion in Logfile, Replay oder Produkt, die darauf hindeutet, dass die Idee umgesetzt wurde.	-

Beispiel 3c: Betrachtungskategorie Navigation: [ALMA]

wieder hier mit paste (1.5) ende block vier weiter block fünf dann machen wir hier einen absatz (6.0) block fünf (4.0) ay start (4.5) rah:men(.)profile (1.0) ja (1.0) schön (3.0) hm: das das das und hier haben wir wieder (5.0) das ist jetzt hier mal diesmal wirklich das ende (1.5) fünf (2.0) öh:: ja (2.0) schön (2.0) ((kichert)) (2.0) ende block fünf weiter und das geht immer weiter runter (3.0) das soll es aber nich (2.5) weiter block sechs (4.0) und da na ja hätte ich durch(.)aus (1.0) gleich (1.0) so lassen können wie es vorher schon war (4.0) öhm äh start (2.0) ach so ja zt hab ich das ja ein bisschen anders angefangen da machen wir es gleich so block sechs start (2.0) ja was sind denn das fürn konstrukt block sechs (1.0) start (3.0) öhm verglasung (9.0) das ist dann eher schon was das ende gut (7.0) block sechs st ende ach so das hatt ich denn immer so um:gedreht mal schaun ja eigentlich ist es nicht wirklich ideal machen wir das lieber so damit das ganz kohärent ist (2.5)	83-100
<Weiter◆Block◆✱5✱>[✱13.411][🖰][🖰]✱✱✱✱✱✱✱✱⌫✱↓⌫✱✱✱✱✱✱ ✱[🖰]↲↲✱[🖰][🖰][🖰]✱✱[Paste: <Ende Block 4><Weiter Block 5>]✱✱✱✱[🖰] ↲✱>⌫<Block◆✱5✱>✱✱⌫◆Start✱✱◆Rahmenprofile✱>✱✱↓↲✱✱✱✱✱[🖰] ↲✱✱↲✱<✱Block◆✱✱5◆✱⌫>✱✱↲✱✱✱✱✱[🖰]Ende◆✱[🖰]✱↲✱↓↓⌫✱ ↑>⌫<✱Weiter◆Block◆✱6>✱✱[🖰]↲✱✱>⌫✱<✱✱W✱⌫✱✱Sta✱⌫⌫⌫ ✱✱✱Blco◆✱6◆S✱⌫⌫⌫⌫⌫⌫o✱ck◆✱6◆Sa⌫tart✱◆✱Verglasung ✱>✱✱[🖰]↲✱✱✱✱✱[🖰]↲✱↲✱>⌫<✱Block◆s⌫6◆Sr⌫⌫End✱⌫⌫⌫✱ ✱✱✱✱✱[🖰]✱✱✱✱✱→⌫✱[🖰]◆✱✱[Paste: Ende]✱✱✱✱✱✱✱[🖰]✱ [🖰↓][✱19.087][🖰]✱✱→⌫✱[🖰]◆✱[Paste: Ende][✱12.189][🖰]✱✱→⌫✱ [🖰]✱◆✱[Paste: Ende][✱13.508][🖰]✱Eb⌫nde◆✱✱⌫>✱✱ ↲W⌫>⌫<Weiter◆✱✱Block◆✱✱7◆Warun⌫⌫✱tungsarbeiten✱>✱✱[🖰]↲ ✱✱>⌫<✱W⌫Block◆✱✱7◆Start◆Wartungsarbeiten✱>✱✱✱[🖰]↲✱✱✱ [🖰]↲↲>⌫<Block◆✱7⌫⌫◆7◆e⌫Ende>✱↲✱>⌫>⌫<✱Weote⌫⌫⌫iot ⌫⌫ter◆B⌫⌫⌫⌫⌫⌫⌫⌫⌫✱>⌫	
Saccaden (hin und her) zwischen Textabschnitten.	

Beispiel 3d: Betrachtungskategorie Navigation: [JALA]

der heisst bedienung der hat auch ein ende (tippt) wobei ich hier auch wieder sagen würde äh (.)(tippt) hier würde ich für den laien (tippt) einen (tippt) eigenen verweis auf auf die na wie heist es denn auf die anleitung des herstellers (tippt)(.) und das kommt für die laien ganz vorne hin (tippt) in den abschnitt beziehungsweise block heisst das hier	190-197
[🖱]edienung✱⌦⌦✱[🖱][🖱][🖱]✱[🖱][Paste: <Block 4 Ende>]✱↵[✱14.314][🖱]✱↵↑✱xxx✱?✱F✱uer♦Laien♦✱✱✱einfachen♦Verweis♦[✱10.738]auf♦Hersteller♦⌫anleitung✱♦einfuegen♦ ✱✱[Ctrl←][Ctrl←][Ctrl←][Ctrl←][Ctrl←][Ctrl←][Ctrl→] ✱gan✱z♦vorn♦im♦Absch⌫⌫⌫⌫⌫Block✱	-
Bexxx?Fuer Laien ganz vorn im Block einfachen Verweis auf Herstelleranleitung einfuegen dienung	-

Beispiel 3e: Betrachtungskategorie Navigation: [TEKR]

das ist jetzt drei aber die frage ist ob es sinnvoll ist bei der mitschrift überhaupt eine 1 zu geben das ist mir im moment egal solange ich das ganze hinterher richtig weiter-nummeriere hmmmmmmmm also (5.0) (tippt) ah (tippt) das war jetzt vier (tippt) ((stöhnt)) ((murmelt)) wieviel haben wir den jetzt überhaupt zwei vier fünf sechs acht schön okay (stöhnt beim tippen) hmmm (murmelt) acht (pause) (murmelt unverständlich) nochmal nummer (murmelt unverständlich)	37-45
-	-
<Fenster 1a Einleitung L> Einleitung Fenster und Aussentueren sind eine grosse Investition. Damit Ihre Fenster, aber auch Ihr Haus lange in tollem Zustand bleiben, finden Sie hier Hinweise zu <Link Start>Bedienung<Link Ende 3>, <Link Start>Lüftung<Link Ende 5>, <Link Start>Pflege des Glases<Link Ende 7a>, <Link Start>Pflege des Rahmens<Link Ende 6> und <Link Start>Wartung<Link Ende 8>.	-
Einzelstellen in der Logfile entsprechen der Linkliste aus dem Textprodukt.	-

Erläuterung:

In der Phase der Navigation wird bei der Adaptionsaufgabe zwischen Betrachtungskategorien hin und her gewechselt. Die Äußerungen von ANWA in Beispiel 3a liegen z. B. quer zwischen der Betrachtungskategorie Inhalt und Navigation. Der Kommentar ist ein Reflexionskommentar zur Organisation der Versuchsperson und Orientierung des Nutzers. Ähnlich wie in Beispiel 3a verläuft auch die Schnittstelle zwischen Navigation und Evaluierung/Reflexion an den Produktionsstellen (167-177, 228-239). Diese Stellen sind von Pausen unterbrochen, während deren sich die Versuchsperson, im AVI durch Fixationen mit Rückschwüngen oberhalb des Textes und Vergrößerung des Blickpunktes (bei den Substantiven) deutlich sichtbar, zwischen den Textelementen hin und her orientiert. In Beispiel 3b überdenkt ANWA eine Verknüpfungsrealisierung nach außen (also einen externen Hyperlink), setzt die Idee jedoch nicht in die reale Produktion um. Diese prozessurale Handlung ist deutlich mit Medienwissen verknüpft, nämlich mit der Kenntnis darüber, dass es üblich und möglich ist, aus Hypertexten auf andere Hypertexte (in diesem Fall eine Webseite) zu verweisen. Hier beeinflusst Medienwissen den Textproduktionsprozess. ALMA setzt im Beispiel 3c während der Reflexion ihre Navigations- und Strukturplanung in Text um. Dabei versucht sie ein Kopieren/Ersetzen-Problem mit der Konsistenz nebenbei zu lösen. Ihr Bewusstsein auf die Wichtigkeit der Konsistenz bei den Notationen lässt weiter auf Medienwissen schließen. Die Saccaden aus der AVI-Datei deuten in Verbindung mit der Strukturierung darauf hin, dass in dieser Phase des Produktionsprozesses die Orientierung ein herausragendes Merkmal ist. In Verbindung mit den Notationen scheint die Orientierung hier besonders hypertexttypisch zu sein. Sie ist daher auch für das Online-Hilfe-Produktionsmodell wichtig. JALA löst während der Strukturierung ein Verständnisproblem für die Laiennutzer, indem er sein Sachwissen- und Dokumentationswissen während der Navigationsplanung anwendet und einen Hinweis auf eine andere Dokumentation in den Text einfügt. TEKR legt in der Navigationsphase die Struktur durch den Text. Dabei stellt sie, wie bei vielen gängigen Hypertexten üblich, eine Linkliste dem eigentlichen Text voran. Diese Handlung lässt auf Medienwissen und Textsortenwissen schließen, das TEKR selbstverständlich anwendet, ohne es zu verbalisieren (keine entsprechende Erwähnung im Protokoll). In der Logfile erscheinen die Produktionselemente bei den unterschiedlichen Textpassagen (Informationseinheiten) verstreut, im Produkt klar am Anfang.

Beispiel 4a: Betrachtungskategorie: Evaluierung [ANWA]

ja also dann bin ich glaube ich mit dem ex experten am ende mit dem pfad jetzt schaue ich noch einmal durch also er beginnt mit block eins während der bauphase liest dann die bauphase (2.0) vielleicht zu ende da geht link zu star zu fünf sprin er springt dann zu folie rüber und also theoretischerweise ja wenn er das lesen nachlesen möchte mit folie sprich er ist dann bei fünf angelangt (3.0) und er liest (2.0) bei fünf dann liest er fünf fertig dass habe ich nämlich völlig unterlassen dass er wieder zurück muss zu nummer eins weil er eins ganz vom anfang zurück zu eins (3.0) exper(.)te (4.0) okay ich schreib dazu was nicht mehr ob ichs wirklich do richtig do ((schnupft)) weil er öh ganz vom anfang weggelinkt wurde okay dann ist es blödsinn dann geht er nicht mehr zu nummer fünf oder geht der doch also da liest er fertig (1.0) und geht zu nummer fünf (2.0) na lass mich doch zu nummer fünf gehen und vielleicht hat er (2.0) er hat den link einfach missachtet und das ist aber wichtig weil sonst sind die fenster vielleicht kaputt wenn er das nicht liest also er geht zu nummer fünf (1.0) gut dann gehe ich auch zu nummer fünf er liest es weiter da sind doch keine links drin er sprich er liest es ganz fertig (2.0) und geht da zu nummer drei nummer drei ist bedienung sofern ich weiß (3.0) nein blödsinn nummer drei is sicherheit weil sicherheit die is fürn für ihn sehr wichtig (3.0)	368-392
Fließende Saccaden über den gesamten Bildschirm. Blick schwenkt zwischen Block 3 und 5 hin und her.	AVI
Saccaden deuten auf Orientierung im Text hin (jetzt schaue ich noch einmal durch, dann gehe ich auch zu nummer fünf)	-

Beispiel 4b: Betrachtungskategorie Evaluierung: [ALMA]

müssen wir was neues erfinden hier könnte (1.0) ein einleitungs (1.5) tungstext stehen (2.5) in den man die links (3.0) ei für öh (2.0) frür für laien und ex(.)perten (2.5) öhh anführt (2.5) dann müsste man aber auch (5.0) auch die z die blockzahl (---) blockbenennungen ändern (3.5) so ah weiss nicht ob das so toll kommt aber (3.0) ich darf ja mit dem text relativ viel selber machen (4.0)	266-275
Fixationen mit Rückschwüngen oberhalb des Textes und Vergrößerung des Blickpunktes	AVI
Hier◆könne⌫te◆ein◆Einleu⌫itungstext◆stehen✶✶,◆in◆den◆man◆die◆Lion⌫ ⌫nkg◆⌫⌫s◆ein⌫⌫⌫⌫◆frü◆⌫⌫⌫ür◆Laien◆und◆Es⌫xperten◆✶✶anf ührt✶✶.◆Dann◆mp⌫üsste◆man◆ag⌫ber◆auch◆die◆✶Blockbenennungen◆änder n✶>[✶26.474][🖱]✶✶✶De✶✶✶✶✶⌫⌫⌫⌫✶,◆✶weil◆die◆nachfpö⌫⌫olg enden◆Texte◆schon◆sehr◆✶✶✶✶⌫⌫⌫⌫⌫recht◆spr⌫ezifisch◆✶sind✶. ◆[✶14.630][🖱]✶✶✶✶✶⌫⌫⌫⌫[✶55.566][🖱]⌫⌫⌫⌫✶✶✶✶✶✶✶✶[🖱]✶⌫⌫✶◆L✶✶✶✶[🖱]◆L[✶55.649][Stop]	-

Beispiel 4c: Betrachtungskategorie Evaluierung: [JALA]

das heist ich gehe nochmal an den anfang und blättere nochmal durch und sehe das wir sehr wenig nur für rein für den experten haben und äh ne ganze menge information für den lai_en äh	109-112

Beispiel 4d: Betrachtungskategorie Evaluierung: [JALA]

ich würde den ersten bereich einfach rauskopieren und den zum als experten fürs thema während der (scrollt) bauphase (pfeift) (scrollt) mmmhmhm. Da kann man eigentlich mal käme als letztes weg dann haben wir das thema verglasung mit dem kondensat das würde ich mal einfach in die Einleitung mit einbauen (tippt) so als allgemeine hinweise (scrollt) ähmmmm und das thema reinigung kommt (.) einfach mit ins in den block reinigung der rahmenprofile	274-281
Abschlusskommentar nach Aufforderung der Versuchsleiterin zum Produktionsende zu kommen.	-

Beispiel 4e: Betrachtungskategorie Evaluierung: [TEKR]

noch gucken wo ich die verdamten sicherheitshinweise für die experten unterkriege da linke ich eigentlich gar nicht weiter dabei das ist eigentlich relativ unellegant hatte ich nicht gerade was angefangen doch das war doch hmm so so was war 7 noch mal das war die verglasung ehmmm (tippt)	269-274
[Ctrl⌦]✶↓↓↓↓↓↓↓↓↓↓↓↓↓↓↓↑↑↑↑↑↑↑↑✶←←←←←←←←←←←←←←←←←←←←←⌫✶✶7✶↓⇦✶[ShftCtrl→]↓↑↓↑↑[Ctrl→][Paste: Verglasung]✶✶✶	-
<Fenster 7 Start Verglasung E>	-
Das Endprodukt stimmt hier nicht mit der Logfile und den Verbaldaten überein, da TEKR später im Prozess noch die L/E für den Nutzerleseweg ergänzt.	-

Erläuterung:

Bei der Evaluierung kann zwischen Zwischenevaluierungsschritten und abschließender Evaluierung unterschieden werden. ANWA verfolgt in Beispiel 4a einen Lesepfad. Dabei versetzt sie sich in die Lage des Lesers ihres Textprodukts. Dies wird an der Wortwahl im Protokoll "springt er rüber", "ist er angelangt", "und dann geht er" deutlich. Der Evaluierungsschritt, samt Nachvollzug und Überprüfung der angelegten Strukturierung erfolgt im Abgleich mit dem Textsortenwissen über die Nutzererwartungen und die Konventionen der Textsorte. Die Textpassage aus dem Protokoll und die AVI-Datei zeigen deutlich die Schwierigkeiten, die sich bei der Produktion ergeben, wenn der Produzent die angelegten Verweise immer wieder selbst nachvollziehen und dabei zwei Pfade gleichzeitig im Überblick behalten muss. Hier spiegelt sich die für das Online-Hilfe-Produktionsmodell angenommene Besonderheit der Textsorte (Modularisierung, Interaktivität und Pfadproblematik). Beispiel 4b zeigt den Übergang von Aspekten der Gesamtevaluation zu einem erneuten Abgleich mit der Aufgabenstellung. ALMA macht sich bewusst, dass eine Strukturänderung zu einem späten Zeitpunkt im Prozess viele Folgeänderungen nach sich ziehen würde. Hier spiegelt sich die Unsicherheit von ALMA bezüglich der Textsorte, da sie an dieser Stelle nicht von der Evaluation in die erneute Reflexion-Textproduktion-Navigationsschleife wechselt, um den Reflexionsgedanken in der Folge in textuelle Änderungen umzusetzen. Konkreter und zielorientierter beschreibt JALA in seinem Abschlusskommentar (4d) am Produktionsprozessende ein mögliches weiteres Vorgehen (in Schleifen). TEKR widmet sich in ihrer Evaluierung am Prozessende einer für sie im Prozess schwer zu lösenden Textstelle, den Sicherheitshinweisen für Experten (diese bleiben auch an anderen Orten bei ihrer Produktion und im Zieltext ungelöst, im Verbalprotokoll werden sie jedoch mehrfach angesprochen). Sie steigt aus dem Evaluierungsprozess direkt in die Reflexion-Textproduktion-Navigationsschleife ein. Diese immer wieder vollzogene Schleife wird im Beispiel von TEKR um den Faktor Orientierung ergänzt (4e). Gedankliche Anschlüsse und die Suche nach der Textstelle "hatte ich nicht gerade etwas angefangen" und "was war 7 noch mal" kommen in allen Prozessen vor, sind aber aufgrund der Doppelanforderung der Koordination von Inhalt und Navigation in der Hypertextproduktion besonders typisch. Im Hinblick auf das Online-Hilfe-Produktionsmodell sehe ich das immer wieder Einsetzen (einschließlich der Orientierung) von Schleifen im Prozess als Bestätigung für die Darstellung der kognitiven Prozesse des Einzelnen (Kreisdarstellung "kognitives Kreisen" im Modell).

Beispiel 5a: Betrachtungskategorie: Sachwissen [ANWA]

vielleicht muss er auch den kunden beraten (2.0) stimmt weil mein freund ist ja auch von der wohn(.)baugenossenschaft beraten worden als wir schimmel bekommen haben da haben sie gesagt sie sollen stoßlüften ((murmelt))	219-223

Beispiel 5b: Betrachtungskategorie: Sachwissen [ANWA]

es passiert nicht oft man lüftet lüftet lüftet ((murmelt)) werden die fenster dreckig dann muss man sie (2.0) eben (2.0) putzen (3.0) lüften und putzen	243-246
Blick schwenkt zwischen Putzen und Lüften hin und her.	-

Beispiel 5c: Betrachtungskategorie: Sachwissen [ALMA]

(3.0) boy das wird jetzt gar nicht so einfach da (--) die wertung zu vergeben was jetzt was sein soll (3.0) ja mhm (4.5) was könnte ich da jetzt fe machen (5.0) während der bauphase (3.0) bedienung (1.0) sicherheitshinweise (1.0) lüften (1.0) rahmenprofile (1.0) verglasung (1.0) wartungsarbeiten (4.5) naja weil ich finde es sind fast überall für beide gruppen informationen drin (4.0) und die einzelnen (4.0) wör:ter (7.0) bausatz mit folie abzudecken eigenen hm (9.0) na ja: das ist jetzt halt die frage weil es können ja im prinzip auch (2.5) laien ein fenster inst das ist halt schwierig zu definieren was da ein laie ist und was da keiner ist slesen wir noch mal das kurz uf mal ((liest die aufgabenstellung))	183-198
Verschwinden der Augenbewegungen nach links	AVI
Links neben der Tastatur liegt die Aufgabenstellung auf Papier gedruckt. Informationsgewinnung aus der Aufgabenstellung.	-

Beispiel 5d: Betrachtungskategorie: Sachwissen [JALA]

denn mit diesen informationen hier zum beispiel ähm na das mit den türflügeln und fensterflügeln das würde man ja vielleicht noch verstehen doch das allein das mit bei anwesenheit von kindern diesen nominalstil äh das äh kann man nicht machen das muss man das muss man allgemeinsprachlicher formulieren und dann sind noch so fachwörter drin das wie drehsperren das das wäre auch was was ich nachfragen würde sicherheitshalber oder nachrecherchieren um zu gucken was das genau ist gut	156-165

Beispiel 5e: Betrachtungskategorie: Sachwissen [TEKR]

ich gehe mal davon aus das auf dem etiketten für den experten ehm abgemacht worden sind oder vom heimwerker aber der sollte den expertekram lesen ja	140-143
<Fenster 7 Start Verglasung E> Verglasung Aufkleber und Etiketten auf den Fenster-Gläsern	-

Erläuterung:

Das Sachwissen erweist sich neben Inhalt und Navigation als eine der Betrachtungskategorien, bei der sich Experten und Semi-Professionelle am deutlichsten voneinander unterscheiden. Ein Abgleich zwischen dem im Langzeitgedächtnis gespeicherten Wissen und dem aus der Aufgabenstellung erschließbaren und eventuell aus externen Quellen hinzuziehbaren Wissen, findet bei allen Versuchspersonen statt, tritt aber bei den Experten deutlicher zu Tage, wird bei den Experten häufiger verbalisiert und schlägt sich auch häufiger in den Produktionsergebnissen nieder.

ANWA gleicht im Beispiel 5a ihr eigenes Wissen in Bezug auf die Nutzung von Fenstern und ihr Allgemeinwissen (darüber das Fachleute Laien beraten) ab. Im Beispiel 5b überdenkt sie das Nutzungsverhalten beim Putzen und Lüften der Fenster. Implizit geht es hier darum herauszufinden, welcher Textteil, "Putzen" oder "Lüften", im Text voranzustellen ist. Hier wendet ANWA das Prinzip der Häufigkeit der Nutzung, im Abgleich mit ihrem Sachwissen und Textsortenwissen (Beschreibung von technischen Sachverhalten) an. ALMA vergleicht die Inhalte der textuellen Einheiten und versucht herauszufinden, ob sie sich im Hinblick auf die Zielgruppen unterscheiden. Dabei gleicht sie mit ihrem Allgemeinwissen ab, ob sich die Textstelle "Einbau" evtl. als ausschließlich für Experten erweisen könnte. Da sie aus sich selbst heraus keine Lösung finden kann, ist sie gezwungen wiederholt ihre Gedanken mit der Aufgabenstellung abzugleichen. JALA konkretisiert den Abgleich zwischen seinem Allgemeinwissen und der Aufgabenstellung über die Hinzunahme von Textwissen über den Fachlichkeitsgrad (Textwissen) des Textes und die notwendige Textsortenanpassung (Dokumentationswissen). Weitere Beispiele für Sachwissen bei JALA im Transkript 68-70, 74-77, 104-109, 148-156 (mit Selbstbestimmung) 188-190 und 197-199 (mit Anmerkungen zur technischen Redaktion)). JALA artikuliert sein Wissen über sein Informations- und Wissensdefizit bezüglich der Fachtermini (Textwissen), z. B. Drehsperren. TEKR setzt ihr Allgemeinwissen über die Vorgehensweise von Handwerkern ein (Handwerker lösen Klebeetiketten) und ordnet es sachlogisch der entsprechenden Textstelle zu, indem sie diese als ausschließlich für Experten markiert.

Beispiel 6a: Betrachtungskategorie: Textwissen [ANWA]

beschreibung von fenstern existiert gar nicht	146-147

Beispiel 6b: Betrachtungskategorie: Textwissen [ANWA]

weil für den experten is wichtig dass er die sicherheit kennt	215-216

Beispiel 6c: Betrachtungskategorie: Textwissen [JALA]

stelle gerade fest das hier zwei größere themen drin sind das eine ist das thema (tippt) (mundgeräusch) das thema ne es sind eigentlich drei themen das werde ich mal (tippt) einmal das thema aufgeklebte etiketten entfernen dann das kondensat und dann die reinigung von glas das sind dann eher andere informationen.	265-271
]✱✱✱✱✱✱✱✱[🖰][🖰]✱✱✱✱[🖰]↲[Paste: Aufkleber und Etiketten auf den Fenster-Gläsern sollten schnellstmöglich von den Glasscheiben entfernt werden. Insbesondere sollten die Aufkleber nicht für längere Zeit der Sonneneinstrahlung ausgesetzt sein. Nicht völlig vermeidbar ist ein gegenüber dem Rest der Glasoberfläche anderes Benetzungsverhalten an den Stellen, an denen Aufkleber und Etiketten entfernt wurden.]✱✱✱✱✱✱✱✱[🖰]✱✱✱✱✱✱[🖰]↲✱[Paste: Verglasung Als Folge des „Strahlungsaustausches" mit dem Himmel ist auf der Außenoberfläche von hochwärmedämmenden Isoliergläsern in bestimmten klimatischen Situationen (z. B. nach kalten, klaren Nächten) die vorübergehende Bildung von Kondensat auf der äußeren Glasoberfläche möglich. Dieses Kondensat bildet sich wieder zurück, sobald die Scheibe sich im Laufe des Tages erwärmt. Die Kondensatbildung ist physikalisch bedingt, unabhängig vom Isolierglas-System und stellt keinen Mangel dar. Denn je niedriger der U-WertXXX? (früher k-WertXXX?) eines Isolierglases, desto niedriger ist die Temperatur der Außenscheibe bei gleichen Raum- und Außentemperaturen.]✱✱✱✱✱✱✱[🖰]✱✱✱✱✱✱✱✱✱✱[🖰]↲↲↑↑✱✱[Paste: Bei der Reinigung von Glas ist viel und möglichst sauberes Wasser zu verwenden, um einen Scheuereffekt durch Schmutzpartikel zu vermeiden. Auf keinen Fall die Versiegelungsfugen „sauber rubbeln", sondern abgelagerte Verunreinigungen ebenfalls mit reichlich Wasser abspülen. Als Handwerkszeuge sind zum Beispiel weiche, saubere Schwämme, Leder, Lappen oder Gummiabstreifer geeignet. Unterstützt werden kann die Reinigungswirkung durch den Einsatz neutraler Reinigungsmittel oder handelsüblicher Haushalts-Glasreiniger.	
Die drei verschiedenen Themen werden durch Verschieben (Paste) an andere Stelle im Endprodukt geschoben.	-

Beispiel 6d: Betrachtungskategorie: Textwissen [TEKR]

heheheheheh hm ehhhhhhmmmmmm (tippt) so hinweise zum (tippt) so ist das jetzt nichts was ich meinen kunden antun würde von der art her ist jetzt so das ist jetzt von (.) der art her ehm zwei (seufzt)	178-181
Fenster✱✱✱✱✱✱↑✱✱✱⌦[✱11.973]Wenn✱✱✱✱⌫⌫⌫⌫→→→ →→→→◆a⌫sind◆wertvoll✱.◆Dam✱it◆✱Ihre◆Fenster,◆aber◆auc h◆Ihr◆nHaus✱←←←←⌫→→→→◆lange◆in◆tollem◆Y⌫✱✱✱✱✱Zus tand◆bleiben[✱13.348],◆✱✱finden◆Sie◆hier◆Hinweise◆y⌫y⌫ ✱✱✱✱y✱⌫zu◆✱✱✱✱←→→→→→→→→→→→→✱⌦✱→→→→→→→ →→→✱⌦✱→→→→→→→→→⌫→→→→→→→→→→→→→←→→→→→ →→→→→→→←←←←←←←←←←←←→←⌦✱⌦⌦⌦⌦⌦⌦⌦⌦⌦ ⌦⌦⌦⌦⌦⌦⌦⌦⌦⌦⌦⌦⌦⌦⌦⌦⌦⌦⌦⌦⌦⌦⌦⌦⌦⌦⌦´ .⌫⌫.✱↑✱⇦✱→→→→→→→→✱Uns◆Au+⌫✱✱ssentu✱✱⌫✱ueren ✱◆✱→→→→→eine◆gross◆Inverstio✱✱⌫⌫⌫⌫⌫stition.◆✱ ⌦⌦⌦⌦⌦⌦⌦⌦⌦⌦↑↑✱←◆L✱✱✱✱↑↑↓✱↵↑✱_✱✱✱✱✱✱✱U e✱⌫✱✱⌫Experten??✱✱_✱✱✱✱↓↓↓↓←←←←⌫u→→→←←→⌫ d→→→→→→→→→→→→→→→→→→→→→→→→→→→→→e✱✱✱↓✱ ←←←←←←←←←←←←←←←←←←←←←←←←←←←←←←←⌫✱✱→ →→→→→→→→→⌫[✱10.774]	-
Einleitung Fenster und Aussentueren sind eine grosse Investition. Damit Ihre Fenster, aber auch Ihr Haus lange in tollem Zustand bleiben, finden Sie hier Hinweise zu	-

Erläuterung:

Das linguistische Wissen (Textwissen) ist erwartbar das, was bei Linguisten als Wissensinventar so verfestigt ist, dass es selbstverständlich in die Abläufe eingearbeitet und nicht explizit im Verbalprotokoll auftaucht. ANWA erwartet in Beispiel 6a aufgrund ihres linguistischen Wissens, dass der Gegenstand des Textes (hier Fenster, eigentlich Fenster und Außentüren), am Anfang des Textes beschrieben oder definiert wird. Diese Äußerung setzt sie allerdings selbst nicht in einen Handlungsplan um.

ANWA verfügt über Textstrukturwissen, Beispiel 6b (Sicherheit). JALA erkennt in 6c, dass der Textabschnitt, den er gerade bearbeitet, aus drei Teilabschnitten besteht, die inhaltlich nicht zusammenhängen. Er setzt sein Textwissen ein und trennt die Sinneinheiten. Das Beispiel 6c liegt auf der Schnittstelle zwischen Sachwissen (hier Fachwissen) und Textwissen. TEKR setzt sich in Beispiel 6d mit den Nutzererwartungen auseinander. Sie ist mit der sprachlichen Darstellung (hier Stil) ihrer Formulierung nicht zufrieden und gleicht ihr

Ergebnis mit Nutzererwartungen aus einem Feld, das ihr vertraut ist, ab (mögliche Erwartungen und Adressatenwissen ihrer eigenen Kunden).

Beispiel 7a: Betrachtungskategorie: Dokumentationswissen [ANWA]

extra block für die interweise also	118
Strukturierungsnotwendigkeit: Sicherheitshinweise	-

Beispiel 7b: Betrachtungskategorie: Dokumentationswissen [ALMA]

da haben wir zt noch mal die definition (2.5) die leserführung (3.5) na ja:	186-187
Verschwinden der Augenbewegungsspur nach links.	-
Informationsgewinnung aus der Aufgabenstellung	-

Beispiel 7c: Betrachtungskategorie: Dokumentationswissen [JALA]

das ding hat eine überschrift das ist eine feine sache	9-10

Beispiel 7d: Betrachtungskategorie: Dokumentationswissen [JALA]

da kriege ich ja schon mal die die kriese wenn ich so viel in in einer überschrift les und dann auch noch die Zeichensetzung DAs hätte ich moniert bei meinen studenten	11-14

Beispiel 7e: Betrachtungskategorie: Dokumentationswissen [JALA]

Das wäre dann noch das erste dies dann brauchen wir in der einleitung noch den hinweis auf die lesereihenfolge was dann so heisst sicherheits ups zuerst (tippt) das heisst da mache ich mir selbst eine kleine notiz das ich da dann weiss (tippt) äh sicherheit nun fange ich schon an meine eigenen konventionen wieder zu verwenden das heisst bevor ich hier die vorgegebenen tag einsetzt mache ich mir selbst eine notizen von wo auf wo ich einen verweis setzen möchte damit ich das nicht vergess gut	213-216
✶xxxxToDo♦[✶19.562][🖱]⮰✶Hinw✶eis✶♦auf♦✶Lesereihenfolge ♦=>♦Sicherheit♦y⌫✶zuerst!✶✶✶✶✶✶✶XXXV✶✶=>Sicherheit	-
Hinweis auf Lesereihenfolge => Sicherheit zuerst!XXXV=>Sicherheit	-

Beispiel 7f: Betrachtungskategorie: Dokumentationswissen [TEKR]

gleich darüber nachdenken was ich hier mit will aber ehhmm das ist jetzt glaube ich zu mühsam denken kann ich später emmm (tippt) ((atmet schwer)) dann (.) öh (.)	31-33

Erläuterung:
Die Betrachtungskategorie Dokumentation betrifft das strategische Wissen über den Arbeitsprozess. ANWA setzt ihr Dokumentationswissen über Normen der technischen Redaktion in Beispiel 7a für die Planung eines extra Textabschnitts mit dem Inhalt Sicherheitshinweise ein. ALMA gleicht ihr Wissen über die Notwendigkeit von Leserführung mit der Aufgabenstellung ab. Bei der Inaugenscheinnahme der AVI-Datei wird die Unsicherheit der Versuchsperson bezüglich der Leserführung und der Pfadproblematik der Aufgabenstellung deutlich. Lange Pausen lassen auf komplexe kognitive Vorgänge bei der Versuchsperson schließen, die jedoch nicht sichtbar in Handlungen münden.

Die Beispiele 7c (Textwissen) und 7d (Wissen über redaktionelle Anforderungen bezüglich Überschriften) sind in Kombination zu betrachten. Der Kommentar, ein solches Produktionsprodukt bei Studierenden moniert zu haben (Vermittlungswissen Redaktionsdidaktik), macht deutlich, dass JALA Sachwissen, Textwissen und Dokumentationswissen gleichermaßen in Betracht zieht.

TEKR zeigt in Beispiel 7f deutlich Wissen über Arbeitsverfahren der Dokumentation. Die Strukturierung wird als mechanische Tätigkeit "ohne Denken" bezeichnet. An diesen Beispielen werden die Relevanz des Aspekts Dokumentationswissen und die Wichtigkeit der Trennung zwischen Struktur und Inhalt deutlich. Diese werden im Online-Hilfe-Produktionsmodell berücksichtigt.

Beispiel 8a: Betrachtungskategorie: Medienwissen [ANWA]

ja ba mal eine homepage auch anlegen müssen oder so wei firma dann haben wir jedes mal wenn das wort folge komme is jedes mal ganz blöd also so ein link gemacht dann wenn ich dem nachgehe das probiere ich da diemal ohne tastatur copy folie ich weiß nich ob das nicht zu viel zeit vergeudet	264-272

Beispiel 8b: Betrachtungskategorie: Medienwissen [ANWA]

ich glaube mich haben ja noch nie viele links gestört ehrlich gesagt also ich ich war bei unserer firmenhomepage auch extrem ahm großzüzig mit den links habe alles verlinkt was gegangen ist auch meine diplomarbeit auch eine terminologie da habe ich auch alles verlinkt was mir gegangen ist (3.0) ja ((undeutliches vorlesen))	284-290
Blick wandert unruhig zwischen links außen und Bildschirmmitte hin und her	AVI

Erläuterung:
In den Beispielen 8a und 8b reflektiert ANWA über ihr Medienwissen. Sie kennt die Funktionsmöglichkeiten von Hypertexten und erwägt, Einzelwörter im Text miteinander zu verknüpfen, bzw. eine andere Hypertextform einzufügen, deren Benennung ihr nicht einfällt. Es handelt sich dabei um eine Direkthilfe. In Beispiel 8b reflektiert sie über ihr eigenes Rezeptionsverhalten beim Lesen am Bildschirm.

Da die Versuchspersonen die Aufgabe weitgehend ohne Vorkenntnisse in der Hypertextproduktion bearbeiten, ist es nicht verwunderlich, dass wenige Anmerkungen zur medienorganisatorischen Abwicklung der Aufgabe gemacht werden. Es ist erwartbar, dass sich dieses Bild bei Aufgabenstellungen und Prozessen mit einem höheren Anteil an Hilfsmitteln des Arbeitsprozesses zugunsten häufigerer Medienwissen-Kommentare entsprechend verändern würde.

Beispiel 9a: Betrachtungskategorie: Externe Informationsquellen [ANWA]

also hier haben wir von kondensat nichts (1.0) glaube ich (2.0) aber aha naja das sind feuchtigkeits im lüften das hat mit kondensat so glaube ich nichts zu tun ich lese es noch einmal vielleicht bei neuen dichten fenster	336-340
Blicksprung zum Anfang der Textstelle, schnelle Fixationen kurz oberhalb der Textstelle.	-

Beispiel 9b: Betrachtungskategorie Externe Informationsquelle: [ALMA]

jetzt schaue ich da noch mal da drüben was ich da so alles habe ((Mundgeräusch)) (2.0)	10-11
Verschwinden der Augenbewegungen nach links.	AVI

Beispiel 9c: Betrachtungskategorie Externe Informationsquellen [JALA]

dann haben wir hier den u-wert und den k-wert das das sind ja fachwörter die müssten mal gegoogelt und erklärt werden (tippt)	68-70
`U-WertXXX? (früher k-WertXXX?)`	-
Denn je niedriger der U-WertXXX? (früher k-WertXXX?) eines Isolierglases, desto niedriger ist die Temperatur der Außenscheibe bei gleichen Raum- und Außentemperaturen.	-

Beispiel 9d: Betrachtungskategorie Externe Informationsquellen [JALA]

ausnahmseise einen schönen einleitungsatz hier das die auch immer benutzt werden und deswegen wartung brauchen die fenster das ist aber das äh geht dann plötzlich dann stürzt das ab in die tiefe da fehlt so ein bisschen der fluss der fluss wie auch immer das müsste müsste man sich überlegen und den fachmann fragen was dann wirklich zur wartung dazugehört	256-262

Erläuterung:
Neben dem Wissen des Individuums aus dem Langzeitgedächtnis, sind vor allem die externen Informationsquellen im Produktionsprozess für die Versuchspersonen eine wichtige Einflussquelle (entsprechend werden sie im Online-Hilfe-Produktionsmodell berücksichtigt). Dies gilt für Informationen, die sich aus dem Ausgangstext herleiten lassen (Beispiele 9a und 9b) ebenso, wie für die im Ausgangstext befindlichen Informationen, die Verständlichkeitsdefizite bei den Produzenten auslösen und extern geklärt werden müssen (Beispiele 9c und 9d).

Beispiel 10a: Betrachtungskategorie: Hilfsmittel des Arbeitsprozesses [ANWA]

also ei ehrlich gesagt fehlt mir sehr dass ich nicht sch nicht nebenbei schreiben kann wei ich schreibe nämlich gern <<lachend> nebenbei> irgendwo dann ich mach mir ma so eine skizze (2.0) so so richtig irgendwann so ein diagramm oder so	470-474
Fließende Saccaden über den gesamten Bildschirm. Orientierung im Text.	AVI

Beispiel 10b Betrachtungskategorie: Hilfsmittel des Arbeitsprozesses [ALMA]

das müsste man markieren können aber das geht halt leider nicht (3.5) darum will ich lieber nicht(s) herumschalten (3.5)	13-15
Schnelle Bewegung in langen Saccaden von oben nach unten und zurück (Orientierung auf der Tastatur und Setzen der Finger, anschließend Orientierung auf dem Bildschirm und Rückführung der Augen zum aktuell bearbeiteten Textelement, in der Regel gefolgt durch Tastaturanschläge	AVI

Beispiel 10c Betrachtungskategorie: Hilfsmittel des Arbeitsprozesses [JALA]

dann oh jetzt habe ich mich schon wieder vertippt kommt dann jedenfalls als nächstes das ist schon ein wenig ungewohnt die arbeitsumgebung so völlig ohne formatierung da komme ich gerne mal innen tüddel und merke das ich hier mehr flüchtigkeitsfehler als sonst mache noch gut	225-229
✱XXX✱?hier◆✱✱wirkliche◆Laieninfos◆erg✱å✱✱⌫✱aeny⌫zen ✱✱↓↓↓↓[✱11.209]↓↑↑↑↑[✱31.297][🖰][🖰][🖰]✱✱✱[🖰]	-
XXX?hier wirkliche Laieninfos ergaenzenWartungsarbeiten	-

Beispiel 10d Betrachtungskategorie: Hilfsmittel des Arbeitsprozesses [TEKR]

so bedienungs- und schade dass ich mir die überschrift nicht geholt habe (tippt) bedienung (tippt) und so und wartung so (tippt)	107-109
<Fenster 3 Start Bedienung L>	-
Mehrere Stellen in der Logfile, wo TEKR das Wort Bedienung und dann das Wort Wartung hinkopiert.	-

Erläuterung:

Im Rahmen der Studie stand nur ein sehr beschränktes Instrumentarium an Hilfsmitteln des Arbeitsprozesses zur Verfügung. Die Arbeitsfläche von Translog, Tastatur und Maus. Während des Prozesses "beschweren" sich die Versuchspersonen an zahlreichen Stellen über die Arbeitsumgebung. Die Kommentare betreffen die Ausstattung. Die fehlende Möglichkeit, sich handschriftliche Notizen zu machen bemängelt ANWA in 10a. Vergleiche hierzu auch den Startkommentar von JALA (vg. Datenauswertung JALA 2-3).

Die fehlende Möglichkeit, Kopieren/Einfügen zu nutzen kommentiert ALMA in Beispiel 10b. Weitere entsprechende Produktionsstellen gibt es bei allen Versuchspersonen. Die Arbeitsumgebung ohne Formatierung (hier sind Ränder, Lineal und ähnliches gemeint) kommentiert JALA als ungewohnt und merkt an, dass die ungewohnte Umgebung seine Fehlerzahl erhöht. (Weitere ähnliche Produktionsstellen bei JALA unter 2-3, 19-22, 46-51 Kommentar zwischen Arbeitsprozess und Metakommentar, 177-180).

Beispiel 10d ist ein Beispiel dafür, wie bestimmte Programmfunktionen und Arbeitsprozessschritte den Prozess beeinflussen (hier verlangsamen). Das "geholt" bezieht sich auf die gängige Aktion Kopieren/Einfügen. Deren Versäumnis macht im Beispiel 10d eine Neuorientierung der Versuchsperson im Text notwendig und bringt den Prozess ins Stocken. Die Vielzahl der Kommentare zu den Hilfsmitteln (besonders bei den Experten) rückt die Hilfsmittel als Beachtungsgröße bei der Prozessbeobachtung (vgl. Online-Hilfe-Produktionsmodell, Kapitel 5) in den Vordergrund.

Aus den Beispielen zur Betrachtungskategorie Hilfsmittel des Arbeitsprozesses lässt sich der lenkende Einfluss der Hilfsmittel des Arbeitsprozesses für den Gesamtprozess ableiten. Es ist anzunehmen, dass der Einfluss mit der Anzahl der verwendeten Hilfsmittel proportional ansteigt. Dieser Annahme trägt mein Online-Hilfe-Produktionsmodell mit der Integration der Komponente Hilfsmittel des Arbeitsprozesses und der Unterscheidung der zugehörigen Wissenskomponenten (Dokumentationswissen als strategisches Wissen und Medienwissen als Wissen über die Funktion) Rechnung.

Beispiel 11a: Betrachtungskategorie: Metakommentar [ANWA]]

reinigen glas mhm (--) edit (---) ahm rausschneiden (1.5) cut und dann hier wieder einfügen wei <<kichernd> das ist kompliziert> ohne das ((schnupft)) edit paste (3.0) gu::t	91-94
Schnelle Bewegung in langen Saccaden von oben nach unten und zurück (Orientierung auf der Tastatur und Setzen der Finger, anschließend Orientierung auf dem Bildschirm und Rückführung der Augen zum aktuell bearbeiteten Textelement, in der Regel gefolgt durch Tastaturanschläge).	AVI

Beispiel 11b: Betrachtungskategorie: Metakommentar [ALMA]

und das wird natürlich die versuchs(.)leiterin auch nicht gerade erfreuen wenn sie dann so einen halbfertigen text (1.0) hier vor sich hat ((carmen spricht)) mhm	288-291
Langsame Augenbewegungen nach rechts mit Schwüngen nach unten und oben (Suche nach der Standmarke der Bildlaufleiste oder dem Mauszeiger.	AVI

Beispiel 11c: Betrachtungskategorie: Metakommentar [JALA]

wär block zwei gut denn haben wir habe ich eigentlich schon erwähnt das ich jetzt mich erstmal primär auf den experten stürze weil das übersichtlicher ist habe ich hiermit nachgetragen diesen gedenken gut	147-177

Beispiel 11d: Betrachtungskategorie: Metakommentar [TEKR]

ja ich denke gerade noch über die syntax der ganzen geschichte hier nach aber eh emm aber wie gesagt ich werde das jetzt einfach mal probieren mechanisch hier durchzudingsen schönes wort kommt ganz toll im dokument über das logging-dings	21-24

Erläuterung:
Beim Aufbau der Studie habe ich mich bemüht, die Aufgabenstellung (Metakommentar 11 a) und die Arbeitssituation (Metakommentar 11 b, 11 c, 11 d) so real wie möglich zu gestalten, in der Hoffnung, möglichst "freie" Äußerungen der Versuchsteilnehmer als Resultate des Lauten Denkens zu bekommen. Die Vielzahl von Metakommentaren bei den Versuchspersonen lässt darauf schließen, dass sich die Versuchspersonen jedoch zu jeder Zeit der Tatsache bewusst waren, dass sie sich in einer Versuchssituation befinden, deren Ergebnis anschließend ausgewertet wird. Die Metadaten sind vor allem in Korrelation mit den in der Befragung angegebenen Befindlichkeitsaspekten der Versuchspersonen nach der Versuchsdurchführung interessant. Eine Übersicht über die signifikanten Befindlichkeitsaspekte gibt die folgende Tabelle.

	ANWA	ALMA	JALA	TEKR
Befindlichkeiten	Weniger erfahrene Textproduzenten		Experten	
konzentriert	voll konzentriert		bis zu einem bestimmten Grad konzentriert	
Genervt	gar nicht genervt		bis zu einem bestimmten Grad genervt	
müde und abgespannt	gar nicht müde und abgespannt		gar nicht	bis zu einem bestimmten Grad
Zeitdruck	gar nicht unter Zeitdruck		voll unter Zeitdruck	
Ruhig		völlig ruhig	Ruhig	
Entspannt				gar nicht

Tab. 6-7: Befindlichkeiten nach der Datenerhebung, Studien Graz und Flensburg

Obwohl die semi-professionellen Versuchspersonen einer höheren Belastung durch die Laborsituation ausgesetzt waren, da zusätzlich Eye-Tracking-Daten erhoben wurden, ergeben ihre Befindlichkeiten nach dem Versuch ein entspannteres Gesamtbild als die vergleichbaren Befindlichkeiten der Experten. Das führe ich darauf zurück, dass die Versuchspersonen der Teilstudie Graz durch ihre Vorbildung (und Beschäftigung am Institut) wussten, welche Art von Experiment durchgeführt wurde und durch die Tests, mit denen ich bei ihren Vorversuchen die Funktionalität der Technik überprüft habe, gesehen haben, welche Daten ihre Leistung liefert. Dadurch wurde vermutlich die Produktionssituation als entspannter empfunden. Dass sich die Experten "voll unter Zeitdruck" befunden haben und auch bis zu einem bestimmten Grad genervt waren und bei der Produktion deutliche Vergleiche zu ihrer sonstigen Arbeitstätigkeit und Arbeitssituation ziehen, lässt darauf schließen, dass der Arbeitsauftrag als realer Auftrag betrachtet wurde. Der Zeitdruck lässt sich darauf zurückführen, dass die Experten die Aufgabendauer anhand ihrer Erfahrung besser einschätzen konnten und sich sicher waren, dass sie die Aufgabe nicht vollständig würden lösen können.

Dateninterpretation der Logdaten, Unterschiede zwischen den Teilstudien

Bei der quantitativen Auswertung der Teilstudie Graz und der Teilstudie Flensburg ergeben sich signifikante Unterschiede zwischen den Teilnehmern.

Die übergeordnete Zähleinheiten der Translog-Statistik sind die Gesamtzeit und die Tastatur, Maus und Cursorbewegungen. Bei den Tastaturbewegungen werden Löschungen besonders ausgewiesen. Es werden also die Ereignisse während der Produktionszeit dargestellt. Vor allem die deutlich höhere Zahl der Ereignisse der Experten im Vergleich zu den Semi-Professionellen fällt auf. Die folgende Tabelle illustriert die Verteilung der Produktionszeit.

	Gesamtzeit (Minuten)	Ereignisse pro Minute	Textproduktion pro Minute
ALMA	33:08.954	33,06	24,77
ANWA	34,47.422	21,73	12,33
JALA	39,29.416	47,83	18,54
TEKR	42:22.617	119,57	19,00

Tab. 6-8: Verteilung der Produktionszeit (Logfile-Statistik)

Die Tabelle 6-9 gibt die Verteilung der Ereignisse der Textproduktion der einzelnen Versuchsteilnehmer an. Diese teilen sich in Ereignisse gesamt, Textproduktion (Tastaturanschläge und Kopieren/Einfügen), Löschungen, Cursorbewegungen und Mausbewegungen auf.

Auswertung Logfiles

	Ereignisse gesamt	Text-produktion	Löschungen	Cursor-bewegungen	Maus-bewegungen
ALMA	1096	821	139	10	117
ANWA	756	429	38	27	246
JALA	1889	732	68	759	270
TEKR	5067	805	481	3711	4

Tab. 6-9: Ereignisse während der Produktion (Logfile-Statistik)

Grundsätzlich ist festzustellen, dass die Experten bei der Verwendung des Hilfsmittels des Arbeitsprozesses mit anderen Textproduktionsschwerpunkten arbeiten, als die Semi-Professionellen. Siehe hierzu die Tabelle 6-8 und die folgenden Grafiken, die die Textproduktionsereignisse der einzelnen Versuchspersonen veranschaulichen.

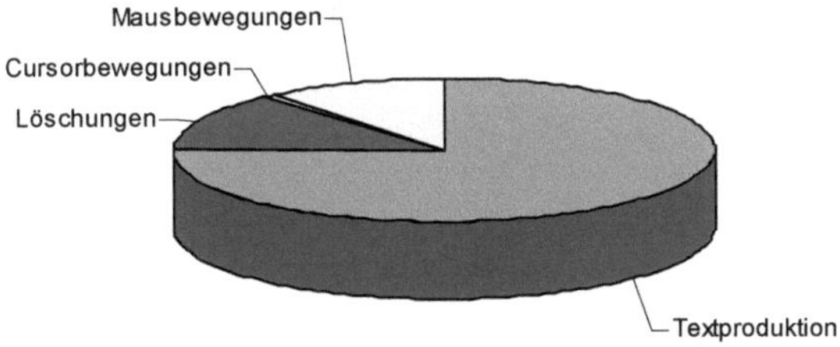

Abb. 6-5: Logging-Ereignisse ALMA

ALMA, als Semi-Professionelle, liegt bei der Textproduktionsleistung zwischen JALA und TEKR, verwendet aber verschwindend wenig Cursorbewegungen (Abbildung 6-5). Dies kann eine Produktionseigenheit der Person sein, deutet jedoch ziemlich sicher auf eine geringe Produktionserfahrung hin. Diese Interpretation wird auch durch die Fragebogenerhebung gestützt, wo ALMA bei der Anzahl von täglich produziertem Text in Standardseiten mit 1,5 Seiten deutlich unter den Angaben der anderen Versuchspersonen liegt.

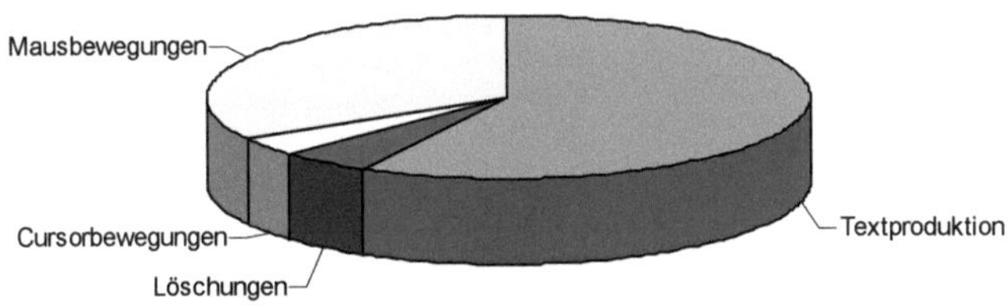

Abb. 6-6: Logging-Ereignisse ANWA

ANWA arbeitet im Vergleich zu den anderen Versuchspersonen überdurchschnittlich viel mit der Maus (Abbildung 6-6). Bei der Textproduktion ergibt sich bei ANWA einen deutlichen Unterschied zu allen anderen Teilnehmern. ANWA übernimmt nur etwa halb so viele Wörter aus dem Ausgangstext. Eine Überprüfung des Textprodukts ergibt, dass sie beim Bearbeiten und Kopieren eine Texteinheit übersehen hat. ANWA arbeitet bei der Textproduktion deutlich langsamer als die anderen Versuchspersonen, das Verbalprotokoll liefert dagegen mehr Daten als die anderen Datensätze. Da ANWA auch im Fragebogen bei der Selbsteinschätzung angegeben hat, dass sie langsam arbeitet, kann hier nicht auf die nahe liegende Interpretation kognitiven Überlastung durch die zusätzliche Verbalisierung bei der Versuchsdurchführung ausgeschlossen werden.

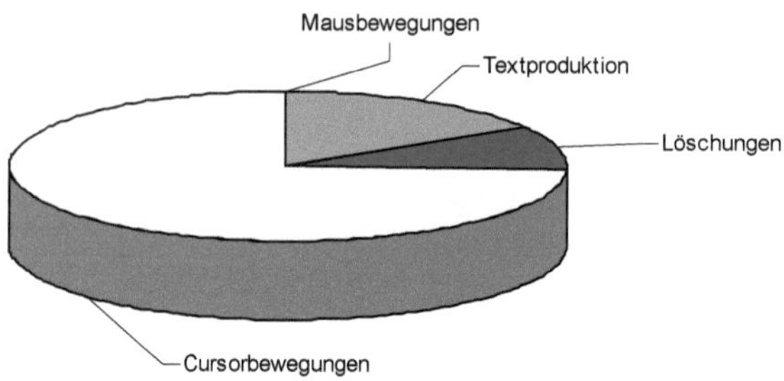

Abb. 6-7: Logging-Ereignisse TEKR

Insgesamt ergeben sich bei den Experten mehr Produktionsereignisse und deutlich mehr Cursorbewegungen. Besonders deutlich wird dies am Beispiel von TEKR, die sehr viel mit dem Cursor arbeitet, dagegen überhaupt nicht mir der Maus, die von der unerfahrensten Versuchsteilnehmerin ANWA vermehrt eingesetzt wird (Abbildung 6-7).

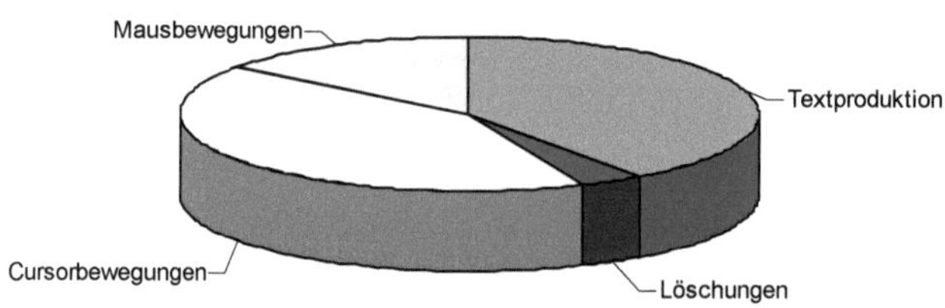

Abb. 6-8: Logging-Ereignisse JALA

Dieser Textproduktionsunterschied zwischen Experten und Semi-Professionellen verfestigt sich auch anhand der Daten von JALA (Abbildung 6-8). Der Unterschied ist erwartbar und kann als gegeben angenommen werden, da die Bewegung mit der Hand zur Maus viel Zeit kostet. Diese Bewegung wird im Produktionsprozess von den Experten durch die effizientere Verwendung des Pfeilblocks auf der Tastatur eingespart. Die deutlich höhere Zahl von Cursorbewegungen der Experten lässt sich – auch vor dem Hintergrund der Betrachtung ihrer jeweiligen Ergebnisse und der Verbalprotokolle – dadurch erklären, dass die Experten sich während des Prozesses ständig im Text orientieren, im Text auf und ab wandern und vermehrt zu bereits erledigten Textstellen zurückspringen.

Diese Beobachtung wird besonders durch die Stelle im Verbalprotokoll von JALA deutlich, wo JALA über einen Textabschnitt spricht, den er als seinen "Sorgenkindabsatz" beschreibt (siehe Datenauswertung JALA). Bei den Experten lässt sich somit der Wechsel zwischen Reflexion und Evaluation an den Cursorbewegungen ablesen. Das Phänomen der Reflexion tritt bei den semiprofessionellen Versuchspersonen deutlicher durch die Verbalprotokolle zu Tage.

Die quantitativ ermittelten Ereignisse während der Produktion spiegeln, korreliert mit den entsprechenden Kommentaren aus den Verbaldaten, die Wichtigkeit des Produktionswerkzeugs, dessen Handhabung und Ursache-Wirkung im Prozess. Da vor allem die Experten während der Produktion sehr deutlich auf die Schwierigkeiten und die Abweichungen des Versuchsaufbaus von ihrem gewohnten Bildschirmarbeitsplatz und der sonst verwendeten Hilfsmittel des Arbeitsprozesses hinweisen, die sich für sie aus der Arbeitssituation (Forschungsaufbau) ergeben, sind hier zwei generelle Schlussfolgerungen möglich:

a) Der Versuchsaufbau ist nicht ökologisch valide genug und die Situation wird nicht als prototypisch genug empfunden.
b) Die Arbeitsweise, die Verfahren, Hilfsmittel des Arbeitsprozesses und die Arbeitsumgebung nehmen nachhaltiger als von den Teilnehmern (und der Versuchsleiterin) erwartet Einfluss auf den Produktionsablauf.

Da keiner der Versuchsteilnehmer im Alltag Hypertexte produziert, Textadaption jedoch zum Berufsfeld gehört und Anpassung an spezielle Formatierungskonventionen zumindest gängige Praxis im Berufsfeld sind, scheint die erste Schlussfolgerung vernachlässigbar. Dagegen lässt sich aus der zweiten einerseits die Wichtigkeit dieses Aspekts für die Modellierung solcher Prozesse, und andererseits ein Bedarf an Schreibprozessforschung bezüglich der Mensch-Maschine-Schnittstelle und der entsprechenden Arbeitssituation bei der Hypertextproduktion ableiten.

6.12 Resultate der Dateninterpretation

Insgesamt ergibt sich aus der Interpretation der Daten der Teilstudien Graz und Flensburg ein differenziertes Bild auf den untersuchten Adaptionsprozess. Die Korrelate der verschiedenen Studien lassen Eigenschaften der Gruppe Experten und der Gruppe Semi-Professionelle zu Tage treten. Diese sind jedoch aufgrund der geringen Anzahl der Teilnehmer nicht generalisierbar, ermöglichen jedoch Anschlusshypothesen und legen eine Erweiterung der Personenzahl in Anschlussstudien nahe. Darüber hinaus bestätigt die Studie die zehn Modellkomponenten (und ihre Subkomponenten). Sie ermöglicht außerdem einen kritischen Blick auf weiterhin (sachbedingt) bestehende, methodische Schwierigkeiten beim Versuchsaufbau.

Unterschiede zwischen Semi-Professionellen und Experten

Die Unterschiede zwischen den Semi-Professionellen und den Experten in meiner Studie bestehen hauptsächlich in der grundsätzlichen Herangehensweise an die Aufgabenstellung. Die Experten zeigen bei besserer Gesamtleistung und schnellerer Verarbeitungsleistung vor allem einen Vorsprung bei der Lösung von Problemen. Sie wandeln die Aufgabenstellung kreativ nach eigener Einschätzung der Situation ab und handeln effizienter und zielorientierter. Die Semi-Professionellen überwachen ihre Prozesse weniger genau (weniger verbale Äußerungen, die die jeweilige Handlung begründen, weniger Hinweise auf die Hilfsmittel des Arbeitsprozesses). Die Experten äußern deutlicher, an welchen Stellen der Ausgangstext und die Aufgabenstellung für sie schwierig sind. Im Gegensatz zu den Semi-Professionellen führen die Experten verbal geäußerte Änderungsüberlegungen und Handlungsstrategien auch textuell und in Form von Navigationspfaden und Navigationsstruktur aus.

Die in meiner Studie erkennbaren Unterschiede liegen im Rahmen der erwartbaren Expertenperformanz und ergeben darüber hinaus keine für meine Online-Hilfe-Modellierung relevanten, signifikanten Ergebnisse. Sie sind jedoch von Interesse, wenn aus didaktischer Sicht auf meiner Studie aufbauende, auf die Expertiseaspekte[169] gerichtete Untersuchungen durchgeführt werden sollen.

---

[169] Expertiseaspekte: "perceptual skills, mental models, senses of typicality and association,

Korrelate und Modellbestätigung

Im Modellkapitel war mehrfach von Überlappungen zwischen den Modellkomponenten die Rede. Diese Überlappungen zeigt die Studie oben sehr deutlich an den Stellen, wo die Ergebnisse der Verbaldaten nicht eindeutig der einen oder anderen Betrachtungskategorie/Modellbereich zugeordnet werden können. Beispiele solcher Schnittstellen gibt es über die oben bei den Beispielen 2g, 3c und 6c besonders hervorgehobenen hinaus in allen Datenauswertungen der Versuchsteilnehmer.

Von besonderem Interesse erweist sich bei der Prozessbeobachtung von Hypertextproduktion der Übergang zwischen Navigationsphasen (vor allem Phasen der Strukturierung auf der Makrostrukturebene) und Produktionsphasen des textuellen Inhalts. In der vorliegenden Studie waren die textuellen Inhalte jedoch bewusst aufgrund des vorliegenden Ausgangstextes und der auf Adaption ausgerichteten Aufgabenstellung eher gering gehalten. Die Adaptionsaufgabe verfälscht möglicherweise das Bild zugunsten einer höheren Zahl von Navigations- und Strukturüberlegungen und Navigations- und Strukturmerkmalen in den Prozessdaten. Gleichzeitig ist genau die Adaption (in Form von Versionierung) bei Prozessen, die mein Online-Hilfe-Produktionsmodell abbildet, eine typische Produktionsform. Entsprechend wird in meiner Studie deutlich, dass die Strukturierung und vor allem die Trennung zwischen Navigation (einschließlich der Makrostrukturierung) und Inhaltsproduktion eine typische, prozessbestimmende Komponente bei der Hypertexterstellung ist. Anschlussforschung könnte hier, vor allem bei Aufgabenstellungen, die geringere Adaptionsanteile haben, gezielter die Übergänge untersuchen und dadurch möglicherweise die Indikatoren für den zeitlichen und auch den inhaltlichen Vorzug entweder des einen oder des anderen Prozesses herausfinden. Dadurch würden Entscheidungsstrategien und Planungsstrategien bei der Produktion deutlicher hervortreten, als in der hier vorliegenden Studie. Ihr Einfluss auf den Prozess würde ermittelbar und könnte als Parameter weitere Studien stützen.

Bei der gegebenen Aufgabenstellung bilden die Prozesse der Versuchspersonen, im Hinblick auf die kognitiven Prozesse, die aus der Kreisdarstellung

routines, declarative knowledge, mental simulation, assessing the situation, finding leverage pints, manageing uncertainty, understanding on's strengths and limitations (metacognition)". (Ross/Shafer/Klein 2007:405).

(Göpferich 2002) in mein Modell übernommenen Prozesse ab. Ihre Art, ihr Vorkommen und die Abläufe habe ich in den Datenauswertungstabellen der Verbalprotokolle festgehalten und an einzelnen Beispielen oben gezeigt. Über die bei Göpferich genannten Prozesskomponenten hinaus konnte ich bei der Textproduktion und der Navigation das Element der Verknüpfungsrealisierung feststellen, bei der Reflexion das Element der Orientierung. Um diese wurde die Kreisdarstellung im Online-Hilfe-Produktionsmodell entsprechend erweitert. Hier funktioniert die Datenerhebung als Prüfinstanz für die Modellierung.

Die Rekursivität der Prozesse spiegelt sich als Muster in den Daten aller Versuchspersonen. Dabei ergibt sich ein häufiges Muster im Wechselspiel zwischen Information, Reflexion und Textproduktion und eines zwischen Informationsgewinnung, Reflexion und Navigation.

Bei der Dateninterpretation fällt es teilweise schwer, Evaluations- und Reflexionsprozesse aus den Protokollen zu unterscheiden bzw. einer Modellkomponente explizit zuzuordnen. Hier wären retrospektive Daten (Befragungsdaten mit den Replays als Auslöser für retrospektive Kommentare) als Ergänzungsdaten sinnvoll. Sie könnten Aufschluss darüber geben, ob ein Evaluationsschritt direkt zu einem Textproduktionsschritt führt oder einen Weg über die Reflexion geht.

Die Betrachtungskategorie Wissen, bestehend aus Sachwissen, Textwissen, Dokumentationswissen und Medienwissen, bestätigt die gleichnamigen Komponenten im Online-Hilfe-Produktionsmodell. In meiner Studie sind Äußerungen zum Textwissen allerdings, im Vergleich zu Äußerungen über das Sachwissen, in den Lautdenkprotokollen unterrepräsentiert. Änderungen am Text werden in meinen Studien kaum ausgeführt, entsprechend wenig kommentieren die Versuchspersonen textuelle Inhalte. Wissensäußerungen im Hinblick auf die technischen Inhalte des Textes sind hingegen häufig und bestimmen Strukturierungsentscheidungen nachhaltig mit. Dokumentations- und Medienwissen sind für die Abwicklung der Aufgabenstellung nicht zwingend erforderlich und lösen eine geringere Anzahl von Kommentaren aus, diese bestätigen jedoch die Wertigkeit der beiden Wissenskomponenten im Online-Hilfe-Produktionsmodell.

Externe Informationsquellen und Hilfsmittel des Arbeitsprozesses werden in ihrer Relevanz für mein Modell voll bestätigt.

Die Phasen 1 (Planung), 3 (Individuelle Prozesse, kognitive Arbeitsprozesse) und 5 (Evaluierung) meines Modells sind deutlich aus den Lautdenkprotokollen ersichtlich. Den Blickbewegungsdaten sind keine genauen Abgrenzungen der Phasen zu entnehmen. Auch die erwarteten Leseprozesse bei der Abschlussevaluation bleiben in den Blickbewegungsdaten aus, beide Versuchspersonen der Teilstudie Graz lesen nicht linear, sondern punktuell Korrektur[170]. Aus den Logfiles sind die Phasen nur interpretativ anhand längerer Pausen herleitbar. Ohne die mit den Logfiles korrelierten Verbaldaten könnten aus der Logfile keine Phasenangaben gemacht werden.

Mein Online-Hilfe-Produktionsmodell ist somit im Produktionsprozess-Bereich in den Komponenten Auftrag, Planung, Inhalt, Navigation und Evaluierung und im Bereich der situativen Bedingungen im Hinblick auf alle der Aufgabenstellung entsprechenden externen Informationsquellen und im Hinblick auf die Hilfsmittel des Arbeitsprozesses bestätigt. Die Zusammenhänge der vier Wissenskomponenten mit dem Produktionsprozess-Bereich sind ebenfalls bestätigt, in der Relation zwischen Medienwissen und Hilfsmitteln des Arbeitsprozesses aufgrund der Aufgabenstellung jedoch nicht explizit. Die lenkenden Einflüsse von Evaluierung und Reflexion sind hinsichtlich des kognitiven Nachvollzugs besonders deutlich. Die kognitiven Prozesse des Individuums konnten in vollem Umfang bestätigt und sogar um spezifische, bei der Online-Hilfe-Produktion besonders hervortretende Elemente erweitert werden. Aus der Bestätigung der kognitiven Prozesse ergibt sich entsprechend die Bestätigung der wechselseitigen Verknüpfung zwischen dem Prozessbereich 1 und den Bereichen 2 (wissensbedingte Individualaspekte) und 3 (situative Bedingungen). Diese Verknüpfung wird nämlich über die Kognition im Individuum abgewickelt und ist aus den Daten ersichtlich.

Methodenkombination

Die Methodenkombination aus methodischen Leitverfahren (Lautes Denken und Prozessbeobachtung), flankiert von Eye-Tracking und Fragebogen, macht es in dieser Studie aufgrund der Korrelate möglich, die Komponenten des

[170] Nicht-lineares Korrekturlesen: Dieses Phänomen tritt auch bei anderen, für diese Arbeit nicht in Betracht gezogenen Blickbewegungsdaten meiner Grazer Studie auf, was darauf hindeuten könnte, dass sich Lese-Evaluation von Hypertext von Lese-Evaluation anderer Textsorten signifikant unterscheidet. Die nähere Untersuchung dieses Nebenergebnisses meiner Studie steht noch aus.

Online-Hilfe-Produktionsmodells an einem konstruierten Produktionsfall zu überprüfen. Dabei ergeben sich Übereinstimmungen mit dem heuristisch vorkonstruierten Modell und Ergänzungen in einigen Teilbereichen des Modells.

Die bewährte Verfahrenskombination Lautes Denken mit einer Translog-Studie zu unterstützen erweist sich jedoch nur in diesem konstruierten Fall für die Prozessbeobachtung von Hypertextproduktionen und nur eingeschränkt als fruchtbar. Die Einschränkung besteht darin, dass für Anschlussforschung Aufgabenstellungen entwickelt werden müssten, die auf einer beschränkten Produktionsoberfläche (Translog) ausgeführt werden können. Dies spiegelt jedoch nicht die Realität von Hypertextproduktionen wider.

Auch die Auswertung der Eye-Tracking-Daten ist nicht unproblematisch. Die Daten sind in meiner klein gehaltenen Studie jedoch als Ergänzung des qualitativen Blickwinkels brauchbar.

Bei Einzelfallstudien, wie den hier dargestellten, könnten Angaben zu den kognitiven Prozessen der Versuchspersonen zusätzlich aus retrospektiven Interviews zum Prozessverlauf gewonnen werden.

Auf meiner Untersuchung aufbauende, in Breite und Tiefe umfangreicher angelegte Studien könnten die Merkmale des Prozesses weiter untersuchen, die meine Studien aufdecken. Solche größer angelegten Studien können Unterschiede zwischen Semi-Professionellen und Experten deutlicher hervortreten lassen und dadurch statistisch nachweisbare Korrelationen ergeben und Kausalzusammenhänge nachweisen, deren Interpretation zur weiteren Theoriebildung über Hypertextproduktionsprozesse beitragen kann.

7 Gesamtfazit

Das mit dieser Arbeit vorgestellte Online-Hilfe-Produktionsmodell bildet den Produktionsprozess der Online-Hilfe-Produktion abstrakt ab. Im repräsentativen Ausschnitt der Hypertextproduktion und -navigation ist es durch empirische Tests bestätigt. Mit dem Modell ist es gelungen, den komplexen Gegenstand – die Online-Hilfe-Produktion – mit Hilfe von Abstraktion und Verallgemeinerung auf ein darstellbares Maß an Phasen, Komponenten und lenkenden Einflüssen zu zergliedern. Die eingangs aufgestellten Leitsätze konnten entlang der angelegten Kriterien und Filter, anhand der Konzentration auf die produktionsprozessnahe Schwerpunktsetzung und mit Hilfe des empirischen Instrumentariums bestätigt werden.

So konnte das Defizit von Vorgängermodellen, die die Prozessphasen und Schritte häufig zugunsten der Modellierung kognitiver Prozesse vernachlässigen, überwunden werden. Das Online-Hilfe-Produktionsmodell betrachtet den Produktionsprozess als zentrale Größe. Der Ontogenesegedanke wird in Form von Prozessphasen integriert. Die Verknüpfung zwischen den Ontogenesephasen des Prozesses und den kognitiven Prozessen des Individuums wird durch die Ergänzung des Kreismodells um ontogenetische Aspekte (äußerer Ring) geleistet. Die damit erreichte Betonung der Prozessphasen bedeutet nicht etwa einen Rückschritt in die rigiden Phasenmodellierungen der 1980er Jahre. Sie ist vielmehr ein Fortschritt bezüglich der Berücksichtigung realer, in der wirklichen Produktionswelt auftretender Prozessphasen, mit zum Teil durch technische Prozesse gesteuerten und markierten Meilensteinen, die besonders für Projektorganisation und -steuerung von zentraler Bedeutung sind.

Mit dem Modell wird durch Komplexitätsreduktion ein hoher Abstraktionsgrad erreicht. Nur die Inhalte der Komponente externe Informationsquellen, die als Steuerelemente, Ausgangspunkt und Verlaufsreferenzen von enormer Wichtigkeit für den Prozess sind, werden im Modell näher spezifiziert. Damit ist ein weiterer Punkt angesprochen, in dem das Online-Hilfe-Produktionsmodell ein bisher bestehendes Desiderat erfüllt. Es verknüpft Schreibprozessansätze mit notwendigen Sachgegebenheiten der Fachkommunikation. Das Online-Hilfe-Produktionsmodell berücksichtigt das Produkt (Anwendungssoftware) das vom Werkstück Online-Hilfe beschrieben wird, und Testdaten, mit denen das Produkt in seiner realen Funktion als Informationsquelle für die Online-Hilfe-Produktion bereitgestellt wird. Dies leisten ältere Schreibprozessmodelle nicht, in der Fachkommunikation beginnt sich die Denkweise "Produkt und Produktgestalt beeinflussen Text und Textgestalt" jedoch für technische und hypertextuelle Textsorten gerade einzubürgern.

Anders als Schreibprozessmodelle es bisher leisten konnten, bindet das Online-Hilfe-Produktionsmodell auch die komplexen Steuerungswerkzeuge des Hilfe-Authoring in Form von Managementsystemen und Werkzeugkombinationen ein und geht damit in der Komponente Hilfsmittel des Arbeitsprozesses weit über die bisher in der Regel in Modellen aufgeführten Textproduktions- und Desktop-Publishing-Werkzeuge hinaus. Damit steht die Komponente Hilfsmittel des Arbeitsprozesses in direktem Zusammenhang mit der Produktionsphase der Kompilierung, die als Besonderheit der technischen Prozesse eine textsortenspezifische Ergänzung und Prozesskomponente des Modells ist. Die Werkzeuge werden nicht von einzelnen Produzenten benutzt und die technischen Prozessschritte nicht von einzelnen Produzenten durchlaufen, sondern in kooperative Prozesse eingebunden. Hier erweitert das Online-Hilfe-Produktionsmodell den klassischen Einzelschreiberansatz um den "Multi-Produzenten" Blickwinkel und bindet kooperative Prozesse und Arbeitsteilung als Komponenten der situativen Bedingungen ein.

Ebenso textsortenspezifisch sind die Evaluierungs- und Recyclingphasen im Modell berücksichtigt. Hier spielen vor allem die lenkenden Prozesse von klassischen Korrekturdurchläufen, modernem Usability-Testing und der Versionierung eine übergeordnete Rolle. Usability-Testing und Versionierung sind Aspekte, die bisher in Modellen der Schreibprozessforschung, aufgrund der Novität hypertextueller Textsorten, keine Berücksichtigung gefunden haben.

Das Online-Hilfe-Produktionsmodell wird der Anforderung gerecht, kognitive Prozesse um mediale und domänenspezifische Wissenskomponenten da zu ergänzen, wo die Schreibprozessforschung bisher nur zwischen Textwissen und Sachwissen unterschieden hat. Im Online-Hilfe-Produktionsmodell speisen sich die kognitiven Prozesse aus den situativen Bedingungen und den wissensbedingten Aspekten der Individuen mit der Trennung in Sachwissen,

Textwissen, Medienwissen und Dokumentationswissen. Hier werden die Wissenskomponenten abstrakter gefasst als bisher in der Schreibprozessforschung gängig. Auch die Einteilung in vier Wissenskomponenten (anstelle von ausführlich gelisteten Wissensaspekten) ist ein neuer Ansatz. Das die vier Komponenten sich im Individuum überlappen und bei der Produktion nur in Kombination funktionieren, wird in den Datensätzen der Versuchspersonen deutlich. Eine klare Trennung zwischen Sachwissen und Textwissen, Textwissen und Dokumentationswissen und besonders zwischen Dokumentations- und Medienwissen ist aus meinen Daten nicht ohne weiteres zu erschließen und war durch das verwendete Methodeninstrument auch nicht eindeutig nachweisbar. Das liegt zum einen daran, dass nicht in einer realen Online-Hilfe-Produktionsumgebung getestet wurde und Mediendominanz in Form vieler Hilfsmittel des Arbeitsplatzes nicht gegeben war. Somit fehlen auch diesbezügliche Äußerungen in den Protokollen. Zum anderen wurden die Versuche nicht mit Fachleuten aus dem Feld der Online-Hilfe-Produktion durchgeführt, sondern mit fachlich vorgeprägten Linguisten. Fachleute aus dem Feld hätten möglicherweise stärker aussagefähige Verbalkommentare bezüglich Textwissen und Dokumentationswissen geliefert. Da die hier vorgestellten Daten und weitere im Rahmen meiner Versuche erhobenen Datensätze und Daten aus der Pilotstudie (wenn auch in geringem Umfang) auf diesbezügliche Trennungen der Wissenskomponenten hinweisen, hält mein Modell diese Einteilung vor. Hier besteht Bedarf für Anschlussforschung, die z. B. durch retrospektive Kommentierung des Produktionsablaufs durch die Versuchsteilnehmer oder retrospektive Interviews ermittelt, welche kognitiven Vorgänge welche Entscheidungen und reale Produktionstätigkeiten auslösen. So könnte zwischen den einzelnen Wissensbereichen unterschieden werden. Dies konnte mit dem hier verwendeten Verfahrensinstrumentarium nicht geleistet werden.

Über die Verknüpfung der kognitiven Prozesse mit den Wissenskomponenten hinaus konnte der bestehende Ansatz der kognitiven Prozessdarstellung von Göpferich um spezifische Elemente der Hypertextproduktion erweitert werden. Die Verknüpfungsrealisierungen machen eine Erweiterung aus. Der Aspekt, dass Verknüpfungen sprachlich im Text und technisch in der Struktur umgesetzt werden müssen, schlägt sich in den Komponenten Navigation und Inhalt nieder und wird mit den Ergebnissen der Datenerhebung in vollem Umfang bestätigt. Dies gilt auch für eine weitere markante Erweiterung des Kreismodells, die im Usability-Testing besteht. Damit ist die kognitive Leistung des Produzenten gemeint, sich in die Nutzer und deren Lesewege hineinzuversetzen und diese während der Produktion kognitiv nachzuvollziehen. Den kognitiven Nachvollzug markiert auch die dritte Erweiterung des Kreismodells, die Orientierung. Sie wurde im Kreismodell der Reflexion zugeordnet. Ein Großteil der kognitiven Leistung des Produzenten besteht in hypertextuellen Arbeitsumgebungen darin, sich zwischen den einzelnen Hypertextelementen zu orientieren. Auch diese Erkenntnis wird durch die Ergebnisse meiner Datenerhebung nachhaltig unterstützt. Hier bietet sich vor allem bei der Nutzung von Eye-Tracking-Verfahren ein weites Feld für Anschlussforschung.

Das Online-Hilfe-Produktionsmodell kann als Ausgangspunkt für die weitere Theoriebildung im Bereich der Hypertextproduktion gesehen werden. Es schafft einen Erklärungsrahmen, an dem entlang seine einzelnen Komponenten erklärt und zueinander in Beziehung gesetzt werden können. Aus theoretischer Sicht verdeutlicht das Modell, so genutzt, die Relationen und Bezüge der Komponenten zu den anderen Komponenten und Phasen des Modells und ermöglicht die Ableitung von Prognosen über die Prozessabläufe bei der Online-Hilfe-Produktion. Diese Prognosen können zu Anschlusshypothesen für weitere Forschung führen und als erster Schritt in Richtung einer Theoriebildung über die Produktions- und Schreibprozesse in multimedialen Arbeitsumgebungen genutzt werden. Adaptionsmöglichkeiten auf andere Textsorten der Softwaredokumentation und auch der Hypertextproduktion für Internetpublikationen sind gegeben.

Aus Sicht der Praxis bildet mein Modell einen Rahmen, auf den sich reale Prozessabläufe beziehen lassen. In der Praxis angewendet, kann das Online-Hilfe-Produktionsmodell als Grundgerüst dienen, um, im Abgleich mit Einzelprozessen, tiefer liegende Beziehungen und Zusammenhänge zwischen den Teilprozessen aufzudecken und für einen individuellen Fall näher zu beschreiben (z. B. in Form von Workflows abzubilden), Abläufe zu analysieren, genauer zu definieren und ggf. zu verbessern. Das Modell selbst kann Prozesse nicht praktisch beherrschbar(er) machen. Es kann jedoch als Werkzeug zur Erfassung, Gruppierung und Sammlung von Prozesseigenschaften verwendet werden und zur Bewusstmachung von Abläufen beitragen. Ein mittels des

Modells erworbenes erweitertes Bewusstsein über die realen Abläufe kann Schwierigkeiten aufdecken, zu Anpassungen und Verbesserungen und in der Folge ggf. zur Steigerung der Produktionseffizienz führen. Praktiker werden jedoch workflowartige Ablaufbeschreibungen, vertiefende Prozessschleifen sowie eine stärkere Konzentration auf die Aspekte Gestaltung, Rekursivität und kooperative Prozesse vermissen, die ohne reale Aufgabenstellung und echte Daten und Artefakte jedoch bei der theoretischen Modellbildung nicht leistbar sind.

Ähnlich wie für die Praxis kann das Online-Hilfe-Produktionsmodell auch im didaktischen Umfeld als Erklärungsgrundlage für die Darstellung von Prozessabläufen bei der Erstellung von Softwaredokumentation genutzt werden. Hier sind die bewusste Vernachlässigung bestimmter Merkmale und der hohe Abstraktionsgrad hilfreich, um den komplexen Zusammenhang des Prozessgefüges auf eine gewisse Allgemeingültigkeit zu reduzieren und damit der Anschauung überhaupt zugänglich zu machen und den Zugang zum Verständnis über die Abläufe zu erleichtern. In dieser Arbeit wurde der Bereich der Produktionsunterschiede zwischen Expertenproduzenten und semiprofessionellen Produzenten bei der Auswertung der Untersuchung nur angerissen und dargestellt, um ein besseres Verständnis über die Produktionsereignisse und deren Auswirkungen auf den Prozess zu vermitteln. Hier liegen in Kopplung mit der Expertiseforschung bei der Untersuchung von Prozessstrategien und Werkzeugnutzung Forschungsdesiderate. Dies gilt auch im Hinblick auf eine didaktische Aufbereitung des Modells zu Lehrmaterial.

Die Vollständigkeit des Modells bezüglich individueller Merkmale, Anforderungen und Spezifika geht natürlich zugunsten der relativen Universalgültigkeit des Modells verloren. Letztere wiederum macht jedoch das Objekt der Untersuchung überhaupt erst zugänglich.

Das Online-Hilfe-Produktionsmodell hat seinen Zweck erfüllt, wenn es in der Zukunft für mich und andere ein Wegweiser für weitere Erkenntnisse in der Fachsprachen- und Prozessforschung sein kann. Ferner, wenn es dazu beiträgt, das Zeitalter der Hypertextualisierung auch in der Schreibprozessforschung einzuläuten und wenn es der angewandten Schreibprozessforschung und Fachkommunikationsforschung als Grundlage für die Entwicklung neuer, den Hypertextproduktionsprozessen angepasster, Wasserfall- und Strukturmodelle und Arbeitsablaufdiagramme dienen kann, die den in der technischen

Redaktion Tätigen zugute kommen und diesen in der Produktionswirklichkeit die Arbeitsablauforganisation und die Arbeitsprozesse erleichtern. Wie m. E. das Modell als Hypothesengenerator, und der Forschungsansatz samt Instrumentarium zu weiterer Untersuchung und empirischer Erforschung des Gegenstands und seines unmittelbaren theoretischen, praktischen und didaktischen Umfelds beitragen kann, umreiße ich im Folgenden.

8 Ausblick

Aus dem in dieser Arbeit besprochenen Themenkreis der Hypertextproduktion und der Online-Hilfe-Produktion ergeben sich weiterführende Ansätze und Forschungsfragen auf den unterschiedlichsten Ebenen der Forschung und Methodik, der Praxis und Didaktik. Diejenigen, die von besonders breitem Interesse für die vier genannten Bereiche sind, stelle ich hier in loser Folge zusammen.

Allen Forschungsaufgaben voran ist, hinsichtlich der Zunahme hypertextueller Textsorten, die Beschäftigung mit diesen zu nennen. Dabei wäre es wünschenswert, nicht nur die in neuen Produktionsumgebungen entstehenden Textprodukte, sondern vor allem die Produktionssituation und Arbeitsumgebung näher zu untersuchen. Dies gilt vor allem für die Effekte der digitalen Produktionswerkzeuge auf:

- kognitve Prozesse der Produzenten,
- soziale Prozesse der Produzenten,
- Produktionsstrategien und Produktionsprobleme der Produzenten,
- Nutzung des PCs als Arbeitsgerät (Motorik),
- Arbeits- und organisationspsychologische Einflüsse der Bildschirmarbeit.

Untersucht man Arbeitsprozesse in digitalen Umgebungen, wird es methodisch notwendig, diese auch digital nachvollziehbar und auswertbar zu machen. Folgende Methodenkombinationen bieten sich für die jeweils entsprechenden Zwecke an:

Logprogramm + retrospektive Kommentare	Ideal geeignet für die didaktische Nutzung im Fachkommunikationsunterricht (vgl. Pilotstudie Heine/Koch).
Logprogramm + retrospektive Interviews	Gut geeignet für Einzelprozessstudien, z. B. der Erfassung von Prozessphasen.
Logprogramm + Screen Capture + Eye-Tracking + retrospektive Interviews	Gut geeignet für Einzelprozessstudien und zur vertiefenden Ermittlung von Schnittstellen, z. B. der zwischen Inhalt und Navigation bei der Hypertextproduktion und der von Dokumentations- und Medienwissen bei den individuellen Wissensaspekten von Textproduzenten.
Screen Capture + Eye-Tracking in realer Prozessumgebung, untermauert durch teilnehmende Beobachtung	Ein derzeit technisch aufgrund der fehlenden Schnittstellen und der hohen Kosten und Aufwände beim Untersuchungsaufbau noch nicht umgesetztes Szenario, das eine sehr gute Sicht auf den Prozess eines einzelnen Produzenten werfen könnte.
Logprogramm + Verbaldaten + Interview	Sehr gut geeignet für breit angelegte Studien mit vielen Teilnehmern über einen längeren Zeitraum. Sehr gut geeignet, um die Unterschiede zwischen Experten- und Laienperformanz bei der Produktion deutlich nachzuweisen.

Die Aspekte, die durch oben genannte Methodenkombinationen untersucht werden können, sind so vielfältig wie die Methoden selbst. Bei den Methoden ist vor allem die Weiterentwicklung der Instrumente der Datenerhebungsverfahren, der Schnittstellen zwischen den Instrumenten und Verfahren und die Nutzbarmachtung der Verfahren für die Schreibprozessforschung von besonderem Interesse.

Im Hinblick auf die Produktion selbst sind besonders die Schreibstrategien der Produzenten interessant. Diese sowohl in der Betrachtung eines einzelnen Schreibers, als auch in einer größeren, bzw. heterogen von Novizen- bis Expertenschreibern reichenden Gruppe. Aus ermittelten Strategien lassen sich didaktische Konzepte ableiten. Hier bietet vor allem die bisher vorgenommene Trennung zwischen Knowledge-Telling-Strategien und Knowledge-Transforming-Strategien einen Ansatzpunkt für die Forschung. Nicht zuletzt für die Produktion von Hypertext, da hier noch völlig offen ist, ob die Nutzung von frei verfügbaren Rechercheressourcen (z. B. Internet) unterschiedliche Strategien hervorruft. Zum Beispiel bei Experten eine von ihnen nicht erwartete vermehrte Verwendung der Knowledge-Telling-Strategie. Auch die Frage, ob eventuell ein von den bereits bekannten Strategien abweichender Strategiemodus für die neueren Prozesse der Hypertextproduktion bei den Schreibern existiert (oder sich möglicherweise gerade herausbildet), ist ein interessanter Ansatzpunkt für die Forschung.

Speziell auf Online-Hilfe-Produktion bezogen, tritt die dringend notwendige Untersuchung von Reproduktion und Reproduktionsprozessen und Versionierungsprozessen in den Vordergrund. Diese Prozesse sind sowohl aus theoretischer wie praktischer Sicht interessant. Sie verändern zwangsläufig den vorherrschenden linear orientierten Zugang zur Text- und Produktionsanalyse und machen neben angepassten Produktionsmodellen auch das Überdenken von existierenden linguistischen Analysemodellen notwendig.

Direkt an die Anforderungen der Versionierung angeschlossen, rückt naturgemäß auch der Folgeprozess der Lokalisierung und der Transcreation (neue Branchenbezeichnung für die Lokalisierung von Webseiten) ins Interesse der Forschung.

Bezüglich des hier vorgestellten Online-Hilfe-Produktionsmodells sehe ich die anstehenden Herausforderungen im Praxistest des Modells. Einerseits gilt es, das Modell in Online-Hilfe-Redaktionen an die dort praktizierten Verfahren anzulegen und wo nötig auszubauen und zu verfeinern und Einzelprozesse, gezielter als in einer Laborstudie möglich, unter die Lupe zu nehmen und deren Modellierung voranzutreiben. Zum anderen gilt es, das Modell in ein didaktisches Konzept umzusetzen, mit Studierenden die Hypertextproduktion entlang des Modells zu erproben und mit den Ergebnissen der Praxistests die theoretische und praktische Entwicklung von effizienteren Schreib- und Produktionsprozessen voranzutreiben.

Literaturverzeichnis

ALAMARGOT, DENIS/CHANQUOY, LUCILE (2001): *Through the Models of Writing.* Dordrecht-Boston-London: Kluwer Academic Publishers.

ANDERRSON, BODIL/DAHL, JOHAN/HOLMQUIST, KENNETH/HOLSANOVA, JANA/JOHANSSON, VICTORIA/KARLSSON, HENRIK/STRÆMQUIST, SVEN/TUFVESSON, SYLVIA/WENGELIN, ÅSA (2006): "Combining Keystroke Logging with Eye Tracking". In: VAN WAES, LUUK/ LEIJTEN, MARIELLE/NEUWIRTH, CHRISTINE M. (Eds.) (2006): *Writing and Digital Media.* (= Studies in Writing). Amsterdam-Tokyo: Elsevier. 166-172.

ANTOS, GERD (1989): „Textproduktion: Ein einleitender Überblick". In: ANTOS, GERD/ KRINGS, HANS PETER (Hrsg.) (1989): *Textproduktion. Ein Interdisziplinärer Forschungsüberblick.* Tübingen: Niemeyer. 5-57.

– (2001): „Ansätze zur Erforschung der Textproduktion". In: UNGEHEUER, GEROLD (Hrsg.) (2001): *Handbücher zur Sprach- und Kommunikationswissenschaft. Band 16.* Berlin: de Gruyter. 105-113.

ANTOS, GERD/KRINGS, HANS PETER (Hrsg.) (1989): *Textproduktion. Ein Interdisziplinärer Forschungsüberblick.* Tübingen: Niemeyer.

ANTOS, GERD/POGNER, KARL-HEINZ (1995): *Schreiben.* Studienbibliographien Sprachwissenschaft 15. Heidelberg: Julius Gross.

BACK-HOCK, ANDREA (1987): „Produktlebenszyklus-Controlling als Teil einer Daten- und Methodenbank für das Rechnungswesen". In: *Angewandte Informatik* [29] 12. 518-526.

BAER, BRIAN JAMES/KOBY, GEOFFREY S. (Eds.) (2003): *Beyond the Ivory Tower. Rethinking Translation Pedagogy.* Volume XII. Amsterdam/Philadelphia: Benjamins.

BARABAS, CHRISTINE (1990): *Technical Writing in a Corporate Culture.* Norwood, New Jersey: Ablex.

BARTSCH, CHRISTIAN (2001): *Die Verständlichkeit von Software-Hilfesystemen. Eine sprachwissenschaftliche Analyse am Beispiel von Microsoft Word 2000.* (= tekom Hochschulschriften 6). Lübeck: Schmidt Römhild.

BAURMANN, JÜRGEN/LUDWIG, OTTO (1985): „Texte überarbeiten. Zur Theorie und Praxis von Revisionen". In: BOUEKE, DIETRICH/HOPSTER, NORBERT (Hrsg.) (1985): *Schreiben – Schreiben lernen. Rolf Sanner zum 65. Geburtstag.* (= Tübinger Beiträge zur Linguistik 249). Tübingen: Narr. 254-276.

BECKER-MROTZEK, MICHAEL (1997): *Schreibentwicklung und Textproduktion.* Opladen: Westdeutscher Verlag.

BEREITER, CARL/SCARDAMALIA, MARLENE (1985): „Wissen-Wiedergeben als ein Modell für das Schreiben von Instruktionen durch ungeübte Schreiber". In: *Unterrichtswissenschaft* 13 [4]. 319-333.

BERK, EMILY/DEVLIN, JOSIPH (Eds.) (1991): *Hypertext/Hypermedia Handbook.* Software Engineering Series. New York: McGraw-Hill.

BERNARDINI, SILVIA (2002): "Think-aloud Protocols in Translation Research: Achievements, Limits, Future Prospects". In: *Target* [13] 2. 241-263.

BRAAKSMA, MARTINE A. H./RIJLAARSDAM, GERT/VAN DEN BERG, HUUB/VAN HOUT-WOLTERS, BERNADETTE H. A. M. (2004): "Observational Learning and Its Effects on the Orchestration of Writing Processes". In: *Cognition and Instruction.* [22] 1. Hillsdale, New Jersey: Lawrence Erlbaum Associates. 1-36.

BRODBECK, FELIX C./RUPIETTA, WALTER (1994): „Benutzerdokumentation für Softwareprodukte". In: EBERLEH, EDMUND/OBERQUELLE, HORST/OPPERMANN, REINHARD (Hrsg.) (1994): *Einführung in die Software-Ergonomie. Gestaltung grapisch-interaktiver Systeme: Prinzpien, Werkzeuge, Lösungen.* Berlin – New York: de Gruyter. 197-234.

BROMME, RAINER/JUCKS, REGINA/RAMBOW, RIKLEF (2004), „Experten-Laien-Kommunikation im Wissensmanagement". In: REINMANN, GABI/MANDL, HEINZ (Hrsg.) (2004): *Der Mensch im Wissensmanagement: Psychologische Konzepte zum besseren Verständnis und Umgang mit Wissen.* Göttingen: Hogrefe. 176-188.

BUSH, VANNEVAR (1945): "As we may think". In: *Atlantic Monthly.* 101-108.

CHI, MICHELENE T. H. (2006): "Laboratory Methods for Assessing Experts' and Novices' Knowledge". In: ERICSSON, K. ANDERS/CHARNESS, NEIL/FELTOVICH, PAUL J./HOFFMAN, ROBERT R. (Eds.) (2006): *The Cambridge Handbook of Expertise and Expert Performance.* Cambridge: Cambridge University Press. 167-184.

CLOSS, SISSI (2007): *Single Source Publishing. Topicorientierte Strukturierung nach DITA.* Siegen: Entwickler Press.

CONKLIN, JEFFREY E. (1987): "Hypertext: An Introduction and Survey". In: *IEEE Computer* [20] 9. 17-41.

DAVENPORT, THOMAS H./PRUSAK, LARRY (1998): *Working Knowledge. How Organizations Manage What They Know.* Boston: Harvard Business School Press: 93-95.

DE RIDDER, ISABELLE/RIJLAARSDAM, GERT/VAN WAES, LUUK (2005): „Schreiben zum Lernen. Analyse des Leseverhaltens als Basis für das Textdesign". In: PERRIN, DANIEL/KESSLER, HELGA (Hrsg.) (2005): *Schreiben fürs Netz. Aspekte der Zielfindung, Planung, Steuerung und Kontrolle.* (= Schreiben – Medien – Beruf). Wiesbaden: VS Verlag für Sozialwissenschaften. 186-202.

DIN 69905 (1997): Projektwirtschaft – Projektabwicklung – Begriffe. Berlin: Beuth Verlag GmbH.

DITLEVSEN, MARIANNE GROVE/ENGBERG, JAN/KASTBERG, PETER/NIELSEN, MARTIN (2003): *Sprog på arbejde – kommunikation i faglige tekster.* Frederiksberg: Samfundsliteratur.

– (2007): *Sprog på arbejde – kommunikation i faglige tekster.* Frederiksberg: Forlaget Samfundsliteratur.

DUCHOWSKI, ANDREW (^{2}2007): *Eye Tracking Methodology – Theory and Practice.* Springer: London.

DUFFY, THOMAS/PALMER, JAMES E./MEHLENBACHER, BRAD (1992). *Online Help: Design and Evaluation.* Norwood, NJ: Ablex.

EDELMANN, ANJA (2003): *Hypertextbasierte Softwaredokumentation. Eine experimentelle Untersuchung zur Rezeption.* (= tekom Hochschulschriften 7). Lübeck: Schmidt-Römhild.

EHERER, STEFAN (1995): *Eine Software-Umgebung für die kooperative Erstellung von Hypertexten.* Tübingen: Niemeyer.

EIGLER, GUNTHER (1990): *Wissen und Textproduzieren.* Tübingen: Narr.

– (1996): „Methoden der Textproduktionsforschung". In: GÜNTHER, HARTMUT/ LUDWIG, OTTO (Hrsg.) (1996): *Schrift und Schriftlichkeit. Ein interdisziplinäres Handbuch internationaler Forschung* (= HSK 10, 2). Berlin: de Gruyter, 992-1004.

EIGLER, GUNTHER/JECHLE, THOMAS/KOLB, MONIKA/WINTER, ALEXANDER (1995): „Textentwicklung und Nutzung externer Information. Prozeß- und produktorientierte Analysen". In: BAURMANN, JÜRGEN/WEINGARTEN, RÜDIGER (Hrsg.) (1995): *Schreiben. Prozesse, Prozeduren und Produkte.* Opladen. 147- 72.

EIGLER, GUNTHER/JECHLE, THOMAS/MERZIGER, GABRIELE/WINTER, ALEXANDER (1987): „Über Beziehungen von Wissen und Textproduzieren". In: *Unterrichtswissenschaft* [4]. 382-395.

EKLUNDH, KERSTIN SEVERINSON/KOLLBERG, PY (1996): "A Computer Tool and Framework for Analyzing Online Revisions". In: LEVY, C. MICHAEL/RANSDELL, SARAH (Eds.) (1996): *The Science of Writing: Theories, Methods, Individual Differences, and Applications.* Mahwah, NJ u.a.: Erlbaum. 164-188.

EMIG, JANET (1975): "The composing process: A review of the literature". In: WINTEROWD, W. ROSS (Ed.) (1975): *Contemporary Rhetoric: Conceptual Background with Readings.* New York: Harcourt Brace Jovanovich. 49-70.

ERICSSON, KARL ANDERS/CHARNESS, NEIL/FELTOVICH, PAUL J./HOFFMAN, ROBERT R. (Eds.) (2006): *The Cambridge Handbook of Expertise and Expert Performance.* Cambridge: Cambridge University Press.

ERICSSON, KARL ANDERS/SIMON, HERBERT A. (^{2}1983): *Protocol Analysis: Verbal Reports as Data.* Cambridge, Mass.: MIT Press.

ERICSSON, KARL ANDERS/SMITH, JAQUI (Eds.) (1991): *Toward a General Theory of Expertise. Prospects and Limits.* Cambridge: University Press.

ESSELINK, BERT (2000): *A Practical Guide to Localization.* Amsterdam: Benjamins.

FEILKE, HELMUTH (1988): „Ordnung und Unordnung in argumentativen Texten. Zur Entwicklung der Fähigkeit, Texte zu strukturieren". In: *Der Deutschunterricht* [3]. 65-81.

– (2003): „Entwicklung schriftlich-konzeptualer Fähigkeiten". In: BREDEL, URSULA/ GÜNTHER, HARTMUT/KLOTZ, PETER/OSSNER, JAKOB/SIEBERT-OTT, GESA (Hrsg.) (2003): *Didaktik der deutschen Sprache. 1. Teilband.* Paderborn u. a.: Ferdinand Schöningh. 178-192.

FEILKE, HELMUTH/AUGST, GERHARD (1989): „Zur Ontogenese der Schreibkompetenz". In: ANTOS, GERD/KRINGS, HANS PETER (Hrsg.) (1989): *Textproduktion. Ein Interdisziplinärer Forschungsüberblick.* Tübingen: Niemeyer. 297-327.

FLOWER, LINDA S./HAYES, JOHN R. (1977): "Problem-Solving Strategies and the Writing Process". In: *College English.* [39] 4. 449-461.

FREMMER, GABRIELE (1992): *Das Online-Handbuch: Die Unterstützung des Benutzers in der Mensch-Computer-Interaktion.* Inaugural Dissertation an der Ludwig-Maximilians-Universität München.

GERDES, HEIKE (1997): *Lernen mit Text und Hypertext.* Lengerich u. a.: Pabst Science Publishers.

GÖPFERICH, SUSANNE (1996a): „(Fach)Übersetzen vs. *Technical Writing*: Parallelen und Unterschiede". In: BUDIN, GERHARD (Hrsg.) (1996): *Multilingualism in Specialist Communication / Multilingualisme dans la communication spécialisée / Mehrsprachigkeit in der Fachkommunikation.* Vienna: TermNet. 399-434.

– (1996b): „Direktive Sprechakte im Textsortenspektrum der Kraftfahrzeugtechnik: Konventionen im Deutschen und im Englischen". In: KALVERKÄMPER, HARTWIG/ BAUMANN, KLAUS-DIETER (Hrsg.) (1996): *Fachliche Textsorten. Komponenten – Relationen – Strategien.* (= Forum für Fachsprachen-Forschung. 25). Tübingen: Narr. 65-99.

– (2002): *Textproduktion im Zeitalter der Globalisierung. Entwicklung einer Didaktik des Wissenstransfers.* Tübingen: Stauffenburg Verlag.

– (2006a): "Modifications in Documentation Processes and Their Impact on the Work of Technical Communicators and Translators and Their Training". In: *LSP & Professional Communication* [6.1]. 38-51.

– (2006b): "How Comprehensible Are Popular Science Texts"? In: GOTTI, MAURIZIO/ GIANNONI, DAVIDE SIMONE (Hrsg.) (2006): *The Use of Thinking-aloud Protocols and Log Files of Reverbalization Processes in Comprehensibility Research. New Trends in Specialized Discourse Analysis.* Frankfurt am Main: Lang. 221-246.

– (2006c): "Popularization from a Cognitive Perspective – What Thinking Aloud and Log Files Reveal about Optimizing Reverbalization Processes". In: *Fachsprache/ International Journal of LSP* [3–4]. 128–154.

– (2006d): "How Successful is the Mediation of Specialized Knowledge? – The Use of Thinking-aloud Protocols and Log Files of Reverbalization Processes as a Method in Comprehensibility Research". In: *HERMES Journal of Language and Communication Studies.* [37]. 67-93.

– (2008): *Translationsprozessforschung. Stand – Methoden – Perspektiven.* (= Translationswissenschaft Bd. 4). Narr Francke Attempto: Tübingen.

GÖPFERICH, SUSANNE/ENGBERG, JAN (Hrsg.) (2004): *Qualität fachsprachlicher Kommunikation.* (= Forum für Fachsprachen-Forschung. 66). Tübingen: Narr.

GRIESHABER, WILHELM (2003-2006) [http://zwww.uni-muenster.de/~griesha/eps/wrt/ prozess/hayesuflowers.html] (28.07.2008).

GROEBEN, NORBERT (1982): *Leserpsychologie: Textverständnis – Textverständlichkeit.* Münster: Aschendorff.

GRÜNWIED, GERTRUD ([2]2007): *Software-Dokumentation. Grundlagen – Praxis – Lösungen.* (= Kontakt & Studium Bd. 668). Renningen: Expert Verlag.

GÜLICH, ELISABETH (1994): „Formulierungsarbeit im Gespräch". In: ČMEJRKOVÁ, SVĚTLA/DANEŠ, FRANTIŠEK/HAVLOVÁ, EVA (Eds.) (1994): *Writing vs. Speaking: Language, Text, Discourse, Communication. Proceedings of the Conference Held at the Czech Language Institute of the Academy of Sciences of the Czech Republic, Prague, 14.-16.10.1992.* (= Tübinger Beiträge zur Linguistik 392). Tübingen: Narr. 77-95.

GÜNTHER, UDO (1993): *Texte planen – Texte produzieren. Kognitive Prozesse der schriftlichen Textproduktion.* Opladen: Westdeutscher Verlag.

HAMMWÖHNER, RAINER (1993): „Kognitive Plausibilität: Vom Netz im (Hyper-)Text zum Netz im Kopf". In: *Nachrichten für Dokumentation* [44]. 23-28.

HANDLER, PETER (2005): „Stilanweisungen im Medienwandel". In: JAKOBS, EVA-MARIA/LEHNEN, KATRIN/SCHINDLER, KIRSTEN (Hrsg.) (2005): *Schreiben am Arbeitsplatz.* (= Schreiben – Medien – Beruf). Wiesbaden: VS Verlag für Sozialwissenschaften. 127-152.

HANNEMANN, JÖRG/THÜRING, MANFRED (1993): „Schreiben als Designproblem: kognitive Grundlagen einer Hypertext-Autorenumgebung". In: *Kognitionswissenschaft* [3]. Berlin: Springer-Verlag. 139-160.

HANSEN, GYDE (1999): „Das kritische Bewusstsein beim Übersetzen". In: *Copenhagen Studies in Language* [24]. 43-66.

– (2003): "Controlling the Process. Theoretical and Methodological Reflections on Research in Translation Processes". In: ALVES, FABIO (Ed.) (2003): *Triangulating Translation.* Amsterdam: Benjamins. 25-42.

– (2005): "Experience and Emotion in Empirical Translation Resarch with Think-aloud and Retrospection". In: *Meta* [50] 2. 511-521.

– (2006): "Retrospection Methods in Translator Training and Translation Research. *JOSTRANS.* 5. [http://www.jostrans.org/issue05/art_hansen.php] (28.03.2008).

– (Ed.) (1999): *Probing the process in translation: methods and results.* (= Copenhagen Studies in Language 24). Copenhagen: Samfundsliteratur.

– (Ed.) (2002): *Empirical Translation Studies.* (= Copenhagen Studies in Language 27). Copenhagen: Samfundsliteratur.

HAYES, JOHN, R. (1989): "Writing Research: the Analysis of a Very Complex Task". In: KLAHR, DAVID/KOTOVSKZ, KENETH (Eds.) (1989): *Complex Information Processing – The Impact of Herbert Simon.* 21st Carnegie-Mellon Symposium on Cognition. Hillsdale, NJ.: Erlbaum. 209-234.

– (1996): "A new Framework for Understanding Cognition and Affect in Writing". In: LEVY, MICHAEL C./RANSDELL, SARAH (Eds.) (1996): *The Science of Writing: Theories, Methods, Individual Differences, and Applications.* Mahwah, NJ: Erlbaum. 1-27.

– (2001): "Commentary on the Book: Through the Models of Writing". In: ALAMARGOT, DENIS/CHANQUOY, LUCILE (2001): *Through the Models of Writing.* Dordrecht-Boston-London: Kluwer Academic Publishers. 229-236.

HAYES, JOHN, R./FLOWER, LINDA S. (1980): "Identifying the Organization of Writing Processes". In: GREGG, LEE W./STEINBERG, EDWIN R. (Eds.) (1980): *Cognitive Processes in Writing.* Hillsdale: Erlbaum. 3-30.

HEINE, CARMEN (2001): "Quality Assurance in the Technical Documentation and Translation Process". *Translating and the Computer* 23. London: Aslib/IMI 2001.

HEINE, CARMEN/KOCH, WOLFGANG (2009): „Prozess- und Produktoptimierung bei der Textproduktion. Translog als didaktisches Instrument? Pilotstudie mit Studierenden der Wirtschaftsuniversität Aarhus, Dänemark". In: LENZ, FRIEDRICH (Hrsg.) (2009): *Schlüsselqualifikation Sprache: Anforderungen - Standards – Vermittlung.* (= forum Angewandte Linguistik 50). Frankfurt am Main: Lang. 179-204.

HEINE, LENA (2005): „Lautes Denken als Forschungsinstrument in der Fremdsprachenforschung". In: *Zeitschrift für Fremdsprachenforschung* [16] 2. 163-185.

HEINEMANN, WOLFGANG (2000): „Textsorten. Zur Diskussion um Basisklassen des Kommunizierens. Rückschau und Ausblick". In: ADAMZIK, KIRSTEN (Hrsg.) (2000): *Textsorten: Reflekionen und Analysen.* Tübingen: Stauffenburg. 9-29.

HENNING, JÖRG/TJARKS-SOBHANI, MARITA (Hrsg.) (2005): *Technische Kommunikation – international.* (= tekom Schriften zur technischen Kommunikation 8). Lübeck: Schmidt Römhild.

HESS-LÜTTICH, ERNEST W. B. (1997): „Text, Intertext, Hypertext – Zur Texttheorie der Hypertextualität". In: KLEIN, JOSEF/FIX, ULLA (Hrsg.) (2007): *Textbeziehungen. Linguistische und literaturwissenschaftliche Beiträge zur Intertextualität.* Tübingen: Stauffenburg. 125-148.

HODGES, NICOLA/STARKES, JANET L./MACMAHON, CLARE (2006): "Expert Performance in Sport". In: ERICSSON, K. ANDERS/CHARNESS, NEIL/FELTOVICH, PAUL, J./HOFFMAN, ROBERT, R. (Eds.) (2006): *The Cambridge Handbook of Expertise and Expert Performance.* Cambridge: Cambridge University Press. 471-488.

HOFFMANN, WALTER/HÖLSCHER, BRIGITTE G./THIELE, ULRICH (2002): *Handbuch für technische Autoren und Redakteure. Produktinformation und Dokumentation im Multimedia-Zeitalter.* Berlin: VDE Verlag.

HOFMANN, MARTIN/SIMON, LOTHAR (1995): *Problemlösung Hypertext: Grundlagen, Entwicklung, Anwendung.* München [u.a.]: Hanser.

HORN, ROBERT E. (1989): *Mapping Hypertext. Analysis, Linkage, and Display of Knowledge for the Next Generation of On-Line Text and Graphics.* Lexington: Lexington Institute.

HUBER, GÜNTER L./MANDL, HEINZ (Hrsg.) (1982): *Verbale Daten.* Weinheim/Basel: Beltz.

HÜBNER, HEINZ/JAHNES, STEFAN (1998): *Management-Technologie als strategischer Erfolgsfaktor.* Berlin/New York: de Gruyter.

INTEMANN, FRAUKE (2002): *KHD Kommunikation Hypertext Design. Eine Untersuchung zur Struktur und Optimierung hypermedialer Lernumgebungen.* Münster u. a.: Waxmann.

IPSEN, GUIDO (2001): „Linguistische Aspekte WWW-gebundener Informationsmedien als designtechnisches Instrument". In: HANDLER, PETER (2001): *E-Text: Strategien und Kompetenzen. Elektronische Kommunikation in Wissenschaft, Bildung und Beruf.* (= Textproduktion und Medium Band 7). Frankfurt am Main u. a.: Lang. 67-80.

JÄÄSKELÄINEN, RIITTA (2000): "Focus on Methodology in Think-Aloud Studies on Translating". In: TIRKKONEN-CONDIT, SONJA/JÄÄSKELÄINEN, RIITTA (Eds.) (2000): *Tapping and Mapping the Processes of Translating and Interpreting: Outlooks on Empirical Research.* Amsterdam/Philadelphia: Benjamins. 71-82.

– (2002): "Think Aloud Protocol Studies into Translation. An Annotated Bibliography". In: *Target* [14] 1. 107-136.

JAKOBS, EVA-MARIA (2004): „Hypertextsorten". In: *ZGL-Themenheft Deutsche Sprache im Internet und in den neuen Medien* [31]. 232-252.

– (2005): "Writing at Work. Fragen, Methoden und Perspektiven einer Forschungsrichtung". In: JAKOBS, EVA-MARIA/LEHNEN, KATRIN/SCHINDLER, KIRSTEN (Hrsg.) (2005): *Schreiben am Arbeitsplatz.* (= Schreiben – Medien – Beruf). Wiesbaden: VS Verlag für Sozialwissenschaften. 13-42.

JAKOBS, EVA-MARIA/KNORR, DAGMAR/POGNER, KARL-HEINZ (Hrsg.) (1999): *Textproduktion HyperText, Text, KonText.* Frankfurt am Main: Lang.

JAKOBS, EVA-MARIA/PERRIN, DANIEL (2008): "Training of Reading and Writing". In: RICKHEIT, GERT/STROHNER, HANS (Hrsg.) (2008): *Handbook of Applied Linguistics. Vol. 1.* Berlin u.a.: de Gruyter. 357-391.

JAKOBSEN, ARNT LYKKE (1999a): "Logging target text production with Translog". In: HANSEN, GYDE (ed.): *Probing the process in translation: methods and results.* (= Copenhagen Studies in Language 24). Copenhagen: Samfundslitteratur. 9-20.

– (1999b): "Translog Documentation". In: HANSEN, GYDE (Ed.) *Probing the process in translation: methods and results.* (= Copenhagen Studies in Language 24). Copenhagen: Samfundslitteratur. 149-184.

– (2003): "Effects of Think Aloud on Translation Speed, Revision and Segmentation". In: ALVES, FABIO (Ed.) (2003): *Triangulating Translation.* Amsterdam: Benjamins. 69-95.

– (2007): "Research Methods in Translation – Translog". In: LINDGREN, EVA/SULLIVAN, KIRK (2007): *Computer Key Stroke Logging and Writing. Methods and Applications.* (= Studies in Writing 18). Amsterdam-Tokyo: 95-105.

JANSSEN, DANIEL/VAN WAES, LUUK/VAN DEN BERGH, HUUB (1996): "Effekts of Thinking Aloud on Writing Processes". In: LEVY C. MICHAEL/RANSDELL, SARAH (Eds.) (1996): *The science of writing : theories, methods, individual differences, and applications.* Mahwah, NJ u.a.: Erlbaum. 233-250.

JOOS, MARKUS/RÖTTING, MATTHIAS/VELICHKOVSKY, BORIS M. (2000): „Die Bewegungen des menschlichen Auges: Fakten, Methoden, innovative Anwendungen". In: HERRMANN, THEO/DEUTSCH, WERNER/RICKHEIT, GERT (Hrsg.) (2000): *Handbuch der Psycholinguistik.* Berlin: De Gruyter. 142-177.

JUCKER, ANDREAS, H. (2000): „Multimedia und Hypertext. Neue Formen der Kommunikation oder alter Wein in neuen Schläuchen?". In: FRIZ, GERD/JUCKER, ANDREAS H. (Hrsg.) (2000): *Kommunikationsformen im Wandel der Zeit. Vom mittelalterlichen Heldenepos zum elektronischen Hypertext.* Tübingen: Niemeyer.

KASTBERG, PETER (2002a): "Instructive Narration – Narrative Instruction: On some Narrative Aspects of an Instruction Manual". In: TODENHAGEN, CHRISTINA/THILE, WOLFGANG (Eds.) (2002): *Investigations into Narrative Structures.* Frankfurt am Main: Lang. (29-37).

– (2002b): "Kulturaspektet i teknisk oversættelse – en ny runde i et gammelt spil". In: *Hermes - Tidsskrift for sprogforskning* [28]. 179-193.

– (2005): „Wissenstransfer unter dem Gesichtspunkt der Textoptimierung". In: ANTOS, GERD/WICHTER, SIGURD (Hrsg.) (2005): *Wissenstransfer durch Sprache als Gesellschaftliches Problem.* Frankfurt am Main: Lang. (152-161).

– (demn.) „Zur Ontogenese einer Instruktion – Methodengerüst und Erfahrungsbericht aus einer ethnographisch orientierten Single Case Study". In: *Encompassing the Instructive Text.* (= Europäsiche Studien zur Textlinguistik). Frankfurt am Main: Lang. (o.S.).

KELLOG, RONALD T. (2006): "Professional Writing Expertise". In: ERICSSON, K. ANDERS/ CHARNESS, NEIL/FELTOVICH, PAUL J./HOFFMAN, ROBERT R. (Eds.) (2006): *The Cambridge Handbook of Expertise and Expert Performance.* Cambridge: Cambridge University Press. 389-402.

KENDALL, JULIE E./KENDALL, KENNETH E. (1992): *Systems Analysis and Design.* Englewood Cliffs/NJ: Prentice Hall.

KESELING, GISBERT (1987): „Zur Produktion syntaktischer Strukturen in schriftlichen Texten am Beispiel von Summaries und Wegbeschreibungen". In: ROSENGREN, INGER (Hrsg.) (1987): *Sprache und Pragmatik. Lunder Symposium.* Stockholm: Almquist & Wiksell. 105-118.

KNOPP, SANDRA (2001a): „Effektive Hilfesysteme konzipieren, schreiben und gestalten". In: *technische Kommunikation* [23] 2.

– (2001b): *Aufbau, Gestaltung und Struktur bei Online-Hilfesystemen. Im Kontext der Mensch-Computer-Interaktion.* (= tekom Hochschulschriften 3). Lübeck: Schmidt Römhild.

KNORR, DAGMAR (1997): „Verwaltung von Fachtextinformationen. Anforderungen an Nutzer und Hilfesysteme". In: KNORR, DAGMAR/JAKOBS, EVA-MARIA (Hrsg.) (1997): *Textproduktion in elektronischen Umgebungen.* Frankfurt am Main u. a.: Lang. 67-87.

KNORR, DAGMAR/JAKOBS, EVA-MARIA (Hrsg.) (1997): *Textproduktion in elektronischen Umgebungen.* Frankfurt am Main: Lang.

KOLB, DAVID (2005): "Association and Argument: Hypertext in and Around the Writing Process". In. *The new review of hypermedia and multimedia: applications and research.* [11] 1 Basingstoke/Hampshire: Taylor & Francis. 7-26.

KOLLBERG, PY/SEVERINSON EKLUNDH, KERSTIN (2002): "Studying Writiers' Revising Patterns with S-Notation Analysis". In: OLIVE, THIERRY/LEVY, C. MICHAEL (Eds.) (2002): *Contemporary Tools and Techniques for Studying Writing.* (= Studies in Writing 10). Dordrecht-London: Kluwer Academic Publishers. 89-104.

KOVAČIČ, IRENA (2000): "Thinking-aloud Protocol – Interview – Text Analysis". In: TIRKKONEN-CONDIT, SONJA/JÄÄSKELÄINEN, RIITTA (Eds.) (2000): *Tapping and Mapping the Process of Translation and Interpreting.* Amsterdam: Benjamins. 97-109.

KRINGS, HANS PETER (1987): „Blick in die Black Box: Eine Fallstudie zum Übersetzungsprozeß bei Berufsübersetzern". In: ARNTZ, REINER (Hrsg.) (1987): *Textlinguistik und Fachsprache – Akten des Internationalen übersetzungswissenschaftlichen AILA-Symposions Hildesheim.* (13.-16.04.1987). Hildesheim: Olms 393-411.

– (1992): „Schwarze Spuren auf weißem Grund – Fragen, Methoden und Ergebnisse der Schreibprozeßforschung im Überblick". In: ANTOS, GERD/KRINGS, HANS PETER (Hrsg.) (1992): *Textproduktion. Neue Wege der Forschung.* Trier: wvt. 45-107.

– (1996): „Wieviel Wissenschaft brauchen Technische Redakteure? Zum Verhältnis von Wissenschaft und Praxis in der Technischen Dokumentation". In: KRINGS, HANS PETER (Hrsg.) (1996): *Wissenschaftliche Grundlagen der Technischen Kommunikation.* (= Forum für Fachsprachen-Forschung. 32). Tübingen: Narr. 5-128.

– (2005): „Wege ins Labyrinth – Fragestellungen und Methoden der Übersetzungsprozessforschung im Überblick". In: *Meta* [50] 1. 342-358.

KUHLEN, RAINER (1991): *Hypertext. Ein nicht-lineares Medium zwischen Buch und Wissensbank.* Berlin u. a.: Springer.

LANDOW, GEORGE, P. (1992): *Hypertext. The Convergence of Contemoporary Critical Theory and Technologoy.* Baltimore/London: John Hopkins University Press.

LEFERINK, KERSTIN (2006): „Qualität in mehrsprachigen Dokumenten: Auszüge aus dem Forschungsprojekt QUATRE". In: BÖCHER, KORNELIUS R./FRENZ, ULRICH/STÖTEFALKE, DIETER (Hrsg.) (2006): *Technische Dokumentation.* Loseblattsammlung und elektronische Dokumentation, Stand November 2006. Kissing: WEKA.

LI, DEFENG (2004): "Trustworthiness of Think-Aloud Protocols in the Study of Translation Processes". In: *International Journal of Applied Linguistics.* [14] 3. 301-313.

LUDWIG, OTTO (1983): "Einige Gedanken zu einer Theorie des Schreibens". In: GROSSE, SIEGFRIED (Hrsg.) (1983): *Schriftsprachlichkeit.* Düsseldorf: Schwann. 37-173.

LÜTHY, NORBER/WETZL, REGINA (2001): „Technische Dokumentation und Dokumenten-Management-Systeme – Ein Erfahrungsbericht". In: HENNIG, JÖRG/TJARKS-SOBHANI, MARITA (Hrsg.) (2001): *Informations- und Wissensmanagement für technische Dokumentation.* (= tekom Schriften zur technischen Kommunikation 4). Lübeck: Schmidt-Römhild. 66-79.

LUTZ, BENEDIKT (1996): „Zur Anwenderfreundlichkeit computerbasierter Technischer Dokumentation. Die Textlinguistik als *missing link* zwischen Typertext-Forschung und Usability Engineering?". In: ENSIK, TITUS/SAUER, CHRISTOPH (Hrsg.) (1996): *Researching Techniscal Documents.* Groningen: Department of Speech and Communications Rijksuniversiteit Groningen. 87-110.

MOLITOR-LÜBBERT, SYLVIE (1991): „Schreiben als literarische Lernstrategie". In: RUPP, GERHARD/MÜLLER-MICHAELS, HARRO (Hrsg.) (1991): *Jahrbuch der Deutschdidaktik 1989/90.* Tübingen: Narr. 153-167.

MOLITOR-LÜBBERT, SYLVIE (1996): „Schreiben als mentaler und sprachlicher Prozeß". In: GÜNTHER, HARTMUT/LUDWIG, OTTO (Hrsg.) (1996): *Schrift und Schriftlichkeit. Writing and Its Use.* (= Handbücher zur Sprach- und Kommunikationswissenschaft Band 10, 2). Berlin: de Gruyter. 1005-1027.

NAVARRO-KRAUS, ELENA (2005): *Möglichkeiten und Grenzen der computergestützten Qualitätssicherung im Übersetzungsbereich.* Diplomarbeit Universität Hildesheim, Institut für Angewandte Sprachwissenschaft in Zusammenarbeit mit beo Gesellschaft für Sprachen und Technologie mbH.

NELSON, TED H. (1965): "Complex Information Processing: A File Structure for the Complex, the Changing and the Indeterminate". In: WINNER, LEWIS (Ed.) (1965): *Proceedings of the 1965 20th National Conference.* New York NY: ACM Press. 84-100.

NEWELL, ALLEN/SIMON, HERBERT A. (1972): *Human Problem Solving.* Englewood Cliffs NJ: Prentice-Hall.

NICKL, MARKUS (2005): „Industrialisierung des Schreibens". In: JAKOBS, EVA-MARIA/ LEHNEN, KATRIN/SCHINDLER, KIRSTEN (Hrsg.) (2005): *Schreiben am Arbeitsplatz.* (= Schreiben - Medien - Beruf). Wiesbaden: VS Verlag für Sozialwissenschaften. 43-56.

NIELSEN, JAKOB (1990): *Hypertext and Hypermedia.* San Diego: Academic Press.

– (1995): *Multimedia and Hypertext. The Internet and Beyond.* Boston – Toronto: AP Professional.

ORTNER, HANSPETER (2000): *Schreiben und Denken.* (= Reihe Germanistische Linguistik 214). Tübingen: Max Niemeyer.

PEMBERTON, LYN/GORMAN, LOUISE/HARTLEY, ANTHONY/POWER, RICHARD (1996): "Computer Support for Producing Software Documentation: Some Possible Futures". In: SHARPLES, MIKE/VAN DER GEEST, THEA (Eds.) (1996): *The New Writing Environment. Writers at Work in a World of Technology.* London – Tokyo: Springer. 57-72.

PERFETTI, CHARLES, A. (1996): "Text and Hypertext". In: ROUET, JEAN-FRANCOIS/ LEVONEN, JARMO J. ET AL. (Hrsg.) (1996): *Hypertext and Cognition.* Mahwah/New Jersey: Erlbaum. 157-163.

PFAMMATER, RENÉ (2005): „Das Bemühen der Produzenten. Wie erreicht und testet man Usability?". In: PERRIN, DANIEL/KESSLER, HELGA (Hrsg.) (2005): *Schreiben fürs Netz. Aspekte der Zielfindung, Planung, Steuerung und Kontrolle.* (= Schreiben – Medien – Beruf). Wiesbaden: VS Verlag für Sozialwissenschaften. 217-232.

POHL, MARGIT (2002): *Hypertext und analoge Wissensrepräsentation.* Frankfurt am Main u. a.: Lang.

POSPIECH, ULRIKE (2005): *Schreibend schreiben lernen. Über die Schreibhandlung zum Text als Sprachwerk.* Theorie und Vermittlung der Sprache 39. Frankfurt am Main u.a.: Lang.

RICKHEIT, GERT/STROHNER, HANS (1989): „Textreproduktion". In: ANTOS, GERD/KRINGS, HANS PETER (Hrsg.) (1989): *Textproduktion. Ein Interdisziplinärer Forschungsüberblick.* Tübingen: Niemeyer. 220-256.

RIEDEL, FALKO/WALTER, KLAUS-DIETER/WALLIN-FELKNER, CHRISTINE (2000): *Praxishandbuch technische Dokumentation. Wirtschaftlich organisieren, systematisch erstellen, kundengerecht gestalten.* Augsburg. WEKA.

RISKU, HANNA (2004): *Translationsmanagement. Interkulturelle Fachkommunikation im Informationszeitalter.* (= Translationswissenschaft Band 1). Tübingen: Narr.

ROPHOL, GÜNTER (1997): *Allgemeine Technologie: Eine Systemtheorie der Technik.* Hanser: München/Wien.

ROTHKEGEL, ANNELY (2005): „Zur Modellierung von Schreibaufgaben". In: JAKOBS, EVA-MARIA/LEHNEN, KATRIN/SCHINDLER, KIRSTEN (Hrsg.) (2005): *Schreiben am Arbeitsplatz.* (= Schreiben – Medien – Beruf). Wiesbaden: VS Verlag für Sozialwissenschaften. 57-72.

SCHÄFLEIN-ARMBRUSTER, ROBERT (2004): *Standardisierung mit Funktionsdesign.* Hamburg: Vortrag zum Workshop der DokuNord. (30.04.2004).

SCHINDLER, KIRSTEN (2003): *Adressatenorientierung beim Schreiben. Eine linguistische Untersuchung am Beispiel des Verfassens von Spielanleitungen, Bewerbungsbriefen und Absagebriefen.* (= Textproduktion und Medium 8).Wiesbaden: Lang.

SCHMIDT, MORENA AZBEL (2005): *How do you do it anyway? A longitudinal Study of Three Translator Students Translating from Russian into Swedish.* (= Stockholm Slavic Studies 30). Stockholm: Almqvist & Wiksell International.

SCHMITZ, ULRICH (2004): *Sprache in modernen Medien. Einführung in Tatsachen und Theorien, Themen und Thesen.* (= Grundlagen der Germanistik 41). Berlin: Erich Schmidt Verlag.

SCHNUPP, PETER (1992): *Hypertext.* München/Wien: Oldenbourg Verlag.

SCHUBERT, KLAUS (2007): *Wissen, Sprache, Medium, Arbeit. Ein integratives Modell der ein- und mehrsprachigen Fachkommunikation.* (= Forum für Fachsprachenforschung 76). Tübingen: Narr.

SCHULER, WOLFGANG/THÜRING, MANFRED (1994): *Pragmatical Hypertext Design (PHD).* Technical Raport, GMD Institute. 3-58.

SCHULMEISTER, ROLF (2002): *Grundlagen hypermedialer Lernsysteme. Theorie – Didaktik – Design.* München, Wien: Oldenbourg.

SCHULZ, MATTHIAS (1996): *Qualität in der Technischen Dokumentation.* Elektronisches Dokument. Weinstadt: Adolph.

SCHÜTT, HANS-JOACHIM/FORST, ANNELYSE (1992): „Einsatz eines Hypermedia-Tools zur Aktualisierung von DV-Benutzerdokumentation". In: *tekom nachrichten* [2]. 38.

SCHÜTZ, HANSJÖRG (2008): „Von der Fach- zur Führungskraft. Technische Redakteure in Führungspositionen". In: *technische Kommunikation* [1]. 52-54.

SELTING, MARGRET/AUER, PETER/BARDEN, BIRGIT/BERGMANN, JÖRG/COUPER-KUHLEN, ELIZABETH/GÜNTHNER, SUSANNE/MEIER, CHRISTOPH/QUASTHOFF, UTA/SCHLOBINSKI, PETER/UHMANN, SUSANNE (1998): „Gesprächsanalytisches Transkriptionssystem (GAT)". In: *Linguistische Berichte* [173]. 91-122.

SHARPLES, MIKE (1996): "Designs for New Writing Environments". In: SHARPLES, MIKE/ VAN DER GEEST, THEA (Eds.) (1996): *The New Writing Environment. Writers at Work in a World of Technology.* London – Tokyo: Springer. 97-115.

SHIRK, HENRIETTA NICKELS (1988): "Technical Writers as Computer Scientists: The Challenges of Online Documentation". In: BARRETT, EDWARD (Ed.) (1988): *Text, Context, Hypertext. Writing with and for the Computer.* Cambridge – Massachusetts: The MIT Press. 311-327.

SOETHE, FERDINAND (2008): „Offene Anwendungen – ein Modell für die Technische Dokumentation. Kriterien, Perspektiven und Grenzen von Open-Source-Systemen". In: *technische Kommunikation* [2]. 12-17.

STAHL, ELMAR/BROMME, RAINER/STADTLER, MARC/JARON, RAFAEL (2007): "Learning by Hypertext Writing: Effects of Considering a Single Audience versus Multiple Audiences on Knowledge Acquisition". In: TORRANCE, MARK/VAN WAES, LUUK/ GALBRAITH, DAVID (Eds.) (2007): *Writing and Cognition: Research and Applications.* (= Studies in Writing 20). Amsterdam-Tokyo: Elsevier. 307-321.

STORRER, ANGELIKA (1997): „Vom Text zum Hypertext. Die Produktion von Hypertexten auf der Basis traditioneller wissenschaftlicher Texte". In: KNORR, DAGMAR/ JAKOBS, EVA-MARIA (Hrsg.) (1997): *Textproduktion in elektronischen Umgebungen.* Frankfurt am Main: Lang. 212-141.

– (2000): „Was ist so ‚hyper' am Hypertext?" In: KALLMEYER, WERNER (Hrsg.) (2000): *Sprache und neue Medien. Jahrbuch des Instituts für deutsche Sprache 1999.* Berlin/New York: de Gryter. 222-249.

– (2003): „Kohärenz in Hypertexten". In: *Deutsche Sprache in Gegenwart und Geschichte.* (= ZGL 31, 2). Berlin – New York. de Gruyter. 274-292.

STREITZ, NORBERT/HANNEMANN, JÖRG/THÜRING MANFRED (1989): "From Ideas and Arguments to Hyperdocuments: Traveling Through Activity Spaces". In *Hypertext '89*: Proceedings of the 2nd ACM Conference on Hypertext, November 5-8, Pittburgh PA. New York: Association for Computing Machinery. 343-364.

SULLIVAN, KIRK P. H./LINDGREN, EVA (2006): "Digital Tools for the Recording, the Logging and the Analzsis of Writing Processes. Introduction, Overview and Framework". In: VAN WAES, LUUK/LEIJTEN, MARIELLE/NEUWIRTH, CHRISTINE M. (Eds.) (2006): *Writing and Digital Media.* (= Studies in Writing 1). Amsterdam-Tokyo: Elsevier. 53-165.

TIRKKONEN-CONDIT, SONJA (1996): "What is in the Black Box? Professionality in Translational Decisions in the Light of TAP Research". In: LAUER, ANGELIKA/ GERZYMISCH-ARBOGAST, HEIDRUN/HALLER, JOHANN/STEINER, ERICH (Hrsg.) (1996): *Übersetzungswissenschaft im Umbruch. Festschrift für Wolfram Wilss zum 70. Geburtstag.* Tübingen: Narr.

TIRKKONEN-CONDIT, SONJA (2005): "The Monitor Model Revisited: Evidence form Process Research". In: *Meta.* Vol. 50-2. 405-414.

VAN BERKEL, ARRIE (1995): "Hypertext as a Tool for Planning in the Writing Process". In: JAKOBS, EVA-MARIA/KNORR, DAGMAR/MOLITOR-LÜBBERT, SYLVIE (Hrsg.) (1995): *Wissenschaftliche Textproduktion mit und ohne Computer.* Frankfurt am Main: Lang. 169-179.

VAN DEN BERGH, HUUB/RIJLAARSDAM, GERT (1996): "The Dynamics of Composing: Modeling Writing Process Data". In: LEVY, MICHAEL C./RANSDELL, SARAH (Eds.) (1996): *The Science of Writing: Theories, Methods, Individual Differences, and Applications.* Mahwah, NJ u.a.: Erlbaum. 208-232.

VAN DER GEEST, THEA (1996a): "Professional Writing Studied: Authors' Accounts of Planning in Document Production Processes". In: SHARPLES, MIKE/VAN DER GEEST, THEA (Eds.) (1996): *The New Writing Environment. Writers at Work in a World of Technology.* London – Tokyo: Springer. 7-24.

VAN WAES, LUUK/LEIJTEN, MARIELLE (2006): "Logging Writing Processes with Inputlog". In: VAN WAES, LUUK/LEIJTEN, MARIELLE/NEUWIRTH, CHRISTINE M. (Eds.) (2006): *Writing and Digital Media.* (= Studies in Writing 17). Oxford: Elsevier. 158-165.

VILLIGER, CLAUDIA (2002): *Vom Paragraf zum Hypertext – Strategien der globalen Textorganisation in Online-Hilfetexten der Softwaredokumentation.* Göttingen: Cuvillier Verlag.

WAKABAYASHI, JUDY (2003): "Think-Alouds as a Pedagogical Tool". In: BAER, BRIAN JAMES/KOBY, GEOFFREY S. (Eds.) (2003): *Beyond the Ivory Tower. Rethinking Translation Pedagogy.* Volume XII. Amsterdam/Philadelphia: Benjamnis. 61-82.

WROBEL, ARNE (1992): "Revisionen und Formulierungsprozess". In: KOHR, MANFRED/ WROBEL, ARNE (Hrsg.) (1992): *Schreibprozesse – Schreibprodukte.* Festschrift für Gisbert Keseling. Hildesheim u. a.: Georg Olms Verlag.

ZUMBACH, JÖRG/RAPP, ANDREAS (2001): "Wissenserwerb mit Hypermedien. Eine kognitionswissenschaftliche Betrachtung". In: *OBST* [63]. *Hypermedien und Wissenskonstruktion.* Duisburg: Osnabrücker Beiträge zur Sprachtheorie. 27-45.

FORUM FÜR FACHSPRACHEN-FORSCHUNG

Die Bd. 1 bis 77 sind im Verlag Gunter Narr erschienen.

Bd. 78 Hartwig Kalverkämper: Textsortengeschichte und Fächertradition. Systeme im Wandel zwischen französischer Klassik und Aufklärung (1650–1750). ISBN 978-3-86596-175-4

Bd. 79 Jin Zhao: Interkulturalität von Textsortenkonventionen. Vergleich deutscher und chinesischer Kulturstile: Imagebroschüren. 392 Seiten. ISBN 978-3-86596-169-3

Bd. 80 Hartwig Kalverkämper/Klaus-Dieter Baumann (Hg.): Fachtextsorten – in – Vernetzung. 486 Seiten. ISBN 978-3-86596-160-0

Bd. 81 Henrike Täuscher: Fachlichkeit in der Werbung für Laien. Deutsche und französische Anzeigen im Vergleich. 262 Seiten. ISBN 978-3-86596-162-4

Bd. 82 Tim Peters: Macht im Kommunikationsgefälle: der Arzt und sein Patient. 212 Seiten. ISBN 978-3-86596-181-5

Bd. 83 Hans P. Krings/Felix Mayer (Hg.): Sprachenvielfalt im Kontext von Fachkommunikation, Übersetzung und Fremdsprachenunterricht. Für Reiner Arntz zum 65. Geburtstag. 530 Seiten. ISBN 978-3-86596-192-1

Bd. 84 Encarnación Tabares Plasencia/Vessela Ivanova/Elke Krüger (Eds.): Análisis lingüístico contrastivo de textos especializados en español y alemán. 258 Seiten. ISBN 978-3-86596-190-7

Bd. 85 Nancy Hadlich: Analyse evidenter Anglizismen in Psychiatrie und Logistik. 458 Seiten. ISBN 978-3-86596-380-2

Bd. 86 Eva Martha Eckkrammer (Ed.): La comparación en los lenguajes de especialidad. 302 Seiten. ISBN 978-3-86596-216-4

Bd. 87 Maria Mushchinina: Rechtsterminologie – ein Beschreibungsmodell. Das russische Recht des geistigen Eigentums. 396 Seiten. ISBN 978-3-86596-218-8

Bd. 88 Sylvia Reinart: Kulturspezifik in der Fachübersetzung. Die Bedeutung der Kulturkompetenz bei der Translation fachsprachlicher und fachbezogener Texte. 562 Seiten. ISBN 978-3-86596-235-5

Bd. 89 Radegundis Stolze: Fachübersetzen – Ein Lehrbuch für Theorie und Praxis. 3. Auflage. 420 Seiten. ISBN 978-3-86596-257-7

Bd. 90 Carmen Heine: Modell zur Produktion von Online-Hilfen. 318 Seiten. ISBN 978-3-86596-263-8

FORUM FÜR FACHSPRACHEN-FORSCHUNG

Bd. 91 Brigitte Horn-Helf: Konventionen technischer Kommunikation: Makro- und mikrokulturelle Kontraste in Anleitungen. 614 Seiten mit CD. ISBN 978-3-86596-233-1

Bd. 92 Marina Adams: Wandel im Fach. Historiographie von DaF als Fachsprachen-Disziplin in der DDR. 460 Seiten. ISBN 978-3-86596-269-0

Bd. 93 Carsten Sinner: Wissenschaftliches Schreiben in Portugal zum Ende des *Antigo Regime* (1779–1821). Die Memórias económicas der *Academia das Ciências de Lisboa*. 714 Seiten. ISBN 978-3-86596-277-5

Bd. 94 Laurent Gautier (éd.): Les discours de la bourse et de la finance. 186 Seiten. ISBN 978-3-86596-302-4

Bd. 96 Julia Neu: Mündliche Fachtexte der französischen Rechtssprache. 294 Seiten. ISBN 978-3-86596-351-2

Bd. 97 Mehmet Tahir Öncü: Probleme interkultureller Kommunikation bei Gerichtsverhandlungen mit Türken und Deutschen. 168 Seiten. ISBN 978-3-86596-387-1

Bd. 98/99 Klaus-Dieter Baumann (Hg.): Fach – Translat – Kultur. Interdisziplinäre Aspekte der vernetzten Vielfalt. 2 Bände im Schuber, zus. 1562 Seiten. ISBN 978-3-86596-209-6

Bd. 100 Hartwig Kalverkämper (Hg.): Fachkommunikation im Fokus – Paradigmen, Positionen, Perspektiven. 1040 Seiten. ISBN 978-3-7329-0214-9

Bd. 102 Anastasiya Kornetzki: Contrastive Analysis of News Text Types in Russian, British and American Business Online and Print Media. 378 Seiten. ISBN 978-3-86596-420-5

Bd. 103 Ingrid Simonnæs: Rechtskommunikation national und international im Spannungsfeld von Hermeneutik, Kognition und Pragmatik. 304 Seiten. ISBN 978-3-86596-427-4

Bd. 104 Svenja Dufferain: Tyronyme – zur strategischen Wortbildung französischer Käsemarkennamen. 140 Seiten. ISBN 978-3-86596-428-1

Bd. 105 Laurent Gautier (éd.): Figement et discours spécialisés. 158 Seiten. ISBN 978-3-86596-413-7

Bd. 106/107 Eva Martha Eckkrammer: Medizin für den Laien: Vom Pesttraktat zum digitalen Ratgebertext. 2 Bände im Schuber, zus. 1328 Seiten. ISBN 978-3-86596-312-3

Bd. 108 Lucia Udvari: Einführung in die Technik der Rechtsübersetzung vom Italienischen ins Deutsche. Ein Arbeitsbuch mit interdisziplinärem Ansatz. 316 Seiten. ISBN 978-3-86596-516-5

FORUM FÜR FACHSPRACHEN-FORSCHUNG

Bd. 109 Mehmet Tahir Öncü: Kulturspezifische Aspekte in technischen Texten. Eine Analyse deutsch- und türkischsprachiger Gebrauchsanleitungen. 212 Seiten. ISBN 978-3-86596-517-2

Bd. 110 Cornelia Griebel: Rechtsübersetzung und Rechtswissen. Kognitionstranslatologische Überlegungen und empirische Untersuchung des Übersetzungsprozesses. 432 Seiten. ISBN 978-3-86596-534-9

Bd. 111 Laura Sergo/Ursula Wienen/Vahram Atayan (Hg.): Fachsprache(n) in der Romania. Entwicklung, Verwendung, Übersetzung. 458 Seiten. ISBN 978-3-86596-404-5

Bd. 112 Birte Möpert: Die Fachsprache des Tanzes. 218 Seiten. ISBN 978-3-7329-0012-1

Bd. 113 Marina Brambilla/Joachim Gerdes/Chiara Messina (Hg.): Diatopische Variation in der deutschen Rechtssprache. 382 Seiten. ISBN 978-3-86596-447-2

Bd. 114 Christiane Zehrer: Wissenskommunikation in der technischen Redaktion. Die situierte Gestaltung adäquater Kommunikation. 406 Seiten. ISBN 978-3-7329-0032-9

Bd. 115 Tanja Wissik: Terminologische Variation in der Rechts- und Verwaltungssprache. Deutschland – Österreich – Schweiz. 394 Seiten. ISBN 978-3-7329-0004-6

Bd. 116 Larissa Alexandrovna Manerko/Klaus-Dieter Baumann/Hartwig Kalverkämper (eds.): Terminology Science in Russia today. From the Past to the Future. 460 Seiten. ISBN 978-3-7329-0051-0

Bd. 117 Georg Löckinger: Übersetzungsorientierte Fachwörterbücher. Entwicklung und Erprobung eines innovativen Modells. 322 Seiten. ISBN 978-3-7329-0053-4

Bd. 118 Kerstin Petermann: Verbale und nonverbale Vagheit in englisch- und deutschsprachigen Interviews. 418 Seiten. ISBN 978-3-7329-0061-9

Bd. 119 Encarnación Tabares Plasencia (ed.): Fraseología jurídica contrastiva español–alemán/Kontrastive Fachphraseologie der spanischen und deutschen Rechtssprache. 148 Seiten. ISBN 978-3-86596-528-8

Bd. 120 Klaus-Dieter Baumann/Jan-Eric Dörr/Katja Klammer (Hg.): Fachstile – Systematische Ortung einer interdisziplinären Kategorie. 216 Seiten. ISBN 978-3-7329-0105-0

Bd. 121 Jenny Brumme/Carmen López Ferrero (eds.): La ciencia como diálogo entre teorías, textos y lenguas. 348 Seiten. ISBN 978-3-7329-0130-2

Bd. 122 Ingrid Simonnæs: Basiswissen deutsches Recht für Übersetzer. Mit Übersetzungsübungen und Verständnisfragen. 202 Seiten. ISBN 978-3-7329-0133-3

Frank & Timme